Autorin

Mit ihrem ersten Roman *Blumen der Nacht* wurde V.C. Andrews zur Bestsellerautorin. Ihrem Erstling folgten zehn weitere spektakuläre Erfolge, unter anderem *Wie Blüten im Wind, Dornen des Glücks, Schatten der Vergangenheit, Schwarzer Engel, Gärten der Nacht, Nacht über Eden* und *Dunkle Umarmung*. Nach ihrem Tod brachte ihre Familie zusammen mit einem sorgfältig ausgewählten Autor eine neue V.C. Andrews-Serie auf den Markt, die mit dem Titel *Zerbrechliche Träume* begann und weltweit ein begeistertes Echo hervorrief. Bis heute sind 32 Millionen V.C. Andrews-Bücher verkauft und in sechzehn Sprachen übersetzt worden.

In der Reihe Goldmann-Taschenbücher sind außerdem von V. C. Andrews™ erschienen:

DAS ERBE VON FOXWORTH HALL:
Gärten der Nacht. Roman (9163)
Blumen der Nacht. Roman (6617)
Dornen des Glücks. Roman (6619)
Wie Blüten im Wind. Roman (6618)
Schatten der Vergangenheit. Roman (8841)

DIE CASTEEL-SAGA:
Dunkle Wasser. Roman (8655)
Schwarzer Engel. Roman (8964)
Gebrochene Schwingen. Roman (9301)
Nacht über Eden. Roman (9833)
Dunkle Umarmung. Roman (9882)

DIE CUTLER-SAGA:
Zerbrechliche Träume. Roman (9881)

und:
Das Netz im Dunkel. Roman (6764)

V. C. Andrews™

Geheimnis im Morgengrauen

ROMAN

Aus dem Amerikanischen
von Uschi Gnade

GOLDMANN VERLAG

Deutsche Erstausgabe

Titel der Originalausgabe: Secrets of the Morning
Originalverlag: Pocket Books, New York

Der Goldmann Verlag
ist ein Unternehmen der Verlagsgruppe Bertelsmann

Made in Germany · 2. Auflage · 5/92

Umschlaggestaltung: Design Team München
Umschlagfoto: Luserke/Crisp, Friolzheim
Satz: Uhl + Massopust, Aalen
Druck: Elsnerdruck, Berlin
Verlagsnummer: 41222
Lektorat: Ilse Wagner/SN
Herstellung: Heidrun Nawrot/Sc
ISBN 3-442-41222-6

Inhalt

Liebe Virginia-Andrews-Leser,

diejenigen unter uns, die Virginia Andrews gekannt und geliebt haben, wissen, daß ihr nichts in ihrem Leben so wichtig war wie ihre Romane. Nie war sie so stolz, wie in dem Moment, in dem sie das erste gedruckte Exemplar von *Blumen der Nacht* in der Hand hielt.

Virginia war eine einzigartige und begnadete Erzählerin, die Tag für Tag fieberhaft schrieb. Ständig entwickelte sie Ideen für neue Geschichten, aus denen schließlich Romane werden sollten. Gleich nach dem Stolz auf ihre Werke kam für sie die Freude, die es ihr bereitete, Briefe von Lesern zu erhalten, die von ihren Büchern beeindruckt waren.

Seit ihrem Tod haben viele von Ihnen an uns geschrieben und sich gefragt, ob weiterhin neue Romane von V. C. Andrews erscheinen würden. Kurz bevor sie starb, gelobten wir uns, einen Weg zu finden, um weitere Geschichten zu entwickeln, die ihrer Phantasie entsprungen sind.

Angefangen mit den letzten Bänden der Casteel-Saga, haben wir eng mit einem sorgsam ausgewählten Autor zusammengearbeitet, um ihre Begabung durch das Erschaffen neuer Romane wie *Zerbrechliche Träume* und *Geheimnis im Morgengrauen* weiterzuentwickeln, die von ihrem wunderbaren Erzähltalent inspiriert worden sind.

Geheimnis im Morgengrauen ist der zweite Band einer neuen Serie. Wir glauben, es hätte V. C. Andrews große Freude bereitet, wenn sie gewußt hätte, daß vielen von Ihnen dieses weitere Lesevergnügen vergönnt ist. Andere Romane, darunter etliche, die sich auf Geschichten begründen, die Virginia vor ihrem Tod noch fertigstellen konnte, werden in den kommenden Jahren veröffentlicht werden, und wir hoffen, daß sie Ihnen soviel bedeuten werden wie bisher auch.

Hochachtungsvoll
DIE ANDREWS-FAMILIE

Prolog

Als wir durch die dichten Wolken sanken, tauchte New York plötzlich unter mir auf. New York! Die aufregendste Stadt auf Erden, eine Stadt, von der ich bisher nur gelesen und gehört und Bilder in Zeitschriften gesehen hatte. Ich schaute aus dem Fenster und hielt den Atem an. Die hohen Wolkenkratzer schienen sich endlos dahinzuziehen, und es übertraf alles, was ich mir je hätte vorstellen können.

Als die Stewardeß uns sagte, wir sollten die Sicherheitsgurte anlegen und die Rückenlehnen hochstellen, und als dann die Leuchtschrift aufforderte, das Rauchen einzustellen, begann mein Herz so heftig zu pochen, daß ich glaubte, die nette alte Dame neben mir würde es hören. Sie lächelte mich an, als hörte sie es wirklich.

Ich lehnte mich zurück und schloß die Augen.

Es war alles so schnell gegangen – ich hatte die Wahrheit über meine Entführung herausbekommen und hatte Großmutter Cutler die Lügen vorgeworfen, und in dieser Auseinandersetzung hatte ich ihr das Versprechen abgenötigt, schnell etwas zu unternehmen, damit Daddy Longchamp aus der Haft entlassen wurde, der Mann, den ich irrtümlich für meinen Vater gehalten hatte. Als Gegenleistung mußte ich mich bereit erklären, die Bernhardt-Schule für darstellende Künste in New York zu besuchen, etwas, was Großmutter Cutler eingefädelt hatte, damit sie sich nicht mit einer Enkelin abgeben mußte, von der sie behauptete, sie sei keine echte Cutler. Meine Mutter gestand, sie hätte eine Affäre mit einem durchreisenden Sänger gehabt, meinem leiblichen Vater, und dann versank sie aus Bequemlichkeit einmal mehr in ihre nervösen Zustände und entzog sich jeder

Verantwortung. Großmutter Cutler konnte mit mir anfangen, was sie wollte, wie sie auch mit allen anderen in Cutler's Cove nach Belieben umspringen konnte, einschließlich ihres Sohnes Randolph, dem Mann meiner Mutter.

Was für ein Greuel war das Leben im Hotel doch gewesen, nachdem ich denjenigen wieder übergeben worden war, die man für meine eigentliche Familie hielt! Wie sollte ich je vergessen, daß Philip sich mir aufgedrängt hatte? Und Clara Sues Gehässigkeit, die schließlich dazu geführt hatte, daß die Polizei den armen Jimmy geholt hatte, nachdem er von einer schrecklichen Pflegefamilie fortgelaufen war? Jetzt war ich zwischen zwei Welten gefangen – dem abscheulichen Leben im Hotel, in dem es niemanden gab, an den ich mich wenden oder auf den ich mich verlassen konnte, und der erschreckenden Aussicht, in New York zu leben, wo ich keinen Menschen kannte.

Obwohl ich genau das bekommen würde, was ich mir schon immer erträumt hatte – eine Gesangsausbildung –, graute mir davor, einen Fuß in eine derart große Stadt zu setzen. Kein Wunder, daß mir der Atem in der Kehle stockte und mein Herz meine Brust zu durchschlagen drohte.

»Kommt jemand, um Sie am Flughafen abzuholen, meine Liebe?« fragte die alte Dame, die neben mir saß. Sie stellte sich als Miriam Levy vor.

»Ein Taxifahrer holt mich ab«, murmelte ich und kramte nach dem Zettel mit den Anweisungen, den ich bekommen und in meine Handtasche gesteckt hatte. Ich mußte ihn während des Flugs zwanzigmal angesehen haben, und doch mußte ich die Anweisungen noch einmal lesen, um mich zu vergewissern, wie es weitergehen würde. »Er wird am Gepäckband stehen und ein Schild mit meinem Namen hochhalten.«

»Oh, ja, das regeln viele Leute so. Sie werden es ja sehen«, sagte sie und tätschelte meine Hand. Ich hatte ihr erzählt, daß ich mit anderen Schülerinnen, die an der Bernhardt-Schule studierten, in einem privaten Wohnhaus leben würde. Sie sagte, das Haus sei in einer sehr hübschen Gegend an der East Side gelegen.

Als ich sie fragte, was sie mit »East Side« meinte, erklärte sie mir, daß die Straßen in Ost und West unterteilt waren, und daher müßte man immer wissen, ob beispielsweise die Hausnummer fünfzehn in der 33sten Straße zur 33sten East oder West gehörte. Es erschien mir erschreckend kompliziert. Ich malte mir aus, wie ich mich furchtbar verirrte und ewig durch die langen, breiten Avenues wanderte, unter Tausenden von Menschen, die an mir vorbeieilten und sich nicht um mich kümmerten.

»Sie brauchen sich vor New York nicht zu fürchten«, sagte sie, als sie ihren Hut zurechtrückte. »Es ist groß, aber die Leute sind freundlich, wenn man sie erst einmal näher kennenlernt. Vor allem in der Gegend von Queens, in der ich wohne. Ich bin sicher, daß ein nettes Mädchen wie Sie schnell Freunde finden wird. Und denken Sie nur an all die wunderbaren Dinge, die Sie dort anschauen und unternehmen können.«

»Ich weiß«, sagte ich und steckte meine Broschüre über New York wieder in mein Handgepäck.

»Wie glücklich Sie doch dran sind, daß Sie nach New York fliegen und eine berühmte Schule besuchen dürfen«, sagte sie. »Ich war kaum jünger als Sie, als meine Mutter mich von Europa hergebracht hat.« Sie lachte. »Wir glaubten, die Straßen seien wirklich mit Gold gepflastert. Das war natürlich nur ein Märchen.« Wieder tätschelte sie meine Hand.

»Vielleicht werden die Straßen für Sie mit Gold gepflastert sein, weil Ihre Märchen wahr werden. Ich hoffe es für Sie«, fügte sie noch hinzu, und ihre Augen strahlten vor Herzlichkeit.

»Ich danke Ihnen«, sagte ich, obwohl ich nicht mehr an Märchen glaubte und schon gar nicht an Märchen, die für mich wahr wurden.

Ich hielt erneut den Atem an, als das Fahrwerk des Flugzeugs ausgeklappt wurde und wir uns der Landebahn näherten. Es gab einen leichten Ruck, und schon rollten wir aus. Wir hatten auf dem Boden aufgesetzt.

Ich war wirklich hier.

Ich war in New York.

1

Ein neues Abenteuer, eine neue Freundin

Langsam stiegen wir einzeln nacheinander aus dem Flugzeug aus. Als wir das Flughafengebäude betraten, erspähte Mrs. Levy ihren Sohn und ihre Schwiegertochter und winkte ihnen zu. Sie kamen ihr entgegen und umarmten und küßten sie. Ich trat zurück, beobachtete sie einen Moment lang und wünschte, ich hätte auch Angehörige, die meine Ankunft sehnsüchtig erwarteten. Was für ein wunderbares Gefühl es doch sein mußte, nach einer langen Reise anzukommen und von Menschen erwartet zu werden, die einen lieben, die die Arme um einen schlingen und die sagen, wie sehr sie einen vermißt haben, dachte ich. Ob ich das wohl je haben würde?

Sobald Mrs. Levy ihre Familie gefunden hatte, vergaß sie mich. Ich lief hinter der Schar der Flugreisenden her, da wir alle dasselbe Ziel hatten – die Gepäckbänder. Aber ich war wie ein kleines Mädchen, das zum ersten Mal im Zirkus ist. Ich konnte einfach nicht aufhören, alles und alle anzusehen. An den Wänden hingen große farbenfrohe Plakate, die für Veranstaltungen in New York warben. Überall um mich herum wurden Musicals von der Art angekündigt, die zu sehen ich mir bisher immer nur erträumt hatte. Diese Stars und diese Shows, konnte es sein, daß sie nur Minuten entfernt waren? War es eine Dummheit, wenn ich davon träumte, eines Tages selbst auf einem dieser wunderschönen Plakate abgebildet zu sein?

Ich lief weiter durch den Gang und blickte zu dem riesigen Schild auf, auf dem für ein Parfüm von Elizabeth Arden geworben wurde. Die Frauen auf all den Reklamen sahen in ihrer prächtigen Kleidung und mit ihrem Schmuck und ihren schönen, strahlenden Gesichtern wie Filmstars aus. Als ich mich abrupt umdrehte, hörte ich über die Lautsprecheranlage Ankündigungen über Ankünfte und Abflüge.

Eine Familie eilte an mir vorbei und sprach in einer fremden Sprache. Der Vater beklagte sich über etwas, und die Mutter zog ihre kleinen Kinder an der Hand, so schnell sie konnte. Zwei Matrosen schlenderten an mir vorbei und pfiffen und lachten dann über mein Erstaunen. Weiter vorn im Gang sah ich drei Mädchen, Teenager, die in einer Ecke standen und Zigaretten rauchten, keine von ihnen wesentlich älter als ich, und sie trugen alle Sonnenbrillen, obwohl sie nicht im Freien waren. Als ich sie anstarrte, funkelten sie mich wütend an, und daher wandte ich eilig den Blick ab.

Nie hatte ich so viele Menschen gleichzeitig am selben Ort gesehen. Und so viele reiche Menschen! Die Männer in dunklen Anzügen aus weichem Stoff und die Frauen in eleganten Seidenkleidern und Mänteln, und an ihren Ohren und Hälsen funkelten Diamanten, während sie auf ihren hohen Absätzen klappernd durch die Gänge liefen.

Nach einer Weile fing ich an zu fürchten, ich sei in die falsche Richtung gelaufen. Ich blieb stehen und sah mich starr um, und ich stellte fest, daß von den anderen Passagieren aus meinem Flugzeug keiner mehr in der Nähe war. Was passierte, wenn ich mich verirrte und der Taxifahrer, der gekommen war, um mich abzuholen, wieder fortfuhr? Wen sollte ich anrufen? Wohin sollte ich gehen?

Ich glaubte, Mrs. Levy durch den Korridor eilen zu sehen. Mein Herz machte vor Freude einen Satz, und dann sank es wie ein Stein, als ich merkte, daß es sich lediglich um eine andere ältere Dame handelte, die ähnlich gekleidet war. Ich wandte mich nach links, bis ich einen großen Polizisten entdeckte, der an einem Zeitschriftenkiosk stand.

»Entschuldigen Sie«, sagte ich. Über die aufgeschlagene Zeitung hinweg sah er mich an, und seine Stirn zog sich unter dem welligen braunen Haar in winzige Falten.

»Was kann ich für Sie tun, junge Dame?«

»Ich glaube, ich habe mich verirrt. Ich bin gerade aus dem Flugzeug gestiegen und soll zu den Gepäckbändern, aber ich habe mir die Plakate angesehen und...«

Seine blauen Augen leuchteten.

»Sind Sie ganz allein hier?« fragte er und faltete seine Zeitung zusammen.

»Ja, Sir.«

»Wie alt sind Sie?« fragte er und sah mich so forschend an, daß er fast schielte.

»Ich bin beinah sechzehneinhalb.«

»Tja, dann sind Sie alt genug, um allein zurechtzukommen, wenn Sie den Wegweisern folgen. Sie haben sich nicht allzusehr verlaufen. Keine Sorge.« Er legte die Hand auf meine Schulter und drehte mich um, und dann erklärte er mir, wie ich zu den Gepäckbändern kommen würde.

Als er ausgeredet hatte, drohte er mir schelmisch mit dem rechten Zeigefinger.

»Und jetzt schauen Sie sich nicht wieder alle Plakate an, haben Sie gehört?«

»Nein, ganz bestimmt nicht«, sagte ich und eilte davon. Sein fröhliches Lachen folgte mir.

Als ich das Band erreichte, an dem das Gepäck ausgeliefert wurde, drängten sich bereits die anderen Passagiere, um an ihre Gepäckstücke zu gelangen. Ich fand eine schmale Lücke zwischen einem jungen Soldaten und einem älteren Mann. Als der Soldat mich bemerkte, rückte er nach rechts, um mir mehr Platz zu machen. Er hatte dunkelbraunes Haar und lächelte freundlich. Seine Schultern sahen unter der piekfeinen Uniformjacke unglaublich breit und kräftig aus. Ich sah die Orden über seiner rechten Brusttasche und starrte sie unwillkürlich gebannt an.

»Der da ist für Treffsicherheit«, sagte er und deutete stolz darauf.

Ich errötete. Zu den Ratschlägen, die Mrs. Levy mir im Flugzeug erteilt hatte, gehörte, ich sollte die Leute in New York nicht anstarren, und schon tat ich es, wieder und immer wieder.

»Woher kommen Sie?« fragte der junge Soldat. Über seiner anderen Brusttasche stand sein Nachname. WILSON.

»Aus Virginia«, sagte ich. »Ich komme aus Cutler's Cove.«

Er nickte.

»Ich bin aus Brooklyn. Das heißt, aus Brooklyn, New York«, fügte er lachend hinzu. »Der einundfünfzigste Staat, und wie sehr habe ich den vermißt, Mann.«

»Brooklyn ist ein Staat?« fragte ich. Er lachte.

»Wie heißen Sie?« fragte er.

»Dawn.«

»Dawn, ich bin Obergefreiter Johnny Wilson. Meine Freunde nennen mich Butch, wegen meines Haarschnitts«, sagte er und fuhr sich mit der Handfläche der rechten Hand über sein kurzgeschnittenes Haar. »Ich hatte diese Frisur bereits, bevor ich zur Armee gegangen bin.» Ich lächelte ihn an und bemerkte dann, daß eine meiner blauen Taschen auf dem Band vorbeifuhr.

»Oh, mein Gepäck!« rief ich und streckte vergebens die Hand danach aus.

»Bleiben Sie stehen«, sagte der Obergefreite Wilson. Er schlängelte sich an ein paar Menschen links von mir vorbei und schnappte meine Tasche.

»Danke«, sagte ich, als er damit zurückkam. »Ich habe noch eine. Ich sollte das Gepäckband doch besser im Auge behalten.«

Er hob seinen Matchbeutel zwischen zwei Schrankkoffern heraus. Dann sah ich meine zweite Tasche. Noch einmal zwängte er sich durchs Gewühl und holte sie mir.

»Danke«, sagte ich.

»Wohin wollen Sie, Dawn? Vielleicht nach Brooklyn?« fragte er voller Hoffnung.

»Oh, nein, ich bin auf dem Weg nach New York City«, sagte ich. Er lachte wieder.

»Brooklyn gehört zu New York City. Wissen Sie denn nicht, wohin Sie wollen?«

»Nein. Ich werde abgeholt«, erklärte ich. »Von einem Taxifahrer.«

»Ach so, ich verstehe. Kommen Sie, ich trage Ihnen eine Ihrer Taschen bis zum Ausgang«, erbot er sich, und ehe ich etwas sagen konnte, hob er sie hoch und machte sich auf den Weg. Vor dem Ausgang des Flugsteigs stand eine weitere Menschenmenge, und viele hielten Schilder hoch, auf denen Namen standen, wie Mrs. Levy es mir vorausgesagt hatte. Ich suchte und suchte, aber ich sah nirgends meinen Namen. Ich spürte einen Kloß in der Kehle. Was war, wenn niemand gekommen war, um mich abzuholen, weil mein Flug versehentlich falsch angegeben worden war? Alle anderen schienen genau zu wissen, wohin sie wollten. War ich die einzige, die zum ersten Mal in New York war?

»Da steht er«, sagte der Obergefreite Wilson und deutete nach vorn. Ich schaute in die Richtung und bemerkte einen großen dunkelhaarigen Mann, der unrasiert und müde und sehr gelangweilt wirkte und mit einem Schild dastand, auf dem DAWN CUTLER zu lesen war.

»Mit einem Namen wie Dawn können das nur Sie sein«, bemerkte der Obergefreite Wilson. Er führte mich weiter. »Hier ist sie«, kündigte er an.

»Gut«, sagte der Taxifahrer. »Ich habe meinen Wagen gleich vor der Tür stehen, aber mir sitzt ein Flughafenbulle im Nacken. Setzen wir uns doch in Bewegung«, brummte er und würdigte mich kaum eines Blickes. Er nahm meine beiden Taschen und eilte davon.

»Danke«, sagte ich zu dem Soldaten. Er lächelte.

»Ich wünsche Ihnen einen guten Start, Dawn«, rief er noch, als ich dem Taxifahrer durch das Flughafengebäude folgte. Als ich mich umschaute, war der Obergefreite Wilson verschwunden, fast so, als sei er wie eine Art Schutzengel herabgestiegen, um mir in einem schwierigen Augenblick zu helfen, und dann wieder verschwunden. Einen Moment lang hatte ich mich sicher und geborgen gefühlt, sogar in diesem riesigen Gebäude mit Unmengen von Fremden. Es war fast so, als sei ich wieder mit Jimmy zusammengewesen, mit einem Menschen, der stark war und sich um mich kümmerte.

Sobald der Taxifahrer und ich aus dem Flughafengebäude heraus waren, mußte ich mir die Hände über die Augen halten, damit ich sehen konnte, wohin ich lief, so hell schien die Sonne. Aber ich war froh, daß es ein warmer Sommertag war. Es gab mir Hoffnung und das Gefühl, willkommen zu sein. Der Taxifahrer führte mich zu seinem Wagen, verstaute mein Gepäck in dem Kofferraum und öffnete mir die hintere Tür.

»Springen Sie rein«, sagte er. Ein Polizist mit mürrischem Gesicht kam schnell auf uns zu. »Ja, ja, ich fahre ja schon«, rief der Taxifahrer und lief eilig um den Wagen herum, um sich ans Steuer zu setzen.

»Hier kann man aber auch nichts verdienen«, erklärte er, als er vom Randstein losfuhr. »Tag und Nacht sitzen sie einem im Genick.« Er fuhr so schnell, daß ich mich an dem Griff über dem Fenster festhalten mußte, und dann hielt er abrupt hinter einer Wagenschlange an. Im nächsten Moment scherte er aus, fand eine Lücke, und wir fädelten uns mit unserem Taxi mit einer Geschicklichkeit ein und aus, die mich die Luft anhalten ließ. Mehrfach stießen wir fast mit anderen Wagen zusammen, doch bald befanden wir uns auf einer freien Schnellstraße.

»Zum ersten Mal in New York?« fragte er, ohne sich umzudrehen und mich anzusehen.

»Ja.«

»Also, ich kriege hier täglich Sodbrennen, aber ich würde nirgends anders leben wollen. Verstehen Sie, was ich meine?«

Ich wußte nicht, ob er eine Antwort erwartete oder nicht.

»Einfach leben und leben lassen, und dann kommt man klar«, riet er mir. »Ich sage Ihnen, was ich meiner eigenen Tochter immer wieder sage – wenn du durch die Straßen läufst, dann schau starr vor dich hin und hör auf niemanden. Wissen Sie, was ich meine?« fragte er noch einmal.

»Ja, Sir.«

»Aaah, Sie werden zurechtkommen. Sie scheinen recht gewitzt zu sein, und Sie werden in einer guten Gegend wohnen. Wenn Sie dort jemand ausraubt, dann geht er höflich ans Werk«, sagte er. »Dort sagt man: ›Entschuldigen Sie bitte, aber haben Sie vielleicht zehn Dollar?‹«

Er schaute in den Rückspiegel und sah meinen schockierten Gesichtsausdruck.

»Das war nur ein Witz«, fügte er lachend hinzu.

Er schaltete das Radio ein, und ich beobachtete aus dem Fenster die Wolkenkratzer, die näherrückten, den Verkehr und das emsige Treiben. Ich wollte diese Fahrt voll und ganz auskosten und mir alles genau einprägen, meine Ankunft in New York, um später Erinnerungen daran zu haben. Es erschien mir tatsächlich überwältigend. Was, fragte ich mich, hatte sich Großmutter Cutler wirklich erhofft, als sie es arrangiert hatte, mich nach New York zu schicken? Glaubte sie, ich würde in Panik geraten und sie anflehen, sie möge mich zurückkommen lassen? Oder hoffte sie, ich würde ausreißen und ihr nie wieder unter die wachsamen, argwöhnischen Augen kommen?

Ich spürte, wie sich in meinem Herzen etwas zusammenzog. Ich würde nicht umkehren und davonlaufen, sagte ich mir. Ich wollte stark und entschlossen sein und ihr zeigen, daß ich genauso stark war wie sie, sogar noch stärker.

Wir fuhren über eine Brücke in den Stadtkern. Ich konnte es nicht lassen, immer wieder nach oben zu schauen. Die Gebäude waren so hoch, und so viele Menschen waren auf den Straßen unterwegs. Es wurde gehupt, und andere Taxifahrer schrien einander an und beschimpften andere Autofahrer. Menschen rannten über die Straßen, als glaubten sie, die Fahrer hätten es bewußt auf sie abgesehen.

Und die Geschäfte! Alle Geschäfte auf Erden gab es hier, berühmte Läden, von denen ich gelesen und gehört hatte, zum Beispiel Saks Fifth Avenue und Macy's.

»Wenn Sie so weitermachen, werden Sie sich noch den Hals verrenken«, sagte der Taxifahrer. Ich spürte, daß ich errötete. Ich hatte nicht gemerkt, daß er mich beobachtete. »Wissen Sie, wann man ein New Yorker ist?« fragte er und sah mich im Rückspiegel an. Ich schüttelte den Kopf. »Wenn man nicht mehr in beide Richtungen schaut, ehe man eine Einbahnstraße überquert.« Er lachte über diese Worte, die ich für einen Witz hielt, aber nicht verstand. Ich vermutete, daß ich noch einen weiten Weg zurückzulegen hatte, ehe ich eine New Yorkerin sein würde.

Bald fuhren wir durch sehr schmucke Straßen, in denen die Leute wesentlich besser gekleidet zu sein schienen, und dort waren die Bürgersteige auch viel sauberer. Auch wirkten die Häuserfassaden neuer und gepflegter. Schließlich hielten wir vor einem Haus aus rötlichbraunem Sandstein mit einer Treppe aus Zement und einem Geländer aus schwarzem Eisen an. Die Flügeltür war hoch und sah so aus, als sei sie aus edlem dunklem Eichenholz gefertigt.

Wir fuhren vor, der Taxifahrer stieg aus und stellte meine beiden Taschen auf den Bürgersteig. Ich trat aus dem Wagen und sah mich um. Das hier sollte jetzt für lange Zeit mein neues Zuhause sein, dachte ich. Weit oben bemerkte ich zwei Flugzeuge in einen tiefblauen Himmel aufsteigen, der mit kleinen Wölkchen gesprenkelt war. Uns gegenüber lag ein kleiner Park, und dahinter konnte ich zwischen den Bäumen Wasser fließen sehen; vermutlich war es der East River. Ich schaute mich immer noch um und konnte mich nicht losreißen, und einen Moment lang vergaß ich ganz, daß der Taxifahrer immer noch neben mir stand.

»Der Fahrpreis ist bezahlt«, erklärte er, »aber das Trinkgeld kriege ich noch.«

»Trinkgeld?«

»Klar, Süße. In New York gibt man Taxifahrern immer ein Trinkgeld. Merken Sie sich das. Alles andere können Sie ruhig vergessen.«

»Ach so.« Verlegen öffnete ich mein Portemonnaie und kramte im Kleingeld herum. Wieviel sollte ich ihm bloß geben?

»Ein Dollar genügt«, sagte er.

Ich zog einen heraus und reichte ihm das Geld.

»Danke. Viel Glück«, sagte er. »Ich muß jetzt weiterschuften«, fügte er hinzu und lief so schnell wie am Flughafen um das

Taxi herum. Im nächsten Moment fuhr er los und drückte auf die Hupe, als er beim Einfädeln einen anderen Wagen schnitt und dann abbog.

Ich drehte mich um und schaute die schmale Zementtreppe hinauf. Plötzlich wirkte sie hoch und abschreckend. Ich nahm mein Gepäck und begann mit dem langsamen Aufstieg. Als ich den Absatz erreicht hatte, stellte ich die Taschen ab und drückte auf den Knopf. Ich fragte mich, ob die Klingel funktionierte und ob jemand im Haus sie gehört hatte, denn nichts geschah. Ich wartete lange, ehe ich noch einmal auf die Klingel drückte. Sekunden später wurden die Türen von einer großen, stattlichen Frau dramatisch aufgerissen. Ich schätzte sie auf mindestens Ende Fünfzig. Sie stand aufrecht und mit durchgedrückten Schultern da, wie die Frauen auf den Abbildungen in Lehrbüchern, die eine perfekte Haltung demonstrieren und dabei vielleicht noch ein Buch auf dem Kopf balancieren, und ihr braunes Haar war von grauen Strähnen durchzogen.

Sie trug einen knöchellangen marineblauen Rock und rosafarbene Ballettschuhe. Ihre elfenbeinfarbene Bluse hatte weite Ärmel und einen breiten Kragen, dessen zwei oberste Knöpfe offenstanden, und daher konnte man ihre Kette mit den großen bunten Steinen deutlich sehen. Im linken Ohr trug sie einen Ohrring, der sehr schwer aussah und mit kleineren Steinen eingefaßt war, doch nichts hing an ihrem rechten Ohrläppchen. Ich fragte mich, ob sie wußte, daß einer ihrer Ohrringe fehlte.

Ihr Gesicht war stark geschminkt, und ihre Wangen waren mit Rouge verschmiert, als hätte sie es im Dunkeln aufgetragen. Der Lidstrich war dunkel, und die Wimpern waren so lang, daß sie einfach unecht sein mußten, soviel wußte ich. Ihr Lippenstift war leuchtend rot.

Sie starrte mich an, sog mich von Kopf bis Fuß in sich ein. Dann nickte sie, als wolle sie sich selbst eine Überlegung bestätigen.

»Ich nehme an, du bist Dawn«, sagte sie.

»Ja, Ma'am«, antwortete ich.

»Ich bin Agnes, Agnes Morris«, erklärte sie.

Ich nickte. Das war der Name, der auf dem Zettel mit meinen Anweisungen stand, doch sie wirkte, als erwartete sie eine überschwenglichere Reaktion von mir.

»Dann heb doch dein Gepäck auf und komm rein«, sagte sie. »Wir haben hier für solche Dinge keine Dienstboten. Das ist ja schließlich kein Hotel.«

»Ja, Ma'am«, wiederholte ich. Sie trat zurück, um mich eintreten zu lassen, und als ich an ihr vorbeikam, drang mir ihr starkes, fast betäubendes Parfüm in die Nase. Es roch nach einer Kombination aus Jasmin und Rosen, als hätte sie sich den einen Duft aufgesprüht, es dann vergessen, und sich mit einem zweiten Duft eingesprüht.

Ich blieb in der Eingangshalle stehen. Der Fußboden war aus Kirschbaum, und darauf lag ein ziemlich abgetretener ovaler Teppich. Das Orientmuster war verblichen. Sowie wir eingetreten und ich die zweite Flügeltür hinter mir geschlossen hatte, schlug rechts neben mir eine alte Standuhr.

»Mr. Fairbanks stellt sich vor«, sagte sie und drehte sich zu der großen Uhr um, die in kostbares Mahagoni eingelassen war. Sie hatte römische Zahlen auf dem Zifferblatt und dicke schwarze Zeiger, deren Enden wie winzige Finger wirkten, die auf die Stunde wiesen.

»Mr. Fairbanks?« fragte ich verwirrt.

»Die Großvateruhr«, sagte sie, als hätte ich es wissen müssen. »Ich habe den meisten Dingen, die ich besitze, Namen gegeben, die Namen berühmter Schauspieler, mit denen ich früher einmal gearbeitet habe. Das gibt dem Haus etwas ... etwas ...« Sie sah sich um, als hingen die Worte irgendwo in der Luft und sie könne sie pflücken. »Etwas Persönlicheres. Wieso?« fragte sie eilig. »Haben Sie etwas dagegen?« Ihre Augen wurden klein, und sie preßte die Lippen so fest aufeinander, daß ihre Mundwinkel weiß wurden.

»Oh, nein«, erwiderte ich.

»Ich hasse Menschen, die Dinge nur deshalb ablehnen, weil sie nicht von selbst darauf gekommen sind.« Sie fuhr mit der Handfläche seitlich über das Gehäuse der Großvateruhr und lächelte, als stünde dort tatsächlich eine Person vor ihr. »O Romeo, Romeo«, flüsterte sie. Ich trat von einem Fuß auf den anderen. Die Gepäckstücke waren schwer, und ich stand da und hielt sie in den Händen. Es war, als hätte sie vergessen, daß ich anwesend war.

»Ma'am?« sagte ich. Ihr Kopf fuhr zu mir herum, und sie funkelte mich so böse an, als wollte sie mir zu verstehen geben: »Wer bist du schon, daß du es wagst, mich zu stören?«

»Geh weiter«, sagte sie und deutete zum Korridor.

Direkt vor uns lag eine Treppe mit einem dicken, handgeschnitzten braunen Treppengeländer. Der graue Teppich auf den Stufen sah so abgenutzt aus wie der Teppich in der Eingangshalle. An den Wänden hingen alte Bilder von Schauspielern und Schauspielerinnen, Sängern und Tänzern, gerahmte Zeitungsausschnitte mit Theaterkritiken und Fotos von Darstellern mit einem Begleittext. Das Haus selbst hatte einen angenehmen, leicht vermoderten Geruch. Es machte einen sauberen und ordentlichen Eindruck und war wesentlich schöner als die meisten Wohnungen, die Daddy und Momma Longchamp mit Jimmy, mir und Fern bewohnt hatten. Aber das schien jetzt Ewigkeiten herzusein, als hätte sich all das in einem anderen Leben abgespielt.

Agnes blieb vor der Tür eines Zimmers rechts von uns stehen. »Das ist unser Aufenthaltsraum«, sagte sie, »in dem wir unsere Gäste empfangen. Geh rein und setz dich«, wies sie mich an. »Wir werden unser erstes Gespräch jetzt gleich führen, damit keine Mißverständnisse aufkommen.« Sie unterbrach sich und schürzte die Lippen. »Ich vermute, du bist hungrig.«

»Ja«, sagte ich. »Ich bin vom Flughafen aus direkt hierhergekommen, und im Flugzeug habe ich nichts gegessen.«

»Die Mittagessenszeit ist vorbei, und mir paßt es nicht, wenn Mrs. Liddy sich nach den Wünschen der Schülerinnen richten muß, die nach Lust und Laune essen oder nicht essen. Sie ist doch schließlich keine Sklavin«, fügte sie hinzu.

»Es tut mir leid. Ich möchte wirklich niemandem Ungelegenheiten machen.« Ich wußte nicht, was ich sagen sollte. Sie war doch diejenige, die mir vorgeschlagen hatte, etwas zu essen, und jetzt sollte ich mich schämen, weil ich zugegeben hatte, daß ich hungrig war.

»Geh schon rein«, befahl sie.

»Danke«, sagte ich und drehte mich um, um einzutreten. Sie packte mich an den Schultern und hielt mich zurück.

»Nein, nein. Einen Raum betritt man immer nur mit hocherhobenem Kopf, schau her«, sagte sie und machte es mir vor. »Nur so wird einen jeder bemerken und die Bühnenpräsenz ahnen. Du kannst ebensogut gleich von Anfang an lernen, wie man seine Sache richtig macht«, sagte sie und stolzierte durch den Korridor.

Sobald sie gegangen war, wandte ich mich dem Zimmer wieder zu. Die Sonne wurde durch die hauchdünnen, hellen elfenbeinfarbenen Gardinen gefiltert und drang zart durch diesen Schleier, und das verlieh dem Aufenthaltsraum eine verwunschene Atmosphäre. Das Chintzsofa und der dazu passende, hochlehnige Stuhl mit gepolsterten Armlehnen waren abgenutzt und sahen bequem aus. Auf dem Couchtisch lagen Theaterzeitschriften, und dem Sofa gegenüber stand ein alter Schaukelstuhl.

In der Ecke rechts von mir stand neben einem wunderschönen Schreibtisch ein Tischchen aus dunkler Eiche mit einem altmodischen Plattenspieler darauf, der wie der vom RCA-Label aussah, und daneben lag ein Stapel alter Schallplatten. Die oberste Platte war eine Arie aus der Oper *Madame Butterfly*. Über dem Kaminsims hing ein Gemälde mit einer Bühnenszene. Es sah ganz nach der Balkonszene aus *Romeo und Julia* aus.

An der anderen Wand des Raumes stand ein Klavier. Ich sah in die Noten, die aufgeschlagen waren, und stellte fest, daß es sich um ein Konzert von Mozart handelte, etwas, was ich in Richmond gespielt hatte. Am liebsten hätte ich mich hingesetzt und es gleich gespielt. Meine Fingerspitzen prickelten vor Vorfreude. Es war, als hätte ich zwischendurch nie aufgehört.

Hinter dem Klavier befanden sich Regale, in denen Ausgaben

von Theaterstücken und alten Romanen standen, und eine Glasvitrine voller Dinge, die mit Theaterstücken zusammenhingen: alte Programmhefte, Bilder von Schauspielern und Schauspielerinnen, Requisiten, darunter eine farbenfrohe Maske, wie man sie bei Maskenbällen trägt, ein paar Glasfigürchen und ein Paar Kastagnetten mit einem Zettel davor, auf dem stand: »Ein Geschenk an mich von Rudolph Valentino«.

Mein Blick fiel auf eine Fotografie in einem Silberrahmen, die eine sehr junge Agnes Morris zeigte. Ich nahm sie in die Hand, um sie mir näher anzusehen. Ohne das dicke Make-up sah sie frisch und hübsch aus.

»Du solltest ohne Erlaubnis nichts berühren.« Ich zuckte zusammen, als ich Agnes' Stimme hörte, und als ich mich umdrehte, stand sie in der Tür und hatte sich die Hände auf die Brust gepreßt.

»Es tut mir leid, ich wollte nur ...«

»Wenn ich auch möchte, daß die Schülerinnen sich hier zu Hause fühlen, dann müssen sie doch meine persönliche Habe respektieren.«

»Es tut mir leid«, sagte ich noch einmal. Ich stellte das Bild eilig wieder zurück.

»Ich besitze eine Anzahl von wertvollen Gegenständen, Dinge, die sich durch Geld nicht ersetzen lassen, weil sie mit Erinnerungen verbunden sind, und Erinnerungen sind kostbarer als Gold und Diamanten.« Sie trat ins Zimmer und sah das Bild an.

»Das ist ein sehr hübsches Foto«, sagte ich. Ihr Gesicht wurde etwas freundlicher.

»Wenn ich mir dieses Bild heute ansehe, habe ich das Gefühl, einen völlig fremden Menschen zu betrachten. Es ist aufgenommen worden, als ich zum ersten Mal auf einer Bühne gestanden habe.«

»Wirklich? Sie sehen so jung aus«, sagte ich.

»Ich war nicht viel älter als du.« Sie neigte den Kopf zurück und ließ ihren Blick zur Messingleuchte an der Decke schweifen.

»Ich hatte den großen Stanislawski kennengelernt und mit ihm gearbeitet. Ich habe in *Hamlet* die Ophelia gespielt und außergewöhnlich gute Kritiken bekommen.«

Sie warf einen Blick auf mich, weil sie sehen wollte, ob ich beeindruckt war, aber ich hatte noch nie von Stanislawski gehört.

»Setz dich«, sagte sie mit scharfer Stimme. »Mrs. Liddy kommt gleich mit Tee und belegten Broten für dich, aber rechne bloß nicht damit, daß du weiterhin vorn und hinten bedient wirst.«

Ich setzte mich auf das Sofa, und sie setzte sich auf den Schaukelstuhl gegenüber.

»Ich weiß schon ein bißchen Bescheid über dich«, sagte sie und nickte. Ihre Augen waren klein und ihre Lippen fest zusammengekniffen. Plötzlich griff sie in ihren Rockbund und zog einen Brief heraus. Was für ein seltsamer Platz, um einen Brief aufzubewahren, dachte ich. Sie hielt den Umschlag hoch, als wolle sie mir zeigen, daß sie im Besitz eines wertvollen Geheimnisses war. In dem Moment, in dem ich das Briefpapier des Cutler-Cove-Hotels sah, fing mein Herz an zu flattern.

Sie zog den Brief aus dem Umschlag. Der Brief war vom häufigen Falten derart zerknittert, daß er aussah, als hätte sie ihn seit seiner Ankunft stündlich einmal gelesen. »Das ist ein Brief von deiner Großmutter. Ein Einführungsschreiben«, fügte sie hinzu.

»Ach?«

»Ja.« Sie zog die Augenbrauen hoch und beugte sich vor, um mir direkt ins Gesicht zu sehen. »Sie hat mir von einigen deiner Probleme berichtet.«

»Meiner Probleme?« Hatte Großmutter Cutler meine gräßliche Geschichte in Worte gefaßt? Warum? Hoffte sie, mich bereits als merkwürdig und sonderlich hinzustellen, ehe ich hier auch nur angefangen hatte? Wenn sie das getan hatte, dann nur, um sicherzugehen, daß ich daran scheitern würde, meinen Traum zu verwirklichen.

»Ja«, sagte Agnes und lehnte sich auf dem Schaukelstuhl zurück. Sie fächelte sich mit dem Brief Luft zu. »Deine Probleme in der Schule. Wie du immer wieder von einer Schule in die andere versetzt werden mußtest, weil du Schwierigkeiten hattest, mit den anderen Schülerinnen in deinem Alter auszukommen.«

»Das hat sie geschrieben?«

»Ja, und ich bin froh, daß sie es getan hat«, erwiderte Agnes eilig.

»Aber ich hatte überhaupt keine Schwierigkeiten in der Schule. Ich bin immer eine gute Schülerin gewesen und...«

»Es ist zwecklos, etwas abzustreiten. Hier steht es alles schwarz auf weiß«, sagte sie und pochte auf den Brief. »Deine Großmutter ist eine sehr bedeutende und vornehme Frau. Es muß ihr das Herz gebrochen haben, daß sie sich gezwungen sah, diese Dinge zu schreiben.« Sie lehnte sich zurück. »Du bist deiner Familie schon sehr zur Last gefallen, vor allem deiner Großmutter.«

»Das stimmt nicht«, protestierte ich.

»Bitte.« Als sie die Hand hob, sah ich, daß ihre Finger arthritisch gekrümmt waren und daß ihre Hand wie die einer Hexe wirkte. »Jetzt zählt nur, wie du dich hier führst.«

»Wie ich mich führe?«

»Wie du dich hier benimmst, solange ich dich unter meinen Fittichen habe«, erklärte sie.

»Was hat meine Großmutter sonst noch geschrieben?«

»Das ist vertraulich«, sagte sie, als sie den Brief zusammenfaltete. Sie steckte ihn wieder in den Umschlag und verstaute ihn erneut unter ihrem Rock.

»Aber es geht doch um Informationen über mich!« protestierte ich.

»Das tut nichts zur Sache. Sei nicht so streitlustig«, sagte sie, ehe ich noch etwas einwenden konnte. »Nun«, schloß sie, »da du diese betrübliche Vorgeschichte hast, fürchte ich, ich muß dich als einen Fall auf Bewährung ansehen.«

»Bewährung? Aber ich bin doch gerade erst angekommen, und ich habe nichts Böses getan.«

»Nichtsdestoweniger ist das eine Vorsichtsmaßnahme. Du darfst keine einzige Vorschrift übertreten«, warnte sie mich und drohte mir mit ihrem langen Zeigefinger. Niemand bleibt an den Wochentagen länger als bis zehn Uhr und an den Wochenenden länger als bis Mitternacht aus, und das auch nur dann, wenn ich weiß, wohin die betreffende Schülerin geht.

Übermäßiger Lärm ist grundsätzlich nicht gestattet. Und es wird unter gar keinen Umständen geduldet, daß jemand in meinem Haus unordentlich ist oder Dinge beschädigt oder zerstört. Dir ist doch klar, daß du Gast in meinem Haus bist, solange du hier bist, oder nicht?«

»Doch, Ma'am«, sagte ich leise. »Aber können Sie mir nicht sagen, was sonst noch in dem Brief meiner Großmutter steht, da es sich doch schließlich um mich dreht?«

Ehe sie etwas darauf erwidern konnte, kam eine plumpe Frau mit einem runden Gesicht, blaugrauem Haar und freundlichen Augen, die nicht größer als einen Meter fünfzig war, mit einem Tablett, auf dem sich ein belegtes Brot und eine Tasse Tee befanden. Sie hatte Arme wie Nudelhölzer und kleine Hände mit Wurstfingern, und sie trug ein hellblaues Kleid und darüber eine geblümte gelbe Schürze. Aus ihrem Lächeln schlugen mir augenblicklich Wärme und Freundlichkeit entgegen.

»Das ist also unsere neue Sarah Bernhardt, nicht wahr?« fragte sie.

»Ja, Mrs. Liddy. Unsere neue Primadonna«, sagte Agnes und zog einen Mundwinkel schräg nach oben. »Dawn, das ist Mrs. Liddy. Eigentlich führt sie das Haus. Du wirst auf sie wie auf mich hören. Ich dulde nicht, daß jemand sich Mrs. Liddy gegenüber ungehörig beträgt«, sagte sie nachdrücklich.

»Oh, ich glaube, diese Kleine wird immer nur nett sein, Mrs. Morris. Guten Tag, meine Liebe.« Sie stellte das Tablett auf den Couchtisch, trat zurück und stemmte die Hände in die Hüften. »Herzlich willkommen.«

»Danke.«

»Ein hübsches Mädchen«, sagte Mrs. Liddy zu Agnes.

»Ja, aber die Hübschen sind oft diejenigen, die sich in die größten Schwierigkeiten bringen«, fauchte Agnes.

Sie starrten mich beide an, und ich kam mir vor, als stünde ich wie die Theaterrequisiten in einer Glasvitrine.

»Tja, meine Liebe«, sagte Mrs. Liddy. »Ich bin morgens meistens in der Küche anzutreffen. Wenn du etwas brauchst, kannst du mich dort finden. Wir möchten, daß alle Betten bis spätestens zehn Uhr, auch an den Wochenenden, gemacht sind, und einmal in der Woche machen wir einen gründlichen Hausputz. Alle helfen mit.«

»Ja«, sagte Agnes und sah mich scharf an. »Wir arbeiten hier alle. Die Mädchen stecken sich das Haar auf, ziehen sich die ältesten Röcke und Blusen an und krempeln die Ärmel hoch, ganz so wie die Jungen. Dann werden Fenster geputzt und Badezimmer geschrubbt. Ich vergleiche es damit, eine Kulisse abzubauen«, fügte sie hinzu. »Ich kann mir vorstellen, daß du weißt, was das heißt, nicht wahr?«

Ich schüttelte den Kopf.

Agnes riß die Augen weit auf, als könnte sie nicht glauben, was sie hörte.

»Wenn die Laufzeit eines Stücks vorüber ist, bauen die Schauspieler und die Bühnenarbeiter die Kulisse ab, damit das nächste Stück angesetzt werden kann.«

Mrs. Liddy lächelte mich an und ging.

»Hast du je Klavierunterricht gehabt?« fragte Agnes.

»Eine Zeitlang«, sagte ich.

»Gut. Du wirst bei unseren künstlerischen Zusammenkünften für uns spielen. Ich bemühe mich, einmal im Monat alle zu Vorträgen zusammenzubringen. Manche Schüler rezitieren aus Theaterstücken; manche singen, und andere spielen Instrumente.

Aber das dauert noch ein Weilchen, bis nach Beginn des Schuljahrs. Genaugenommen sind im Moment nur zwei Schüler hier. Aber im Herbst werden wir drei weitere aufnehmen. Die Beldock-Zwillinge kommen wieder, und einer, Donald Rossi, kommt ganz neu zu uns, genau wie du.

Trisha Kramer hat sich bereit erklärt, ihr Zimmer mit dir zu teilen. Wenn du mit Trisha nicht auskommst, muß ich dich in den Dachboden verlegen oder dich bitten, zu gehen. Sie ist eine bezaubernde junge Dame und eine vielversprechende Nachwuchstänzerin. Es wäre entsetzlich, wenn etwas geschähe, was sie hier unglücklich macht. Habe ich mich in dem Punkt klar ausgedrückt?« fragte sie.

»Ja, Ma'am.« Ich fragte mich jetzt schon, welche Lügen Agnes an meine zukünftige Zimmergenossin weitergegeben hatte.

»Und ich möchte unter gar keinen Umständen, daß ihr den anderen Schüler stört, der sich noch hier aufhält«, warnte sie. »Er heißt Arthur Garwood.« Seufzend schüttelte sie den Kopf. »Er ist ein sensibler junger Mann, der die Oboe spielen lernt. Seine Eltern sind sehr berühmt: Bernard und Louella Garwood. Sie spielen im New York Philharmonic Orchestra.

Wie ich sehe, hat dir dein kleiner Imbiß geschmeckt. Ich werde dir jetzt den Rest des Hauses zeigen und dich zu deinem Zimmer führen.«

»Danke.« Ich stand auf. »Soll ich das Tablett in die Küche bringen?«

»Unbedingt. Nach den Angaben deiner Großmutter bist du es gewohnt, daß man dich ständig bedient, aber ich fürchte...«

»Das ist nicht wahr!« rief ich aus. »Ich bin noch nie bedient worden.«

Ihre Augen wurden klein und wachsam, und sie starrte mich lange an.

»Folg mir in die Küche. Wir kommen zurück, um deine Koffer zu holen, nachdem ich dir das restliche Haus gezeigt habe.«

Ich folgte Agnes aus dem Zimmer und durch den Korridor. Die Küche und das Eßzimmer lagen am hinteren Ende. Die Küche war klein, und in der Mitte standen ein Küchentisch und Stühle, und ein Fenster gab den Ausblick auf ein anderes Gebäude frei, was hieß, daß hier morgens keine Sonne hereinfiel. Dennoch war bei Mrs. Liddy alles blitzblank: Das hellgelbe Linoleum blinkte, die Küchengeräte glitzerten vor Sauberkeit, der ganze Raum funkelte vor Frische.

Das Eßzimmer war lang und schmal und hatte einen großen Kronleuchter aus tropfenförmigem Kristallglas. An dem Tisch fanden mühelos etwa ein Dutzend Menschen Platz. Im Moment standen der mittlere Tafelaufsatz aus Kristallglas und daneben eine Blumenvase darauf, und am hintersten Ende lagen vier Platzdeckchen, die, wie ich mir vorstellen konnte, für mich, die beiden anderen Schüler und Agnes gedacht sein mußten.

»Trisha hat heute morgen den Tisch gedeckt«, erklärte Agnes. »Die Schüler wechseln sich ab, und jeder ist eine Woche lang dafür zuständig, den Tisch zu decken und das Geschirr abzuräumen. Und niemand klagt darüber«, fügte sie betont hinzu.

Im Eßzimmer gab es keine Fenster, doch an der rechten Wand hing ein Spiegel, der vom Boden bis zur Decke reichte, und dadurch wirkte das Zimmer noch länger. Die gegenüberliegende Wand war mit Bildern von Tänzern und Sängern, von Musikern und Schauspielern bedeckt. Daraus, wie blaß und vergilbt sie waren, konnte ich schließen, daß die Bilder recht alt sein mußten. Auf dem Boden lag ein dunkelbrauner Teppich, der neuer als der in der Eingangshalle zu sein schien.

Agnes führte mich durch das Eßzimmer zu einem kurzen Flur. Sie erklärte, hier sei ihr Zimmer, und am hinteren Ende läge das Zimmer von Mrs. Liddy. Vor ihrer Tür blieb sie stehen, und ihre Augen schienen etwas freundlicher zu werden.

»Wenn du je jemanden brauchst, mit dem du reden kannst, dann kannst du jederzeit leise an meine Tür klopfen«, sagte sie. Ich war überrascht, aber froh darüber, daß sie endlich etwas Nettes zu mir gesagt hatte.

»Das ist einer der Gründe, weshalb mein Haus bei Schülern so beliebt ist, die von außerhalb kommen. Da ich selbst beim Theater gewesen bin, kann ich die Probleme verstehen, vor denen die Studierenden der darstellenden Künste stehen. Ich kann mich einfühlen und ihre Probleme nachvollziehen.« Wenn sie mit mir sprach, waren ihre Gesten manchmal so übertrieben, als stünden wir beide vor einem Publikum auf einer Bühne und als sei unser Gespräch ein Dialog, der für ein Theaterstück geschrieben worden war.

»Und zwar mußt du so anklopfen«, sagte sie und pochte sachte an ihre eigene Tür. »Und dann warte. Ich werde: ›Herein‹ sagen. Dann drehst du langsam den Knopf und machst die Tür ganz allmählich auf, Zentimeter um Zentimeter«, sagte sie in einem lauten Flüsterton und führte es mir vor. »Ich hasse es, wenn Türen aufgerissen werden.«

Ich starrte sie an und war fasziniert von jeder ihrer Bewegungen, von ihrer leisen Sprechweise. Nie hatte ich erlebt, daß jemand solche Sorgfalt darauf verwandte, mir zu zeigen, wie man einen Raum betrat. Dann glitt mein Blick von ihr auf die Tür, und ich sah den Vorhang. Er hing in zwei Bahnen herunter, etwa eineinhalb Meter hinter der Tür, von der Decke bis zum Boden. Jeder, der in dieses Zimmer kam, mußte die Vorhänge teilen und zwischen ihnen hindurchtreten, als teilte man einen Vorhang, um eine Bühne zu betreten. Ehe ich sie danach fragen konnte, schloß sie leise die Tür und drehte sich zu mir um.

»Hast du alles verstanden, was ich dir gesagt habe?« fragte sie.

»Ja, Ma'am.«

»Gut. Und jetzt werde ich dir dein Zimmer zeigen.«

Wir gingen wieder ins Wohnzimmer, um meine Gepäckstücke zu holen, und dann stiegen wir die Treppe ins obere Stockwerk hinauf, in dem vier Schlafzimmer untergebracht waren. Vom Flur gingen zwei Bäder ab, auf jeder Seite eines.

»Zwar könnte im Notfall«, sagte Agnes und blieb vor dem Bad auf der linken Seite stehen, »jeder beide Bäder benutzen, doch mir wäre es lieb, wenn das hier den männlichen und das andere den weiblichen Schülern vorbehalten bleibt. Wir dürfen unsere Bäder nicht überbeanspruchen«, betonte sie. »Wir müssen immer an die anderen denken und dürfen nicht egoistisch sein und zuviel Zeit auf uns selbst verschwenden.«

»Seit hier Studenten wohnen«, sagte sie leise, »habe ich nie Probleme damit gehabt, daß ich Jungen und Mädchen aufnehme. Es liegt daran, daß wir alle Diskretion üben. Wir verbringen keine unangemessen lange Zeit mit einem Angehörigen des anderen Geschlechts, und wir machen nie die Tür zu, wenn wir allein sind. Habe ich mich in dem Punkt deutlich ausgedrückt?« fragte sie.

»Ich fürchte, Sie sind falsch über mich informiert worden«, sagte ich und spürte die Tränen unter meinen Lidern brennen.

»Bitte, Dawn, meine Liebe. Wir wollen in diese Eröffnungsszene absolut nichts Unerfreuliches einfließen lassen. Es soll alles so reibungslos laufen wie ein Uhrwerk – alle aufeinander eingestimmt, und jeder von uns greift die Stichwörter der anderen auf. Ich weiß ganz einfach, daß wir einen Vorhang nach dem nächsten haben werden. Du nicht?« sagte sie und lächelte mich an.

Ich wußte nicht, was ich sagen sollte. Wofür sollte man uns applaudieren? Für eine ordentliche Benutzung der Badezimmer? Weil wir mit den Jungen keinen Ärger machten? Von welchen Einsätzen sprach sie? Ich konnte nur nicken.

Sie machte die Tür auf und trat in das Schlafzimmer.

»Vielleicht ist es nicht so groß und so luxuriös wie das, was du gewohnt bist, aber ich bin recht stolz auf meine Unterkünfte«, sagte sie.

Ich erwiderte nichts darauf. Ich erkannte, daß es nichts genutzt hätte, wenn ich mich jetzt verteidigte. Ihr Eindruck von mir war durch Großmutter Cutlers Zeilen bereits vorbestimmt.

Es war ein entzückendes Zimmer. Es gab zwei weiße Betten mit Kopfteilen und einem Nachttisch dazwischen. Auf dem Nachttisch stand eine Lampe mit einem glockenförmigen Schirm. Es gab keinen Teppichboden, doch zwischen den Betten lag ein recht großer blaßroter Wollteppich. Die Tagesdecken paßten farblich gut dazu. Vor jedem der beiden kleinen Fenster in der rechten Wand über den zwei Schreibtischen hingen weiße Baumwollgardinen mit Spitzenbesätzen. Vor den Fenstern waren Jalousien, die derzeit beide hochgezogen waren, damit der

Sonnenschein, der zwischen diesem Gebäude und dem Nebenhaus durchkam, hereinfallen konnte. Es gab zwei Kommoden und einen großen Kleiderschrank mit einer Schiebetür.

Agnes sagte mir, das rechte Bett und die dazugehörende Kommode wären für mich. Trisha hatte auf ihrer Kommode ein Bild von einem attraktiven Paar stehen, von dem ich vermutete, daß es sich um ihre Eltern handelte, und eines von einem gutaussehenden Jungen, der ihr Bruder oder ihr Freund hätte sein können, stand gleich daneben. Auf ihrem Schreibtisch lagen Lehrbücher und Schreibhefte ordentlich gestapelt nebeneinander.

»Jetzt lasse ich dich allein, damit du dich in Ruhe einrichten kannst«, sagte Agnes. »Trisha sollte etwa in einer Stunde von der Schule kommen. Vergiß nicht, daß du in meinem Haus zu Gast bist«, sagte sie und ging. An der Tür drehte sie sich noch einmal um und fügte hinzu: »Erster Akt«, ehe sie verschwand.

Ich stellte mein Gepäck ab und sah mich noch einmal im Zimmer um. Das sollte für lange Zeit mein neues Zuhause werden. Es war freundlich und behaglich, aber ich würde es mit einem anderen Mädchen teilen, und das war etwas, was ich gleichzeitig erschreckend und aufregend fand, insbesondere nach den Warnungen, die ich von Agnes bekommen hatte. Was passierte, wenn wir nicht miteinander auskamen? Was passierte, wenn wir so verschieden waren, daß wir irgendwann kaum noch miteinander sprachen? Was wurde dann aus meinem Traum, Sängerin zu werden?

Ich fing an, auszupacken, meine Kleider aufzuhängen und meine Unterwäsche und meine Socken in die Kommodenschubladen einzuräumen. Ich hatte meine Taschen gerade ganz hinten im Schrank verstaut, als die Tür plötzlich aufgerissen wurde und Trisha Kramer in unser Zimmer gestürzt kam. Sie war gut zwei Zentimeter größer als ich und trug ihr dunkelbraunes Haar zurückgekämmt und zu einem Chignon aufgesteckt, den ich äußerst elegant fand. Über einem schwarzen Gymnastikanzug trug sie ein fließendes schwarzes Chiffonkleid, und ihre Füße steckten in silbernen Ballettschuhen.

Trisha hatte so leuchtend grüne Augen, wie ich sie noch an keinem anderen Menschen gesehen hatte, und ihre Augenbrauen waren gezupft, wie man es von Mannequins kannte. Sie hatte eine kleine Nase, die einfach perfekt war, doch ihr Mund war etwas zu breit, ihre Lippen ein wenig zu schmal. Aber ihre wunderschöne zarte Pfirsichhaut und ihre schlanke Figur konnten jede Unvollkommenheit ausgleichen.

»Hallo«, rief sie aus, »ich bin Trisha. Tut mir leid, daß ich nicht da war, um dich zu begrüßen, aber ich hatte Tanzunterricht«, fügte sie hinzu und drehte eine Pirouette. Mein Lächeln wurde zu einem Lachen. »Ich sage dir gleich, daß es mich fast einen Monat gekostet hat, das zu perfektionieren.«

»Das war gut«, sagte ich und nickte. Sie verbeugte sich.

»Danke, vielen Dank. Tu jetzt bloß nichts«, sagte sie, ehe ich ein Wort sagen oder mich von der Stelle rühren konnte. »Setz dich ganz einfach hin, und erzähl mir alles über dich. Ich bin ganz ausgehungert... ich lechze!« sagte sie nachdrücklich und riß ihre großen Augen weit auf, »nach weiblicher Gesellschaft. Der einzige andere Mensch, der im Moment hier wohnt, ist Bones, und Agnes hast du ja schon kennengelernt«, sagte sie. Ihr Blick glitt zur Tür und dann wieder zu mir zurück.

»Bones?«

»Arthur Garwood. Aber laß uns jetzt nicht über den reden. Komm«, sagte sie. Sie nahm mich an der Hand und zog mich zu meinem Bett. »Jetzt rede schon. Wo bist du vorher zur Schule gegangen? Wie viele Freunde hast du schon gehabt? Hast du im Moment einen? Gehört deinen Eltern wirklich ein berühmtes Kurhotel in Virginia?«

Ich saß nur da und lächelte.

»Vielleicht gehen wir morgen ins Kino und sehen uns einen Film an?« fragte sie und verzog erwartungsvoll das Gesicht.

»Ich bin noch nie im Kino gewesen«, gestand ich.

»Was?« Sie lehnte sich zurück und sah mich mit einem überraschten Lächeln an. Dann beugte sie sich vor.

»Gibt es denn in Virginia keine Elektrizität?« fragte sie. Einen

Moment lang starrten wir einander an, und dann fing ich an zu weinen.

Vielleicht erreichte alles endlich seinen Höhepunkt: Erst die Erkenntnis, daß die Eltern, die ich mehr als vierzehn Jahre lang gekannt und geliebt hatte, nicht wirklich meine Eltern waren, und dann hatte man mich gewaltsam zu einer Familie gebracht, bei der ich leben sollte und die mich in Wirklichkeit gar nicht bei sich haben wollte, die Erkenntnis, daß der Junge, den ich mir als meinen ersten Freund ausgesucht hatte, in Wirklichkeit mein Bruder war, und der Junge, den ich für meinen Bruder gehalten hatte, der Junge war, den ich wirklich auf die Art mochte, auf die ein Mädchen einen Jungen mögen sollte, das erzwungene Zusammensein mit einer gehässigen, eifersüchtigen Schwester, Clara Sue, und mit einer Mutter, die nur sich selbst verhätschelte. Und jetzt war ich als Teil eines Handels mit einer Großmutter, der allein meine Existenz aus Gründen, die ich nicht recht verstehen konnte, ein Greuel war, hierher verfrachtet worden – all das brach jetzt über mir zusammen.

Als ich Trisha mit ihren leuchtenden Augen und ihrem überschäumenden Temperament ansah und feststellte, daß sie Dinge wie Rock 'n' Roll und Jungen und Filme aufregend fand, wurde mir plötzlich klar, wie anders ich doch war. Ich hatte nie wirklich die Chance gehabt, ein junges Mädchen und ein Teenager zu sein. Momma Longchamps Krankheit hatte mich gezwungen, die Mutter zu sein. Wie sehr ich mich danach gesehnt hatte, wie Trisha Kramer zu sein! Konnte ich es noch nachholen? Oder war es zu spät?

Ich konnnte die Tränen nicht zurückhalten.

»Was ist?« fragte Trisha. »Habe ich etwas Falsches gesagt?«

»Ach, Trisha, es tut mir ja so leid«, sagte ich. »Nein, du bist wunderbar. Agnes hat mir das Gefühl gegeben, du müßtest furchtbar sein.«

»Ach, Agnes«, sagte sie und fuchtelte in der Luft herum. »Du darfst überhaupt nicht beachten, was sie sagt. Hat sie dir ihr Zimmer gezeigt?«

»Ja«, sagte ich und nickte. Ich wischte mir die Tränen weg. »Mit dem Vorhang.«

»Ist das nicht zum Schreien? Sie glaubt, daß sie auf einer Bühne lebt. Warte nur, bis du den Rest des Zimmers siehst. Hast du schon deinen Stundenplan bekommen?«

»Ja.« Ich kramte ihn aus meiner Handtasche heraus und zeigte ihn ihr.

»Prima! Wir haben Englisch und Vokalmusik zusammen. Jetzt bringe ich dich zur Schule rüber und führe dich herum. Aber laß uns vorher Pullis und Jeans und bequeme Schuhe anziehen und uns ein Eis kaufen und reden und reden und reden, bis wir beide eine trockene Kehle haben.«

»Meine Mutter hat mir nur schicke Sachen für die Schule gekauft. Ich habe keinen bequemen Pullover«, stöhnte ich.

»Oh, doch«, sagte sie. Sie sprang auf und ging zum Schrank. Sie zog eines ihrer eigenen Sweatshirts raus, aus leuchtend blauer Baumwolle, und warf es mir zu.

Ich zog mich eilig um, während Trisha und ich redeten wie ein Wasserfall und über fast alles, was wir sagten, kichern mußten. Als wir uns endlich auf den Weg machten, hielt Trisha mich vor der Tür an.

»Bitte, meine Liebe«, sagte sie und ahmte Agnes Morris nach. »Immer, wenn du einen Raum betrittst oder verläßt, mußt du den Kopf heben und die Schultern zurücknehmen. Andernfalls wird man dich nicht bemerken.«

Unser Gelächter folgte uns, als wir die Stufen hinuntersprangen.

Ich war erst ein paar Stunden in New York.

Und schon hatte ich eine Freundin gefunden!

2

Die Erkundung der Bernhardt-Schule

Obwohl mich Trisha in eine Eisdiele brachte, die nur zwei Kreuzungen von unserem Studentenheim entfernt war, hatte ich unwillkürlich Angst, mich zu verirren. Die Straßen waren so lang, und ich stellte fest, daß ich sehr schnell laufen mußte, wenn ich mit ihr Schritt halten wollte. Meine Blicke schossen kreuz und quer durch die Gegend, ich beobachtete den Verkehr, die Menschen, die Geschäfte und sah andere Wohnhäuser, aber Trisha hielt den Kopf gesenkt und redete, während sie auf dem Bürgersteig zu einer Kreuzung lief, dann abbog und mich durch eine andere Straße führte und dann durch noch eine andere. Es war, als nähme sie den Verkehr und die Menschen intuitiv wahr oder hätte Augen auf der Schädeldecke und bräuchte sich keine Sorgen zu machen, sie könne mit jemandem zusammenprallen oder von einem Wagen angefahren werden.

»Schnell«, rief sie, als ich ihr zögernd folgte, »ehe die Ampel rot wird.« Sie packte mich an der Hand und zog mich vom Bürgersteig. Autofahrer hupten uns an, denn die Ampel schaltee um, als wir die Straße erst zu drei Vierteln überquert hatten. Mir grauste, aber Trisha fand es lustig.

Die Kassiererin des Eiscafés, der kahlköpfige stämmige ältere Mann hinter dem Tresen und sogar ein paar der Kellnerinnen kannten Trisha, und sie winkten uns zu und begrüßten uns beim Eintreten. Sie setzte sich an den ersten freien Tisch in einer Nische, und ich folgte ihr und war froh, in Sicherheit zu sein und mich ausruhen zu können.

»Ich war noch nie in Virginia«, setzte Trisha an. »Meine Familie stammt aus dem Norden von New York. Wie kommt es, daß du nicht den breiten Akzent des Südens sprichst?« fragte sie.

»Ich bin nicht in Virginia aufgewachsen«, sagte ich. »Meine Familie ist viel durch die Gegend gereist, und wir haben nicht immer im Süden gelebt.«

Die Kellnerin kam an unseren Tisch.

»Nimmst du auch ein Schwarzweißes?« fragte mich Trisha. Ich wußte nicht, was das war, aber ich hatte Angst zu zeigen, wie dumm ich war.

»Einverstanden«, sagte ich.

»Hier kommen alle Schüler her«, sagte sie. »Sie haben hier eine Jukebox. Möchtest du Musik hören?«

»Klar«, sagte ich. Sie sprang auf und ging zur Jukebox.

»Ist das nicht toll?« fragte sie, als sie zurückkam. »Und jetzt warte mal eine Sekunde«, sagte sie, ohne zwischendurch auch nur einmal Atem zu holen. »Wie meinst du das – deine Familie sei viel rumgereist? Agnes hat mir erzählt, daß deiner Familie ein berühmtes Hotel gehört, und das schon seit langem. So wie Agnes es beschrieben hat, ist es praktisch bereits ein historisches Denkmal.«

»Das stimmt.«

Sie schüttelte den Kopf. »Das verstehe ich nicht.«

»Es ist kompliziert«, sagte ich und hoffte, es dabei belassen zu können. Ich war unsicher, wenn ich ihr erst meine Geschichte erzählte, würde sie es bereuen, mich als Zimmergenossin zu haben.

»Oh, es tut mir leid, wenn es so klingt, als wollte ich dich aushorchen. Mr. van Dan, unser Englischlehrer, sagt, ich sollte die Klatschspalte für eine Zeitung schreiben.«

»Es fällt mir etwas schwer, gleich jetzt über all das zu reden«, sagte ich, aber ich sah, daß es sie nur um so mehr interessierte.

»Ich warte. Wir haben jede Menge Zeit, die Nase gegenseitig in unsere Angelegenheiten zu stecken«, fügte sie hinzu. Ich mußte lachen.

»Neben dem Bild von deinen Eltern – ist das dein Bruder oder dein Freund?« fragte ich. »Ich meine, wenn wir ohnehin schon neugierig schnuppern.«

»Mein Freund zu Hause«, sagte sie und nickte. Dann breitete sie die Arme aus und jammerte: »Ich bin ein Einzelkind. Und ich bin fürchterlich verwöhnt«, fügte sie hinzu. »Sieh nur, was mein Vater mir letzte Woche geschickt hat.« Sie hielt mir ihr Handgelenk hin, um mir die wunderschöne goldene Uhr mit den beiden Diamanten für zwölf und sechs Uhr zu zeigen.

»Die ist wirklich wunderschön.« Mein Kompliment war aufrichtig gemeint, doch ich kam nicht gegen die Tränen an, die sich in meinen Augen bildeten. Würde ich je wissen, wer mein richtiger Vater war, ganz zu schweigen davon, ob ich ihn je kennenlernen und mich von ihm so lieben lassen konnte, wie ein Vater seine Tochter lieben sollte? Nach Großmutter Cutlers Angaben hätte er sich gar nicht noch weniger für mich interessieren können, und er war nur zu froh gewesen, sich vor jeder Verantwortung drücken zu können. Doch tief in meinem Innern hegte ich die Hoffnung, daß Großmutter Cutler in diesem Punkt gelogen hatte, wie sie ja auch in anderer Hinsicht gelogen hatte, wenn es um mich ging. Insgeheim träumte ich, da ich jetzt in New York war, der Hauptstadt des Entertainment, ich würde irgendwie meinen leiblichen Vater finden. Und wenn ich ihn fand, würde er überglücklich sein, mich zu sehen.

»Er schickt mir ständig Geschenke«, fuhr Trisha fort. »Ich vermute, ich bin Daddys Liebling. Wie ist dein Vater? Hast du noch Geschwister? Das darf ich dich jetzt doch fragen, oder nicht?«

»Ja. Ich habe einen Bruder und eine Schwester. Mein Bruder Philip ist älter, und meine Schwester Clara Sue ist ein Jahr jünger als ich.« Ich dachte an Jimmy und Fern und daran, wie schwer es mir immer noch fiel, sie nicht als meine Geschwister zu bezeichnen. »Mein Vater ist ... ein vielbeschäftigter Mann«, fügte ich trocken hinzu und dachte an Randolph und daran, wie es ihm immer gelungen war, etwas anderes zu tun zu haben, wenn ich ihn gebraucht hätte.

»Sag nichts weiter dazu«, meinte Trisha und beugte sich über den Tisch. »Und was tust du?«

»Was ich tue?«

»Deine Begabung, du dummes Mädchen. Ich werde Tänzerin. Aber das weißt du ja schon. Also, was ist?«

»Ich singe, aber...«

»Na, prima, noch eine Sängerin«, sagte sie seufzend. Dann lächelte sie strahlend, ihr Gesicht hellte sich auf, und ihre Augen leuchteten wie Christbaumlichter. »Nein, das war nur ein Scherz. Ich kann es kaum erwarten, dich singen zu hören.«

»Ich bin wirklich nicht besonders gut.«

»Du hast es in die Bernhardt-Schule geschafft, oder etwa nicht? Du hast das gräßliche Vorsingen bestanden. Fandest du es nicht einfach furchtbar, wie sie dich gemustert haben? Aber jemand, der wichtig ist, glaubt an dein Talent«, sagte sie. »Sonst wärst du nicht hier.«

Was sollte ich sagen? Wenn ich ihr erzählt hätte, daß Großmutter Cutler ihren Einfluß geltend gemacht hatte, damit ich aufgenommen wurde, hätte Trisha mich dafür vielleicht verabscheut. Ich hätte erklären müssen, daß alles Teil einer Abmachung war, und dann hätte ich ihr gleich alles erzählen müssen.

»Es wird ohnehin nicht lange dauern, bis Agnes dich bei einer ihrer Zusammenkünfte singen läßt.«

»War sie früher wirklich Schauspielerin?«

»Oh, ja, und sie ist es immer noch. Ich meine, nicht auf der Bühne oder auf der Leinwand, sondern im wahren Leben. Und sie hat all diese alten Freunde vom Film und vom Theater, die sonntags zum Tee kommen. Es macht Spaß, ihnen zuzuhören, wenn sie in ihren Erinnerungen schwelgen. Hast du Mrs. Liddy schon kennengelernt?«

»Ja. Sie ist sehr nett.«

»Sie und Agnes sind schon seit Ewigkeiten zusammen. Manchmal ist sie die einzige, auf die Agnes überhaupt noch hört, aber mach dir keine Sorgen, es wird dir hier gefallen. Du wirst es ja sehen. Paß nur auf, daß Bones dich nicht runterzieht.«

»Warum sollte er das tun?«

»Er ist immer so griesgrämig. Ich schwöre dir, wenn der

lächeln würde, bekäme sein Gesicht einen Sprung«, sagte sie, als die Kellnerin unsere Eisgetränke brachte.

»Warum nennst du ihn Bones?«

»Wenn du ihn siehst, weißt du es selbst. Oh, wie lecker«, sagte Trisha, die an ihrem Strohhalm nippte. Ihre Art war wie ein warmer Sommertag. Ich hatte noch nie ein so fröhliches und überschwengliches Mädchen erlebt. »Mach dich jetzt lieber über dein Eis her«, sagte sie. »Wir haben noch eine Menge zu tun, und ich muß rechtzeitig wieder zurück sein, um beim Abendessen zu helfen. Diese Woche bin ich dran.«

»Ach so. Ja, richtig.«

Trisha bestand darauf, zu bezahlen. Als sie ein Trinkgeld für die Kellnerin liegen ließ, erzählte ich ihr, was mir mit dem Taxifahrer passiert war.

»Er war so dreist, dich darauf anzusprechen?« Sie schüttelte den Kopf. »Was sage ich da? Natürlich war er so dreist. So sind sie, die Taxifahrer von New York. Komm schon«, sagte sie und nahm mich an der Hand. Oh, nein, dachte ich, nicht schon wieder ein Wettlauf auf dem Bürgersteig.

Wir eilten aus der Eisdiele und bogen nach links ab.

»Woher weißt du, in welche Richtung du gehen mußt? Es sieht alles so verwirrend aus«, sagte ich. Ich hatte bereits vergessen, aus welcher Richtung wir gekommen waren. Die Straßen sahen einander so ähnlich.

»Es ist leichter, als du glaubst. Es wird nicht lange dauern, bis du dich zurechtfindest. Die Schule ist nur eine Kreuzung weit nach da und eine nach dort«, fügte sie hinzu und deutete in die entsprechenden Richtungen, während wir weiterliefen.

»Mein Freund heißt Victor, aber alle nennen ihn nur Vic«, sagte sie. »Er schreibt ein paarmal in der Woche, und einmal wöchentlich ruft er mich an. Und diesen Sommer hat er mich schon zweimal hier besucht.«

»Das ist sehr nett von ihm. Du hast Glück, daß du jemanden hast, der sich soviel aus dir macht.«

»Aber ich muß dir ein Geheimnis verraten«, sagte sie. Sie blieb stehen und zog mich näher, als hätten sich alle Fremden, die auf dem Bürgersteig vorbeigingen, für unser Gespräch interessiert.

»Was denn?«

»In der Schule gibt es einen Jungen, der mir gefällt – Graham Hill. Er sieht ja soooo gut aus. Er studiert Schauspielerei, schon in einem höheren Semester.« Plötzlich zog sie ihre Mundwinkel betrübt herunter. »Aber er weiß noch nicht einmal, daß es mich gibt«, sagte sie. Sie schaute auf den Bürgersteig hinunter, und dann riß sie den Kopf abrupt hoch. »Komm, wir wollen uns beeilen«, sagte sie. Sie rannte wieder los und zog mich hinter sich her. »Sie sind jetzt noch bei den Proben, und wir können ihn uns ansehen.«

Wir wollten uns beeilen? dachte ich. Und was hatten wir bisher getan?

Als wir um die Ecke bogen, sah ich die Bernhardt-Schule auf der anderen Straßenseite. Das Gelände war von einem hohen Eisengitter eingezäunt, durch das sich Reben rankten. Vom Tor aus schlängelte sich eine Auffahrt über einen kleinen Hügel zu dem großen Steinhaus, das mich an eine Burg erinnerte, weil es hoch und rund war. Nach rechts führte ein Anbau mit einem Flachdach, der aus neuerer Zeit zu stammen schien. In diesem Abschnitt waren die Fenster größer. Weiter links sah ich zwei Tennisplätze, die momentan beide belegt waren. Auf einem der Plätze spielten zwei Paare ein gemischtes Doppel. Trotz der Verkehrsgeräusche und der Hupen konnten wir sie gelegentlich lachen hören.

Der Himmel über uns hatte ein dunkleres Blau angenommen, und da und dort bewegte sich eine duftige Wolke wie ein dickes Wattebällchen. Die Brise, die mein Haar zerzauste und einzelne Strähnen über meiner Stirn tanzen ließ, war warm und roch salzig. Hinter der Schule konnte ich das Wasser sehen, das auch von den Stufen vor unserem Wohnhaus aus zu sehen war.

»Komm schon«, ordnete Trisha an, sowie die Ampel grün wurde.

Das Schulgelände überraschte mich. Ich hatte nicht damit

gerechnet, mitten in New York grüne Rasenflächen, Blumenbeete oder Springbrunnen mit Bänken vorzufinden. Und große Ahornbäume und Eichen mit langen, dicken Ästen warfen kühle Schatten, in denen einige Studenten saßen oder lagen. Manche lasen, und andere redeten leise miteinander, und Dutzende von weißen und grauen Tauben stolzierten kühn zwischen ihnen herum. Es sah mehr nach einem schönen Park als nach einem Schulgelände aus.

»Es ist sehr hübsch hier«, sagte ich.

»Das hat früher einmal einem Multimillionär gehört, der Sarah Bernhardt, die berühmte Schauspielerin, geliebt hat, und er hat beschlossen, diese Schule mit ihrem Namen zu gründen, nachdem sie gestorben ist. Die Schule existiert schon seit 1923, aber es ist alles ganz modern. Vor zehn Jahren sind die neuen Gebäude angebaut worden. Da hängt eine Gedenktafel«, erzählte Trisha und deutete auf den Zaun. Als wir die Straße überquert hatten, blieb ich stehen, um die Inschrift zu lesen.

SARAH BERNHARDT ZUM GEDENKEN
DEREN LEUCHTENDER GLANZ DIE BÜHNE ÜBERSTRAHLTE
HELLER DENN JE ZUVOR

»Ist das nicht das Romantischste, was du je gelesen hast?« sagte Trisha seufzend. »Ich hoffe, eines Tages verliebt sich ein sehr reicher Mann in mich und läßt meinen Namen in Marmor meißeln.«

»Ganz bestimmt«, sagte ich, und sie lächelte.

»Danke. Es ist sehr nett von dir, daß du das sagst. Ich freue mich ja so, daß du hier bist.« Sie hängte sich bei mir ein und schritt mit mir durch das Tor.

Ich blickte zu dem bogenförmigen Eingang der Schule auf. Aus der Nähe sah sie noch furchteinflößender aus, als ich sie mir ausgemalt hatte. In diesen heiligen Hallen praktizierten wahrhaft begabte Menschen ihre Talente und entwickelten sie weiter.

Viele ehemalige Schüler waren Berühmtheiten geworden. Die Lehrer hier bekamen nur das Beste zu sehen und zu hören. Gewiß würde jemand wie ich hier wie eine unreife Tomate in einem Korb voller reifer Früchte auffallen. Ich hatte gerade erst das Klavierspielen erlernt, und ich hatte noch nie eine richtige Stimmausbildung gehabt. Und noch dazu hatte mich Großmutter Cutler ohne Vorsingen in die Schule eingeschleust. Niemand hatte je gesagt, ich sei begabt genug, um mich hier einzuschreiben. In meiner Panik ließ ich den Kopf hängen.

»Was ist los?« fragte Trisha. »Bist du müde?«

»Nein. Ich... vielleicht sollten wir doch lieber bis morgen warten«, sagte ich und blieb in der Auffahrt stehen.

»Du fürchtest dich doch nicht etwa, oder?« fragte sie schnell. Ihre Art zu fragen ließ in mir den Verdacht aufkommen, daß sie kurz nach ihrer Ankunft ähnliche Gefühle gehabt hatte. »Komm schon«, sagte sie und drängte mich weiter. »Hier sind alle sehr freundlich, und jeder versteht, was es heißt, die darstellenden Künste auszuüben. Hör also auf, dir Sorgen zu machen.«

Wieder einmal zog sie mich weiter. Ich fing schon an, mir wie ein Welpe an einer Leine vorzukommen. Wir eilten über die Einfahrt zum Haupteingang. Ein großer, schlanker Mann in einer hellblauen Freizeitjacke mit passender Hose kam gerade heraus. Er hatte silbergraues Haar und einen silbergrauen Schnurrbart, und beides stand in einem scharfen Kontrast zu seinen himmelblauen Augen und seinem rötlichen Teint.

»Trisha?« fragte er, als könne er einfach nicht glauben, daß sie es war.

»Guten Tag, Mr. van Dan. Das ist Dawn Cutler, eine neue Schülerin, die gerade erst angekommen ist. Ich führe sie herum.«

»Oh, ja«, sagte er und musterte mich von Kopf bis Fuß. »Sie werden meinen Kurs besuchen.«

»Ja, Sir«, sagte ich.

»Ich freue mich schon darauf, Sie morgen zu sehen.« Er wandte sich an Trisha, und seine Augen funkelten. »Ziehen Sie fünfzig Prozent von allem ab, was Trisha Ihnen erzählt, Dawn.

Sie hat einen Hang zum Hyperbolischen«, fügte er noch hinzu und ging dann weiter.

»Was hat er gesagt?« fragte ich und verzog das Gesicht.

»Ich neige zu Übertreibungen«, sagte sie und kicherte. »Er ist sehr nett und sehr lustig im Unterricht. Siehst du«, sagte sie. »Ich habe dir doch gesagt, daß die Leute hier freundlich sind.«

Als wir das Schulgebäude betraten, begrüßte uns als erstes ein riesiges Wandgemälde in der Eingangshalle. Es reichte fast vom Boden bis zur Decke. Es war ein Porträt von Sarah Bernhardt mit erhobener linker Hand, als griffe sie nach etwas, und ihre Augen waren zum Himmel gewandt.

»Hier entlang«, sagte Trisha, und wir liefen nach rechts über den hellbraunen Marmorboden. Die späte Nachmittagssonne wurde durch die hohen Buntglasfenster gefiltert und malte ein buntes Bild auf die Wände. Trisha führte mich durch einen langen Korridor. In einer kleineren Halle vor zwei Flügeltüren blieben wir stehen. Auf einem großen Anschlagbrett hing ein Plakat, das für eine bevorstehende Produktion von Tschechows *Die Möwe* warb.

»Das ist das Amphitheater«, erklärte Trisha und öffnete leise eine der Türen. Sie bedeutete mir, näherzukommen, und ich schaute ihr über die Schulter.

Es war ein großer Zuschauerraum mit Sitzen, die in einem Halbkreis vor der Bühne standen. Im Moment befanden sich einige Personen auf der Bühne, um eine Szene zu proben. Trisha preßte sich den rechten Zeigefinger auf die Lippen und bedeutete mir, ich solle ihr durch den Gang folgen. Auf halbem Weg zur Bühne blieb sie stehen und wies mich an, mich neben sie zu setzen. Wir hörten einen Moment lang zu, als der junge Regisseur erklärte, wo einer der Schauspieler während der Szene stehen sollte. Trisha beugte sich herüber, um mir ins Ohr zu flüstern.

»Der Junge ganz rechts ist Graham. Ist er nicht traumhaft?«

Es war ein großer blonder Junge mit gemeißelten Gesichtszügen. Das Haar fiel ihm lässig in die Stirn, und er lehnte an einer

Wand, als interessierte es ihn nicht im entferntesten, was hier vorging.

»Ja«, flüsterte ich zurück.

Im nächsten Moment drängte sie mich, wieder aufzustehen, und wir zogen uns durch den Gang zur Tür zurück.

»Komm schon«, sagte sie, sobald sie die Türen hinter uns geschlossen hatte. »Ich zeige dir die Klassenzimmer und die Musiksäle und den Proberaum der Tänzer.«

Wenn unser Rundgang auch mit Lichtgeschwindigkeit vonstatten ging, bekam ich doch ein besseres Gefühl, was den Unterricht am nächsten Tag anging. Jetzt wußte ich in etwa, was wo war. Als Trisha sah, daß es an der Zeit war, nach Hause zu gehen, zog sie mich durch eine Seitentür und führte mich auf einer Abkürzung zum Lieferanteneingang. Wir kamen auf einer anderen Straße heraus und bogen eilig um die Ecke. Jetzt brauchten wir nur noch eine Kreuzung weiter zu laufen, und schon standen wir vor dem Wohnhaus.

In dem Moment, in dem wir eintraten, kam Agnes Morris aus dem Wohnzimmer geschossen, als hätte sie bereits an der Tür gewartet.

»Wo seid ihr gewesen?« fragte sie mit den Händen in den Hüften.

»Dawn und ich waren in George's Eckcafé und haben etwas getrunken, und dann habe ich sie in der Schule herumgeführt«, antwortete Trisha. »Warum?«

»Warum hast du dich nicht erkundigt, ob Arthur mitkommen möchte? Vielleicht hätte er auch gern ein Eis gegessen. Gewöhnlich bist du rücksichtsvoller, Trisha«, sagte sie und musterte mich. »Laß dich von niemandem negativ beeinflussen.« Sie nahm eine hochmütige Haltung ein. »Von jetzt an werdet ihr euch austragen, wenn ihr aus dem Haus geht, damit ich weiß, ob ihr fort seid. Ist das klar?« fragte sie und richtete ihren finsteren Blick wieder auf mich.

»Wir sollen uns austragen?« sagte Trisha ungläubig.

»Ja. Ich lasse einen Block auf dem kleinen Tisch hier im

Eingang liegen. Von jetzt an werden Name und Uhrzeit darauf vermerkt«, sagte sie. »Ich bin mit Arthur in euer Zimmer gekommen, um ihn Dawn vorzustellen, und niemand war da«, sagte sie, und es klang, als könnte nichts Gräßlicheres passieren.

»Ich bin sicher, daß ihm das nichts ausgemacht hat«, erwiderte Trisha und sah mich an.

»Unsinn. Natürlich hat es ihm etwas ausgemacht. Es war, als beträte man eine Bühne und hätte kein Publikum. Komm mit, Dawn«, sagte sie. »Ich werde dich jetzt vorstellen. Ich möchte nicht, daß Arthur gekränkt ist.«

Trisha und ich folgten Agnes die Treppe hinauf. Wir blieben vor einer geschlossenen Tür stehen, und Agnes klopfte leise an. Es kam keine Antwort, und es machte auch niemand die Tür auf. Verblüfft wandte ich mich zu Trisha um, die nur die Achseln zuckte. Agnes klopfte noch einmal an.

»Arthur? Arthur, mein Lieber?«

Wenige Momente darauf öffnete ein sehr großer und außerordentlich dünner Junge die Tür. Er hatte einen vorstehenden Adamsapfel. Ich konnte Daddy Longchamp sagen hören: »Was haben wir denn da für eine Bohnenstange?«

Arthur hatte große, traurige schwarze Augen, von derselben Farbe wie sein ebenholzschwarzes Haar, das lang und widerspenstig war. Es sah aus, als hätte er es noch nie gebürstet. Er hatte eine lange, schmale Nase und einen Mund mit Lippen so dünn wie ein Strich. Sein Gesicht war hager, und das Kinn lief fast spitz zu. Gegen das pechschwarze Haar und die dunklen Augen nahm sich seine Haut sehr bleich aus. Ich mußte an wildwachsende Pilze denken, die im Wald an feuchten, dunklen Orten gedeihen.

Arthur trug ein schwarzes Baumwollhemd, das sich um ihn bauschte wie ein luftgefüllter Ballon. Es steckte in einer Hose, die das Grau von Holzkohle hatte.

»Guten Tag, Arthur«, sagte Agnes. »Hier ist die junge Dame, die ich dir vorzustellen versprach: unsere neue Schülerin.« Sie trat zurück, damit ich vortreten konnte. »Dawn Cutler, darf ich dir Arthur Garwood vorstellen.«

»Hallo«, sagte ich und hielt ihm meine Hand hin.

»Hallo.« Er sah auf meine Hand herunter, als müsse er sie erst auf Bakterien untersuchen, und dann nahm er sie und ließ sie so schnell wieder los, daß ich nicht sicher war, ob wir einander tatsächlich berührt hatten. Er warf einen kurzen Blick auf mich, aber ich glaubte, einen Funken von Interesse in seinen Augen zu sehen, obwohl er ganz schnell wieder zu Boden sah.

»Arthur ist, wie ich dir schon erzählte, ein sehr begabter Musiker«, sagte Agnes.

»Ich bin nicht begabt«, fauchte er und sah verärgert hoch. Seine dunklen Augen glühten.

»Natürlich bist du begabt«, sagte Agnes. »Ihr seid alle begabte junge Menschen, denn sonst wärt ihr nicht hier. Nun«, sagte sie und preßte sich die Hände an die Brust, »ich hoffe, daß ihr alle sehr gute Freunde werdet, und nach langen, langen Jahren, wenn all eure Namen in Leuchtschrift blinken, werdet ihr euch daran erinnern, wie ich euch einst einander vorgestellt habe.«

»Das werde ich nie vergessen«, sagte Trisha. Ich sah mich um und bemerkte ihr Lächeln.

»Und jetzt wollen wir uns alle für das Abendessen fertig machen«, sagte Agnes, der Trishas Sarkasmus entgangen war. Arthur Garwood faßte diese Worte als seinen Einsatz auf, um seine Zimmertür zu schließen. Mit diesem Schritt überrumpelte er mich, und ich mußte eilig zurücktreten, weil ich sonst noch einen Fuß in der Tür gehabt hätte. Trisha sah den schockierten Ausdruck auf meinem Gesicht und packte mich am Arm, um mich zu unserem Zimmer zu ziehen. Sobald die Tür hinter uns geschlossen war, brach sie in Gelächter aus, und sie lachte so unbekümmert, daß ich mich davon anstecken ließ.

»Siehst du, was ich mit Bones gemeint habe?« fragte sie und hielt sich den Bauch. »Ich bin nicht begabt«, sagte sie mit tiefer Stimme, um ihn nachzuahmen.

»Warum ist er bloß so unglücklich?« fragte ich. »Ich glaube nicht, daß ich je so melancholische Augen gesehen habe.«

»Er ist unfreiwillig hier. Seine Eltern haben ihn hergeschickt. Wenn du unbedingt Depressionen bekommen willst, kannst du ihn vielleicht dazu bringen, dir einige seiner Gedichte vorzulesen. Gott sei Dank, daß du hier bist«, sagte sie, »und ich all das nicht mehr allein aushalten muß.« Sie fing an, sich auszuziehen, weil sie duschen wollte.

»Du kannst das andere Bad benutzen, wenn du duschen willst«, sagte sie. »Du brauchst nicht auf mich zu warten.«

»Aber ich dachte, Agnes hätte gesagt, das andere Bad sei für die Jungen da?«

»Das stimmt auch, aber Arthur duscht nie vor dem Abendessen, und er zieht sich auch nicht um. Er trägt tagein, tagaus dieselben Sachen, und sonst ist noch niemand hier.«

Ich wählte ein hübsches blaßrotes Prinzeßkleid aus, um es bei meinem ersten Abendessen hier zu tragen, und nachdem ich es auf dem Bett bereitgelegt hatte, nahm ich meinen Bademantel und ging ins Bad, um zu duschen. Ich hatte mich gerade entkleidet und war in die Duschkabine getreten, als ich hörte, wie sich der Türknopf umdrehte, und dann sah ich, daß das Schloß aufsprang. Offensichtlich war es defekt. Es geschah alles so schnell, daß mir keine Zeit blieb, etwas zu unternehmen. Arthur Garwood trat mit einem Handtuch über der Schulter und gesenktem Blick ein. Ich schrie und bedeckte meinen Busen, so gut es ging, mit dem linken Arm, während meine rechte Hand die Nacktheit meiner Scham zu verbergen versuchte. Arthur blickte auf. In dem Moment, in dem er mich sah, sprang ihm der Mund auf, und seine bleiche Haut wurde so rot, daß er fiebrig wirkte. Dann streckte ich den Arm aus und zog mir den Duschvorhang um den nackten Körper.

»Ich ... oh ... tut mir leid, ich ...« Er trat zurück und schloß eilig die Tür.

Mein Herz klang wie eine Blechtrommel, und das nicht nur, weil das Türschloß nachgegeben hatte und es zu einem peinlichen Augenblick gekommen war. Mir schoß die Erinnerung an meinen Bruder Philip wieder durch den Kopf und daran, was sich im Cutler Hotel zwischen uns abgespielt hatte. Ich spürte, wie diese Erinnerungen Übelkeit und Schwindelgefühle bei mir auslösten, und ich mußte mich auf den Rand der Wanne setzen und tief Atem holen. Dennoch konnte ich nicht aufhören, an Philips Hände zu denken, die meinen Körper berührt hatten, an seine Lippen, die sich auf meine Brust gepreßt hatten, als er mich an jenem Tag im Hotel unter Stammeln und Flehen vergewaltigt hatte. Ich hatte nie erzählen können, was an jenem Tag vorgefallen war, weil Jimmy sich im Hotel versteckte und ich ihn nicht in Gefahr bringen wollte. Wie gräßlich all das doch gewesen war! Die Erinnerungen waren wie winzige Messer, die sich in mein Herz gruben. Ich schlang mir die Arme um die Schultern und wiegte mich einen Moment lang, bis sich die Übelkeit gelegt hatte. Dann, nachdem ich noch ein paarmal tief durchgeatmet hatte, stand ich auf und duschte, und ich stellte das Wasser so heiß, daß es brannte und schmerzte, als es auf mich herunterprasselte. Vielleicht hoffte ich, die Schmach meiner Gedanken und Erinnerungen wegbrennen und abschrubben zu können. Aber jetzt weiß ich, daß ich nie frei davon sein werde.

Als meine Haut so rot und aufgescheuert war, daß ich es nicht länger ertragen konnte, machte ich die Dusche aus und trocknete mich schnell ab, schlüpfte in meinen Bademantel und eilte wieder zu meinem Zimmer. Trisha war schon angezogen und frisierte sich gerade. Ich schloß die Tür hinter mir, lehnte mich mit dem Rücken dagegen und schloß die Augen.

»Was ist passiert?« fragte sie. »Du wirkst verstört.«

Ich berichtete ihr kurz, daß Arthur Garwood mich im Bad überrascht hatte.

»Dieser Vorfall hat üble Erinnerungen in mir wachgerufen«, murmelte ich, als ich mich auf das Bett setzte.

»Wirklich?« Trisha wollte sich schon neben mich setzen, doch dann sah sie auf ihre Armbanduhr. »Oh, ich muß jetzt runtergehen und Mrs. Liddy helfen. Wir reden später weiter. Wir legen uns früh ins Bett und schalten die Lichter aus, und dann reden wir, bis wir beide wie die Toten schlafen, einverstanden?«

Ich nickte. Ich war machtlos dagegen. Ein Teil von mir wollte all meine verqueren Geheimnisse verschlossen in meinem Herzen bewahren, doch ein anderer Teil von mir verzehrte sich danach, mich jemandem anzuvertrauen. Wenn ich doch nur, wie andere Mädchen, eine normale Mutter gehabt hätte – eine Mutter, mit der ich lachen und zu der ich mit meinen Problemen gehen konnte, die mich im Arm hielt und mir über das Haar strich, wenn ich Sorgen hatte. Meine Mutter war eine zarte, empfindsame Blume, der gegenüber man nie etwas Betrübliches äußern durfte.

Alle Menschen, die ich wirklich liebte, waren aus meinem Leben verschwunden, und alle Menschen, die jetzt in mein Leben getreten waren, würde ich nie lieben können: die argwöhnische, grausame Großmutter Cutler, Randolph, mein ferner, teilnahmsloser Vater, der immer zuviel zu tun hatte, meine bleiche, panische Mutter, Clara Sue, meine gehässige Schwester, und Philip, der mich nur in der Form lieben wollte, in der ein Bruder seine Schwester niemals lieben sollte. Ich brauchte dringend eine Freundin wie Trisha, vielleicht sogar zu dringend. Ich konnte nur hoffen und beten, daß sie nicht wie so viele andere war und mich schließlich doch verraten würde. Aber manchmal bleibt uns gar nichts anderes übrig, als jemandem zu vertrauen, dachte ich.

Nachdem Trisha gegangen war, zog ich mich an, bürstete mir das Haar und ging nach unten, um mein erstes Abendessen in diesem Haus einzunehmen.

Wenn Arthur Garwood vorher schon zu schüchtern gewesen war, um mich anzusehen, dann graute ihm jetzt davor, unsere Blicke könnten sich auch nur einen Moment lang treffen. Seine Wangen waren immer noch vor Verlegenheit gerötet, und er sah nur von seinem Teller auf, wenn es sich absolut nicht vermeiden ließ.

Das Essen war ausgezeichnet: Rostbraten und Kartoffeln mit einer köstlichen Bratensauce. Mrs. Liddy hatte auch mit dem

Gemüse etwas Wunderbares angestellt. Nie hatte ich Spinat und Karotten gegessen, die derart würzig schmeckten. Zum Nachtisch gab es Biskuitkuchen, der mit Wein getränkt und mit Makronen, Mandeln und Schlagsahne überzogen war. Mrs. Liddy sagte mir, daß sich diese Nachspeise Biskuitauflauf nannte.

Nachdem Trisha beim Auftragen des Essens geholfen hatte, setzte sie sich neben mich, aber wir hatten kaum Gelegenheit, miteinander zu reden. Agnes Morris bestritt bei Tisch das Gespräch mit ihren Geschichten über die verschiedensten Schauspieler und Schauspielerinnen, mit denen sie gearbeitet und die sie kennengelernt hatte, über Theaterstücke, in denen sie aufgetreten war, und über die Stationen ihrer Ausbildung. Sie schien zu allem eine Meinung oder eine Geschichte parat zu haben, sogar zum Spinat, als es mir gelungen war, ein Lob einzuwerfen.

»Ach, dazu fällt mir eine lustige Geschichte ein«, sagte Agnes. Ich sah Arthur an. Er hatte den ganzen Abend über verstohlene Blicke auf mich geworfen, doch jedesmal, wenn ich ihn dabei ertappte, wurde er rot und sah auf seinen Teller hinunter. »Über eine fürchterliche junge Schauspielerin, die ich gekannt habe und deren Name ungenannt bleibt, weil sie mittlerweile in Hollywood ganz groß rausgekommen ist. Sie war so ziemlich die eingebildetste Person, die man sich vorstellen kann«, sagte sie und schaute mich direkt an. »Also, wirklich, sie konnte noch nicht einmal an einem Schaufenster vorbeigehen, ohne sich selbst in der Scheibe zu betrachten.

Jedenfalls machte diese junge Dame Jagd auf einen jungen Mann, einen recht gutaussehenden, charmanten jungen Mann, bis sie ihn dazu gebracht hatte, sie zum Abendessen auszuführen und dann mit ihr im Central Park spazierenzufahren, und sie erhoffte sich eine äußerst romantische Spazierfahrt. Doch die Romantik blieb aus, und als er sie zum Abschluß des Abends nach Hause brachte, drückte er ihr lediglich die Hand und wünschte ihr eine gute Nacht. Noch nicht einmal ein flüchtiger Gutenachtkuß«, betonte Agnes.

»Nun, meine eingebildete Freundin war ziemlich verstört, wie ihr euch sicher denken könnt. Sie lief eilig in ihr Zimmer, um in ihr Kopfkissen zu weinen, doch als sie im Flur stehenblieb, wie sie es immer tat, um sich im Spiegel zu betrachten, was glaubt ihr wohl, was sie gesehen hat? Ein Stück Spinat, das zwischen ihren mittleren Schneidezähnen steckte!« Agnes schlug die Hände zusammen und lachte. Trisha sah mich an und verdrehte den Blick zur Decke. Ich schaute mich nach Arthur um, der beinah lächelte. Seine Lippen zitterten, und er schüttelte den Kopf.

Ich bot Trisha an, ihr beim Abräumen des Tischs zu helfen, doch Agnes wiederholte, daß jeder von uns der Reihe nach zuständig war. Sie befahl mir regelrecht, ihr ins Wohnzimmer zu folgen, damit sie mir ihr Album mit Fotos und Zeitungsausschnitten zeigen konnte.

»Natürlich kann Arthur auch mitkommen, wenn er mag«, sagte sie, und Arthur äußerte sich zum ersten Mal an diesem Abend.

»Vielen Dank, aber ich muß meine Mathematikhausaufgaben noch machen, damit ich *üben* kann«, sagte er und verzog den Mund bei dem Wort »üben«, als sei es etwas Ruchloses. Arthur warf einen letzten verstohlenen Blick auf mich und eilte davon.

Es stellte sich heraus, daß Agnes nicht nur ein Sammelalbum besaß, sondern fünf, und sie waren alle bis zur letzten Seite vollgeklebt. Sie hatte jedes einzelne Wort aufbewahrt, das je über sie geschrieben worden war, sogar Vermerke und Notizen ihrer Lehrer. Sätze waren unterstrichen, vor allem solche, wie: »Agnes weist einen Hang zum Dramatischen auf.«

»Hier ist ein Bild von mir im Alter von zwei Jahren, wie ich auf der Veranda tanze.«

Das Foto war so alt und ausgeblichen, daß man unmöglich ihr kleines Gesicht erkennen konnte, doch ich lächelte und sagte, es sei bemerkenswert. Agnes hatte zu jedem einzelnen Ausschnitt, den sie eingeklebt hatte, etwas zu berichten. Wir hatten erst eineinhalb Alben durchgeblättert, als Trisha von der Küchenarbeit zurückkam, um mich zu retten.

»Ich muß jetzt dringend meine Englischhausaufgaben machen«, kündigte Trisha an, die an der Tür stehengeblieben war. »Ich dachte, ich zeige Dawn, was wir bisher gemacht haben, damit sie leichter den Anschluß findet.«

»Ach, ja, natürlich«, sagte Agnes.

»Danke«, sagte ich und stand auf. Ich warf Trisha einen dankbaren Blick zu und wich vom Sofa zurück.

Als Trisha und ich die Treppe erreicht hatten, rannten wir nach oben und hielten das Kichern zurück, bis wir die Schlafzimmertür hinter uns geschlossen hatten.

»Ich weiß, wie das ist«, sagte Trisha. »An den ersten Abenden nach meiner Ankunft hat sie mich damit bestürmt. Ich saß natürlich in der Falle«, fügte sie hinzu. »Ich hatte niemanden, der mich gerettet hat, wie ich dich gerade gerettet habe.

Ich frage mich, was dieser neue Wahnsinn mit dem Ein- und Austragen soll?« sagte Trisha. »So ist Agnes nie mit uns umgesprungen.«

»Es ist alles meine Schuld«, sagte ich.

»Deine Schuld? Du meinst, weil du nicht hier warst, als sie dir Arthur vorstellen wollte? Nein, ich glaube...«

»Es kommt alles nur daher, daß meine Großmutter Agnes einen Brief geschrieben hat, in dem sie ihr abscheuliche Dinge berichtet. Agnes hat mir gesagt, ich sei auf Bewährung hier.«

»Bewährung? Das hat Agnes gesagt? Wie merkwürdig. Sie macht die Vorschriften selten geltend. Meistens kann sie sich selbst nicht an die Hausordnung erinnern. Aber warum hat deine Großmutter bloß so etwas getan?« fragte Trisha.

Ehe ich etwas darauf erwidern konnte, wurde an die Tür geklopft, und dann steckte Agnes den Kopf ins Zimmer.

»Da ist ein Anruf für Dawn«, sagte sie.

»Ein Anruf?« Ich schaute Trisha an.

»Ich habe vergessen, dir zu sagen, daß wir nach sieben Uhr abends keine Anrufe gestatten, wenn es sich nicht um eine absolute Notlage handelt oder etwas mit der Schule zu tun hat. Da es ein Ferngespräch ist, habe ich eine Ausnahme gemacht und gesagt, ich würde dich holen«, sagte Agnes. »Du kannst das Gespräch im Wohnzimmer entgegennehmen.«

»Ist es meine Mutter?« fragte ich und griff langsam nach meinem Bademantel.

»Nein. Es ist jemand, der Jimmy heißt«, sagte sie.

»Jimmy!« Ich eilte an ihr vorbei und sprang die Stufen zum Wohnzimmer hinunter, um den Hörer abzunehmen.

»Jimmy!«

»Hallo, Dawn. Wie geht es dir? Ich hoffe, ich habe dir keine Schwierigkeiten gemacht, weil ich so spät noch anrufe. Die Dame, die abgenommen hat, wirkte verärgert.«

»Nein, es ist schon in Ordnung. Wie geht es dir?«

»Mir geht es prima. Ich habe große Neuigkeiten für dich, und da ich morgen aufbrechen muß, dachte ich, ich versuche am besten, dich anzurufen.«

»Morgen aufbrechen? Wohin gehst du?«

»Ich habe mich zur Armee gemeldet, Dawn. Morgen komme ich ins Ausbildungslager«, sagte er mit fester Stimme.

»Zur Armee! Aber was ist mit der Schule?«

»Der Werbeoffizier hat mir erklärt, wie ich beim Militär mein Diplom machen kann, und ich werde gleichzeitig etwas lernen, was ich gebrauchen kann, wenn ich wieder draußen bin.«

»Aber Jimmy... das Militär...« Ich unterbrach mich, und mein Herz raste, als ich an den hilfsbereiten Soldaten am Flughafen dachte, der mich an Jimmy erinnert hatte. War das ein Omen gewesen, eine Prophezeiung?

»Es ist alles in Ordnung, Dawn. Es wird mir guttun. Ich will auf mich selbst gestellt sein und nicht von einer Pflegefamilie an die nächste weitergereicht werden.« Jimmys Stimme drückte Entschlossenheit aus.

»Aber, Jimmy, wann sehe ich dich wieder?« rief ich aufgeregt.

»Gleich nach dem Ausbildungslager werde ich mir Urlaub nehmen und nach New York kommen, um dich zu besuchen. Ich verspreche es dir. Es gibt ohnehin niemand anderen, den ich besuchen könnte, niemanden, außer dir, aus dem ich mir etwas mache, Dawn«, sagte er mit zarter Stimme. Sein geliebtes Gesicht blitzte vor mir auf, die schimmernden dunklen Augen, die nach der Liebe flehten, von der wir beide geglaubt hatten, sie sei uns verboten. Jetzt, da wir wußten, daß uns kein Verbot im Weg stand, waren wir wie Kleinkinder, die das Laufen lernten, wankten und stolperten und nach den richtigen Worten tasteten, nach dem richtigen Umgang miteinander. Nachdem wir viele, viele Jahre als Geschwister miteinander gelebt hatten, fiel es schwer, diese Identitäten abzulegen und in neue zu schlüpfen.

»Du fehlst mir, Jimmy«, sagte ich. »Jetzt in New York noch mehr denn je. Es ist so groß und erschreckend.«

»Mach dir keine Sorgen, Dawn. Ich komme schneller zu dir, als du glaubst, und du wirst gut zurechtkommen.«

»Ich habe schon eine Freundin gefunden, meine Zimmergenossin Trisha Kramer. Sie ist sehr nett. Du wirst sie mögen.«

»Siehst du? Wußte ich es doch.«

»Aber, Jimmy, du solltest versuchen, Daddy zu finden, vor allem jetzt, wenn du zum Militär gehst. Er braucht dich, Jimmy. Ich darf mir gar nicht vorstellen, daß er aus diesem furchtbaren Gefängnis rauskommt und ganz allein dasteht. Momma wird ihm fehlen. Und Fern. Und du auch. Er hat niemanden.«

Schweigen entstand.

»Jimmy?«

»Ich habe ihm einen Brief geschrieben«, gestand Jimmy.

»O Jimmy, ich bin ja so froh!«

»Ich habe es vor allem getan, weil du es wolltest«, sagte er und ließ männliche Widerspenstigkeit in seine Stimme einfließen.

»Es macht mich sehr glücklich, Jimmy, daß du meinetwegen etwas Nettes getan hast«, sagte ich liebevoll.

»Hm«, sagte er eilig. »Was ist mit deiner neuen Familie? Werden sie kommen und dich besuchen?«

»Sie behaupten es. Jimmy...«

»Ja, Dawn?«

»Meine richtige Familie bist immer noch du«, sagte ich. Er schwieg lange am anderen Ende der Leitung.

»Ich muß jetzt auflegen, Dawn. Ich muß packen, und ich habe noch einiges zu erledigen.«

»Paß auf dich auf, Jimmy. Und schreib mir. Bitte!« flehte ich ihn an.

»Natürlich schreibe ich dir. Sieh du nur zu, daß du nicht zu schnell ein großer Star wirst und mich ganz vergißt«, neckte er mich.

»Dazu wird es nie kommen, Jimmy. Das verspreche ich dir.«

»Tschüß, Dawn.«

»Tschüß.«

»Dawn!« rief er.

»Ja, Jimmy?«

»Ich liebe dich«, sagte er schnell.

Ich wußte, wie schwer es ihm fiel, das zu sagen, Gefühle in Worte zu fassen, die wir für sündhaft gehalten hatten.

»Ich liebe dich auch, Jimmy«, sagte ich, und dann hörte ich das Klicken, als er auflegte. Ich wollte gerade den Hörer auflegen, als ich glaubte, noch ein Klicken zu hören. Hatte Agnes Morris uns belauscht? Vielleicht hatte Großmutter Cutler sie auf mich angesetzt, damit sie mir nachspionierte.

Erst, als ich den Hörer aufgelegt hatte und aufstand, merkte ich, daß Tränen über meine Wangen liefen. Sie tropften von meinem Kinn. Ich rieb mir mit den Handflächen die Wangen ab, verließ langsam das Wohnzimmer und lief die Treppe hinauf.

Trisha lag im Bett und las eine Zeitschrift, als ich eintrat. Sie ließ die Zeitschrift eilig sinken und sah mich mit fragenden Augen an.

»Wer ist Jimmy?«

»Der Junge, den ich endlose und ewige Jahre für meinen Bruder gehalten habe«, sagte ich. Ihr Mund sprang weit auf.

»Du hast geglaubt, er sei dein Bruder?« fragte sie. Ich nickte.

»Ein Junge, den du für deinen Bruder gehalten hast? Eine Großmutter, die gemeine Briefe über dich schreibt? Aus was für einer Familie stammst du eigentlich?«

Ich erkannte, daß es an der Zeit war, ihr einen Teil meiner

Geschichte zu erzählen. Wenn ich eine Freundin haben wollte, eine echte Freundin, dann durfte ich nicht zu viele tiefe, finstere Geheimnisse vor ihr haben. Ich mußte ihr vertrauen, das Risiko eingehen und ihr meine Geschichte erzählen. Ich konnte nur hoffen und beten, daß sie mich nicht verraten und die Geschichte in der ganzen Schule verbreiten würde, eine Geschichte, die mich in den Augen der anderen wie ein Ungeheuer hätte dastehen lassen, vor allem in den Augen von Menschen, die mich nicht kannten.

»Versprichst du, niemandem zu erzählen, was ich dir jetzt sage?« fragte ich sie.

»Natürlich«, sagte sie, und ihre Augen waren vor Spannung weit aufgerissen. »Hand aufs Herz und heiliges Ehrenwort.« Sie malte sich ein Kreuz auf die Brust. Ich nickte und setzte mich auf mein Bett. Sie sank auf die Knie und hockte sich hin, warf sich das Haar über die Schulter zurück und faltete die Hände im Schoß. Sie sah aus, als hielte sie den Atem an.

Meine Gedanken wanderten zu Jimmy, und ich erinnerte mich wieder daran, wie wir stundenlang wachgelegen und miteinander geredet hatten, auf unserem ausklappbaren Sofa nebeneinander gelegen und bis tief in die Nacht hinein geflüstert hatten. Ich ließ mich auf den Rücken sinken und sah zur Decke auf.

»Kurz nach meiner Geburt bin ich entführt worden«, begann ich und erzählte ihr meine Lebensgeschichte.

Lange Zeit stellte Trisha keine einzige Frage, sagte kein einziges Wort. Nach einer Weile legte sie sich auf den Rücken, verschränkte die Arme vor der Brust und hörte zu. Ich glaube, sie hatte Angst, mich zu unterbrechen, weil sie dachte, ich könnte aufhören zu reden. Nachdem ich ihr alles über Momma und Daddy Longchamp und über Fern und Jimmy erzählt hatte, ihr geschildert hatte, wie unser Leben verlaufen war, machte ich schnell einen Sprung zu meiner Rückkehr nach Cutler's Cove. Ich schämte mich zu sehr, um ihr von meiner kurzen Romanze mit Philip zu erzählen, als ich in Richmond die Emerson-Peabody-Schule besucht hatte, und mir war es auch zu peinlich, zu erzählen, was später im Hotel zwischen uns passiert war.

»Clara Sue muß schrecklich sein«, sagte Trisha schließlich. »Wie gemein, was sie Jimmy angetan hat.«

»Wenn ich sie nie mehr wiedersehe, ist mir das noch zu früh«, erwiderte ich darauf. Trisha schwieg einen Moment lang, und dann setzte sie sich auf und drehte sich zu mir um.

»Als du aus dem Bad gekommen bist, nachdem Arthur dich dort überrascht hat, hast du gesagt, es hätte üble Erinnerungen bei dir wachgerufen. Was für Erinnerungen? Ist sonst noch etwas im Hotel passiert?« fragte sie einfühlsam.

»Ich wäre fast vergewaltigt worden, als ich unter der Dusche stand«, sagte ich und entschloß mich, etwas zu erfinden. »Von einem Hotelpagen.«

»Oh, das ist ja entsetzlich. Was hast du getan?«

»Ich habe mich gewehrt, und er ist weggerannt. Die Polizei sucht ihn heute noch.« Ich wandte mich ab, damit Trisha die Lüge nicht in meinen Augen erkennen konnte. Urplötzlich lief mir ein Schauer nach dem anderen über den Rücken, und mir war fast schwindlig vor Angst, wie sie auf meine Geschichte reagieren würde. Was hatte ich getan? New York war die eine, einzige Chance für mich, ein neues Leben zu beginnen, hier, wo niemand etwas von meiner seltsamen Vergangenheit wußte. Warum hatte ich diese Dinge jemandem anvertraut, Dinge, die ich hätte tief begraben und nie mehr herausholen sollen? Mein Herz raste wie ein Schnellzug, als ich Trisha ansah und mir davor graute, ich könnte Abscheu in ihren Augen erkennen.

»Du bist ja so glücklich dran!« rief sie unerwartet aus.

»Was?« Hatte ich mich verhört? »Ich soll glücklich dran sein?«

»Du hast so ein aufregendes Leben gehabt, und bei mir geschieht gar nichts«, stöhnte sie. »Ich war nur in einer ganz normalen staatlichen Schule in einer Kleinstadt, ich habe nur einen einzigen richtigen Freund gehabt, und ich bin fast nirgends gewesen. Ja, gut, wir waren ein paar dutzendmal in Palm Beach,

in Florida, aber das hat mir nie Spaß gemacht. Da sitze ich immer in irgendeinem verstaubten Hotel fest und bin gezwungen, mich schön anzuziehen und mich vollendet zu benehmen, weil dort so viele reiche und bedeutende Leute sind, die einander ständig anstarren und insbesondere die Kinder der anderen beobachten. Wenn meine Frisur nicht hundertprozentig sitzt, wird meine Mutter hysterisch. Unsere Manieren bestimmt Emily Post. Ich darf noch nicht mal einen Ellbogen auf den Tisch legen!«

Sie kam mit einem Satz auf mein Bett und legte sich neben mir auf den Bauch.

»Aber wenn ich erst einmal eine berühmte Tänzerin bin, werde ich mich ganz unerhört benehmen«, erklärte sie entschieden. »Ich werde mich wild rausputzen und etliche Freunde haben, die alle gut aussehen und in einem zweifelhaften Ruf stehen, und ich werde aus langen Zigarettenspitzen aus Perlmutt Zigaretten rauchen und mich an eleganten Orten blicken lassen. Wohin ich auch gehe, überall werden Reporter sein, die Bilder von mir machen. Und heiraten werde ich auch nicht, solange ich nicht... schon bald dreißig bin! Und dann wird es ein Mann sein, der so reich ist, daß sein Name Türen öffnet, und die Leute werden wie aufgescheuchte Feldhasen auseinanderlaufen. Klingt das nicht aufregend?« fragte sie mich.

»Doch«, sagte ich, um ihre Gefühle nicht zu verletzen, aber innerlich war ich von meinen widesprüchlichen Sehnsüchten zerrissen. Ich wollte eine ganz große Sängerin werden, und ich wollte Ruhm erlangen und die Welt kennenlernen – es gab so viele Dinge, die ich noch nicht gesehen und getan hatte. Aber ich wußte, daß ich tief in meinem Herzen meine größte Hoffnung finden würde. Mehr als alles andere wünschte ich mir, eine Familie zu haben und meine Kinder zu lieben und zu verwöhnen, damit es ihnen nie so ging, wie es mir heute ging. Ich konnte es keinem anderen Menschen wünschen, sich so zu fühlen.

Trisha drehte sich auf den Rücken. »Weiß Agnes von all diesen Dingen, die dir zugestoßen sind?«

»Sie weiß nichts, außer den Lügen, die Großmutter Cutler ihr in diesem Brief mitgeteilt hat. Ich weiß noch nicht einmal, was in dem Brief steht – ich bekäme ihn zu gern in die Finger.«

»Das kriegen wir hin«, gelobte Trisha.

»Wie denn?«

»Wenn wir wissen, daß Agnes eine Weile nicht zurückkommt und daß Mrs. Liddy zu tun hat, dann werden wir uns in ihr Zimmer schleichen und den Brief suchen.«

»Oh, ich weiß nicht, ob ich so etwas machen könnte«, sagte ich. Schon allein bei dem Gedanken pochte mein Herz heftig.

»Überlaß es mir«, sagte Trisha. »O-o-o-o«, quietschte sie. »So etwas Spannendes habe ich schon ewig nicht mehr erlebt.«

»Mir wäre es lieber, wenn wir das bleibenließen«, murmelte ich, aber sie hörte mich nicht, oder sie wollte mir nicht zuhören.

Sie ließ sich genauer von mir schildern, was es hieß, von einer Stadt zur anderen zu ziehen und ständig die Schule zu wechseln. Wir redeten, bis wir uns beide eingestanden, daß wir müde waren, und dann machten wir endlich die Lichter aus.

Ich schlief schnell ein, denn ich war von meiner Reise und allem, was ich seit meiner Ankunft unternommen hatte, erschöpft; aber irgendwann mitten in der Nacht erwachte ich und hörte den Regen: mein erster Sommerregen in New York City. Das Stakkato auf dem Dach klang wie die Trommeln einer Militärkapelle und brachte Erinnerungen mit sich, die ich zu vergessen gehofft hatte, Erinnerungen an meine erste Nacht in Cutler's Cove, als ich mich mit meiner seltsamen neuen Familie in einer seltsamen neuen Welt wiedergefunden hatte. Wie sehr ich Momma und Daddy Longchamp vermißt hatte, Fern und Jimmy.

Ich stand aus dem Bett auf. Trisha schlief fest, und ihr Atem ging tief und gleichmäßig. Ich bewegte mich behutsam, um sie nicht zu wecken, als ich mich auf den Weg zum Bad machte. Auf dem Rückweg zum Zimmer hörte ich einen merkwürdigen Laut. Ich blieb stehen und lauschte, und mir wurde klar, daß ich ein Schluchzen hörte und daß das Geräusch aus Arthur Garwoods Zimmer kam. Ich trat näher an seine Tür und lauschte.

»Arthur?« rief ich leise. »Ist alles in Ordnung mit dir?« Ich wartete. Das Weinen hörte auf, doch er antwortete nicht. Ich lauschte noch ein Weilchen, und dann kehrte ich wieder in mein Zimmer zurück und machte mir Gedanken über diesen trübsinnigen, grüblerischen Jungen, der sich in seinem eigenen Körper einschloß.

3
Der Brief

Der Sommer, der sich sonst wie eine Raupe vorwärtsbewegt hatte, flog vorbei, und ehe ich mich versah, schlug ich die Augen an einem Morgen im späten August auf. Mein Aufenthalt in New York und mein Besuch der Sarah-Bernhardt-Schule für darstellende Künste hatten mich auf eine Achterbahn von Gefühlen gebracht. Die Panik, die ich am ersten Schultag verspürt hatte, legte sich nicht sofort, obwohl Trisha recht gehabt hatte: Alle waren freundlich und ermutigten uns, vor allem unsere Lehrer, die weniger förmlich waren als meine bisherigen Lehrer in staatlichen Schulen. Außer in Mathematik und in den Naturwissenschaften saßen wir in all meinen Kursen im Halbkreis vor dem Lehrer, der normalerweise in einem Gesprächston mit uns redete. Mein Sprachausbilder forderte seine Studenten sogar auf, ihn mit seinem Vornamen anzusprechen.

Und auch die meisten Schüler waren anders. Die Unterhaltungen in der Cafeteria oder in den Aufenthaltsräumen drehten sich immer um Theater oder Film oder um musikalische Darbietungen. Wir hatten keine Basketball- und keine Footballmannschaft. Alles drehte sich um die Künste. Gewöhnlich saß ich da und hörte zu, wenn die anderen über die Schauspieler und die Aufführungen redeten, die ihnen besonders gut gefielen. Ich schämte mich, zugeben zu müssen, daß ich bisher noch kein richtiges Theaterstück gesehen hatte und schon gar nicht ein Theaterstück am Broadway. Natürlich gab ich es Trisha gegenüber zu, und sie arrangierte auf der Stelle, daß wir eine Matinee besuchten.

Fast täglich wurde in der Schule eine neue Ankündigung an dem allgemeinen Informationsbrett angebracht, die auf ein öffentliches Vorspielen und auf Gelegenheiten hinwies, die vor allem den älteren Schülern geboten wurden. Ich konnte mir nicht vorstellen, jemand würde mich dafür bezahlen, daß ich auftrat. Trisha ging es genauso, aber wir blieben immer stehen und lasen die Anschläge und bildeten uns ein, wir hätten ernstlich vor, uns zu bewerben.

Ich bekam viele Komplimente und eine Menge Unterstützung von meinem Gesangslehrer und meinen Mitstudenten, aber wenn mich jemand davor bewahrte, den Kopf zu verlieren, dann war es meine Klavierlehrerin Madame Steichen. Sie war berühmt, und sie war in Österreich als Konzertpianistin aufgetreten. Es wurde als eine große Ehre angesehen, in ihrer Klasse zu sein, doch für mich war es anfangs ziemlich beängstigend. Daran, wie meine Mitschüler sich benahmen, wenn sie in ihre Kurse gingen, konnte ich ersehen, daß sie sich sehr von unseren anderen Lehrern unterscheiden würde. Sie erteilte allgemeinen Unterricht in Musikgeschichte und -theorie und gab Einzelstunden.

Madame Steichen kleidete sich für den Unterricht immer förmlich und erschien so, als solle sie selbst vor einem Publikum auftreten. Gewöhnlich betrat sie den Raum direkt vor Unterrichtsbeginn und duldete nicht, daß jemand zu spät kam. Wir saßen alle da und warteten, und wir konnten ihre Absätze im Korridor klappern hören, wenn sie sich näherte. Bei ihrem Eintreten gab niemand einen Laut von sich. Sie lächelte nur sehr selten.

Sie war groß und dünn und hatte lange, geschmeidige Finger, die ein Eigenleben zu führen schienen, sowie sie sie auf die Klaviertasten legte. Nie hatte ich eine solche Intensität in den Augen eines Menschen gesehen, wie in ihren dunkelgrauen Augen, wenn sie etwas vorspielte. Ich war tief beeindruckt und fand es sehr aufregend, eine ihrer Schülerinnen zu sein.

Sie trug das Haar immer straff zu einem Knoten aufgesteckt. Sie schminkte sich nicht, trug nicht einmal einen Hauch von Lippenstift auf ihre blaßroten Lippen auf. Wenn ich neben ihr auf dem Klavierhocker saß, sah ich die kleinen braunen Altersflecken auf ihren Handgelenken und auf ihren Schläfen. Ihre Haut war so dünn, daß die winzigen Äderchen, die sich durch ihre Augenlider zogen, deutlich zu sehen waren.

Und doch täuschte ihr zerbrechlich wirkender Körper. Im Unterricht war sie streng und griff hart durch, und sie zögerte nicht, ihre Schüler mit beißender, zynischer Kritik zu strafen, wenn sie es für nötig hielt. Mindestens zweimal brachte sie mich fast zum Weinen.

»Warum hast du mir gesagt, du hättest Klavierstunden gehabt?« fragte sie mich, als ich mich zum ersten Mal ans Klavier setzte, um ihr etwas vorzuspielen. »Hat dir jemand erzählt, ich hätte kein Gehör?«

»Nein, Madame, aber ich hatte Klavierstunden. Ich...«

»Bitte«, sagte sie und schnitt mir mit einer forschen Handbewegung das Wort ab. »Betrachte dich als blutige Anfängerin. Vergiß alles, was man dir je gesagt hat. Hast du mich verstanden?« fragte sie, und ihre kleinen, stechenden Augen schienen mich aufzuspießen.

»Ja, Madame«, antwortete ich eilig.

»Gut. Und jetzt wollen wir auf die Grundlagen zurückgreifen«, sagte sie. Für den Rest des Tages behandelte sie mich, als hätte man mir gerade erklärt: »Das hier ist übrigens ein Klavier.«

Gegen Ende des Sommers blieb sie jedoch nach einer Unterrichtsstunde vor mir stehen und starrte mich lange an. Mein Herz schlug in der bösen Ahnung, sie würde mir sagen, ich solle das Klavierspielen aufgeben. Statt dessen drückte sie die Schultern durch, nickte und schaute mich herablassend an, um mir etwas zu sagen, was ich als spektakulär empfand.

»Du scheinst ein angeborenes Gespür für die Musik zu haben. Mit der Zeit kannst du, glaube ich, das Niveau einer Konzertpianistin erreichen.«

Dann machte sie auf ihren Absätzen kehrt und ließ mich mit weitaufgerissenem Mund sitzen. Natürlich stürzte ich sofort los, um es Trisha zu erzählen, und wir feierten es mit einem doppelten Schokoladenmilkshake in George's Eisdiele. Wir waren beide so prächtig gelaunt, daß wir sogar versuchten, Arthur Garwood zu überreden, er solle sich zu uns setzen, als wir ihn vom Schulgelände kommen sahen. Er starrte uns an, als hätten wir ihn aufgefordert, von der George-Washington-Brücke zu springen. Einen Moment lang sah er nur mich an, und ich dachte schon, er würde mitkommen, doch dann schüttelte er den Kopf, bedankte sich und lief eilig weiter. Den ganzen Sommer über war er für sich geblieben, aber ich spürte, daß er gern reden wollte, um seine Schüchternheit zu überwinden, und daß er insbesondere mit mir allein gern geredet hätte.

Bis auf Trisha und ein paar andere Mädchen, mit denen ich mich in der Schule angefreundet hatte, hatte ich niemanden, den ich an meinem Glück teilhaben lassen konnte. Jimmy konnte ich einen Brief schreiben, aber ich konnte ihn nicht anrufen. Allmählich kam ich mir wahrhaft wie ein Waisenkind vor. Ein grausames Schicksal hatte mir meine Familie geraubt und mich auf Angehörige zurückgeworfen, die nichts mit mir zu tun haben wollten. Es war, als hätte ich überhaupt keine Familie gehabt, keine Vergangenheit, keine Gegenwart, keine Zukunft. Andere Mädchen in meinem Alter konnten endlos über ihre Kindheit, ihre Geschwister, ihre Großeltern und ihre Eltern erzählen. Sie konnten von Reisen berichten, die ihre Familie gemeinsam unternommen hatte, von wunderbaren Festmahlen, von komischen Dingen, die ihre kleinen Geschwister gesagt oder getan hatten, aber ich mußte mit verschlossenem Mund dasitzen.

Meine leibliche Mutter, Laura Sue, kam nie nach New York, um mich zu besuchen, wie sie es mir an dem Tag versprochen hatte, an dem ich aus Cutler's Cove abgereist war. Am letzten Montag im August rief sie mich jedoch abends an, um sich zu erkundigen, wie es mir ginge, und um mir ihre Vorwände herunterzuleiern, weshalb sie mich den ganzen Sommer über vernachlässigt hatte.

»Mir ist es nicht gutgegangen«, sagte sie, »schon seit dem Tag nicht, an dem du fortgegangen bist. Erst hat mich diese gräßliche Sommergrippe erwischt. Fast wäre noch eine Lungenentzündung dazugekommen, und dann habe ich eine Allergie gehabt, die die Ärzte ganz einfach vor ein Rätsel gestellt hat.

Oh, ja, ich hatte mehr als nur einen Arzt. Randolph hat Allergiespezialisten herangezogen, einen nach dem anderen, aber meine Augen haben unablässig weitergetränt, und zwischendurch mußte ich niesen und konnte nicht mehr damit aufhören.

Du kannst dir ja vorstellen, wie es gewesen ist. Ich bin kaum noch unten im Hotel gewesen.«

»Das tut mir leid für dich, Mutter«, sagte ich. »Wenn du nach New York kämst, um mich zu besuchen, würdest du vielleicht durch einen Ortswechsel diese Allergie loswerden«, schlug ich vor.

»Oh, nein, die Allergie ist auf ebenso mysteriöse Weise wieder verflogen, wie sie mich befallen hat. Mir geht es jetzt recht gut, abgesehen davon, daß ich ziemlich erschöpft bin und die Ärzte mir zu längerer Bettruhe raten. Es tut mir leid. Ich wollte so gern in New York mit dir einkaufen gehen.

Läßt du es dir gutgehen? Macht dir die Schule Spaß?« erkundigte sie sich.

»Ja«, sagte ich und fragte mich, ob es sie wirklich interessierte. Wenn ich nein gesagt oder versucht hätte, ihr meine Probleme zu schildern, dann hätte sie augenblicklich einen Ohnmachtsanfall bekommen, soviel ich wußte, und sie hätte eiligst aufgelegt.

»Schön. In einem Monat oder so bin ich vielleicht wieder reisefähig. Bis dahin werde ich mich darum kümmern, daß Randolph dir etwas Geld schickt, damit du mit einer deiner Freundinnen einen Einkaufsbummel machen kannst, in Ordnung?

Ich würde Randolph ja zu dir schicken, aber im Hotel ist mehr denn je los, und Großmutter Cutler kann nicht ohne ihn auskommen.«

»Ich bin ganz sicher«, sagte ich trocken, »daß sie auch ohne ihn zurechtkäme.«

»So darfst du nicht reden, Dawn«, schalt mich meine Mutter. »Damit ist keinem von uns geholfen. Wir müssen das beste aus unserer Situation machen. Bitte, fange keine Auseinandersetzung an, nicht jetzt, nicht gerade dann, wenn ich genügend Kraft gesammelt habe, um mit dir zu reden.«

»Warum kostet es dich soviel Kraft, mit mir zu reden, Mutter? Liegt es vielleicht an den Schwaden von Lügen, die über uns treiben?«

»Ich muß jetzt aufhören, Dawn. Ich werde müde«, sagte sie schnell.

»Wann wirst du mir endlich den Namen meines Vaters nennen, Mutter? Wann?« fragte ich sie barsch.

»Ach, du meine Güte, über diese Dinge kann ich nicht am Telefon reden. Ich werde dich bald wieder sprechen«, sagte sie und legte auf, ehe ich noch etwas Unerfreuliches herausbringen konnte. Unmittelbar nachdem sie aufgelegt hatte, hörte ich wieder einmal ein zweites Klicken. Es löste einen fröstelnden Schauer in meinem Körper aus. Agnes Morris belauscht meine Telefongespräche, dachte ich. Es ärgerte mich, und als ich wieder oben war, berichtete ich es Trisha.

»Sie spioniert mir nach«, sagte ich. »Ich bin mir ganz sicher. Und all das nur, weil sie die Lügen glaubt, die meine Großmutter ihr geschrieben hat.«

»Wir müssen unbedingt einen Blick in diesen Brief werfen«, beschloß Trisha. »Versuchen wir es morgen abend, wenn sie mit ihren Freundinnen ins Theater geht. Ich bin sicher, daß sie ihre Schlafzimmertür nicht abschließen wird.«

»O Trisha. Ich weiß nicht. Was passiert, wenn wir dabei erwischt werden?«

»Wir lassen uns nicht erwischen. Du willst den Brief doch sehen, oder nicht?« fragte sie. »Nun, was ist?« drängte sie mich.

»Ja«, sagte ich. Ich sah ihr in die Augen. »Ich möchte diesen Brief unbedingt sehen.«

Am nächsten Abend setzten wir uns ins Wohnzimmer und taten so, als interessierten wir uns für Agnes Morris' Fotoalben.

Fast hätte sie sich davon abhalten lassen, mit ihren Freundinnen auszugehen, denn sie blieb lange, um uns dies oder jenes Bild zu erklären und uns Anekdoten von ihren Auftritten und über ihre Kollegen zu erzählen. Als Mr. Fairbanks, die Standuhr, die volle Stunde schlug, fiel ihr wieder ein, daß sie sich eilig umziehen mußte, um sich mit ihren Freundinnen zu treffen.

Nachdem sie aus dem Haus gegangen war, machten wir uns auf die Suche nach Mrs. Liddy und stellten fest, daß sie sich in ihr Zimmer zurückgezogen hatte, um Radio zu hören. Trisha sah mich an und nickte. Sie ging zu Agnes' Tür und fand sie unverschlossen vor, wie sie es erwartet hatte. Als sie den Türknopf umdrehte, kam ich mir vor, als flatterte ein Dutzend erschrockener Schmetterlinge durch meine Brust. Es fühlte sich an, als schlügen ihre Flügel gegen mein Herz. Ich zögerte.

»Was ist, wenn sie zurückkommt, während wir in ihrem Zimmer sind?« fragte ich.

»Sie kommt nicht zurück. Sie ist zu einer Aufführung gegangen. Komm schon«, flüsterte Trisha. Ich warf noch einen letzten Blick auf Mrs. Liddys geschlossene Zimmertür. Die Musik aus dem Radio war noch zu hören, doch es konnte trotzdem passieren, daß sie aus ihrem Zimmer kam und uns sah oder hörte. Das wäre furchtbar gewesen, dachte ich. Dann dachte ich an Großmutter Cutler und daran, wie sie mich mit ihren Granitaugen böse anfunkeln und teuflische, elektrisch geladene Funken sprühen würde.

»Also, gut«, sagte ich und folgte Trisha in Agnes' Zimmer. Bisher hatte ich noch nie gesehen, was hinter dem Vorhang lag. Trisha teilte ihn, und wir traten ein.

Es kam mir tatsächlich vor, als beträte ich eine Bühne, als begäbe ich mich in eine Kulisse. Eine kleine Tiffanylampe auf dem Schreibtisch an der linken Wand tauchte das Schlafzimmer in ein mattes Licht. Agnes hatte ein antikes weißes schmiedeeisernes Bett mit weißen Nachttischen aus Kiefernholz auf beiden Seiten. Auf dem Bett lagen überdimensionale Kissen und eine weiße Daunendecke mit rosafarbenen Besätzen. An der rechten

Wand hing ein riesengroßer Spiegel. Ein langer Toilettentisch war mit Kosmetiktöpfen und Make-up-Tuben, mit Cremes und Puderdosen beladen. Auf der linken Seite standen Parfümflaschen, so viele, daß es wie ein Regal in der Kosmetikabteilung eines Warenhauses aussah. Als wir näherkamen, konnte ich sehen, daß der Spiegel von kleinen Glühbirnen eingerahmt war. Es roch sogar wie in einer Bühnengarderobe.

Links standen zwei zusammengehörende Kommoden, und dazwischen führte eine Tür zu einer Kleiderkammer. Die Tür war jetzt geschlossen, doch auf einem Schild darüber stand AUSGANG. Mit einem verwirrten Lächeln im Gesicht drehte ich mich zu Trisha um.

»Sie hat Dinge von Theaterbühnen geholt und sie in diesem Zimmer vereint. Das da ist wirklich ein Schminktisch aus einem alten Theater. Und diese Gardinen«, sagte sie und wies mit einer Kopfbewegung zu den Fenstern, »sind aus echten Bühnenvorhängen genäht worden.

Jeden Morgen, wenn sie dieses Zimmer verläßt, macht sie sich vor, daß sie in einem neuen Stück auftritt«, fuhr Trisha fort. Ich sah mir die Bilder an den Wänden an. Es handelte sich ausschließlich um Fotos von Agnes in verschiedenen Kostümen aus den verschiedenen Produktionen, bei denen sie mitgewirkt hatte. Manche darunter erkannte ich wieder, weil ich sie in den Alben schon gesehen hatte.

Plötzlich erschien mir all das sehr, sehr traurig. Agnes lebte in der Vergangenheit, weil sie keine Gegenwart und keine Zukunft hatte. Täglich verwob sie ihre Erinnerungen miteinander, um sich der Realität nicht stellen zu müssen, sich der Tatsache nicht stellen zu müssen, daß sie nicht mehr jung und schön und gefragt war. Sie lebte stellvertretend durch ihre begabten Hausgäste weiter. Ich fing an, mich zu fragen, wieviel von dem, was sie uns erzählt hatte, Teil einer großen Illusion war.

»Wenn der Brief irgendwo ist«, sagte Trisha, »dann liegt er wahrscheinlich auf diesem Schreibtisch.«

Wir gingen hin und wühlten in den Papieren, die unordentlich gestapelt waren – Rechnungen lagen zwischen persönlicher Post, Theaterzeitschriften und Ankündigungszetteln. Dort fanden wir den Brief von Großmutter Cutler nicht. Trisha zog die Schubladen auf und suchte darin herum, doch wieder standen wir mit leeren Händen da.

Ich legte eine Hand auf Trishas Schulter und bedeutete ihr, leise zu sein, als ich glaubte, im Korridor vor der Tür Schritte zu hören. Wir lauschten, hörten aber keinen Laut mehr.

»Wir sollten lieber gehen«, sagte ich.

»Warte.« Trisha sah sich im Zimmer um. »Dieser Brief ist in ihrem verrückten Kopf bestimmt Bestandteil einer Szene. Heimliche Korrespondenz ...« Trisha dachte laut und sah sich wie ein Amateurdetektiv im Zimmer um. »Da fällt mir dieses Stück wieder ein, das wir letztes Jahr aufgeführt haben, eine Kriminalgeschichte ... Agnes war natürlich da ...«

Sie ging langsam auf das Bett zu.

»Trisha, vergessen wir das Ganze«, flehte ich sie an. Wenn Mrs. Liddy aus ihrem Zimmer kam, hörte sie uns bestimmt. Trisha hob die Hand, um mir zu bedeuten, ich solle still sein, solange sie nachdachte. Dann hob sie die Daunendecke an einer Ecke hoch, kniete sich hin und steckte ihre Hand zwischen die Matratze und den Sprungrahmen. Sie ließ die Hand an einem Seitenteil des Betts entlanggleiten und zog sie wieder heraus. Dann lief sie um das Bett herum und tat dasselbe noch einmal an der anderen Seite. »Trisha.«

»Warte.«

Sie kniete sich hin. Ich trat an die Tür, um zu horchen. Im nächsten Moment stand Trisha lächelnd mit dem Brief in der Hand auf. Wir liefen beide zum Schreibtisch, und Trisha schüttelte den Brief aus dem Umschlag und faltete ihn im Licht der kleinen Tiffanylampe vor uns auseinander. Ich las ihn mit gedämpfter Stimme vor.

Liebe Agnes,
wie Du weißt, habe ich meine Enkeltochter Dawn in der Bernhardt-Schule eingeschrieben und Mr. Updike gebeten, sie in Deinem Haus unterzubringen. Ich zähle auf unsere Freundschaft. Es widerstrebt mir, Dir eine so abscheuliche Last aufzubürden, aber Du bist, offen gesagt, meine letzte Hoffnung. Diese Enkelin macht uns allen furchtbare Probleme. Meine Schwiegertochter ist restlos außer sich und hat infolgedessen wiederholte Male kurz vor ernsthaften Nervenzusammenbrüchen gestanden. Ich kann Dir gar nicht sagen, wie sehr mein Sohn Randolph gealtert ist, und das nur wegen dieser... dieser... ich fürchte, ich kann es nicht anders ausdrücken... üblen Brut in unserer Familie.
Die Ironie des Schicksals ist, daß sie musikalisches Talent hat. Da sie sich in einer staatlichen Schule nach der anderen nur immer wieder mit ihrer Jugendkriminalität in Schwierigkeiten gebracht hat, darunte auch mit sexueller Promiskuität, dachte ich, es könnte vielleicht etwas helfen, wenn ich sie in die Schule für darstellende Künste schicke. Wenn man sie dazu zwingt, sich ganz auf ihre Begabungen zu konzentrieren, wird sie vielleicht nicht ganz so schnell wieder straffällig.
Die Schuld liegt bei uns allen. Wir haben sie verzogen. Randolph hat sie schon mit Geschenken übeschüttet, als sie noch ein Kleinkind war. Sie hat im Hotel nicht einen Tag lang wirklich bei der Arbeit zugepackt. Ganz gleich, was wir von ihr verlangen, sie klagt immer.
Dazu kommt noch, daß ich fürchte, sie könnte inzwischen reichlich verschlagen sein und keineswegs darüber erhaben, einem direkt ins Gesicht zu lügen. Sie ist sogar soweit gegangen, eine meiner älteren Hotelbesucherinnen zu bestehlen.
Ich habe sie zwar ausdrücklich davor gewarnt, doch es könnte trotzdem sein, daß sie den Kontakt zu einigen Freunden aus staatlichen Schulen aufrechterhält, die einen schlechten Einfluß auf sie gehabt haben. Achte genau darauf, und sorge doch bitte dafür, daß sie sich bei Dir an die Hausordnung hält und

alles tut, was von ihr erwartet wird. Natürlich werde ich in Kürze mit Dir in allen Einzelheiten darüber reden.

Du weißt nicht, wie sehr ich und meine Familie Deine Bereitwilligkeit zu schätzen wissen, Dir etwas aufzubürden, wovon ich offen zugeben muß, daß es sich um ein echtes Problemkind handelt.

Derzeit fürchten wir den schlechten Einfluß, den sie auf Philip und Clara haben könnte, die sich beide so gut entwickeln.

Sei versichert, daß ich Dich nicht vergessen werde.

Herzlichst,
Lilian Cutler

Trisha sah auf und legte dann den Arm um meine Schultern.

»Der ganze Brief ist eine einzige große Lüge«, sagte ich. »Eine große, abscheuliche, gemeine Lüge. Eine üble Brut, sexuell promiskuitiv, verzogen, eine Lügnerin und eine Diebin! Und sie haßt meine Mutter, sie haßt sie«, schluchzte ich durch Tränen. »Ich kann einfach nicht glauben, daß sie geschrieben hat, ich könnte einen schlechten Einfluß auf Clara haben. Du weißt ja von einigen Dingen, die sie mir und Jimmy angetan hat.«

»Du hast doch etwas Derartiges erwartet«, sagte Trisha leise mit der Hand auf meiner Schulter.

»Ich weiß, aber es ist doch etwas anderes, all das tatsächlich schwarz auf weiß geschrieben zu sehen. Sie ist die abscheulichste, ekelhafteste Frau, die mir je begegnet ist. Ich wünschte, es gäbe eine Möglichkeit, es ihr heimzuzahlen«, sagte ich und biß die Zähne zusammen.

»Werde doch einfach erfolgreich«, sagte Trisha ruhig. »Sei alles, wovon sie behauptet, du wärest es nicht.«

Ich nickte. »Du hast recht. Ich werde mich noch mehr anstrengen, und jedesmal, wenn ich eine gute Note oder ein Kompliment bekomme, werde ich daran denken, wie schwer es ihr fällt, das zu akzeptieren.«

»Wir sollten den Brief lieber wieder zurückstecken«, sagte Trisha und packte diese Abscheulichkeit wieder in den Umschlag, den sie dann zwischen die Matratze und den Sprungrahmen steckte. Wir schlichen uns aus Agnes' Schlafzimmer und tasteten uns lautlos durch den Korridor. Doch als wir uns der Treppe zuwandten, blieb ich stehen und sah mich noch einmal um. Ich hatte einfach das Gefühl, daß in der Dunkelheit Blicke auf uns gerichtet waren. Ein Schatten bewegte sich.

Trisha wußte nicht, daß ich stehengeblieben war. Sie lief die Treppe hinauf, doch ich trat einen Schritt zurück und entdeckte Arthur Garwood, der mit dem Rücken gegen die Wand gepreßt dastand. Da er so dünn war und wie üblich ein schwarzes Hemd und eine schwarze Hose trug, war es nahezu unmöglich, ihn zu sehen. Obwohl er gemerkt haben mußte, daß ich ihn entdeckt hatte, blieb er im Dunkeln. Ich wollte Trisha schon rufen, aber dann tat ich es doch nicht. Statt dessen drehte ich mich einfach wieder um und folgte ihr die Stufen zu unserem Zimmer hinauf. Sobald ich die Tür hinter mir geschlossen hatte, berichtete ich es ihr.

»Er ist einfach im Dunkeln stehengeblieben?« fragte sie.

Ich nickte und veschränkte die Arme vor meiner Brust, weil dieser Zwischenfall mich frösteln ließ.

»Wir sollen nicht wissen, daß er uns nachspioniert hat. Mach dir keine Sorgen, er wird Agnes nichts sagen«, versicherte sie mir.

»Woher wußte er, daß wir uns in ihr Zimmer schleichen wollten?« fragte ich.

»Es kann sein, daß er uns einfach gefolgt ist...« Ihr Blick fiel auf die Tür. »Vielleicht hat er aber auch unsere Gespräche belauscht«, schlußfolgerte sie. »Wenn ich ihn je dabei ertappe, dann kann er was erleben. Dann gebe ich ihm Grund für seine Traurigkeit. Vergiß ihn«, sagte sie eilig. »Er ist eben etwas eigenartig.«

Ich nickte, aber das ließ sich leichter sagen als tun. Arthurs schmale Silhouette hatte sich in meinen Kopf eingeprägt und wollte nicht mehr weichen. Einen Moment lang fragte ich mich, ob es vielleicht doch kein Schatten gewesen war, sondern ob meine Einbildung mit mir durchgegangen war. Ich ging zur Tür und öffnete sie einen Spalt, um hinauszuschauen, weil ich sehen wollte, ob ich ihn dabei ertappte, wie er in sein Zimmer zurückkam. Ich sah nichts.

»Vergiß ihn«, riet mir Trisha noch einmal. »Die Sorge um ihn kannst du dir sparen.«

Ich schloß die Tür, und Trisha schaltete das Radio an, damit wir Musik hören konnten, während wir unsere Hausaufgaben machten. Später fiel mir das Einschlafen sehr schwer, aber das lag an dem Brief. Mir schwirrten die Bilder und die Erinnerungen durch den Kopf, jedes einzelne Gespräch und jede Auseinandersetzung mit Großmutter Cutler, von unserer ersten Begegnung an, bei der sie mir mitgeteilt hatte, ich müsse meinen Namen ändern und mich Eugenia nennen, bis zu unserer letzten großen Auseinandersetzung, bei der ich ihr zu verstehen gegeben hatte, daß ich die Wahrheit über meine Entführung herausgefunden hatte und wußte, daß sie ihre Finger im Spiel gehabt hatte. Sie war keine Frau, die eine Niederlage würdig wegsteckte. Sie würde sich in Formen an mir rächen, vor denen ich mich fürchtete.

Nach dem Ende des Sommersemesters schloß die Schule. Manche Studenten in den höheren Semestern blieben, um zu üben und sich auf Vorspieltermine vorzubereiten, doch die meisten Lehrer und Schüler nutzten die kurze Pause zwischen den Semestern aus, um Urlaub zu machen. Ich hatte mich bereits entschlossen, nicht ins Hotel zurückzukehren. Ich hatte wirklich keine Lust, dorthin zu gehen, und niemand im Hotel, selbst meine Mutter nicht, fragte mich, ob ich käme oder beharrte gar darauf. Agnes schien damit gerechnet zu haben.

Trisha fuhr natürlich nach Hause. Ich konnte es ihr nicht vorwerfen. Sie konnte es kaum erwarten, ihre Eltern und ihren Freund zu sehen, aber auch ein paar alte Freundinnen. Sie lud mich immer wieder ein, mit ihr nach Hause zu fahren, aber ich dachte, dort wäre ich ihr doch nur im Weg gewesen.

»Vielleicht überlegst du es dir nachträglich doch noch anders«, sagte sie und schrieb mir genau auf, wie ich mit dem Bus zu ihr kommen konnte.

»In ein paar Tagen rufe ich dich an«, warnte sie mich, »und dann werde ich dir zusetzen, daß du kommst. Ich finde es furchtbar, dich hier allein zu lassen«, fügte sie hinzu und sah so aus, als würde sie gleich in Tränen ausbrechen.

Ich sollte allein sein. Selbst Arthur Garwood fuhr ab. Seine Eltern kamen vorbei, um ihn abzuholen. Es war an dem Tag, bevor Trisha abfuhr, und zufällig waren wir zu dem Zeitpunkt unten und trafen sie. Als Agnes mich und Trisha Arthurs Eltern vorstellte, dachte ich, sie hätten ihn ebensogut adoptiert haben können. Er sah keinem von beiden im entferntesten ähnlich. Arthurs Vater war klein und hatte so gut wie keine Haare mehr auf dem Kopf. Er hatte ein rundes Gesicht mit einem kleinen, zusammengekniffenen Mund und glänzende haselnußbraune Augen.

Arthurs Mutter war vielleicht zwei Zentimeter kleiner als sein Vater und wie eine Birne gebaut. Sie hatte erdbeerrotes Haar, hellblaue Augen und helle Haut.

Das einzige, was sie mit Arthur gemeinsam zu haben schienen, war ihre mürrische Art. Sie redeten kaum etwas und schienen nur darauf Wert zu legen, daß ihr Zeitplan eingehalten wurde. Sie brachen zu einem Urlaub auf, den sie als Arbeitsferien bezeichneten. Sie würden in Boston bei einer kammermusikalischen Aufführung mitwirken, und anschließend würden sie die Stadt besichtigen und nach Cape Cod fahren. Arthur widerstrebte es, sie zu begleiten, doch sie bestanden darauf. Er verabschiedete sich von niemandem, doch kurz bevor er aus der Haustür ging, drehte er sich um und sah mich mit diesen großen melancholischen Augen an, und zum ersten Mal tat er mir mehr als alles andere leid.

Mir war nicht klar gewesen, wie einsam ich ohne Trisha sein würde, bis alle weg waren und ich allein oben in meinem Zimmer saß. Ich las etwas, und dann beschloß ich, aus dem Haus zu gehen und mir ein Notizbuch zu kaufen, um Tagebuch zu führen. Unser Englischlehrer hatte uns etwas Derartiges vorgeschlagen, wenn auch aus anderen Gründen. Er wollte, daß wir unsere Eindrücke und Schilderungen niederschrieben, auf die wir später zurückgreifen konnten, wenn entsprechende Aufgabenstellungen es von uns erforderten. Ich wollte das Tagebuch führen, damit es mir half, das Kaleidoskop meiner Gefühle zu verstehen.

Tagsüber beschäftigte ich mich damit, Mrs. Liddy zu helfen, die sagte, sie nutzte das Ende der Sommerferien immer für einen gründlichen Hausputz.

»Gewöhnlich ist niemand da«, meinte sie, aber sie sagte es ohne jeden Groll. Dann lächelte sie gleich wieder.

Das gründliche Putzen, ein Zimmer nach dem anderen, erinnerte mich an meine Arbeit als Zimmermädchen im Hotel. Ich dachte an einige meiner Freundinnen aus dem Hotel wie Mrs. Boston, die Haushälterin, die uns allen vorgestanden hatte, und an Sissy, die mir, als sie mich zu Mrs. Dalton gebracht hatte, ohne ihr Wissen dabei geholfen hatte, hinter das Geheimnis meiner Entführung zu kommen.

Ich stürzte mich auf die Arbeit, schrubbte die Böden, wischte Staub und polierte die Möbel, bis alles, ganz gleich, wie alt es schon war, blinkte wie neu. Ich putzte die Fenster und befreite sie so gründlich von jedem kleinsten Stäubchen, daß man kaum noch sagen konnte, ob sie offen oder geschlossen waren. Ab und zu schaute Mrs. Liddy herein, die gerade ein anderes Zimmer putzte, und sie blieb mit den Händen in die Hüften gestemmt in der Tür stehen und schüttelte den Kopf. Am späteren Nachmittag holte sie Agnes nach oben, damit sie sich meine Arbeit ansah.

»Ist das nicht einfach wunderbar, Agnes?« sagte Mrs. Liddy und schlug die Hände zusammen. »Wir haben noch nie eine Schülerin gehabt, die so hart gearbeitet hat, stimmt's? Meine eigene Mutter hat es nicht hingekriegt, unsere Zimmer damals in unserer Pension in London derart blitzblank zu putzen.«

»Ja«, sagte Agnes und schaute sich um. »Ich werde einen Brief schreiben und deiner Großmutter darüber berichten müssen.«

»Ja«, sagte ich. »Warum tun Sie das nicht? Obwohl das nicht der Grund ist, weshalb ich es tue. Sie könnten sie fragen, wie es kommt, daß jemand, der so verwöhnt und egoistisch ist, sich so gut auf den Hausputz versteht«, fügte ich noch hinzu, und ein verkniffenes Lächeln spielte um meinen Mund. Mrs. Liddy zwinkerte belustigt.

»Vielleicht änderst du dich ja«, sagte Agnes und ging wieder. Ich war entrüstet.

Ich brachte meine Zeit damit zu, Museen zu besuchen und in der Fifth Avenue Schaufensterbummel zu machen. Eines Nachmittags schlenderte ich ins Plaza und setzte mich ins Foyer, um die elegant gekleideten Menschen zu betrachten, die ein und aus gingen. Ich versuchte, mir vorzustellen, wie Jimmy und ich hier eine phantastische Woche verbringen würden. Ich würde mir ein paar schicke Kleider kaufen, und wir würden in das teure Restaurant gehen und vielleicht sogar im Ballsaal miteinander tanzen. Ich dachte an meinen großen, starken Jimmy, der aus seinen dunklen Augen auf mich heruntersah, während ein angedeutetes Lächeln um seine vollen Lippen spielte, und an seine Hände, die Wärme und Sicherheit ausstrahlten, wenn er mich in seinen Armen hielt. Bei diesen Gedanken durchzuckten mich köstliche kleine Schauder.

Natürlich würde Jimmy sich nicht herausputzen und sich herablassend geben und jemand sein wollen, der er nicht war; aber vielleicht war er anders, wenn er vom Militär zurückkam, älter und eventuell sogar ehrgeiziger. Warum sollte er nicht dasselbe wollen wie ich, dachte ich.

Nachdem ich den Tag im Museum für Naturgeschichte verbracht hatte, saß ich im Wohnzimmer und probierte eine Melodie auf dem Klavier aus. Ich hörte nicht, daß Agnes hereingekommen war, doch plötzlich hatte ich das Gefühl, außer mir sei noch jemand im Raum, und als ich mich umdrehte, sah ich sie dastehen und mich ganz merkwürdig anstarren. Einen Moment lang glaubte ich, sie sei verärgert, weil ich Klavier gespielt hatte, ohne sie vorher um ihre Erlaubnis zu fragen.

»Mein Vater war ein begabter Pianist«, sagte sie, »aber er fand, das sei kein ehrbares Handwerk für einen Mann, und daher hat er nichts daraus gemacht.«

»Ach. Vielleicht haben Sie Ihr Talent von ihm geerbt, Agnes.«

»Ja, vielleicht«, sagte sie. Ich hatte sie noch nie so melancholisch erlebt. Sie trug Schwarz, war kaum geschminkt und hatte keinerlei Schmuck angelegt, und das war bei ihr sehr ungewöhnlich.

»Haben Sie Geschwister? Ich habe in keinem Ihrer Sammelalben Fotos von Schwestern oder Brüdern gesehen«, sagte ich.

»Nein, ich war ein Einzelkind. Meine Mutter hat bei meiner Geburt soviel durchgemacht, daß sie geschworen hat, nie mehr ein zweites Kind zu bekommen.« Agnes seufzte.

»Wollten Sie denn nie heiraten?« fragte ich. Sie starrte mich so an, daß ich erwartete, sie würde mich beschimpfen, weil ich meine Nase in ihr Privatleben steckte. Plötzlich lächelte sie jedoch.

»Oh, ich hatte reichlich Gelegenheiten, aber ich habe mich immer vor der Ehe gefürchtet«, gestand sie.

»Gefürchtet? Warum?«

»Ich hatte Angst, eine Ehe würde meine Flügel stutzen, und ich würde wie ein schöner Kanarienvogel in einen vergoldeten Käfig gesperrt. Ich hätte zwar weiterhin gesungen, aber meine Stimme hätte meine Sehnsüchte und Träume ausgedrückt. Es ist sehr schwierig, eine gute Ehefrau und Mutter zu sein und ein Leben auf der Bühne zu führen«, belehrte sie mich. »Den Leuten zu zeigen, daß man anders ist. Mit der Zeit wirst du verstehen, was ich meine, wenn ich sage, daß die Bühne unsere erste Liebe ist, und gleichgültig, welche Versprechen wir geliebten Menschen geben, wir werden unsere erste Liebe doch nie verraten und nie wirkliche Opfer bringen, wenn es um unsere Karriere geht.

Es geschieht etwas mit uns, wenn diese Lichter angehen und wir den Applaus hören. Wir lassen uns hingebungsvoll auf ein

Publikum ein, verstehst du. Eigentlich«, sagte sie und sah sich im Wohnzimmer um, als stünden wir auf einer Bühne, »bin ich in all den Jahren verheiratet gewesen, mit dem Theater verheiratet.«

»Glauben Sie nicht, daß ich Sängerin werden und trotzdem einen Mann und eine Familie haben kann?« fragte ich, und bei der Vorstellung, daß ich eines Tages gezwungen sein könnte, zwischen meinen Träumen zu wählen, beschlich mich Unbehagen.

»Das ist schwierig. Es wird ganz und gar von deinem Mann abhängen, davon, wie verständnisvoll und liebevoll er ist und ob er einer von der schrecklich eifersüchtigen Sorte ist oder nicht.«

»Wieso eifersüchtig?«

»Weil er zusehen muß, wie du für andere Männer Liebeslieder singst, sie küßt und so überzeugend Liebesschwüre ablegst, daß das Publikum dir deine Liebe zu diesen Männern glaubt.«

Über diese Dinge hatte ich mir bisher noch keine Gedanken gemacht. Mir wurde das Herz so schwer, daß es wie ein Klumpen Blei in meiner Brust lag. Ich versuchte mir vorzustellen, wie Jimmy im Publikum saß und mir zusah, während ich die Dinge tat, die Agnes gerade geschildert hatte, Jimmy, der Außenstehenden so hart zu sein schien und von dem ich wußte, wie verletzbar er war.

»Aber«, brüstete sie sich, »ich habe trotz allem einigen jungen Männern die Herzen gebrochen. Weißt du, was sich in dieser Vase befindet, die ich dort unter Verschluß halte?« fragte sie und ging auf eine der Vitrinen zu. Ich war ganz einfach davon ausgegangen, daß es sich um eine wertvolle Antiquität handelte.

»Nein. Was denn?«

»Die Asche von Sanford Littleton, einem jungen Mann, der so sehr in mich verliebt war, daß er Selbstmord begangen und vorher verfügt hat, daß mir seine sterblichen Überreste nach der Verbrennung übergeben werden«, sagte sie und ließ ein schrilles Lachen folgen.

»Ach, schau nicht so trübsinnig. Du brauchst nicht jetzt in diesem Moment dein ganzes Leben zu verplanen«, schalt sie mich. Ich war nicht trübsinnig; ich war schockiert. Sie wandte sich ab, um zu gehen, und dann machte sie noch einmal auf dem Absatz kehrt und sah mich an. »Heute ist ein Brief für dich gekommen«, sagte sie.

»Ein Brief?«

»Ja. Mrs. Liddy hat ihn in dein Zimmer gelegt, als sie frisches Bettzeug raufgebracht hat.«

»Danke«, sagte ich und rannte die Treppe hinauf. Den Brief fand ich auf meinem Bett vor. Ich hatte erwartet, daß Jimmy mir geschrieben hatte, um mir von seinen Plänen für einen Besuch in New York zu berichten, doch dem Umschlag entnahm ich, daß der Brief vom Cutler Cove Hotel an mich weitergeleitet worden war. Als ich ihn umdrehte, sah ich, daß er geöffnet und mit einem Klebestreifen wieder geschlossen worden war. Doch als ich den Namen und den Absender las, machte mein Herz einen Luftsprung. Es war ein Brief von Daddy Longchamp, dem Mann, den ich für meinen Vater gehalten hatte, und der mir heute noch weit eher wie ein Vater erschien als Randolph Cutler.

Ich warf mich auf das Bett und riß eilig den Umschlag auf. Dem Datum oben auf der Seite konnte ich entnehmen, daß der Brief vor fast drei Wochen abgeschickt worden war.

Drei Wochen! Wie furchtbar, dachte ich. Wie lange hatte der Brief im Hotel gelegen? Und ich wußte ganz genau, daß Großmutter Cutler ihn gelesen hatte. Welches Recht hatte sie, so etwas zu tun?

Ich versuchte, meine Wut einen Moment lang zu vergessen, aber ebensogut hätte ich mich bemühen können, drei Stunden lang den Atem anzuhalten. Ich zitterte vor Wut, als ich den Brief las.

Liebe Dawn,

es freut mich, Dir berichten zu können, daß ich aus dem Gefängnis entlassen worden bin. Ich bin immer noch nicht sicher, wieso es plötzlich so schnell ging, doch eines Tages rief mich der Gefängnisdirektor zu sich, um mir mitzuteilen, meinem Antrag auf Haftentlassung sei stattgegeben worden. Aber das Gefängnis ist bei alledem nie das Schlimmste für mich gewesen. Das Schlimmste war für mich das Wissen, wie weh ich Dir und Jimmy und Fern getan habe. Ich wollte nie, daß es so weit kommt, und es tut mir sehr leid. Ich könnte es Dir bestimmt nicht verübeln, wenn Du mich für alle Zeiten haßt, und ich hoffe nur, daß Du bei Deiner richtigen Familie, von der ich weiß, daß sie reich ist, ein schönes Leben führst. Wenigstens wirst Du nie mehr knausern und sparen müssen, wie wir früher. Kein Maismehl und keine Erbsen zum Abendessen.

Ich habe eine gute Stellung. Die Gefängnisleitung hat sie für mich gefunden. Ich betreue die Maschinen in einer großen Wäscherei. Außerdem habe ich eine hübsche kleine Wohnung, nicht allzuweit von da, wo ich arbeite. Es wird noch ein Weilchen dauern, bis ich genug verdient habe, um mir einen Wagen zu kaufen, aber ich kann ohnehin in der nächsten Zeit keine weiten Reisen unternehmen, weil mir das die Bewährung untersagt.

Das Schönste, was passiert ist, war, daß Jimmy mich angerufen und mir geschrieben hat. Wir freunden uns wieder miteinander an, und ich bin gewaltig stolz auf ihn. Er sagt, daß er auch zu Dir noch Kontakt hat. Es tut mir weh, daß Fern weit weg bei Fremden lebt, aber man hat mir gesagt, sie sei bei guten Menschen, die finanziell nicht schlecht dastehen und ihr geben können, was sie braucht, und mehr.

Natürlich hoffe ich, daß ich sie in absehbarer Zeit wieder zu mir nehmen kann. Ich habe meinen Bewährungshelfer gefragt, aber er sagt, darüber weiß er bis jetzt nichts. Er hat nur gesagt, wenn die Familie sich einen Ruck gibt und sie adoptiert, dann bekäme ich große Probleme. Ich fürchte fast, ein Heer von Rechtsanwälten wird nötig sein, um das wieder einzurenken, aber da ich selbst schuld daran bin, kann ich nicht darüber klagen.

Jedenfalls wollte ich Dir schreiben, um Dich wissen zu lassen, daß es mir leid tut, Dir Kummer und Schmerzen bereitet zu haben. Du warst immer ein braves Mädchen, und ich war immer stolz darauf, Dein Daddy zu sein, obwohl ich es in Wirklichkeit gar nicht war.

Die Wahrheit ist, daß ich Sally Jean und Dich und Jimmy und Fern so sehr vermisse, daß es schmerzt wie ein Schlag an die Brust. Manchmal schlafe ich nachts überhaupt nicht, weil ich meinen Erinnerungen nachhänge. Wir haben harte Zeiten durchgemacht, doch damals hatten wir einander.

So, das ist alles. Vielleicht werden wir beide uns eines Tages wiedersehen. Aber ich verüble es Dir nicht, wenn Du nichts mehr mit mir zu tun haben willst.

Gott segne Dich.

Daddy

PS: Das habe ich geschrieben, weil ich mich immer noch als Deinen Daddy empfinde.

Ich preßte den Brief an meine Brust und schluchzte, und dabei wiegte ich mich auf dem Bett hin und her. Ich weinte so sehr, daß mein Bauch weh tat. Die Tränen liefen über mein Gesicht. Schließlich atmete ich tief durch und unterdrückte das Schluchzen. Dann steckte ich den Brief von Daddy Longchamp zwischen die Seiten meines Tagebuchs und setzte mich an meinen Schreibtisch, um ihm zu antworten.

Ich schrieb ihm, daß ich ihn nicht haßte und alles wußte. Und daß ich den Tag nicht erwarten könnte, an dem wir einander wiedersehen. Ich schrieb Seiten über Seiten und berichtete ihm von meinem Leben im Hotel, davon, wie abscheulich meine richtige Familie war, und daß mein Leben nicht glücklicher war, weil ich aus einer Familie stammte, die viel Geld hatte. Dann berichtete ich ihm von New York und meiner Schule. Der Brief wurde so dick, daß ich Schwierigkeiten damit hatte, ihn in einen Umschlag zu zwängen. Ich klebte ihn zu und eilte aus dem Haus, um ihn aufzugeben. Aufgrund der Verzögerung, da sein Brief an das Hotel gegangen war und dort solange gelegen hatte, glaubte er wahrscheinlich schon, ich wollte nichts mehr mit ihm zu tun haben. Ich wollte ihn so schnell wie möglich wissen lassen, daß das nicht der Fall war.

Trisha rief in jener ersten Woche mehrfach an, weil sie mich überreden wollte, mich in den Bus zu setzen und sie und ihre Familie zu besuchen. Ich berichtete ihr von meinem seltsamen Gespräch mit Agnes und von dem angeblichen Inhalt der Vase in der Glasvitrine.

»Glaub ihr die Geschichte bloß nicht«, sagte Trisha. »Das hat sie aus einem Theaterstück geklaut.«

»Ich hoffe, daß du recht hast. Ich habe jetzt jedesmal ein ganz komisches Gefühl, wenn ich ins Wohnzimmer gehe.«

Ich versprach ihr, ich würde mir überlegen, ob ich sie nicht doch besuchen würde, aber an einem frühen Morgen erlebte ich eine wunderbare Überraschung, als Agnes an meine Tür klopfte, um mir zu sagen, ich hätte einen Anruf von Madame Steichen bekommen.

»Ich bin vorzeitig zurückgekommen«, erklärte sie und machte eine Pause, als sei damit alles geregelt.

»Ja, Madame?« fragte ich.

»Beginnend mit dem heutigen Tage habe ich jeden Morgen zwischen neun und zehn eine Stunde frei.«

»Ja, Madame«, sagte ich. »Ich werde dasein. Vielen Dank.«

»Ausgezeichnet«, erwiderte sie und legte auf.

Ich fühlte mich, als liefe ich auf Wolken, und wenn ich diesen Privatunterricht bekam, glaubte ich, daß sich Madame Steichens Einstellung zu mir verändert hatte. Ihre Stimme war zarter, und sie erteilte mir in einem liebevolleren Tonfall Anweisungen. Außerdem bemerkte ich bei meinen anderen Lehrern und selbst bei Lehrern, in deren Kursen ich noch nicht gewesen war, daß auch sie mich anders behandelten, nachdem sie von meinen Privatstunden bei Madame Steichen erfahren hatten. Es war, als hätte ich den Status einer Berühmtheit erlangt.

Trisha kam als erste aus den Sommerferien zurück. In die erste

Stunde, die wir gemeinsam verbrachten, packten wir den Gesprächsstoff von mindestens drei Stunden. Ich erzählte ihr von den Dingen, die ich in New York unternommen hatte, und schilderte ihr meinen Unterricht bei Madame Steichen. Sie war sehr aufgeregt und tief beeindruckt. Dann zeigte ich ihr den Brief von Daddy Longchamp. Sie las ihn und weinte und war entrüstet, als ich ihr erklärte, wie lange der Brief im Hotel zurückgehalten worden war und daß man ihn dort gelesen hatte.

Anschließend gingen wir, wie es inzwischen zur Tradition geworden war, zu George, um Eis zu essen und Musik aus der Jukebox zu hören.

Nach einiger Zeit machten wir uns auf den Rückweg zum Haus. Es war ein sehr schwüler Spätsommertag, und daher waren wir dankbar für die Schatten, die die hohen Häuser warfen, und auch für die leichte Brise, die vom East River kam. Aber sogar im Sommer bewegten sich der Autoverkehr und die Fußgänger nicht langsamer. Ich hatte festgestellt, daß New York seinen ganz eigenen Rhythmus hatte und daß jeder, der hier leben oder arbeiten wollte, diesen Rhythmus entweder übernahm oder von ihm überrollt wurde.

Eine zweite große Überraschung erwartete mich bei meinem Eintreffen im Haus. Agnes kam lächelnd aus dem Wohnzimmer.

»Es war aber auch an der Zeit, daß ihr zurückkommt«, sagte sie. »Du hast Herrenbesuch, Dawn.«

»Herrenbesuch?« Ich sah Trisha achselzuckend an. Jimmy wäre nicht gekommen, ohne vorher anzurufen, dachte ich. Wir schauten schnell ins Wohnzimmer, und in dem Moment hatte ich das Gefühl, als seien meine Füße am Boden festgenagelt. Ich wollte keinen Schritt weitergehen. Dort saß Philip und blickte lächelnd zu mir auf.

»Hallo, Dawn«, sagte er und lehnte sich auf dem Sofa zurück. Er sah mit seinem dichten flachsblonden Haar, das er sich zu einer Tolle hochgebürstet hatte, und mit seinen himmelblauen Augen, in denen der Schalk blitzte, besser denn je aus. »Ich konnte mir einen Tag freinehmen, um dich zu besuchen, ehe ich in meine Schule zurückkehren muß.«

»Ist das nicht ganz reizend?« meinte Agnes lächelnd. Ich sagte kein Wort. »Warum stellst du deinem Bruder Trisha nicht vor?« fragte sie, als ich mich nicht von der Stelle rührte.

»Ich habe ihn nicht gebeten, mich zu besuchen«, sagte ich mit scharfer Stimme.

»Was?« Agnes sah Philip an, als müsse er meine Worte übersetzen.

»Ich dachte, du freust dich vielleicht, jemanden von der Familie zu sehen«, sagte Philip, dessen arrogantes Lächeln schnell verschwand.

»Du hast dich geirrt«, sagte ich. Ich spürte, wie das Blut in meine Wangen strömte, und mein Magen rebellierte vor Wut und vor Angst. Ich konnte Philip nicht ansehen, ohne mich daran zu erinnern, wie seine Lippen und seine Hände mich überall berührt hatten. »Ich will dich nicht sehen. Laß mich in Ruhe«, sagte ich. »Laß mich in Ruhe!«

Ich wandte mich ab und rannte zur Treppe.

»Dawn!« rief Agnes. »Du wirst auf der Stelle zurückkommen.«

Ich sprang zwei Stufen auf einmal hinauf, stürzte in mein Zimmer und schlug die Tür hinter mir zu. Dann warf ich mich auf mein Bett, verschränkte die Arme vor der Brust und blickte wütend zur Decke auf.

Ich werde nicht so tun, als sei alles in Ordnung, dachte ich. Ich werde ihm nicht verzeihen, was er mir angetan hatte.

Nach einem Moment kam Trisha ins Zimmer. Sie schloß die Tür leise hinter sich und starrte mich mit weitaufgerissenem Mund an.

»Wie konntest du deinem eigenen Bruder das antun? Er ist so hübsch, und er scheint ganz reizend zu sein. Ich meine, ich dachte, nur Clara Sue und Großmutter Cutler hätten dich ...«

»O Trisha«, sagte ich und biß mir fest auf die Unterlippe.

»Was ist?« Sie kam schnell an mein Bett und setzte sich hin.

»Ich habe dich damals belogen, als du mich gefragt hast, warum ich so verstört war, nachdem Arthur mich im Bad überrascht hatte.«

»Belogen?«

»Ich habe dir erzählt, es sei ein Hotelpage gewesen, der über mich hergefallen ist.«

»Aber... wer war es denn?«

»Philip«, sagte ich. »Mein Bruder.« Ich begrub mein Gesicht im Kissen. »Ich schäme mich ja so sehr«, stöhnte ich. »Und er ist so dreist, hier aufzutauchen und sich so zu benehmen, als sei zwischen uns nichts passiert.«

»Wie furchtbar«, sagte Trisha und strich mir übers Haar. »Arme Dawn. Es gibt so viele Dinge, die du lieber vergessen solltest.«

Ich drehte mich um und sah zu ihr auf. Ich erkannte, daß sie auf mein Leben nicht mehr neidisch war. Jetzt würde sie nicht länger bedauern, wie ereignislos ihr das eigene Leben im Vergleich zu meinem erschien. Durch die Konfrontation mit der Realität war ich schneller erwachsen geworden, als es mir lieb gewesen ist, aber mir war gar nichts anderes übriggeblieben.

4

Ein Besuch von Jimmy

Als für Philip feststand, daß ich nicht wieder nach unten kommen würde, ging er. Er hatte mir eine Schachtel Pralinen mitgebracht und Agnes gebeten, sie mir zu geben und mir auszurichten, er würde mich in nächster Zeit anrufen.

»Dein Bruder war tief enttäuscht«, sagte sie. »Und noch dazu ist er ein so netter junger Mann.« Sie seufzte und sah mich dann kopfschüttelnd an. »Das ist doch kein Benehmen für eine wohlerzogene junge Dame«, schalt sie mich. »Deine Großmutter hatte gehofft, deine Manieren würden sich hier bessern.«

Ich biß mir auf die Lippen, um nichts dazu zu äußern. Am liebsten hätte ich sie angeschrien, laut aufgeheult und ihr gesagt, sie hätte keine Ahnung, wovon sie überhaupt redete; sie könnte sich keine Vorstellung davon machen, welche Abscheulichkeiten mir zugestoßen waren, und wenn hier jemand bessere Manieren lernen müßte, dann sei nicht ich das; Großmutter Cutler war diejenige, die über alle bestimmte, als sei ihr Hotel ihre Plantage und wir alle ihre Sklaven. Aber ich sagte kein Wort. Statt dessen ging ich zu Mrs. Liddy, um ihr zu helfen, da ich an der Reihe war. Ich schenkte ihr die Pralinen, die Philip mir mitgebracht hatte, und sie nahm sie nur zu gern an.

Am späten Nachmittag war Agnes wieder ganz die alte; sie huschte durch das Haus und war ziemlich aufgeregt, weil sie am Wochenende eine Gala zu Ehren der Barrymores besuchen würde, die dem Theater eine großzügige Spende gemacht hatten. Sie erzählte zahllose Geschichten über Ethel und John und behauptete, in zwei Produktionen gemeinsam mit Lionel Barrymore aufgetreten zu sein. Am Abend konzentrierte sie sich dann auf die bevorstehende Ankunft der anderen Schüler.

Am nächsten Tag trafen zuerst die Beldock-Zwillinge ein. Agnes rief Trisha und mich nach unten, damit wir sie und ihre Eltern begrüßen konnten. Ich wußte, daß die Zwillinge vierzehn waren, doch als Trisha sagte, sie seien klein, machte ich mir noch keine Vorstellung davon, wie klein sie waren. Sie waren wie Püppchen, und keine von beiden brachte es auf einen Meter fünfzig. Doch sie waren bezaubernd – mit ihren Stupsnasen und ihren kleinen, runden Mündern. Sie hatten kastanienbraune Augen und strohblondes Haar, das beide gleichgeschnitten trugen, schulterlang und mit rosaroten Schleifen zurückgebunden. Sie trugen auch die gleichen rosaweiß gemusterten Kleidchen und Riemchenschuhe. Ich war sicher, daß die beiden das Gefühl hatten, in einen Spiegel zu schauen, wenn sie einander ansahen. Sogar die Grübchen in ihren Wangen waren an denselben Stellen.

Mich begeisterte, wie jede von beiden vorhersah, was die andere als nächstes tun würde, und oft beendete eine von ihnen den Satz, den die andere begonnen hatte. Trisha hatte mir bereits erzählt, daß Samantha Sam genannt wurde und Beneatha bei all ihren Freundinnen den Spitznamen Bethie hatte. Beide spielten Klarinette und waren so gut, daß sie im Orchester bereits in der ersten Reihe saßen.

Ich stellte jedoch fest, daß mich ihre Eltern noch mehr faszinierten, ein junges lebhaftes Paar. Der Vater sah gut aus, hatte dieses umwerfend schöne und gesunde, typisch amerikanische Gesicht und war äußerst charmant. Er war mindestens einen Meter achtzig groß, und seine Sonnenbräune betonte die silbrigblauen Augen. Die puppenhaften Gesichter und die anmutigen Hände hatten sie eindeutig von ihrer Mutter geerbt. Sie hatte warme blaue Augen und ein strahlendes Lächeln. Ich begeisterte mich für ihre melodische Stimme und die liebevolle Art, wie sie die Zwillinge umarmte und küßte.

Wie sehr ich sie doch um ihre glückliche Kindheit beneidete! Sie wirkten wie die ideale Familie, strahlten Geborgenheit und Harmonie aus. Als ich mit Momma und Daddy Longchamp gelebt hatte, hatten sie mich liebevoll behandelt, aber Daddy Longchamp hatte unter dem Druck gestanden, genug Geld für unser Essen, unsere Kleidung und eine Wohnung zu verdienen, und war daher meist mürrisch und traurig gewesen, und Momma hatte ich nur krank, müde oder niedergeschlagen in Erinnerung. Und natürlich war die Familie, die ich jetzt hatte, alles andere als ideal.

Wie kam es, daß manche Kinder das Glück hatten, in eine glückliche Familie hineingeboren zu werden? Waren wir wie Samen im Wind, und manche fielen auf fruchtbaren Boden, und andere wurden auf trockenem Land verstreut, auf das die Schatten fielen, und mußten sich jeden Zentimeter Sonne und Licht erkämpfen? Ich fragte mich, ob jemand, der mich zum ersten Mal sah, jemand wie Mr. oder Mrs. Beldock, mir auf den ersten Blick ansehen konnte, wie elend ich mich innerlich fühlte.

Trisha und ich halfen den Zwillingen, sich in ihrem Zimmer einzurichten. Sie erzählten währenddessen aufgeregt vom Sommer.

»O Trisha«, sagte Sam, »wir sind ja so glücklich...«

»Wieder hier zu sein«, schloß Bethie. »Wir haben von nichts anderem mehr geredet.«

»Als von unserer Rückkehr in die Bernhardt-Schule«, fügte Sam hinzu und nickte. »Und es macht ja solchen Spaß, neue Leute kennenzulernen«, sagte sie und wandte sich zu mir um. Es amüsierte mich, wie sie ihre Dinge aufräumten und sich gegenseitig wieder ins Gedächtnis riefen, welche Schublade wer im letzten Jahr gehabt hatte und wo die jeweiligen Kleidungsstücke bisher untergebracht waren.

Trisha und ich luden sie in unser Zimmer ein und verbrachten den Rest des Nachmittags damit, über Musik und Filme und Frisuren zu reden.

Agnes machte sich ernsthaft Sorgen um ihren letzten Schüler, Donald Rossi, denn er tauchte den ganzen Tag über nicht auf. Dann, beim Abendessen, hörten wir die Klingel, und sie stand vom Tisch auf, um ihn zu begrüßen. Er war vom Chauffeur seines Vaters hergebracht worden, da sein Vater, ein berühmter Komiker, in irgendeinem Nachtclub in Boston auftrat. Der Chauffeur trug Donalds Taschen bis zum Eingang und fuhr dann wieder ab. Agnes brachte Donald herein, um ihn uns vorzustellen.

Donald war ein kleingewachsener pummeliger Junge von fünfzehn Jahren mit blondgelocktem Haar und Sommersprossen, sogar auf der Nase. Er hatte ein ovales Gesicht mit auffallend beweglichen Lippen, die alle erdenklichen Bewegungen machten, wenn er etwas sagte, gewöhnlich ein Versuch, einen berühmten Filmstar wie James Cagney oder Edward G. Robinson nachzuahmen. Mir war noch nie jemand begegnet, der sich so vorlaut und dreist benahm, wenn er neuen Leuten vorgestellt wurde.

»Ich bin am Verhungern«, sagte er und ließ sich neben Arthur plumpsen, der sich benahm, als sei gerade jemandem, der die Pest hatte, ein Platz am Tisch zugewiesen worden. Er zuckte zusammen und rutschte mit seinem Stuhl soweit wie möglich nach links.

»Möchtest du nicht vielleicht erst deine Sachen in dein Zimmer bringen, Donald?« fragte Agnes.

»Ach was, das kann warten«, sagte er. »Aber mein Magen nicht«, fügte er hinzu und lachte. Dann sah er Arthur an. »Du siehst so aus, als stünde bei dir das Gepäck immer an erster Stelle«, sagte er und lachte über seinen eigenen Witz. Arthur warf mir einen schnellen Blick zu und errötete dann. »Dazu fällt mir noch ein Witz ein, den mein Vater mir einmal erzählt hat«, sagte Donald und stach so schnell mit der Gabel in ein Brötchen, als glaubte er, es könne davonlaufen. »Da gab es diese zwei Typen, die in der Wüste kurz vor dem Verhungern waren, als sie auf dieses tote Kamel stoßen. Der erste sagt: ›Für ein Kamelsteak könnte ich sterben, aber über den Geruch komme ich nicht hinweg.‹ ›Geruch?‹ fragt der zweite. ›Ich komme nicht über den Höcker.‹« Wieder einmal brüllte er vor Lachen über seinen eigenen Witz.

Die Zwillinge starrten ihn mit aufgerissenen Mündern an. Arthur seufzte und schüttelte den Kopf.

»Ach, du meine Güte, Donald«, sagte Agnes. »Ich glaube, der Eßtisch ist keine angemessene Bühne für diese Art von Humor, meinst du nicht auch?«

Donald blickte von seinem Teller auf. Während er den Witz erzählt hatte, hatte er sich mit dem Schöpflöffel unbeirrt den Teller mit Kartoffeln und verschiedenen Gemüsesorten vollgehäuft. Jetzt hackte er gerade ein Hühnerbein ab.

»Ach so, ihr wollt wohl Tischwitze hören, was? Einverstanden«, sagte er und redete weiter. »Da war also dieser faule Apfel ganz unten im Korb, und dann kommt diese Hausfrau und wühlt darin herum, weil sie glaubt, die besten Äpfel kann sie sich von unten holen, aber dann zieht sie eine Handvoll Matsch raus, versteht ihr...«

»Entschuldige, Donald«, fiel ihm Agnes ins Wort, »aber tote Kamele und faules Obst gehören nicht zu den Dingen, von denen wir beim Essen etwas hören wollen.«

»Oh.« Er steckte sich einen riesigen Bissen in den Mund und kaute einen Moment lang versonnen darauf herum. »Kennt ihr den über diesen Zwerg, der stirbt und in den Himmel kommt?« setzte er dann an.

Es schien, als könnte ihn nichts aufhalten, außer man würde auf ihn schießen wollen. Ich sah Agnes an. Sie holte tief Atem und schüttelte den Kopf. Ob es uns paßte oder nicht, aber unsere kleine Wohngemeinschaft von Schülern war jetzt komplett. Die Zwillinge hatten ihr Zimmer, Arthur seines, Donald hatte, Gott sei Dank, das Zimmer, das am anderen Ende des Korridors lag, und natürlich hatten Trisha und ich unser Zimmer miteinander.

Noch vor Ablauf der Woche entspann sich zwischen Arthur und Donald ein heftiger Streit, weil Donald nicht aufhörte, Arthur wegen seines Gewichts aufzuziehen. Agnes vermittelte, und ein brüchiger Waffenstillstand wurde vereinbart; aber es wurde so schlimm, daß wir uns nicht mehr so sehr wie bisher auf das Abendessen freuten, da es bei den meisten Mahlzeiten nur eine Frage der Zeit war, bis Arthur und Donald anfingen, sich anzufauchen und anzuschreien. Wieder einmal kam die Woche, in der Donald Küchendienst hatte. Irgendwie hatte er sich ohne Mrs. Liddys Wissen in die Küche geschlichen und von einem Hühnerbein das Fleisch abgeschabt. Er servierte Arthur die Knochen mit einem Teelöffel Kartoffelbrei und einer Erbse. Es war komisch, und Trisha und die Zwillinge fingen an zu lachen, aber Arthur wurde wütend und sprang vom Tisch auf.

Agnes forderte Donald auf, nach oben zu gehen und sich bei ihm zu entschuldigen.

»In diesem Haus hat immer Frieden geherrscht«, belehrte sie ihn. »Wir waren immer eine gute Truppe, und eine gute Besetzung kann keine gute Leistung bieten, wenn Differenzen bestehen.«

»He, für das Showbusineß tue ich alles«, sagte er. Er steckte sich eine imaginäre Zigarre in den Mund und beugte sich vor wie Groucho Marx. Er war unverbesserlich, aber er ging wirklich nach oben, um sich zu entschuldigen. Er kehrte kurz darauf zurück, nachdem er gesagt hatte, es störte ihn nicht, mit einer Tür zu reden, wenn die Tür wenigstens quietschte.

Als ich Arthur später allein im Flur begegnete, riet ich ihm, Donald nicht soviel Beachtung zu schenken.

»Er ist ein Exhibitionist«, sagte ich, »und er versucht, wie sein Vater zu sein. Wenn du ihn einfach ignorierst, wird er schon aufhören, dich zu ärgern.«

»Ich dachte, du findest ihn komisch«, fauchte Arthur.

»Manchmal, aber meistens ist er einfach unangenehm. Ich sehe nicht gern zu, wenn jemand geärgert und zur Zielscheibe des Spotts gemacht wird.«

Arthurs Gesicht wurde freundlicher.

»Du hast ja recht«, sagte er. »Er ist es nicht wert.«

Ich lächelte und wollte weitergehen.

»Dawn«, rief Arthur. »Ich ... äh ... ich habe mich gefragt, ob ich dir nicht vielleicht gelegentlich ein paar von meinen Gedichten zeigen könnte. Ich glaube, sie werden dir gefallen.«

»Aber selbstverständlich kannst du das tun, Arthur. Ich möchte sie liebend gern lesen. Vielen Dank für dieses Angebot«, sagte ich. Noch nie hatte ich erlebt, daß sich sein Gesicht so schnell aufhellte, und seine sonst so trüben Augen strahlten.

»Okay«, sagte er.

Ich erzählte es Trisha nicht, weil ich wußte, daß sie mir davon abgeraten hätte, mich in irgendeiner Form mit ihm abzugeben, aber er tat mir wirklich leid. Ich dachte, er könnte ohne weiteres der einsamste und traurigste Junge sein, der mir je begegnet war.

Nicht lange nach Beginn des neuen Schuljahrs bekam ich einen Brief von Daddy Longchamp. Er schrieb, er sei mir dankbar für meinen Brief, der ihn ermutigt hätte. Er behauptete, ich fehlte ihm sehr, und das hätte er mir in seinem ersten Brief schon schreiben wollen, doch er hätte nicht geglaubt, ein Recht dazu zu haben. Im übrigen berichtete er mir Einzelheiten über seine Wohnung und seine Arbeit. Er machte einen zuversichtlicheren Eindruck, denn er hatte ein paar neue Freunde gefunden, darunter eine Witwe, die im selben Haus wohnte und ihm anscheinend besonders wichtig war.

Ich beschloß zu versuchen, ihm mindestens zweimal im Monat zu schreiben.

Eines Nachmittags, ein paar Tage, nachdem Arthur mich gefragt hatte, ob ich bereit sei, seine Gedichte zu lesen, hörte ich ein Klopfen an meiner Schlafzimmertür. Trisha war noch beim Tanzunterricht. Ich saß auf dem Fußboden, lehnte mit dem Rücken am Bett und machte meine Englischhausaufgaben.

»Entschuldige, bitte«, stotterte er, als ich sagte, er solle reinkommen. Er blieb an der Tür stehen und wagte es nicht, auch nur einen Schritt näherzukommen.

»Hallo, Arthur. Was kann ich für dich tun?« fragte ich. Er sah mich seltsam an, aus zusammengekniffenen Augen und mit hochgezogenen Schultern, er wirkte wie ein Vogel.

»Ich dachte mir, das heißt, wenn du nicht zuviel zu tun hast, ob du dir vielleicht meine Gedichte anschauen magst.«

Er hielt ein Heft in der Hand.

»Klar«, sagte ich. »Liebend gern. Komm rein.«

Er zögerte einen Moment, sah sich noch einmal um und kam dann ins Zimmer.

»Setz dich«, sagte ich und klopfte neben mir auf den Boden.

»Auf den Fußboden?«

»Klar, warum denn nicht? Hier unten ist es sehr bequem. Trisha und ich sitzen immer auf dem Fußboden, wenn wir unsere Hausaufgaben machen.«

Es dauerte ein Weilchen, bis Arthur seine langen Beine in eine bequeme Lage gebracht hatte, doch er schaffte es, und dann reichte er mir sein Heft. Es war sehr dick.

»Du hast eine Menge Gedichte geschrieben«, sagte ich beeindruckt.

»Ich schreibe schon lange daran«, antwortete er reserviert.

»Wer hat sie sonst noch gesehen?« fragte ich und schlug das Heft auf.

»Nicht allzu viele Leute«, sagte er, »denen ich sie gern zeigen wollte. Natürlich gibt es immer Menschen, die ihre Nase in die Angelegenheiten anderer stecken«, fügte er hinzu, und ich vermutete, daß er auf Trisha anspielte, die mir erzählt hatte, sie hätte sich seine Gedichte heimlich angesehen, als er das Heft einmal im Wohnzimmer auf dem Tisch hatte liegenlassen.

Ich blätterte die erste Seite um und las. Trisha hatte recht gehabt. All seine Gedichte drehten sich um trübsinnige Dinge: sterbende oder ausgesetzte Tiere, Sterne, die erloschen und zu schwarzen Flecken wurden und am Nachthimmel nicht mehr zu sehen waren, oder Leute, die an furchtbaren Krankheiten starben. Trotzdem fand ich, es müßten wohl gute Gedichte sein, denn sie lösten Traurigkeit und Angst bei mir aus und erinnerten mich an die schlimmmen Zeiten, die ich selbst durchgemacht hatte.

»Diese Gedichte sind wirklich sehr gut, Arthur«, sagte ich zu ihm. Er drehte den Kopf um, und unsere Blicke trafen sich. Seine Augen sahen aus wie dunkle Tümpel im Wald, tief und so still, daß sie wie zugefroren wirkten. Arthur in die Augen zu sehen, war, als schaute man durch das Schlüsselloch einer abgeschlossenen Tür.

Ich sah die Traurigkeit und die Einsamkeit in seinem Innern, und ich fühlte die Leere. »Ich weiß, daß sie gut sind, weil sie mich traurig machen und mich an frühere Zeiten erinnern, in denen ich genauso empfunden habe.

Aber wenn du so gut schreiben kannst, warum schreibst du dann nicht Gedichte, die die Menschen glücklich machen?«

»Ich schreibe das, was ich empfinde«, sagte er, »und was ich sehe.«

Ich nickte verständnisvoll. Als ich das Gedicht über die wunderschöne Taube las, die sich die Flügel brach und auf einem unbelaubten Ast sitzen bleiben mußte, bis ihr Herz versagte, dachte ich daran, wie Momma Longchamp nach Ferns Geburt schwach und immer schwächer geworden war, bis sie wie ein schöner Vogel gewesen war, dem man die Schwingen gestutzt hatte. Mir fiel der Tag wieder ein, an dem ihr Herz versagt hatte, und bei dieser Erinnerung fühlte ich erneut das Verlangen nach einer Mutter oder einem Daddy, die mich festhalten und mir über das Haar streichen würden, wenn ich krank war oder mich fürchtete.

Tränen begannen über meine Wangen zu fließen.

»Du weinst ja«, sagte Arthur. »Niemand hat je meine Gedichte gelesen und geweint.«

»Es tut mir leid, Arthur«, sagte ich. »Es liegt nicht daran, daß deine Gedichte schlecht sind.« Ich reichte ihm das Heft. »Es fällt mir nur schwer, diese Dinge zu lesen und nicht an die qualvollen Zeiten zu denken, die ich selbst erlebt habe.«

Einen Moment lang sah er mich erstaunt an. Dann nickte er bedächtig, seine schmalen Lippen preßten sich verständnisvoll aufeinander, und sein vorstehender Adamsapfel hüpfte auf und ab, als er schluckte.

»Du kannst deine Familie nicht leiden, stimmt's?« fragte er, und ehe ich etwas darauf erwidern konnte, sagte er: »Ich weiß von dem Brief voller Lügen, den deine Großmutter an Agnes geschrieben hat.«

»Du bist uns an jenem Abend gefolgt und hast gesehen, wie

wir uns in ihr Zimmer geschlichen haben, um ihn zu lesen, stimmt's?« beschuldigte ich ihn mit scharfer Stimme.

»Ja. Ich weiß, daß du mich an dem Abend gesehen hast.« Er sah auf seine Hände mit den langgliedrigen Fingern hinunter, die er im Schoß gefaltet hatte, und dann blickte er auf. »Ich habe an der Tür gelauscht und gehört, wie wütend ihr beide gewesen seid, nachdem ihr den Brief gelesen hattet. Warum hat deine Großmutter etwas gegen dich?«

»Das ist eine lange Geschichte, Arthur.«

»Bist du böse auf mich, weil ich euch gefolgt bin und euch nachspioniert habe?« fragte er und hielt den Atem an.

»Nein. Aber ich kann es nicht leiden, wenn man mir nachspioniert. Ich fühle mich dann von Kopf bis Fuß schmutzig, und mir läuft ein Schauer über den Rücken.«

Er nickte, und lange saßen wir beide stumm und angespannt da.

»Ich bin nicht gern mit meinen Eltern zusammen«, gestand er dann. »Ich hasse es, nach Hause zu fahren, und ich kann es nicht ausstehen, mit ihnen in Urlaub zu fahren.«

»Das ist ja furchtbar, Arthur. Wie kannst du nur so etwas Schreckliches über deine Mutter und deinen Vater sagen?«

»Sie sind immer enttäuscht von mir. Sie wollen, daß ich Musiker werde. Sie sind wild entschlossen, mich dazu zu machen. Ich übe und übe, aber ich weiß, daß ich mittelmäßig bin. Meine Lehrer wissen es auch. Der einzige Grund, weshalb sie mich dulden, ist der, daß meine Eltern so erfolgreich sind.«

»Warum sagst du ihnen nicht einfach, wie du das siehst?« fragte ich.

»Das habe ich getan, dutzendmal, aber sie weigern sich, mir zuzuhören. Sie sagen nur, ich soll weiterhin üben; man bräuchte viel Übung. Aber man braucht mehr als nur Übung«, betonte er, und seine Augen wurden größer. »Man braucht auch Talent. Wenn man es zu etwas bringen will, muß man es in sich haben. Meine Eltern können nicht einsehen, daß sie mich zu etwas machen wollen, was ich nicht bin.«

»Du hast recht, Arthur. Sie werden es einfach einsehen müssen. Eines Tages werden sie es schon verstehen, da bin ich ganz sicher.«

Er schüttelte kläglich den Kopf. »Das bezweifle ich. Inzwischen ist es mir auch schon egal.« Er holte tief Atem, und seine schmalen Schultern hoben und senkten sich. Dann sah er mich wieder aus diesen kleinen, dunklen, glänzenden Augen an.

»Ich werde ein Gedicht nur für dich schreiben, Dawn«, sagte er schnell. »Genaugenommen ein Gedicht über dich«, fügte er hinzu, »weil du anders bist.« Dann errötete er, als er merkte, wie lebhaft er gesprochen hatte. »Ich... ich meine... du bist sehr nett.« Er stand so flink auf, daß er fast gestolpert und gefallen wäre.

»Das ist sehr freundlich von dir, Arthur«, sagte ich. »Ich freue mich schon darauf, es zu lesen.«

Er starrte mich einen Moment lang an, und dann lächelte er zum ersten Mal. Im nächsten Augenblick war er verschwunden.

Ich schüttelte voller Erstaunen den Kopf und wischte mir die letzte Träne von den Wangen.

Am nächsten Tag erwartete mich eine wunderbare Überraschung, als ich von der Schule heimkam. Jimmy hatte geschrieben, um mir mitzuteilen, daß er in der kommenden Woche Urlaub nehmen konnte und die Zeit dazu nutzen würde, Daddy Longchamp zu besuchen und dann herzukommen, damit wir uns sehen konnten. Er würde am Wochenende in New York sein und um zwölf Uhr kommen, um mich zum Mittagessen abzuholen. Ich konnte meine Aufregung nicht für mich behalten. Abends überlegte ich, was ich anziehen würde. Ich fragte mich, ob ich mir eine neue Frisur zulegen sollte. Trisha sagte, ich brächte sie noch um den Verstand.

»Man könnte glauben, ein Filmstar käme zu Besuch«, sagte sie. »Ich war noch nie so aufgeregt, wenn mein Freund hergekommen ist«, sagte sie nicht ohne Neid.

»Es ist so lange her, seit ich Jimmy das letzte Mal gesehen habe, und inzwischen haben wir beide soviel erlebt. O Trisha, was ist, wenn er so viele hübsche Mädchen kennengelernt hat, daß er jetzt findet, im Vergleich zu ihnen sei ich noch ein Kind?« stöhnte ich.

Sie lachte und schüttelte den Kopf.

»Wenn er dich so sehr mag, wie du behauptest, dann kann nichts etwas an euren Gefühlen füreinander verändern«, verkündete Trisha.

»Ich hoffe, du hast recht.«

Am nächsten Tag gingen wir zu Saks Fifth Avenue. Ich hatte Glück, denn in der Kosmetikabteilung berieten zwei auffallend schöne Mannequins Kundinnen, wie man sich richtig schminkte. Ich suchte mir einen Lippenstift in einer anderen Farbe als sonst aus und kaufte auch Parfüm. Das Mannequin zeigte mir, wie man Lidstrich und Rouge aufträgt und gab mir sogar noch ein paar Ratschläge zu meinem Haar. Ich nahm einen Teil des Geldes, das mir meine Mutter geschickt hatte, um mir einen neuen Pullover und einen Rock zu kaufen, die ich als Kombination in einer Modezeitschrift gesehen hatte.

Von dem Moment an, in dem ich die Augen aufschlug, war ich an dem Tag, an dem Jimmy kommen wollte, unglaublich nervös. Ich hatte das Schminken geübt, wie es mir das Mannequin gezeigt hatte, und nachdem ich damit fertig war, bürstete ich mir das Haar so lange und gründlich, bis es wie das einer Märchenprinzessin schimmerte. Ich zog meinen neuen Rock und meinen neuen Pullover an, und dann schaute ich nervös in den hohen Spiegel. Ich traute meinen Augen nicht. Meine Wangen waren vor Aufregung gerötet, und meine Augen glänzten, und die weiche blaueWolle schmiegte sich anmutig an meine Brüste und betonte meine Taille, um von dort bis auf meine Knie zu fallen wie der Rock einer Tänzerin. Ich fand, wenn es auch noch so eingebildet war, daß ich wunderschön aussah.

Ich war zu nervös, um beim Frühstück etwas zu essen. Der Sommer hatte sich zwar bis in den späten September hinein gehalten und es war immer noch warm, doch der Himmel war bedeckt und trüb. Ich fürchtete, es würde regnen – in meinen

Phantasien hatte ich mir oft ausgemalt, wie Jimmy und ich durch die Stadt schlenderten und er meine Hand in seiner starken Hand hielt. Trisha ging in die Bibliothek, um ein paar Bücher für eine Hausarbeit zu holen, die wir schreiben mußten. Als sie zurückkam, war es schon nach zwölf Uhr, und Jimmy war immer noch nicht da.

»Er hat sich verspätet«, rief ich aus. »Vielleicht ist etwas passiert, und er kann gar nicht kommen.«

»Dann hätte er dich doch angerufen, oder nicht? Hör auf, dir solche Sorgen zu machen. So leicht ist es nun auch wieder nicht, in New York zurechtzukommen. Du beißt dir die Nägel noch bis auf die Knochen ab«, erklärte sie.

»Hier«, befahl sie und gab mir eines der Bücher. »Hol dein Heft raus und setz dich ins Wohnzimmer, lies und warte.«

»Oh, nein, das geht beim besten Willen nicht, Trisha«, stöhnte ich.

»Damit schlägst du wenigstens die Zeit tot, bis er kommt. Los jetzt«, befahl sie mir. »Ich setze mich zu dir und warte mit dir.«

Wir gingen nach unten. Als die Stunden vergingen, wurde ich mutlos. Ich zog im Abstand von wenigen Minuten meinen Spiegel raus und überprüfte immer wieder, wie ich aussah, und strich mein Haar zurück. Arthur Garwood kam vom samstäglichen Üben der Instrumentalisten zurück und schaute herein. Seine Lippen, die so schmal wie ein Bleistiftstrich waren, verzogen sich zu einem Lächeln, doch als er sah, daß Trisha auch im Zimmer war, schnellte er zurück, als sei er an einem riesigen Gummiband befestigt, und dann machte er sich sofort wieder auf den Weg in sein Zimmer. Endlich, nachdem wir fast vier Stunden lang gewartet hatten, hörten wir, wie an der Tür geklingelt wurde. Trisha und ich sahen auf und schauten einander an. Agnes war mit Freundinnen zum Einkaufen gegangen, und Mrs. Liddy war in der Küche.

»Soll ich ihn reinlassen?« fragte Trisha.

»Nein, nein, das mache ich schon«, sagte ich und holte tief Luft. »Wie sehe ich aus?«

»Auch nicht anders als vor fünf Minuten, als du mich das letzte Mal gefragt hast«, sagte sie lachend.

Ich stand auf und ging zum Eingang. Ich schloß die Augen und stellte mir einen Moment lang Jimmy vor, wie er in dem Versteck im Hotel ausgesehen hatte, als wir einander unsere verborgensten Gefühle und Gedanken offenbart hatten. Diese Augenblicke und diese Worte erschienen mir eher wie ein Teil eines Kindheitstraums, einer Phantasie. Hatten die Zeit und die Entfernung etwas an unseren Gefühlen füreinander verändert? Mein Herz schlug heftig vor Vorfreude. Ich öffnete die Haustür, um ihn zu begrüßen.

Jimmy wirkte wesentlich größer in seiner Uniform. Sein Gesicht hatte die zarte Unschuld verloren und war härter und voller geworden, wirkte gereift. Sein dunkles Haar war natürlich kurzgeschnitten, aber deshalb sah er nicht weniger gut aus. Es schien seine haselnußbraunen Augen noch mehr zu betonen. Momma Longchamps Augen. Er stand aufrecht und mit geraden Schultern da und strahlte Selbstvertrauen aus. Als er auf mich herunterschaute, sah ich, wie seine Blicke zarter wurden, und Wärme durchflutete mich.

»Hallo«, sagte er. »Es tut mir leid, daß ich so spät bin, aber ein Bus ist am Straßenrand liegengeblieben, und ich habe mich ein wenig verirrt. Du siehst sehr hübsch aus.«

»Danke«, sagte ich. Ich bewegte mich nicht. Es war, als hätten wir beide viele, viele Jahre übersprungen und als hätten wir jetzt Angst, so miteinander umzugehen, wie wir es getan hatten, als wir als Bruder und Schwester Seite an Seite aufgewachsen waren.

»Willst du ihn denn nicht ins Haus bitten?« fragte Trisha, die direkt hinter mir stand.

»Was? Ach so. Tut mir leid, Jimmy. Das ist Trisha, meine Zimmergenossin. Trisha, das ist Jimmy.«

Jimmy trat vor und nahm Trishas Hand.

»Sehr erfreut«, sagte er. Er wies mit einer Kopfbewegung auf mich. »Dawn hat mir schon viel über dich erzählt.«

»Und mir hat sie viel über dich erzählt«, entgegnete Trisha. Sie sahen mich beide an, als hätte ich Staatsgeheimnisse ausgeplaudert. »Sollen wir ins Wohnzimmer gehen?« fragte Trisha, der das alberne Lächeln auf den Lippen erstarrt war.

»Was? Ach so, ja«, sagte ich und führte Jimmy ins Haus.

»Schön hier«, meinte er, als er sich auf das kleine Sofa setzte und sich die Bilder und Andenken ansah.

»Möchtest du etwas trinken?« fragte Trisha. »Dawn scheint ihre Manieren vergessen zu haben«, spottete sie. »Agnes wäre außer sich.«

»Nein, danke«, sagte Jimmy. Einen Moment lang herrschte Schweigen, und dann fingen wir alle gleichzeitig an zu reden.

»Wie geht es Daddy Longchamp?« fragte ich.

»Wie läuft es in der Schule?« fragte Jimmy.

»Wie fühlt man sich beim Militär?« fragte Trisha.

Wir lachten. Dann lehnte sich Jimmy zurück und war gleich wesentlich entspannter. Er erschien mir so anders, so ruhig und soviel stärker. Ich war mir immer viel jünger als er vorgekommen, hatte mich immer als seine kleine Schwester gefühlt. Jetzt bewirkte seine überlegene Reife, daß ich mich ihm noch ferner fühlte.

»Mir gefällt es beim Militär«, sagte er. »Wie sie einem alles im Ausbildungslager beibringen – ich habe ein neues Zuhause gefunden.«

Bei dem Wort »Zuhause« zog ich die Augenbrauen hoch, und er drehte sich um und zwinkerte mir zu.

»Aber es ist ganz in Ordnung. Ich mag die Kerle, mit denen ich zusammen bin, und ich lerne Dinge über Motoren und Mechanik, die mir noch nutzen werden, wenn ich wieder draußen bin.« Er drehte sich zu mir. »Das mit der Verspätung tut mir leid. Ich wollte dich ursprünglich zum Mittagessen einladen, aber jetzt wird es wohl ein Abendessen werden. Das heißt, wenn es dir recht ist«, fügte er hinzu.

»Oh... selbstverständlich«, sagte ich.

»Du wirst mir ein gutes Restaurant empfehlen müssen. Ich kenne mich in New York nicht aus«, erklärte er Trisha.

»Ach, geht doch zu Antonio in der York, Ecke Achtundzwanzigste«, schlug Trisha vor.

»Das ist zu teuer«, sagte ich. Wir hatten noch nie dort gegessen, uns aber dort umgesehen, und es machte einen äußerst eleganten Eindruck.

»Mach dir darüber keine Sorgen«, brummte Jimmy, und einen Moment lang blitzte in seinen dunklen Augen die Glut auf, an die ich mich so gut erinnern konnte. »Und überhaupt«, sagte er mit einem schelmischen Funkeln in den Augen, »bist du für ein billiges Restaurant viel zu fein herausgeputzt.«

Ich errötete so schnell und so heftig, daß ich spürte, wie mir heiß wurde. Als ich Trisha ansah, bemerkte ich dieses alberne, selbstzufriedene Lächeln auf ihren Lippen.

»Dann laß uns doch gehen«, sagte ich. »Ich bin ganz ausgehungert.«

»Das sollte man auch meinen; sie war so nervös, daß sie den ganzen Tag nichts gegessen hat«, verriet Trisha Jimmy.

»Trisha!«

Jimmy lachte. Wir standen auf und gingen.

»Ich wünsche euch viel Spaß«, sagte Trisha.

»Danke«, sagte Jimmy.

»Er sieht sehr gut aus«, flüsterte sie mir ins Ohr.

Als wir vor das Haus traten, stellte ich fest, daß er ein Taxi hatte warten lassen.

»Warum hast du nichts gesagt, Jimmy?« rief ich aus, denn ich wußte, was das kostete. »Die Uhr ist die ganze Zeit über gelaufen.«

»Mach dir deshalb keine Sorgen«, sagte er. »Nach allem, was ich durchgemacht habe, habe ich es verdient, Geld rauszuwerfen, und es gibt niemanden, außer dir, mit dem ich es lieber rauswerfen würde, Dawn. Du siehst wirklich prima aus«, fügte er hinzu, als er mich zu dem Taxi führte.

Plötzlich lugte eine strahlende Sonne durch die grauen Wolken, und auf der anderen Straßenseite funkelten die Bäume in lebhaften Farben. Es wärmte mir das Herz, doch ich kam mir vor, als träumte ich, als wäre ich in eine meiner Phantasien eingetaucht.

Hier waren wir, Jimmy und ich, im Grunde genommen zwei Waisenkinder, die in äußerster Armut aufgewachsen waren, und wir waren auf dem Weg in ein elegantes New Yorker Restaurant. Wie seltsam und verwirrend die Zeit und die Ereignisse doch mit uns umgesprungen sind. Es war schwer, festzustellen, was wahr und was ein Traum war. Vielleicht war es für den Moment das beste, dachte ich, es gar nicht erst zu versuchen.

Das Restaurant war so vornehm, wie es von außen aussah. Als wir eintraten, fragte man uns, ob wir einen Tisch reserviert hätten. Natürlich hatten wir das nicht getan, doch der Empfangschef schaute in seine Unterlagen und nickte dann. Ich glaube, er war von Jimmys Uniform beeindruckt.

»Ich kann Sie noch unterbringen«, erklärte er und führte uns zu einem Tisch in der Ecke. Ich war derart nervös, daß mir das Besteck fast auf den Boden gefallen wäre, als ich die Serviette darunter herauszog, um sie auf meinem Schoß auszubreiten. Wir wurden gefragt, ob wir einen Aperitif trinken wollten.

Einen Aperitif! dachte ich. Für wie alt hielt mich der Kellner wohl?

»Nein, wir gehen gleich zum Abendessen über«, erwiderte Jimmy und lächelte. »Wir sind schon ganz ausgehungert.«

»Ausgezeichnet, Sir«, sagte der Kellner und ließ uns mit den Speisekarten allein. Als ich die Preise sah, blieb mir das Herz stehen.

»O Jimmy, manche dieser Gerichte kosten so viel, wie wir in einer Woche für Lebensmittel ausgegeben haben.«

»Ich habe dir doch gesagt, du sollst dir deshalb keine Sorgen machen«, sagte er. »Ich habe noch keinen Penny von meinem Sold ausgegeben«, gab er zu. Und dann erzählte er mir mit stolzer Stimme, daß er Daddy Longchamp etwas Geld gegeben hatte.

»Erzähl mir, wie es ihm wirklich geht, Jimmy«, sagte ich,

nachdem wir bestellt hatten. Jimmys Augen wurden dunkler, und seine Mundwinkel spannten sich so an, wie ich es von ihm kannte, wenn er Wut oder Traurigkeit unterdrückte. Er starrte auf den Tisch und spielte mit seinem Besteck.

»Er hat wesentlich kleiner und wesentlich älter auf mich gewirkt. Ich schätze, das macht das Gefängnis aus einem Menschen. Sein Haar war grauer, sein Gesicht hagerer, aber als er mich gesehen hat, hat er gestrahlt. Wir haben ein langes Gespräch darüber geführt, was alles passiert ist, und er hat mir erklärt, warum er und Momma getan haben, was sie getan haben, und daß sie geglaubt hatten, das Richtige zu tun, da deine richtige Mutter und dein Vater dich nicht haben wollten und da er und Momma sich noch ein Baby gewünscht hatten und nichts daraus geworden war.«

Jimmy blickte schnell auf, und seine Augen waren feucht.

»Natürlich gibt er zu, daß es falsch war und daß es ihm sehr leid tut, uns allen soviel Schmerz und Leid zugefügt zu haben, aber ob ich wollte oder nicht – ich hatte mehr Mitleid mit ihm als mit mir selbst. Diese Geschichte hat ihn gebrochen, und da Momma gestorben ist, hat er jetzt wirklich niemanden mehr.«

Ich war nicht so stark wie Jimmy. Ich konnte die Tränen nicht zurückhalten. Er lächelte mich an und beugte sich über den Tisch, um mir die Tränen von den Wangen zu wischen.

»Aber jetzt ist er wieder glücklicher, Dawn, und er läßt dich ganz lieb grüßen. Er hat ein paar neue Freunde gefunden; und seine neue Arbeit macht ihm Spaß.«

»Ich weiß. Er hat mir all das geschrieben.«

»Aber ich wette, er hat dir nicht geschrieben, daß er eine Freundin hat«, sagte Jimmy mit einem schiefen Lächeln.

»Eine Freundin?«

»Sie kocht für ihn, und ich hatte den Verdacht, daß sie viel mehr für ihn tut, aber sie wollten wohl nicht, daß ich es jetzt schon erfahre«, sagte er, und sein Lächeln wurde breiter.

Natürlich freute ich mich darüber, daß Daddy Longchamp eine Gefährtin gefunden hatte und nicht länger einsam sein würde. Ich wußte, was es bedeutete, einsam zu sein, und wie schwer einem das Herz dann sein konnte, und daß selbst der strahlendste Sonnentag finster und trostlos wirken konnte. Und doch dachte ich unwillkürlich an Momma, und es war schmerzlich, zu hören, daß Daddy Longchamp sich mit einer anderen Frau zusammengetan hatte. Meine Verwirrung mußte sich in meinem Gesicht widergespielt haben, denn Jimmy streckte die Hand über den Tisch und nahm meine Hand in seine.

»Aber er hat mir gesagt, niemand könnte Momma den Platz in seinem Herzen nehmen«, sagte Jimmy eilig.

Ich nickte und bemühte mich, es zu verstehen.

»Daddy hat mir geschildert, welche Arbeit er sich damit gemacht hat, Fern aufzuspüren«, sagte Jimmy, »aber er kann einfach keine Einzelheiten in Erfahrung bringen. Es scheint, als hätten sich alle größte Geheimhaltung auferlegt. Man hat ihm gesagt, das diene dem Schutz der Familie, die sie bei sich aufgenommen hat, denn man wolle sie nicht in Ungelegenheiten bringen.«

»Aber er ist ihr richtiger Vater«, protestierte ich.

»Und ein vorbestrafter Mann«, erinnerte mich Jimmy, »der kein Geld und keinen richtigen Job und keine Ehefrau hat, die ihm dabei hilft, ein Kind aufzuziehen. Natürlich hofft er immer noch, sie eines Tages..«

»Eines Tages werden wir sie finden, Jimmy. Und wir werden die Familie wieder zusammenbringen«, sagte ich voller Entschlossenheit.

Jimmy lächelte und nickte. »Gewiß, Dawn.«

Nachdem unser Essen serviert worden war, fingen wir an, über uns selbst zu reden. Jimmy erzählte mir von seiner Ausbildung, seinen Freunden und einigen seiner Erlebnisse. Ich erzählte ihm von der Schule, von Madame Steichen, mehr über Trisha, und ich schilderte ihm die anderen Schüler im Haus, vor allem den armen Arthur Garwood. Nach einer Weile schien es, als redete nur noch ich, und Jimmy lauschte mit weitaufgerissenen Augen.

»Für dich muß das wirklich ganz anders als in allen anderen Städten sein, in denen wir gewesen sind«, schloß er. »Aber ich bin froh, daß du unter Menschen bist, die dein Talent anerkennen.«

Dann gestand er mir die schlechte Nachricht: In Wirklichkeit war er in New York, weil er am kommenden Nachmittag an Bord eines Schiffs nach Europa gehen sollte.

»Europa! O Jimmy, wann werde ich dich wiedersehen?«

»Es wird nicht so lange dauern, wie du glaubst, Dawn, und ich werde dir oft schreiben. Schau mich nicht so besorgt an«, sagte er lächelnd, »dort herrscht kein Krieg. Alle Soldaten werden für ihren Militärdienst irgendwo hingeschickt. Auf die Art kann ich mir etwas von der Welt anschauen, und der Staat bezahlt mir die Reise.

Uns bleibt nicht viel Zeit miteinander, Dawn«, fügte er mit ernstem Gesicht hinzu. »Laß uns jetzt nicht auch noch unglücklich sein, nicht einen Moment lang, einverstanden?«

Wie klug das klang. Die Zeit und die tragischen Zwischenfälle hatten ihn verändert. Mir wurde klar, daß Jimmy seit jenem Morgen, an dem die Polizei in unsere Wohnung in Richmond gekommen war und erklärt hatte, unser Vater sei ein Kidnapper, wirklich die meiste Zeit ganz auf sich selbst gestellt gewesen war. Jimmy war gar nichts anderes übriggeblieben, als erwachsen zu werden.

Ich drängte die Tränen zurück und zwang mich zu einem Lächeln.

»Laß uns spazierengehen«, sagte ich, »damit ich dir meine Schule zeigen kann.«

Jimmy holte seine Brieftasche raus und zahlte die Rechnung, ohne mit der Wimper zu zucken, und dann gingen wir. Er staunte darüber, wie gut ich mich in der Stadt auskannte. Ich erklärte ihm, daß Trisha und ich jetzt oft die Busse und U-Bahnen nahmen, um in die Museen zu kommen oder uns Vorstellungen anzuschauen.

»Du wirst schnell erwachsen, Dawn«, sagte Jimmy, doch

dabei wirkte er traurig. »Und du wirst so schick, daß ich dich wahrscheinlich nicht wiedererkenne, wenn ich zurückkomme, und du willst dann wahrscheinlich nicht mehr viel mit mir zu tun haben wollen.«

»O Jimmy, sag das nicht!« rief ich aus und blieb auf dem Bürgersteig stehen. »Ich werde mich nie für etwas Besseres halten. Wie kannst du nur so etwas Abscheuliches sagen!«

»Schon gut, schon gut«, sagte er lachend. »Tut mir leid.«

»So etwas darfst du überhaupt nicht erst über mich denken. Eher gehe ich von dieser Schule ab.«

»Wag es nicht, Dawn. Du wirst ein Star. Das weiß ich ganz genau«, sagte er entschieden. Dann nahm er mich an der Hand, und den restlichen Weg legten wir Hand in Hand zurück.

Nachdem ich ihm erst die Schule und dann den kleinen Park in der Nähe gezeigt hatte, erzählte er mir von seinem Hotel.

»Es ist nicht gerade schick, aber ich habe einen schönen Ausblick auf die Stadt, weil mein Zimmer im achtundzwanzigsten Stock liegt.«

»Warum nimmst du mich nicht mit und zeigst es mir?« fragte ich. »Ich bin noch nie in einem Hotel in New York City gewesen.«

»Du willst es wirklich sehen?« fragte er. Er schien unsicher und unentschlossen zu sein, und einen Moment lang dachte ich, er würde etwas sagen. Dann veränderte sich sein Gesichtsausdruck.

Im nächsten Moment hatte er ein Taxi angehalten, und wir befanden uns auf dem Weg zu seinem Hotel.

Wenn ich auch wußte, daß es nicht so elegant wie das Plaza oder das Waldorf war, dann war es doch hübsch. Sein Zimmer war klein, aber er hatte recht, was die Aussicht anging. Es war atemberaubend, über die Gebäude und Straßen zu schauen und in der Ferne das Meer zu sehen. Jimmy stand neben mir und hielt meine Hand, und stumm schauten wir hinaus. Dann ließ ich den Kopf an seine Schulter sinken und schloß die Augen. Ich konnte die Tränen einfach nicht zurückhalten.

»Es tut mir leid, Jimmy«, sagte ich, »aber die Erinnerungen holen mich immer wieder ein. Immer wieder denke ich an die kleine Fern, wie ich sie auf dem Arm gehalten und gefüttert und ihr zugesehen habe, wenn sie herumgekrabbelt ist und gelacht hat. Und ich denke auch immer wieder an Momma, als sie noch gesund und hübsch war.«

»Ich weiß«, sagte er. Er strich mir über das Haar und küßte dann zart meinen Hinterkopf.

»Und ich denke auch immer wieder an dich und mich damals in dem Hotel in Cutler's Cove«, sagte ich.

»Ich muß auch ständig daran denken«, gestand er. Ich hob meinen Kopf und sah ihn an. Seine dunklen Augen schauten in meine. »Dawn«, flüsterte er, »wenn dir danach zumute ist, zu weinen, dann tu es ruhig. Ich verstehe das schon. Du kannst gleich für mich mit weinen.«

Als er das sagte, sah er sehr traurig aus. Ich konnte nicht weinen. Statt dessen hob ich die Hand und berührte seine Wange. Langsam, als durchschritten wir all die Zeit und die Entfernung, die mittlerweile zwischen uns lag, bewegten sich unsere Lippen aufeinander zu, und wir küßten uns zart. Ich drehte mich ganz zu ihm um, und unser Kuß wurde leidenschaftlicher. Als er zurückwich, sah ich Tränen in seinen Augenwinkeln schimmern.

»Ich komme immer noch nicht gegen die Verwirrung an, die mich innerlich durcheinanderbringt«, sagte er. »Ich denke an dich, ich träume von dir, ich will dich, und dann sehe ich, wie du als meine Schwester aufgewachsen bist, und es kommt mir so verdorben vor, auf eine andere Art an dich zu denken.«

»Ich weiß«, sagte ich. »Aber ich bin nicht deine Schwester.«

»Ich weiß nicht, was ich tun soll«, gestand er. »Es ist, als sei eine Mauer zwischen uns, eine Mauer, die uns jede Berührung verbietet.«

»Dann spring über die Mauer«, sagte ich und wunderte mich selbst darüber, wie aggressiv ich war.

Ich nahm seine Hand in meine, zog sie nach oben und legte sie auf meine Brust. Ich preßte seine Handfläche darauf und hielt sie fest. Er küßte mich wieder, und dann gingen wir wortlos auf das Bett zu. Erst saßen wir nur einfach da und streichelten einander zärtlich. Dann rückte er näher, und sein Kopf lehnte gegen meine Stirn. Ich spürte seinen warmen Atem auf meinem Gesicht. Ich ließ den Kopf nach hinten sinken und wölbte ihm meinen Hals entgegen. Ich kam mir nicht ganz wirklich vor, als seine warmen Lippen meine Kehle küßten. Mir stockte der Atem. Einen langen, langen Augenblick wartete ich darauf, daß seine Lippen sich von mir lösen würden. Ich spürte, wie aus dem Prickeln Wogen von Wärme wurden, die von der Stelle aus durch meinen Körper strömten, an der mich seine Lippen berührten.

Ich stöhnte und ließ mich auf das Kissen zurücksinken. Er beugte sich über mich, stemmte die Arme zu beiden Seiten neben mir auf das Bett und lächelte.

»Du bist so hübsch. Ich kann nichts dafür, daß ich dich liebe. Für mich wird es nie jemand anderen als dich geben, und wenn ich noch so viele Jahre brauche, um diese Mauer einzureißen, ich werde es tun«, gelobte er.

»O Jimmy, spring jetzt mit einem Satz über diese Mauer«, bat ich ihn und konnte selbst nicht glauben, daß ich diese Worte gesagt hatte. Es war, als spräche ein anderer Mensch diese Dinge aus. Er wurde ernst, und seine Augen wurden dunkler und kleiner.

Dann setzte er sich aufrecht hin, zog seine Uniformjacke aus und knöpfte sein Hemd auf. Ich beobachtete ihn dabei und bewegte mich nicht von der Stelle. Als er anfing, seine Hose auszuziehen, zog ich mir den Pullover über den Kopf und öffnete den Reißverschluß meines Rockes. Er schlug die Bettdecke zurück und ich schlüpfte, nur noch mit BH und Slip bekleidet, darunter. Wir umarmten und küßten uns. Seine Finger fanden den Verschluß meines BHs und öffneten ihn, dann preßte er sein Gesicht auf meine Brüste und küßte mich.

»Wie wunderschön du bist«, sagte er und seufzte leise. »Ich erinnere mich, als wir noch jünger waren. Du warst so schüchtern, was deinen Körper anging, und immer wolltest du nur weite Pullover tragen, damit ich nichts sehen konnte. Und wenn wir einander versehentlich berührt haben...«

Seine Erinnerungen trugen mich blitzschnell in unsere Vergangenheit als Bruder und Schwester zurück. Die Mauer, die er zwischen uns beschrieben hatte, stellte sich wieder zwischen uns, als ich an jene Zeiten dachte, in denen wir einander versehentlich intim berührt und uns dann deshalb schlecht gefühlt und uns geschämt hatten. Es war so schwer, diese Bilder und Gefühle zu verscheuchen.

Als er jetzt seine Männlichkeit an mich preßte, erschauderte ich aus Erregung und aus Schuldbewußtsein. Aber warum hätte ich mich schuldig fühlen sollen, fragte ich mich erbost. Jimmy ist nicht mein Bruder; er ist es nicht!

Jimmy spürte, daß sich mein Körper verkrampfte, und seine Küsse hörten auf. Er stemmte sich hoch und sah mich an.

»Wir überstürzen die Dinge, Dawn«, sagte er. »Das kann unserer Liebe nur schaden. Ich begehre dich, mehr als irgend jemanden sonst, aber ich will nichts tun, was dich vor mir zurückschrecken läßt.

Laß uns einfach zusammen hier liegen und einander festhalten«, sagte er mit einer Ruhe, die weit größer als meine war.

Er legte seinen Arm um meine Schultern und zog mich näher zu sich, bis mein Kopf auf seiner Brust ruhte. Lange Zeit lagen wir einfach nur stumm da und hielten einander im Arm. Das Pochen unserer Herzen wurde langsamer, und eine wunderbare Ruhe legte sich auf uns. Durch die Fenster sahen wir, wie die Sonne über der Stadt unterging. Bald verliehen Tausende von Lichtern der Skyline von New York den aufregenden Glanz.

Er schloß die Augen, und ich schloß meine, und wir schliefen in unserer Umarmung ein.

Als ich abrupt die Augen öffnete, war ich im ersten Moment verwirrt. Jimmy schlief noch. Ich drehte mich vorsichtig um, weil ich ihn nicht wecken wollte, und dann schaltete ich die kleine Lampe auf dem Nachttisch ein, um auf die Uhr zu schauen. Ich war wie vom Blitz getroffen. Konnte das wirklich stimmen?

»Jimmy!« rief ich und setzte mich auf.

»Was!« Seine Lider zuckten und öffneten sich.

Ich warf die Decke von mir und zog mich eilig an.

»Es ist zwei Uhr morgens. Agnes wird wütend sein. Wir müssen an den Wochenenden spätestens um zwölf und an den Wochentagen um zehn zurück sein.«

»Oh, Mann. Ich weiß nicht, was passiert ist«, sagte er. Er setzte sich auf und zog seine Hose an.

Wir eilten hinaus und durch das Hotelfoyer. Es war so spät, daß niemand mehr am Empfang saß. Wir brauchten eine ganze Weile, um ein Taxi zu finden, und es war kurz vor drei morgens, als wir vor Agnes' Haus ankamen.

»Soll ich mit reinkommen und es erklären?« fragte Jimmy.

»Was erklären? Wie wir in deinem Hotelzimmer gemeinsam in deinem Bett eingeschlafen sind?«

»Tut mir leid«, sagte Jimmy noch einmal. »Ich wollte nichts weniger, als dir Ärger zu machen.«

»Ich werde mir etwas einfallen lassen. Ruf mich morgen früh an. Oh, ich meine natürlich, heute«, sagte ich. »Wag es nicht, nach Europa aufzubrechen, ohne mich vorher noch einmal zu sehen, Jimmy. Versprich es mir«, verlangte ich.

»Ich verspreche es dir«, sagte er. »Ich komme etwa um elf.«

Ich küßte ihn und sprang aus dem Taxi. Natürlich war die Haustür abgeschlossen, und daher mußte ich klingeln. Jimmy blieb im Taxi sitzen und behielt mich im Auge. Ich winkte ihm zu, und er gab dem Taxifahrer Anweisung, ihn wieder zum Hotel zu bringen. Wenige Minuten später öffnete Agnes die Tür. Sie trug ihren Morgenmantel und hatte das Haar gelöst. Ohne ihre Schminke war sie gespenstisch blaß und sah um Jahre älter aus.

»Weißt du, wie spät es ist?« fragte sie, ehe sie mich eintreten ließ.

»Es tut mir leid, Agnes. Wir haben einfach nicht auf die Zeit geachtet, und als wir es schließlich gemerkt haben...«

»Ich habe die Polizei nicht verständigt, aber ich mußte deine Großmutter anrufen«, sagte sie. »Ich brauche dir wohl kaum zu sagen, wie sehr sie sich aufgeregt hat. Ich wußte ja nicht, daß dieser Junge, mit dem du fort warst, ein jugendlicher Delinquent ist, den man im Hotel verhaften hat lassen.«

»Das ist nicht wahr«, rief ich. »Sie lügt, wenn es um Jimmy geht, wie auch alles gelogen war, was sie in dem Brief geschrieben hat.«

»Also, wenn hier jemand lügt, dann glaube ich, bist du es, meine Liebe«, sagte sie und nahm eine strenge Haltung an. Sie schlüpfte wieder einmal in eine Rolle, dachte ich. Es hätte nicht viel Zweck gehabt, mit ihr zu streiten. »Du hast mich hinters Licht geführt, und das auch noch, nachdem ich dir vertraut habe. Was glaubst du wohl, was das für einen Eindruck macht, und dabei stehe ich auf gutem Fuß mit der Schule. Deine Großmutter wollte bei der Verwaltung eine Beschwerde einreichen, aber ich habe ihr versprochen, daß so etwas nie wieder passiert und daß du diesen Jungen nie mehr wiedersiehst.

Und außerdem«, sagte sie und verschränkte die Arme unter der Brust und erstarrte zu einer Statue, »hast du sechs Monate lang keinen Ausgang. Du wirst um sechs Uhr hier sein, auch an den Wochenenden, und du darfst nur aus dem Haus gehen, wenn du in der Schule etwas zu tun hast, und auch das nur mit meiner Genehmigung. Ist das klar?«

Das ist unfair, dachte ich, aber ich schluckte meinen Ärger hinunter und nickte. Das Ausgehen interessierte mich ohnehin nicht mehr. Jimmy würde morgen nach Europa aufbrechen.

»Nun gut«, sagte Agnes und trat zurück, um mich eintreten zu lassen. »Und jetzt wirst du dich auf der Stelle in dein Zimmer begeben, und zwar sehr leise, damit du die anderen nicht störst.

Ich bin tief enttäuscht von dir, Dawn«, rief sie mir noch zu, als ich an ihr vorbeikam. Ich eilte die Stufen hinauf. In dem Moment, in dem ich in unser Zimmer schlüpfte, setzte sich Trisha auf.

»Wo warst du?« fragte sie. »Agnes ist außer sich vor Wut.«

»Ich weiß.« Ich setzte mich auf ihr Bett und fing an zu weinen.

»Ich habe sechs Monate Stubenarrest. Großmutter Cutler hat dafür gesorgt.«

»Aber wo warst du?«

Ich erzählte ihr, wie wir in Jimmys Hotelzimmer gegangen und dort in unserer Umarmung eingeschlafen waren.

»Das ist ja toll«, sagte sie.

»Es ist nichts passiert, Trisha. So war es nicht«, sagte ich, doch ich bemerkte die Skepsis in ihren Augen. »Du mußt mir morgen helfen«, sagte ich, denn mir fiel wieder ein, daß Jimmy am Vormittag kommen würde. »Ich muß ihn unbedingt sehen, ehe er nach Europa fährt.«

Wir planten, wie sie ihn vor dem Haus erwarten und dann kommen würde, um mich zu holen. Jimmy und ich würden uns im Park treffen. Dort würden wir uns voneinander verabschieden. Und dann würde ich in das Schülerheim zurückkehren und mich in meine Arbeit stürzen, mich ganz in meine Musik vertiefen und versuchen, die Zeit und die Entfernung zu vergessen, die uns beide voneinander trennte.

Als ich einschlief, träumte ich von dem Tag, an dem er zurückkehren und wir gemeinsam fortgehen würden, um unser eigenes Leben zu leben, frei von Großmutter Cutler und allen hassenswerten Menschen. Ich würde uns mit meinem Gesang und meiner Musik ernähren, und wir würden ein wunderbares Leben führen.

War ich immer noch ein Kind, daß ich derartige Hoffnungen hegte?

5
Familienangelegenheiten

Nachdem wir uns voller Trauer voneinander verabschiedet hatten und Jimmy nach Europa aufgebrochen war, versuchte ich, mich ganz in meine Arbeit zu vertiefen. Es dauerte nicht lange, bis ich die Zeit haßte und den Kalender definitiv verabscheute, denn er schien mich zu verhöhnen und mich ständig daran zu erinnern, wie lange es doch dauerte, bis Wochen und Monate vergingen. Ich hätte nicht gedacht, daß meine Strafe mir derart lästig sein würde, doch es war besonders unangenehm, nicht aus dem Haus gehen zu dürfen, da Trisha und andere Mädchen aus unserem Freundeskreis jederzeit ins Kino, zum Tanzen, in Restaurants und zum Einkaufen gehen konnten.

An einem Samstagabend kurz nach Jimmys Abreise, klopfte Arthur Garwood an meine Schlafzimmertür, denn er hatte von dem Vorfall und von meiner Strafe gehört. Ich dachte, es sei Agnes, die vielleicht gekommen sei, um mir zu sagen, es sei mir gestattet, das Wohnzimmer zu benutzen, und ich bräuchte mich nicht nur auf mein Schlafzimmer zu beschränken. Ich nahm mir vor, zu schmollen und kein einziges Wort zu ihr zu sagen. Ich sagte noch nicht einmal: »Herein.« Nach einem Moment hörte ich jedoch, wie Arthur meinen Namen rief, und daher ging ich an die Tür. Er stand mit einer Schachtel unter dem Arm da.

»Was ist, Arthur?« fragte ich. Es schien, als wäre er bereits ewig dort gestanden.

»Ich dachte, du hättest vielleicht Lust, Schach zu spielen.«

»Schach?«

Er pochte auf die Kiste.

»Ach so.«

»Es muß ja nicht sein«, fügte er eilig hinzu, und schon zeigte sich die Enttäuschung in seinem Gesicht; seine Augen schauten bedrückt, und seine Mundwinkel wiesen nach unten. Er wollte sich wieder abwenden.

»Oh, nein. Ich habe Lust«, sagte ich und war nicht sicher, ob ich es für ihn oder für mich tat. Augenblicklich hellten sich seine Züge auf, und wir bauten das Schachbrett auf meinem Schreibtisch auf.

Ich war ganz sicher, daß er mich meistens absichtlich gewinnen ließ, denn ich entdeckte Züge, die er mühelos hätte machen können, aber unterließ, denn das hätte bedeutet, daß das Spiel viel schneller zu Ende gewesen wäre.

»Ich arbeite hart an deinem Gedicht«, erzählte er mir. »Ich möchte zwar, daß es etwas ganz Besonderes wird, aber es wird nicht mehr allzulange dauern.«

»Ich freue mich schon darauf, Arthur. Hast du mit deinen Eltern über dein Oboenspiel geredet?«

»Einige Male, seit wir beide darüber geredet haben«, erwiderte er, »und immer mit demselben Ergebnis. Erst mal abwarten. Nur immer üben. Sie wollen nichts hören, was sie nicht wahrhaben wollen«, sagte er. »Bei dem Konzert dieses Jahr soll ich ein langes Solo spielen.«

Jedes Jahr im Frühling wurden ein Wochenende lang Veranstaltungen abgehalten, bei denen die fortgeschritteneren Studenten der Sarah-Bernhardt-Schule zeigten, was sie konnten. Ihre Eltern und andere Angehörige kamen, und die beiden Abende waren ausgesprochen abwechslungsreich. Kritiker aus New York, aber auch Produzenten und Dirigenten wurden eingeladen, und viele kamen immer wieder.

»Ich bin sicher, daß du deine Sache besser machst, als du glaubst, Arthur«, sagte ich.

»Ich werde schrecklich spielen, und das weißt du«, sagte er nachdrücklich. »Ich spiele heute schrecklich, und ich übe schon seit ewigen Zeiten; es gibt keinen Grund, weshalb man Veränderungen erwarten könnte. Ich habe es meinen Eltern gesagt und sie gebeten, daß sie mich von dem Auftritt an diesem Wochenende befreien lassen, aber sie waren bereits über meinen Vorschlag entrüstet.«

»Was sagen deine Lehrer dazu?«

»Ich habe dir doch schon gesagt«, rief er mir ins Gedächtnis zurück, »daß sie sich vor meinen Eltern fürchten. Sie werden mich nicht am Vorspielen hindern. Ich werde mich zum Gespött machen. Jeder, der auch nur das geringste Gefühl für Musik hat, wird augenblicklich merken, wie mittelmäßig ich bin.« Er seufzte und stützte den Kopf in die Hände. Dann schaute er auf, und Tränen funkelten in seinen Augen. »Alle werden mich auslachen.«

Er starrte mich einen Moment lang mit diesen feuchten, glänzenden Vogelaugen an.

»Dawn«, sagte er leise, »du verstehst etwas von Musik. Du hast sie im Blut, und du hast mich spielen gehört. Ich weiß es. Ich habe dich gesehen, als du am Musikzimmer vorbeigekommen bist, während ich gerade geübt habe, und dort hast du mich gehört. Ich wüßte niemanden, der so ehrlich und besonnen ist wie du«, fügte er mit einer solchen Aufrichtigkeit hinzu, daß ich errötete. »Lüg mich bitte nicht an. Was hältst du wirklich und wahrhaftig von meinem Oboenspiel?«

Ich holte tief Atem. Normalerweise war es leichter, Menschen zu belügen, als ihnen die Wahrheit zu sagen, selbst dann, wenn sie wußten, daß man log. Meine Schwester Clara Sue war eine von der Sorte. Sie wußte, daß sie übergewichtig und egoistisch war, und als ich ihr die Wahrheit sagte, haßte sie mich dafür nur noch mehr. Viele Menschen lebten in der Illusion und in der Phantasie und wollten von niemandem aus ihrer Welt der angenehmen Lügen herausgerissen werden.

Ich dachte an Madame Steichen und daran, welche Hingabe und Liebe sie der Musik entgegenbrachte, und daher hätte sie nie so tun können, als sei jemand gut, wenn er es nicht war. Durch ihre Ehrlichkeit zeichnete sie sich gegenüber vielen anderen aus, und doch ließ gerade diese Ehrlichkeit sie oft sehr grausam scheinen.

Und hier saß jetzt Arthur Garwood, der die Wahrheit über sich selbst hören wollte und sich darauf verließ, daß ich sie ihm sagte. Wenn überhaupt, dann brauchte er einen Verbündeten in seinem Kampf, der Wahrheit ins Auge zu sehen.

»Du hast recht, Arthur«, gab ich zu. »Du spielst nicht übermäßig gut. Ich könnte mir dich nie als Berufsmusiker vorstellen, ganz gleich, wieviel Einfluß deine Eltern auch haben mögen.

Aber es macht nichts, wenn du eine Zeitlang Dinge tust, um ihnen eine Freude zu bereiten«, fügte ich schnell hinzu. »Gewiß werden sie es mit der Zeit auch einsehen, falls sie so gut sind, wie allseits behauptet wird...«

»Nein!« fauchte er und schlug so fest mit der Handfläche auf das Schachbrett, daß sämtliche Schachfiguren umfielen. »Wenn es um mich geht, sind sie blind. Wenn ich versage, ist es ihr Versagen, und jedes Versagen ist ihnen unerträglich.«

»Aber du kannst doch andere lohnende Dinge tun. Vielleicht wirst du ein großartiger Schriftsteller. Vielleicht...«

»Sie wollen nicht auf mich hören!« Tränen traten in seine Augen. Er schüttelte den Kopf und schaute zu Boden. Als er tief Atem holte, hoben und senkten sich seine schmalen Schultern so abrupt, daß ich glaubte, er würde sich zusammenfalten wie Kleider, die von einem Bügel rutschten. Eine Weile sagte keiner von uns beiden etwas. Ich fürchtete einen Ausbruch seiner Enttäuschung und seiner Wut. Im einen Moment war er sanft und umgänglich und redete so leise, daß man ihn kaum verstehen konnte; im nächsten Moment schrie er laut, seine kleinen Augen öffneten sich weit, sein Gesicht lief rot an, und sein dürrer, langer Körper verdrehte sich.

»Ich bin adoptiert worden«, gestand er, als sei es ein Verbrechen. Er sprach durch zusammengebissene Zähne und berichtete mir etwas, was den Verdacht bestätigte, den ich schon seit dem Tag hegte, an dem ich seine Eltern zum ersten Mal gesehen und festgestellt hatte, wie unähnlich er ihnen sah. »Aber sie wollen nicht, daß jemand das erfährt. Es ist ein Geheimnis, das wir mein Leben lang gehütet haben.«

Er hob den Kopf und sah mich an, unterdrückte ein Schluchzen und schluckte schwer.

»Du bist der einzige Mensch, dem ich es bisher erzählt habe«, sagte er.

»Aber wenn du adoptiert worden bist«, sagte ich so ruhig und sanft, wie ich konnte, »dann dürften sie doch nicht erwarten, daß du ihre musikalische Begabung geerbt hast, stimmt's?«

»Darum geht es doch gerade«, erwiderte er schnell. »Wenn ich kein musikalisches Talent beweise, dann glauben sie, die Leute würden daraus schließen, daß ich adoptiert worden bin, und dann ist das Geheimnis enthüllt.«

»Warum mußte es denn ein Geheimnis bleiben?« fragte ich.

Sein Körper zitterte, und seine dunklen Augen schauten düster, um mich zu warnen, daß mir ein Schock bevorstand. Trotz dieser Vorwarnung war ich nicht auf das vorbereitet, was ich zu hören bekam.

»Sie leben nicht zusammen, wie man es von einem Mann und seiner Frau erwartet«, sagte er. Meine offensichtliche Verwirrung zwang ihn, weiterzureden. »Sie schlafen nicht im selben Bett. Meine Mutter hat nie das getan, was man tun muß, um ein Kind zu kriegen. Frag mich nicht, woher ich das weiß«, bat er mich, und ich schöpfte den Verdacht, daß Arthur sein ganzes Leben lang Leuten nachspioniert und sie beobachtet hatte.

»Aber wir wollen nicht über meine Probleme reden«, sagte er unvermittelt und hob den Kopf, um mich anzusehen. »Ich dürfte gar nicht so egoistisch sein und über mich reden, während du hier sechs Monate lang in diesem Haus eingesperrt bist. Das ist eine ungerechte Strafe, und noch dazu ist es grausam. Ich wundere mich sehr über Agnes«, fügte er hinzu, und seine dünnen Lippen wurden an den Mundwinkeln weiß vor Zorn.

»Es liegt nicht an ihr; meine Großmutter hat sie dazu gebracht«, sagte ich. »Es ist schon in Ordnung. Ich werde es überleben.« Ich seufzte.

»Ich werde auch nicht ausgehen«, sagte er voller Entschlossenheit. »Ich werde am Wochenende abends immer hier bleiben und zu deiner Verfügung stehen, falls du Gesellschaft haben möchtest. Ich tue alles, was du willst – wir können Schach spielen, Karten spielen oder einfach nur reden. Du brauchst nur zu sagen, worauf du Lust hast.«

Diese Ernsthaftigkeit trieb mir Tränen in die Augen.

»O Arthur, ich kann nicht von dir verlangen, daß du dir eine solche Strafe auferlegst. Wage nicht, das zu tun.«

»Ich mache nichts Wichtiges«, sagte er. »Und ich habe keine echten Freunde. Und außerdem fällt mir niemand ein, mit dem ich lieber zusammen wäre.« Er wandte eilig den Blick ab, da ihm sein Geständnis peinlich war.

Auch mich brachte es in Verlegenheit, und einen Moment lang war ich sprachlos. Ich hielt es für die beste und einfachste Lösung, einfach so zu tun, als hätte ich es nicht gehört oder ihn nicht richtig verstanden.

»Auf dem Schachbrett ist alles durcheinandergeraten«, sagte ich. »Laß uns noch mal von vorn anfangen.«

»Oh. Ja, gewiß«, sagte er und stellte die Figuren wieder auf. Wir spielten, bis ich ihm erklärte, ich sei jetzt müde. Ich bedankte mich dafür, daß er mir Gesellschaft geleistet hatte.

Nachdem er gegangen war, dachte ich über die Dinge nach, die er mir erzählt hatte. Wieso sollten ein Mann und eine Frau als Ehepaar zusammenleben, wenn einer von beiden den anderen nicht berühren und nicht von ihm berührt werden wollte? War der Sex nicht eine Form, einem anderen Menschen, einem Menschen, den man liebte, so nah wie möglich zu kommen? Und weshalb hätte sich eine Frau so sehr davor fürchten sollen? Lag es nur an der Angst, schwanger zu werden? Wie verwirrend und kompliziert die Welt doch war, wenn man erst einmal das Reich verläßt, in dem man seine Kindheit verbracht hat, dachte ich. Man lebte in einer Seifenblase, bis sie eines Tages platzte und man gezwungen war, sich umzuschauen und zu erkennen, daß Schmerz und Leid nicht Teil einer Welt waren, die verschwand, wenn man mit den Augen zwinkerte. Arthur Garwoods Welt verschwand bestimmt nicht so einfach.

Auf seltsame Weise saß ich durch meine Strafe in der Falle, und das gestaltete die Dinge zwischen mir und Arthur Garwood schwieriger. Ich wollte nicht, daß er glaubte, ich könnte seine Freundin werden, und doch wollte ich ihn nicht verletzen und ihn immer wieder abweisen, wenn er kam, um mir Gesellschaft zu leisten. Zum Glück blieb Trisha abends oft bei mir, und an manchen Abenden, an denen sie nicht zu Hause war, waren die Zwillinge da. Immer, wenn sonst noch jemand anwesend war, vor allem Donald Rossi, kam Arthur nicht zu mir. Er redete nur mit mir, wenn ich allein war, und wenn wir uns in den Korridoren der Schule oder auf der Straße begegneten, sah er mich nur an und nickte mir zu, wenn ich mit anderen zusammen war.

Dann machte Arthur alles noch komplizierter, als er eines Samstagabends kam, um mir sein Gedicht zu präsentieren. Er hatte es in einen Umschlag gesteckt.

»Es ist besser, wenn du es allein liest«, sagte er und trat zurück, »und du kannst jederzeit zu mir kommen, wenn du Lust hast, mir zu sagen, was du davon hältst. Denk daran«, sagte er an der Tür noch einmal, »sei ehrlich.« Dann ging er.

Ich blickte auf den Umschlag in meinen Händen. Er hatte ihn sogar zugeklebt. Ich ging zu meinem Bett, legte mich hin und öffnete langsam den Umschlag. Er hatte sich große Mühe gegeben, es in altenglischen Lettern zu schreiben. Vielleicht war er kein begabter Musiker, dachte ich, aber er besaß bestimmt künstlerisches Talent. Sein Gedicht trug den Titel »Dawn – Morgenröte«.

Die Dunkelheit packt die Welt mit eiserner Faust.
Selbst die hellsten Sterne können den Griff nicht lockern
Mit dem die schwarzen Finger der Nacht die Welt und mich
umklammern.
Ich bin allein, in den Schatten, die ich werfe, gefangen.
Niemand kann meine Schreie oder meine Tränen hören, und
niemand sorgt sich um mich.
Ich bin wie ein Vogel ohne Flügel.

Verzagt sitze ich da und warte ohne Hoffnung.
Und dann kommst du.
Du steigst über den Horizont auf, und dein Lächeln ist so hell und so warm, daß die Dunkelheit nichts dagegen ausrichten kann.
Sie schmilzt wie Eis in deiner Wärme.
Deine Strahlen berühren mein Gesicht, und ich werfe ab meine Schatten, und meine Flügel wachsen nach.
Dann fliege ich fort wie ein wiedergeborener Vogel und schwinge mich in die Wolken auf.

Ich sah schnell von dem Gedicht auf, aber Arthur stand nicht an der Tür. Er hatte sein Versprechen gehalten und sich in sein Zimmer zurückgezogen, und ich wußte, daß er dort angespannt wartete. Einen Moment lang war ich nicht in der Lage, mich zu bewegen. Diese Worte waren wunderschön, aber sehr verräterisch. Mich erschreckte die Tiefe der Gefühle, die er mir offensichtlich entgegenbrachte. Was hatte ich getan? Was hatte diese starken Empfindungen ausgelöst? War es nur, weil ich ihm eine gewisse Beachtung geschenkt und ihn nicht verspottet hatte? Ich hatte ihn nicht aufgefordert, mich zu lieben oder mir seine tiefsten Geheimnisse anzuvertrauen.

Obwohl ich meines Wissens nichts getan hatte, um ihn zu ermutigen, gab mir sein tiefer Ausdruck der Liebe das Gefühl, Jimmy betrogen zu haben. Ich wußte, daß er nicht gern gehört hätte, wie sehr ein anderer Junge mich mochte. Was tue ich jetzt, fragte ich mich.

Ich konnte Trisha sagen hören: »Sag ihm, daß es hübsch ist, und dann geh wieder.« Aber Arthur war zu sensibel und zu einfühlsam für eine solche Behandlung. Ich mußte das sein, wovon er wußte, daß ich es war, wovon er sich erhoffte, daß ich es sein würde. Ich mußte ehrlich sein.

Ich stand vom Bett auf und machte mich langsam auf den Weg zu seinem Zimmer. Die Tür war wie immer geschlossen. Ich klopfte leise an.

»Herein«, sagte er. Er saß an seinem Schreibtisch, die Lampe war eingeschaltet, und ihr Schein ließ sein Gesicht wie eine Maske wirken.

»Arthur«, sagte ich, »es ist ein wunderbares Gedicht, ein bezauberndes Gedicht. Ich habe es nicht verdient.«

»Oh, doch, ganz bestimmt«, sagte er schnell.

»Arthur, ich muß dir etwas sagen, was ich dir schon früher hätte sagen sollen. Es gibt einen Menschen, den ich liebe. Ich habe ihn mein Leben lang geliebt, und er liebt mich. Wir haben einander gelobt, daß wir aufeinander warten werden. Ich habe es den wenigsten Menschen erzählt«, fügte ich schnell hinzu, »aber dir vertraue ich es an, wie du mir dein Geheimnis anvertraut hast.«

Er starrte mich lediglich an, und sein Gesicht sah noch mehr wie eine Maske aus, völlig regungslos, und nicht einmal die Lippen zitterten.

»Ich möchte trotzdem, daß du das Gedicht behältst«, sagte er schließlich.

»Oh, ich möchte es gern behalten, Arthur. Und ich werde es immer wie einen Schatz behüten. Vor allem dann, wenn du eines Tages ein berühmter Dichter bist.«

Er schüttelte betrübt den Kopf. »Das einzige, was ich werde«, sagte er vielsagend, »ist ein berühmter Versager.«

»Bitte, sag so etwas nicht, Arthur.«

Er drehte sich um und schaute auf seine Papiere hinunter.

»Danke«, sagte er, »für deine Ehrlichkeit.«

Ich konnte sehen, daß er nicht mehr mit mir reden wollte, und daher bedankte ich mich noch einmal für das Gedicht und ging. Ich glaube, es tat mir fast so weh wie ihm. Nie war ich so froh, Trisha zu sehen und mich von ihrer Lebhaftigkeit und ihrem Gelächter anstecken zu lassen, wie an jenem Abend, als sie aus dem Kino zurückkam und mir den neuesten Klatsch aus der Schule erzählte. Ich sagte ihr nichts von Arthurs Gedicht. Ich hatte es zusammen mit ein paar anderen kostbaren Erinnerungsstücken in einer Kommodenschublade verborgen, mit Dingen, die ich niemals verlieren wollte, Dingen, mit denen sich Schmerz und Liebe verband, zum Beispiel das Foto von Momma Longchamp. Diese Dinge erinnerten mich daran, was für immer verloren war und was nie werden würde.

Mit der Zeit legte sich Agnes' Wut auf mich. Wir sprachen jetzt nie mehr über den Vorfall, als ich um drei Uhr morgens nach Hause gekommen war. Ich wußte, daß ich in Mrs. Liddy eine gute Verbündete hatte, die Loblieder auf mich sang, vor allem, wenn ich an der Reihe war, ihr in der Küche zu helfen. Ich verbrachte häufig meine Zeit bei ihr in der Küche und sah ihr bei der Arbeit zu. Sie erzählte mir ihre Lebensgeschichte, wie sie im Alter von acht Jahren ihre Eltern verloren hatte, da beide an Influenza gestorben waren. Ihre Familie war auseinandergerissen worden, weil niemand mehr als ein Kind aufnehmen wollte. Sie hatte zwei Schwestern und einen Bruder, die sie seit mehr als zwanzig Jahren nicht gesehen hatte.

Ich erzählte ihr meine Geschichte und sagte ihr, wie sehr ich fürchtete, Jimmy, Fern und mir könnte etwas Ähnliches zustoßen. Wir hatten keinen Anhaltspunkt, wo Fern lebte.

»Trotz allem, was passiert ist«, sagte ich, »würde ich meine leibliche Familie liebend gern gegen die Familie eintauschen, mit der ich aufgewachsen bin.«

Mrs. Liddy schien darüber nicht schockiert zu sein, und schon gar nicht, als ich ihr einige der Dinge erzählt hatte, die mir im Hotel zugestoßen waren, und wie Großmutter Cutler mich behandelt hatte und immer noch behandelte.

Nach meinen Enthüllungen freundeten sich Mrs. Liddy und ich noch enger an. Sie nahm sich Zeit, um mir einige ihrer Rezepte zu zeigen, und eines Abends ließ sie mich sogar mithelfen, das Abendessen für alle zuzubereiten. Ihre Freundschaft half mir dabei, mir die Zeit zu vertreiben.

Eines Abends, kurz vor den Weihnachtsferien, kam Agnes endlich zu mir, um mir zu sagen, sie sei mit meinem Benehmen in den letzten Monaten sehr zufrieden gewesen und hätte beschlossen, sie könnte meine Strafe auf Bewährung aussetzen. Ich war erstaunt und glaubte, all das sei Mrs. Liddys Werk, bis ich ein paar Tage später einen Anruf von meiner Mutter bekam.

»Randolph und ich und Clara Sue kommen am Wochenende nach New York. Wir wollen die Feiertage auf einem Luxusdampfer verbringen und kommen auf dem Weg vorbei«, sagte sie. »Wir würden dich gern abholen und mit dir essen gehen.«

»Was ist mit Philip?« fragte ich schnell.

»Philip kommt nicht mit, weil er Schulfreunde besucht. Wir wußten, daß du über die Feiertage viel für die Schule zu tun hast, und daher haben wir dich nicht gefragt, ob du mit uns kommen kannst«, sagte sie eilig, »aber wir wollen dich gern sehen.«

»Geht es dir wirklich gut genug für eine solche Reise?« fragte ich und bemühte mich gar nicht erst, meinen Sarkasmus zu unterdrücken.

»Nein, eigentlich nicht«, sagte sie, »aber die Ärzte glauben, daß es mir unendlich guttun wird, und schließlich kann ich Randolph nicht oft dazu bringen, daß er das Hotel verläßt. Wir sehen dich also bald«, brachte sie heraus. »Zieh dir eines deiner hübschesten Kleider an, denn wir werden in ein sehr elegantes und teures Restaurant gehen.«

Nachdem ich aufgelegt hatte, wünschte ich, ich hätte gesagt, ich käme nicht mit. Ich freute mich ganz bestimmt nicht darauf, Clara Sue zu sehen. Aber wenn ich auch wütend war, dann war ich doch neugierig darauf, wie sie alle aussahen und wie es ihnen ging. Laura Sue war trotz allem meine leibliche Mutter, und wenn ich es auch noch so sehr bedauerte, dann konnte ich doch den Umstand nicht leugnen, daß Clara Sue zumindest meine Halbschwester war.

Sie kamen schon früh am Tag. Agnes schickte Clara Sue nach oben, um mich zu holen, während sie meine Mutter und Randolph im Wohnzimmer mit ihren Geschichten und Erinnerungen an das Theater unterhielt. Ohne anzuklopfen, was mich nicht im mindesten überraschte, riß Clara Sue die Tür zu Trishas und meinem Schlafzimmer auf und stand hämisch grinsend da, die

Hände in die Hüften gestemmt, und ihr üppiger Busen, der in ihrem hellblauen Kleid mit dem enganliegenden Oberteil noch üppiger wirkte, hob und senkte sich, da sie schnell atmete, weil sie die Treppe heraufgerannt war. Der Petticoat unter ihrem Rock ließ Clara Sue noch massiger wirken, als sie es ohnehin schon war. Sie hatte das Haar geschnitten, und jetzt trug sie eine Frisur mit einer Locke, die ihr verführerisch über das linke Auge fiel, was sie viel älter wirken ließ. Ansonsten hatte sie sich kaum verändert; sie hatte immer noch etwa zehn Kilo Übergewicht, wie man ihren dicken Backen und ihren plumpen Armen leicht ansehen konnte.

Trisha sah von dem Buch auf, das sie las, während sie entspannt im Bett lag und mir ab und zu zuschaute, wie ich mich zurechtmachte, um mit meiner richtigen Familie zum Abendessen auszugehen.

»Das muß Clara Sue sein«, sagte Trisha mit dem ausdruckslosen Gesicht und der trockenen Art, die ich an ihr so zu schätzen gelernt hatte.

»Euer Zimmer ist zu klein für zwei Personen«, äußerte Clara Sue, und ihr Mund verzog sich abschätzig. »Wie könnt ihr euch hier überhaupt bewegen?«

»Mit Verkehrsschildern«, antwortete Trisha.

»Was?«

»Mich interessiert wirklich nicht, wie du unser Zimmer findest, Clara Sue«, sagte ich und drehte mich zu ihr um. »Außerdem hätte jeder normale Mensch erst einmal guten Tag gesagt und abgewartet, bis man ihn vorstellt.«

»Sie haben mich heraufgeschickt, damit ich dir sage, daß du schleunigst runterkommst«, quengelte sie. Dann machte sie auf dem Absatz kehrt und verschwand.

»Was für ein reizendes Mädchen«, sagte Trisha. »Du hast mein Mitgefühl, aber versuch trotzdem, deinen Spaß zu haben.«

»Das ist wahrscheinlich unmöglich«, sagte ich. Dann sah ich mich noch ein letztes Mal im Spiegel an und ging. Als ich an Arthurs Tür vorbeikam, bemerkte ich, daß sie einen Spalt offenstand und daß er herauslugte. Unten im Wohnzimmer lachte meine Mutter über etwas, was Agnes gesagt hatte. Alle wandten sich um, als ich unter der Tür auftauchte.

Randolph saß neben meiner Mutter. Er hatte seine langen Beine übereinandergeschlagen und seine grazilen Hände über den Knien gefaltet, saß bequem zurückgelehnt da, sein weicher Mund war zu einem sanften Lächeln verzogen, und seine blauen Augen hatten nie freundlicher und strahlender gewirkt. Sein hellbraunes Haar schien an den Schläfen grauer geworden zu sein, und auch sonst war es von grauen Strähnen durchzogen. Aber er war so braungebrannt wie immer und sah in seinem dunkelblauen Anzug mit der Krawatte eleganter denn je aus.

Mich überraschte, wie gut meine Mutter aussah. Ihr blondes Haar lag auf ihren nackten, zarten, geschmeidigen Schultern. Sie trug ihre goldene Halskette mit den eiförmigen Diamanten und die dazu passenden Diamantohrringe. Das Funkeln der kostbaren Steine konnte sich mit dem Glanz ihrer tiefblauen Augen messen. Irgendwie kam sie mir jünger vor. Es war, als bliebe die Zeit ohne Wirkung auf sie, als sei sie immun gegen das Altern. Sie strahlte etwas Kindliches aus, und ihre Haut war so zart und glatt wie die eines Babys, und ihre Wangen schimmerten rosig. Sie wirkte gesünder denn je.

»Oh, wie hübsch du aussiehst, Dawn«, sagte sie, und ihre Stimme triefte vor südlichem Charme und Vornehmheit. »Sieht sie nicht einfach wunderbar aus, Randolph?«

»Ganz entschieden«, sagte er. Er nickte und lächelte strahlend, und seine Zähne blinkten weiß in seinem sonnengebräunten Gesicht.

Clara Sue stand mit verschränkten Armen hinter ihnen und starrte mich neiderfüllt an.

»Wir unterhalten uns so blendend mit Agnes, daß ich gar nicht mehr fortgehen möchte«, sagte meine Mutter.

»Das ist wirklich zu freundlich von Ihnen«, sagte Agnes, »aber lassen Sie sich von mir nicht aufhalten.«

»Wir haben einen Tisch vorbestellt«, sagte Randolph, der sich immer um das Einhalten von Terminen kümmerte.

»Selbstverständlich«, sagte meine Mutter. Sie streckte die Hand aus, und Randolph sprang hoch, um ihr beim Aufstehen behilflich zu sein. Sie trug ein wunderschönes schwarzes Seidenkleid mit einem tiefen Ausschnitt, in dem man den Spalt zwischen ihren Brüsten sehen konnte. Es fiel mir schwer, zu glauben, daß diese Frau, meine Mutter, soviel Zeit in ihrem Zimmer im Bett verbrachte und sich einschloß, eine Invalide.

Sie kam auf mich zu und drückte mir einen schnellen Kuß auf die Wange. Dann verabschiedeten sich alle von Agnes, sogar Clara Sue, und wir gingen aus dem Haus. Sie hatten draußen eine Limousine geparkt.

»Du mußt uns alles über die Schule erzählen«, sagte meine Mutter, nachdem wir alle in die Limousine gestiegen waren. »Es muß sehr aufregend für dich sein, unter so vielen begabten Menschen zu leben.«

Es fiel mir leicht, von der Schule zu erzählen, und während ich darüber berichtete und von meinen Kursen und meinen Lehrern erzählte, merkte ich, daß ich es wirklich spannend fand, dort zu sein. Während ich redete, stöhnte Clara Sue die meiste Zeit und tat uninteressiert. Im Restaurant klagte sie über alles und ließ ihr Essen zurückgehen, damit es noch einmal aufgewärmt wurde. Was sie auch tat, weder meine Mutter, noch Randolph schalten sie dafür aus. Ein noch verzogeneres Geschöpf konnte es kaum geben, dachte ich.

Randolph erzählte von ihrer bevorstehenden Reise, von den Häfen, die sie anlaufen würden, und er sagte, wie sehr er und meine Mutter sich auf diesen Urlaub gefreut hatten.

»Randolph hat seit über einem Jahr keine Ferien mehr gemacht«, meinte meine Mutter.

Ich fragte nicht nach Großmutter Cutler, und jede Äußerung zu ihrer Person ignorierte ich ganz einfach, bis ich mich erkundigte, wie es Sissy ging. Nie würde ich die schönen Lieder vergessen, die sie bei der Arbeit sang. Sie war ein ganz reizendes

Mädchen, und ihr hatte es gar nicht gefallen, wie mich die anderen kurz nach meiner Ankunft behandelt hatten, weil ein Zimmermädchen gefeuert worden war, um Platz für mich zu schaffen.

»Großmutter hat Sissy gefeuert«, plärrte Clara Sue heraus.

»Sie hat sie gefeuert? Aber warum?« fragte ich und wandte mich an Randolph. Er schüttelte den Kopf.

»Sie hat ihre Arbeit schlecht gemacht«, sagte Clara Sue genüßlich.

»Das kann nicht wahr sein«, beharrte ich und sah jetzt meine Mutter an. Als sie meinem Blick auswich, wußte ich, daß die Gründe anderswo zu suchen waren.

»Sie hat sie gefeuert, weil sie mir gesagt hat, wo Mrs. Dalton wohnt, stimmt's?« fragte ich.

»Wo Mrs. Dalton wohnt?« fragte Randolph. Er sah meine Mutter an.

»Das ist nicht wahr, Dawn«, sagte meine Mutter leise. »Sprich bitte nicht mehr darüber. Es ist nicht angenehm, sich unerfreuliche Dinge anzuhören, und ich kann es mir nicht leisten, mich vor einer solchen Reise nervös machen zu lassen.«

»Aber ich habe doch recht, oder etwa nicht?« Ich sah Clara Sue an, die sich selbstgefällig zurücklehnte und damit meinen Verdacht bestätigte. »Wie schrecklich«, sagte ich. »Sissy brauchte diese Stellung dringend. Das ist nicht fair. Großmutter Cutler ist so grausam, so entsetzlich grausam.«

»Hör mal, Dawn«, sagte Randolph, »du willst dich doch jetzt nicht aufregen und alle anderen auch aus der Fassung bringen, oder? Es ist doch so schön hier.«

So schön hier dachte ich. Wem soll das denn gefallen? Auf einer Seite hatte ich Clara Sue, die nur stöhnte und ächzte und alles tat, um dieses Abendessen zu einer Katastrophe werden zu lassen, und mir gegenüber hatte ich meine Mutter, die so tun wollte, als sei alles in bester Ordnung, obwohl sie wußte, daß ich fortgeschickt worden war, nachdem ich die abscheuliche Wahrheit herausgefunden hatte.

Ich wandte mich an Randolph.

»Warum hast du zugelassen, daß sie Sissy feuert?« rief ich aus. »Du weißt, daß Sissy ihre Arbeit gut macht und anhänglich und ergeben ist. Hast du denn gar kein Mitleid? Kannst du im Hotel denn gar nichts bestimmen?«

»Dawn!« Die Augen meiner Mutter flammten auf. »Ach, du meine Güte«, sagte sie. »Mein Herz überschlägt sich fast, Randolph. Ich glaube, es kann passieren, daß ich hier am Tisch ohnmächtig werde.«

»Ganz ruhig, mein Liebling«, sagte er und beugte sich besorgt vor. Er nahm ihre Hand und tätschelte sie eilig.

Warum sieht er denn nicht, was für eine Heuchlerin sie ist, fragte ich mich. Oder war es ihm egal?

»Ich glaube, wir sollten jetzt lieber gehen«, stöhnte meine Mutter. »Ich muß dringend ins Hotel und mich hinlegen, denn sonst kann ich morgen die Reise nicht antreten.«

»Selbstverständlich«, sagte Randolph. Er gab dem Kellner ein Zeichen und verlangte augenblicklich die Rechnung.

»Sieh nur, was du angerichtet hast«, warf mir Clara Sue vor, und die Selbstzufriedenheit stand deutlich auf ihrem Gesicht. »Du machst immer irgendwelche Schwierigkeiten.«

»Clara Sue!« wies Randolph sie zurecht.

»Wenn es doch wahr ist. Denk doch nur an all die schrecklichen Dinge, die sie im letzten Sommer im Hotel angestellt hat. Ich habe dir doch gesagt, daß ich nicht mit ihr essen gehen will«, maulte sie. Sie lehnte sich energisch zurück, verschränkte die Arme unter dem Busen und verzog schmollend das Gesicht.

»Bitte, Clara Sue«, flehte unsere Mutter. Clara Sues Gesicht verzog sich zu einem schmalen Lächeln. Sie war sehr zufrieden mit sich selbst und dem Geschehen.

»Du tust mir wirklich sehr leid«, sagte ich zu ihr. »Du hast niemanden, nur dich selbst, und dabei kannst du dich nicht ausstehen.«

Ihr Mund klappte auf, doch ehe sie etwas erwidern konnte, hatte Randolph die Rechnung bezahlt und half meiner Mutter auf die Füße. Wir verließen das Restaurant. Die Rückfahrt in der Limousine war gräßlich. Es war wie eine Fahrt in einem Leichenwagen. Keiner sprach ein Wort, und meine Mutter saß die ganze Zeit mit fest geschlossenen Augen da und hatte den Kopf an Randolphs Schulter gelegt. Clara Sue schaute grimmig aus einem Fenster, und ich schaute grimmig aus dem anderen Fenster.

Als wir vor dem Haus anhielten, stieg nur Randolph mit mir aus.

»Es tut mir leid, daß wir keinen schöneren Abend miteinander verbracht haben«, sagte er. »Vielleicht schaffen wir es, auf dem Rückweg vorbeizukommen und es noch einmal zu probieren. Das heißt, falls Laura Sue einem weiteren Versuch gewachsen ist«, fügte er hinzu.

Ich warf noch einen Blick auf die Limousine. Meine Mutter lehnte sich immer noch mit geschlossenen Augen auf dem Sitz zurück, und Clara Sue schaute unschuldig aus dem Fenster.

»Das bezweifle ich«, sagte ich und wandte mich ab, um die Treppe hinaufzusteigen, doch dann drehte ich mich noch einmal wütend zu ihm um. »Aber du solltest eine Erklärung dafür verlangen, daß deine Mutter Sissy gefeuert hat«, rief ich und rannte die letzten Stufen hinauf, ohne mich noch einmal umzudrehen.

Nach den Feiertagen und dem Ende meines Stubenarrests ging das Schuljahr für mich schneller vorüber. Jede Woche freute ich mich darauf, einen von Jimmys Briefen aus Europa zu bekommen, und zum Glück klappte es pünktlich. Seine Briefe enthielten genaue Schilderungen von Berlin und den Europäern und ihren Sitten. Er schloß jedesmal mit Liebesschwüren und gelobte mir, so schnell wie möglich zurückzukommen. Ich füllte Seiten über Seiten meiner Schulhefte und beschrieb ihm bis ins Detail, was ich tat, sogar die Eissorte, die ich in George's Eiscafé bestellt hatte, und dann schickte ich ihm meine Aufzeichnungen.

Daddy Longchamp hatte mir schon lange nicht mehr geschrieben. Im April bekam ich dann einen kurzen Brief von ihm, der mich bedrückt und unglücklich zurückließ.

Liebe Dawn,
es tut mir leid, daß ich mich lange nicht mehr bei Dir gemeldet habe, aber ich war sehr mit meiner neuen Arbeit und einigem anderen beschäftigt. Zu den anderen Dingen, die mich viel Zeit gekostet haben, gehört, daß ich Edwina Freemont besser kennenlernen wollte, die selbst ein schweres Leben hinter sich hat, da ihr der Mann gestorben ist und so weiter.
Jedenfalls haben wir einander wirklich gut kennengelernt und uns davor bewahrt, zu sehr unter unserer Einsamkeit zu leiden. Eines Tages haben wir einander nur angeschaut und beide gefunden: Warum sollen wir nicht einfach hingehen und heiraten? Außerdem habe ich mit einem Anwalt geredet, der sagt, wenn ich je eine Chance hätte, Fern zu mir zurückzuholen, dann stünde es wesentlich besser für mich, wenn ich verheiratet bin und eine Mutter im Haus ist. So steht es also.
Ich hoffe, bei Dir ist alles gutgegangen. Ich habe Jimmy geschrieben und es ihm auch mitgeteilt.

Liebe Grüße,
Daddy

Nachdem ich den Brief gelesen hatte, konnte ich an nichts anderes mehr denken als an Momma. Immer wieder sagte ich mir, ich sollte Verständnis haben und daran denken, wie allein Daddy Longchamp doch war, vor allem jetzt nach Jimmys Abreise nach Europa. Doch jedesmal, wenn ich mir das sagte, sah ich Mommas Gesicht vor mir. Schließlich konnte ich nichts anderes tun, als mein Gesicht in das Kissen zu pressen und zu heulen. Ich weinte, bis meine Tränen versiegt waren und ich nicht mehr weinen konnte. Den Brief verstaute ich bei meinen anderen Erinnerungsstücken und erzählte niemandem davon, noch nicht einmal Trisha.

Ein paar Wochen später schrieb mir Jimmy, um mir von Daddy Longchamps Eheschließung zu berichten. Er schrieb, er hätte es erwartet und sei daher wahrscheinlich besser darauf vorbereitet gewesen als ich. Er hatte Edwina Freemont kennengelernt und glaubte, sie sei eine sehr nette Frau, doch er gab zu, daß es ihn innerlich trotzdem verletzte, zu wissen, daß sein Daddy eine neue Frau hatte. Er schwor, er würde sich nie daran gewöhnen, daß Momma von uns gegangen war.

Ich auch nicht, schrieb ich zurück, gleichgültig, wieviel Zeit verging und wie viele neue Familien ich bekäme.

Danach hatte ich eine Zeitlang das Gefühl, als schwebte ständig eine dunkle Wolke über mir. Das einzige, was mich glücklich machte, waren meine Gesangs- und Klavierstunden, die Briefe von Jimmy und Trishas endlose Erzählungen über andere Mädchen. Wenn ich nach der Schule keine Privatstunden mehr hatte, schaute ich oft vorbei, um ihr beim Üben zuzusehen. Ich fand sie sehr gut.

Anfang April feierte Trisha ihren siebzehnten Geburtstag. Ihre Eltern kamen, um sie zum Abendessen auszuführen und anschließend ein Stück am Broadway anzusehen, und sie luden mich ein mitzukommen. Ihre Mutter war eine sehr hübsche Frau mit großen, grünen Augen. Ihr Vater war ein gutaussehender, großgewachsener Mann, der Trisha wirklich vergötterte und sie mit Unmengen von Geschenken überhäufte, und er hatte ihr versprochen, sobald sie die Schule abgeschlossen hätte, würde er ihr einen kleinen Sportwagen kaufen.

Ihre Eltern stellten mir Fragen nach meiner Familie. Sie hatten vom Cutler Cove Hotel gehört und sogar schon mit dem Gedanken gespielt, einmal im Sommer eine Woche dort zu verbringen. Trisha warf mir ab und an einen Blick zu, wenn ich auf die Fragen antwortete, ohne zu enthüllen, wie unglücklich ich im Hotel gewesen war. Wir sahen uns *Pajama Game* an, und nach dem Musical gingen wir auf einen Kaffee und Käsekuchen zu Lindy's. Es war in jeder Hinsicht ein phantastischer Abend, und obwohl ich wußte, wie glücklich ich mich schätzen mußte, eingeladen worden zu sein, war ich doch in meinem tiefsten Herzen neidisch auf Trisha. Meine Mutter hatte auf meinen Geburtstag nur mit einem kurzen Anruf und einem Scheck reagiert, den sie mit einer Grußkarte per Post geschickt hatte. Auf der Karte stand, ich solle mir kaufen, was ich wollte.

Als der April zu Ende ging, wuchs die Spannung wegen dem Veranstaltungswochenende. Trisha und ich blieben oft nach dem Unterricht noch in der Schule, um den älteren Studenten bei den Proben zuzuschauen.

Arthur Garwood zog sich immer mehr zurück, als das Wochenende mit den Veranstaltungen näher und immer näher kam. Es ging soweit, daß er sein Zimmer nicht mehr verließ, um sich mit mir zu unterhalten. Ein paarmal klopfte ich bei ihm an und versuchte, ihn zu trösten, es würde schon alles gutgehen, aber er reagierte nicht auf mein Anklopfen. Einmal schaltete er sogar das Licht aus.

Ich machte mir Sorgen um ihn und redete mit Agnes darüber, aber sie sagte, das sei nur das Lampenfieber vor dem Auftritt.

»Das kriegen wir alle«, erklärte sie. »Selbst den größten Künstlern ist es direkt vor einem Auftritt immer noch flau im Magen, obwohl sie schon Hunderte von Malen aufgetreten sind. Sie sagen sogar, wenn man nicht nervös sei, würde man keine gute Leistung bringen. Übersteigertes Selbstvertrauen ist beim Theater von Nachteil«, erklärte sie.

»Bei Arthur ist das nicht nur Lampenfieber«, sagte ich, doch Agnes wollte nicht auf mich hören.

Dann kamen wir am Morgen vor dem Wochenende alle zum Frühstück nach unten und bemerkten sofort, daß Arthur ungewöhnlich spät dran war. Agnes fing bereits an, sich Sorgen zu machen, und sie ging nach oben, um nachzusehen, ob er krank sei. Sie kam schnell wieder zurück und verkündete uns in heller Panik, Arthur sei nicht da; er hätte nicht in seinem Bett geschlafen.

»Weiß irgend jemand etwas?« fragte sie aufgeregt.

»Vielleicht hat er noch mehr abgenommen und sich ganz in Luft aufgelöst«, spottete Donald Rossi.

»Das ist überhaupt nicht komisch«, fauchte ich.

»Nein, wirklich nicht«, sagte Agnes. »Das sieht Arthur so gar nicht ähnlich. Er ist still und zurückgezogen, aber er ist nicht verantwortungslos. Ach, du meine Güte, und morgen abend ist sein Solo fällig«, rief sie aus und lief los, um seine Eltern anzurufen.

Weder ich noch Trisha entdeckten Arthur irgendwo in der Schule. Gegen Ende des Tages machte ich mich auf den Weg zu einem seiner Kurse, um nachzusehen, ob er dort war. Er war nicht da. Als Trisha und ich nach der Schule zurückkamen, fanden wir Arthurs Eltern gemeinsam mit Agnes im Wohnzimmer vor.

»Oh, Gott sei Dank, daß ihr hier seid, Mädchen«, sagte Agnes. Sie rang die Hände. »Wir haben nicht den kleinsten Anhaltspunkt dafür, was Arthur zugestoßen ist. Wir hatten gehofft, er hätte vielleicht zu einer von euch etwas gesagt«, sagte Agnes und sah mich scharf an. Trisha schüttelte den Kopf.

»Dawn?«

Ich sah Mr. und Mrs. Garwood an. Sie wirkten nicht allzu besorgt, eher zornig, und das brachte mich in Wut.

»Er war sehr nervös wegen seines Auftritts«, sagte ich. »Er hatte Angst, sich lächerlich zu machen und alle in Verlegenheit zu bringen. Wahrscheinlich hat er sich irgendwo versteckt.«

»Ach, das ist ja albern«, sagte Mr. Garwood. »So etwas täte er nie.«

»O doch, das täte er«, beharrte ich so heftig, daß sich alle abrupt zu mir umwandten. »Er war verzweifelt«, sagte ich. »Verzweifelt, weil Sie nicht auf sein Flehen hören wollten.«

»Dawn!« rief Agnes aus und sah nervös die Garwoods an. »Sie meint es nicht so, wenn sie so aufsässig ist«, setzte Agnes zu ihrer Erklärung an.

Wut loderte in mir auf. »Sagen Sie ihnen nicht, wie ich es meine, Agnes. Arthur hat mir oft erzählt, wie sehr er Sie um Verständnis angefleht hat. Er weiß, daß er nicht die musikalische Begabung besitzt, die Sie beide haben, die Meisterschaft, die Sie von ihm erwarten und verlangen.«

»Das ist absolut unwahr«, fauchte Mrs. Garwood. »Arthur ist sehr talentiert. Er...«

»Sie wissen gar nicht, wie recht Sie damit haben! Er ist enorm begabt, aber nicht auf dem Gebiet, auf dem Sie glauben.«

»Wie kannst du es wagen, so etwas zu sagen?« Mr. Garwoods Augen wurden klein, als er mich von Kopf bis Fuß auf eine Art und Weise musterte, die mich ängstigte, doch ich hoffte inbrünstig, ich würde nicht nachgeben. »Für wen hält sich dieses Kind eigentlich?« fragte er.

»Ich bin kein Kind«, entgegnete ich. »Arthur ist sehr unglücklich, und er ist verzweifelt. Sie sollten auf ihn hören. Er will Sie nicht enttäuschen, aber gerade deshalb will er das Oboenspiel nicht fortsetzen.«

»Jetzt reicht es aber!« rief Mr. Garwood aus und stand auf. »Wenn du weißt, wo Arthur ist, dann solltest du es uns lieber sagen, junge Dame.«

»Ich weiß es nicht«, erwiderte ich, »und wenn ich es wüßte, dann wären Sie der letzte Mensch, dem ich es sagen würde«, rief ich aufgeregt und rannte aus dem Zimmer.

»Dawn!« schrie Agnes.

»Ich werde mit ihr reden«, sagte Trisha und folgte mir die Treppe hinauf. Ich schlug unsere Schlafzimmertür hinter mir zu und lief wütend im Raum auf und ab.

»Ich wußte doch, daß so etwas passieren könnte«, sagte ich. »Ich wußte es genau. Ich habe Agnes gewarnt, aber sie wollte nicht auf mich hören, und wie seine Eltern sind, hast du selbst gesehen. Sie sind furchtbar, einfach furchtbar!«

»Mann, du hast ihnen ja wirklich eine Abfuhr erteilt«, sagte Trisha.

»Ich konnte es nicht lassen. Arthur ist in Schwierigkeiten. Er stößt einen unüberhörbaren Hilferuf aus, und sie können an nichts anderes denken als an sich selbst und ihren eigenen Ruf. Ich habe Eltern satt, die ihre Kinder in Wirklichkeit gar nicht lieben. Satt habe ich sie!« schrie ich und ließ mich auf mein Bett fallen. Trisha setzte sich neben mich.

»Aber du weißt nicht, wo er ist, oder?« fragte sie. Ich schüttelte den Kopf.

Nachdem die Garwoods gegangen waren, kam Agnes in unser Zimmer.

»Es ist mir so peinlich«, setzte sie an. »So etwas ist noch nie vorgekommen. Es hat den Garwoods das Herz gebrochen.«

»Es hat ihnen nicht das Herz gebrochen«, entgegnete ich. »Sie machen sich nur Sorgen, was ihre Freunde und Verwandten sagen werden, Freunde und Verwandte, die sie für das Veranstaltungswochenende eingeladen haben. Sie machen sich in Wirklichkeit gar nichts aus Arthur.«

»Du hast dich im Wohnzimmer sehr unhöflich und ungehörig benommen, Dawn. Ein solches Gebaren dulde ich nicht in meinem Haus. Wenn du mir nicht auf der Stelle sagst, wo Arthur Garwood ist, werde ich deine Großmutter anrufen und ihr mitteilen, daß ich dich aus diesem Haus verweisen muß.«

»Ich weiß nicht, wo er ist«, stöhnte ich. »Er hat keine wirklichen Freunde, zu denen er gehen könnte. Er versteckt sich nur irgendwo, bis das Wochenende vorbei ist. Dann wird er zurückkommen. Sie werden es ja sehen.«

»Hast du ihn ermutigt wegzulaufen?« fragte Agnes unfreundlich. »Seine Eltern haben dich in Verdacht.«

»Ich brauchte ihn nicht zu ermutigen. Es ist ihre eigene Schuld, wenn er fortgelaufen ist. Sie wollten einfach nicht auf sein Flehen hören. Wirklich, Agnes«, rief ich durch meine Tränen, »ich sage Ihnen die Wahrheit.«

Sie starrte mich an und schüttelte dann den Kopf.

»Was sollen wir bloß tun?« fragte sie, und ihr Blick schweifte in die Ferne.

Trisha und ich sahen einander an. Jedesmal, wenn etwas Unangenehmes vorfiel, schlüpfte Agnes in eine ihrer alten Rollen. Ich konnte erkennen, daß sie in irgendeine Erinnerung abtrieb, eine Pose einnahm und sich das Verhalten irgendeiner Person in einem obskuren Drama zulegte.

»Junge Leute haben heutzutage so viele Sorgen. Ihr Leben ist so kompliziert. Sehnt ihr euch nicht nach den einfacheren Zeiten, den ruhigeren Zeiten? Wünscht ihr euch nicht, ihr könntet einschlafen und als kleine Mädchen wieder aufwachen? Ich schon. Oh, und wie sehr ich mir das wünsche«, sagte sie und wandte sich ab, um unser Schlafzimmer langsam und würdevoll zu verlassen.

»Sie kriegt nichts mehr mit«, bemerkte Trisha kopfschüttelnd. »Sie kann nicht mit Aufregung umgehen.«

»Wer kann das schon?« fragte ich. »Wer will das schon?« fügte ich noch hinzu.

Das Wochenende kam und ging vorüber, und Arthur Garwood tauchte nicht auf. Die Garwoods hatten die Polizei zu uns geschickt, damit sie alle Bewohner verhörte, insbesondere mich. Ich sagte alles, was ich den Garwoods schon gesagt hatte. Sie hörten es sich an, nickten und gingen wieder. Agnes rang die Hände, und Donald Rossi versuchte, sich neue Witze zu dieser Lage einfallen zu lassen.

Dann, fast eine Woche später, bekam ich einen Brief ohne Absender. Die Handschrift, in der er adressiert war, ließ mein Herz jedoch schneller schlagen. Ich riß den Umschlag auf und las:

Liebe Dawn,

es gibt niemand anderen, von dem ich mich verabschieden würde. Es tut mir leid, daß ich mich nicht persönlich von Dir verabschiedet habe. Ich habe schon seit langer Zeit mein Geld für diesen Schritt gespart. Der einzige Grund, weshalb ich so lange die Bernhardt-Schule besucht habe, war der, daß ich so gern mit Dir zusammen war. Aber Du lebst Dein eigenes Leben, und ich weiß, daß ich nicht darin vorkommen werde. Ich habe mich entschlossen, fortzugehen und zu versuchen, Schriftsteller zu werden. Vielleicht werden meine Eltern mir verzeihen, falls ich eines Tages Erfolg habe. Ich hoffe, Du warst ehrlich, als Du mir gesagt hast, Du würdest das Gedicht, das ich über Dich geschrieben habe, immer in Ehren halten. Vielleicht treffen wir uns eines Tages wieder. Ich danke Dir für Deine Zuwendung.

Herzlichst,
Arthur

Trisha fand, ich sollte Agnes den Brief geben.

»Aber dann könnten sie Jagd auf ihn machen und ihn gewaltsam hierher zurückholen, und dafür würde er mich hassen«, sagte ich.

»Der Brief trägt keinen Absender«, betonte Trisha. »Das einzige, was daraus hervorgeht, ist, daß er in New York City aufgegeben worden ist. Wenn du Agnes den Brief gibst«, fuhr Trisha fort, »weiß sie, daß es nicht deine Schuld ist, und Arthurs Eltern können dir nichts vorwerfen.«

»Der arme Arthur«, sagte ich. Trisha zuckte die Achseln.

»Vielleicht wird er jetzt glücklicher. Er nimmt vielleicht sogar endlich ein bißchen zu«, sagte sie. Ich lächelte, faltete den Brief wieder zusammen, steckte ihn in den Umschlag und tat, was sie mir geraten hatte: Ich brachte Agnes den Brief, die nur immer wieder seufzte und sich bei mir bedankte.

Wir hörten nichts mehr von ihm. Wie so viele unerfreuliche Dinge, die sich im Haus von Agnes Morris abspielten, wurde auch dieser Vorfall nie wieder erwähnt, und wenn solche Dinge je angesprochen wurden, dann ließen sie sich nicht von wahren Geschehnissen und fiktiven Handlungen in Dramen unterscheiden. Doch ich hatte nicht die Zeit, mir allzu große Sorgen darüber zu machen.

Madame Steichen zog mich zu ihren Aufführungen heran, bei denen die Leistungen ihrer Schüler einmal im Monat samstags groß herausgestellt wurden. Bei zwei Schulmusicals sang ich im Chor. Die Schüler wetteiferten glühend um Soloparts, und gewöhnlich erhielten sie fortgeschrittene Studenten, obwohl andere Schüler mir oft sagten, man hätte mich dafür auswählen sollen.

Gegen Ende des Schuljahrs teilte Madame Steichen mir mit, sie hätte mich für das Veranstaltungswochenende im kommenden Jahr als ihre Hauptkandidatin ausgewählt. Wir würden im Sommer hart an den Vorbereitungen arbeiten. Alle gratulierten mir zu dieser Ehre, und ich war sehr stolz. Dennoch versprach ich Trisha, ich fände die Zeit, sie bei ihren Eltern zu besuchen.

Am letzten Tag des regulären Schuljahrs holte mich Trisha vor dem Musiksaal ab, und ihr Gesicht war vor Aufregung so rot, daß sie aussah, als würde sie gleich explodieren.

»Rate mal, wer im nächsten Herbst hierher kommt, um Vokalmusik zu unterrichten«, rief sie aus. Sie preßte sich die Bücher an den Busen und drehte eine Pirouette. »Ich habe es gerade eben gehört. Rate mal!«

»Wer?« fragte ich kopfschüttelnd und lächelte über ihren Überschwang.

»Michael Sutton, der Opernstar!«

Michael Sutton löste auf europäischen Opernbühnen Tumulte aus; im Jahr vor seiner Europatournee war er in Amerika ein Star gewesen, und sämtliche Zeitschriften hatten über ihn berichtet und taten es immer noch. Er war jung und sah gut aus, und er war unwahrscheinlich begabt.

»In der Woche vor Schulbeginn läßt er vorsingen, um seine Schüler auszuwählen«, erklärte Trisha. »Und wenn ich auch keinen Ton halten kann, komme ich doch eher zurück, um es zu probieren. Du hast natürlich phantastische Chancen, du Glückliche. Du zählst jetzt zu den Fortgeschrittenen!«

Mein Herz schlug vor Vorfreude schneller. Ich schüttelte den Kopf. Die Ereignisse meines kurzen Lebens hatten mich gelehrt, mich nie auf etwas zu verlassen, am allerwenigsten auf einen Regenbogen nach dem Regen.

Und doch, warum sollte ich nicht hoffen, dachte ich. Immerhin, Michael Sutton!

6

Ich lerne Michael kennen

Trisha und ich waren sehr aufgeregt an dem Tag, an dem wir für Michael Suttons Gesangskurs zur Probe antraten. Wir standen eine halbe Stunde früher als sonst auf und probierten ein Dutzend verschiedene Kombinationen von Röcken und Blusen an, ehe wir uns beide für unsere babyrosa Blusen und unsere eierschalfarbenen Plisseeröcke entschieden. Während einer unserer »Wochenendeinkaufssafaris in die Stadt«, wie Trisha sie nannte, hatten wir uns diese Kombinationen gemeinsam gekauft. Wir verbrachten dann Stunden damit, von einem Kaufhaus ins andere zu laufen und verschiedene Kleidungsstücke anzuprobieren, darunter auch manche Kleider, die so teuer oder so extravagant waren, daß wir wußten, wir würden sie niemals kaufen. Aber es machte Spaß, so zu tun als ob, wenn uns auch die Verkäuferinnen herablassend und mit mißbilligenden Blicken betrachteten.

Es war Trishas Idee, uns für das Probesingen gleich anzukleiden.

»Es wird seine Aufmerksamkeit auf uns lenken, weil wir wie Zwillinge aussehen«, sagte sie.

Wir wuschen uns das Haar und sprühten es ein, und dann bürsteten wir es, bis es zu glänzen begann, ehe wir es mit blaßroten Seidenschleifen zusammenbanden. Dann trugen wir nicht mehr als einen Hauch Lippenstift auf. Keine von uns brauchte Make-up oder Rouge; wir waren beide von der Sommersonne braungebrannt. Wir beschlossen, weiße Turnschuhe und Söckchen anzuziehen. Unser Kichern entsprang mehr der Nervosität als sonst irgend etwas, als wir die Treppe hinuntersprangen, um zu frühstücken und aufmerksam zuzuhören, als Agnes im Eßzimmer auf und ab lief und uns Ratschläge für das Vorsingen erteilte.

»Gebt euch zuversichtlich. Seid sachlich. Und, was wichtiger als alles andere ist, kommt nicht zu früh«, warnte sie uns.

Diese Warnung brauchten wir nicht. Als wir ankamen, hatte sich der Musiksaal schon so sehr gefüllt, daß die Kandidaten angewiesen wurden, sich der Reihe nach anzustellen, und sie bekamen Karten mit Nummern darauf, die anstelle der Namen benutzt werden sollten. Die Schlange, die sich bildete, reichte vom Klavier bis ans andere Ende des langen Raumes, bis kurz vor die Tür. Richard Taylor, ein fortgeschrittener Schüler und einer von Madame Steichens speziellen Lieblingen, begrüßte uns. Richard war talentiert, aber irgendwie arrogant. Er war Michael Sutton als Assistent zugeteilt worden.

Richard war ein großer Junge, so schlaksig wie Washington Irvings Kranich Ichabod, und er hatte lange Beine und Arme und sehr lange Finger. Es war ein bemerkenswerter Anblick, wenn er Klavier spielte, denn seine Finger waren so lang, daß sie wie unabhängige kleine Geschöpfe aussahen, die über die Tasten tanzten. Er hatte ein schmales Gesicht mit einer Nase, die mich an eine Wetterfahne erinnerte, und einen breiten Mund, dessen Mundwinkel so verkniffen waren, daß sie wie Grübchen wirkten. Seine Lippen waren von Natur aus leuchtendrot; es schien, als hätte er Lippenstift aufgetragen. Sein Teint war sehr hell, und auf seinen Wangen und seiner Stirn breiteten sich winzige Sommersprossen aus. Die hellbraunen Augen waren tiefliegend. Das rostrote Haar trug er lang, und einzelne Strähnen hingen über seinen Hals und rutschten ihm unter den Kragen.

»Nehmt euch einfach Karten, und stellt euch an«, kommandierte er mit seiner dünnen, nasalen Stimme, als die Schüler eintrafen. »Nach dem ersten Durchlauf wird jeder mit seinem Namen aufgerufen. Bis dahin genügen Nummern.« Er sah einige der Kandidaten finster an, als wollte er damit sagen: »Warum eure und unsere Zeit vergeuden?«

Die meisten Mädchen schenkten ihm keine Beachtung; sie

verrenkten sich die Hälse und krümmten sich in alle Richtungen, um einen Blick auf Michael Sutton zu erhaschen, der mit dem Rücken zu uns am Klavier stand und auf ein Notenblatt herunterschaute.

»Wie viele Schüler wird Mr. Sutton in seinen Kurs aufnehmen?« fragte Trisha, als sie für sich und mich zwei Nummernkarten nahm.

»Sechs«, erwiderte Richard.

»Sechs! Nur sechs«, stöhnte sie.

»Werden es drei Mädchen und drei Jungen sein?« fragte eines der Mädchen hinter mir.

»Hier wird nicht nach Geschlechtern entschieden; hier wird nach Talent entschieden«, sagte Richard und schüttelte den Kopf. »Was glaubst du denn, wo du bist, im Ferienlager?«

Die Schüler, die seine Antwort hörten, lachten. Das Mädchen, das die Fragen gestellt hatte, versuchte sich hinter den Studenten zu verstecken, die vor ihr standen. Richard Taylor war zufrieden mit sich, stolzierte an den Anfang der Reihe und tippte Michael Sutton auf die Schulter. Er drehte sich um und sah in unsere Richtung.

Ich hatte natürlich Fotos von ihm in Zeitschriften und Tageszeitungen gesehen, doch das war gar nichts im Vergleich dazu, ihn persönlich zu sehen. Er war etwa einen Meter fünfundachtzig groß und hatte breite Schultern und schmale Hüften. Sein dunkles, seidiges Haar war an den Seiten glatt gebürstet und in einem weichen Schwung aus dem Gesicht zurückgekämmt. In dem weißen Hemd und der sportlichen grauen Hose wirkte er auf legere Art elegant. Als sein Blick über die Reihe hoffnungsvoller Kandidaten glitt, wurde sein Lächeln breiter und freundlicher, und ein schelmiger Glanz funkelte in diesen dunklen Saphiraugen. Er hatte das betörendste Lächeln, das ich je gesehen hatte – es war, als beobachtete man, wie jemand aus einem Film heraustrat.

Wir hatten gehört, Michael Sutton sei gerade von der französischen Riviera hergeflogen, und das erklärte seine tiefe, gleichmäßige Bräune. Ich hörte ein Seufzen, das in wellenförmigen »Ahs« und »Ohs« von den Mädchen stammte, die Schlange standen.

Ich fand, er sei ohne weiteres der bestaussehende Mann, dem ich je persönlich gegenübergestanden hatte. Allein schon sein Anblick ließ mich zittern, und mein Herz schlug schneller. Ich war sicher, daß ich mich absolut lächerlich machen würde, wenn ich an der Reihe war, ihm vorzusingen. Vielleicht würde ich keinen einzigen Ton herausbringen und den Mund nur öffnen und ihn wieder zuklappen. Bei dieser Vorstellung errötete ich und spürte, daß meine Wangen glühendheiß wurden. Agnes hatte recht gehabt. Ich war wirklich froh, daß ich nicht vorn in der Reihe stand. Ich bemitleidete das Mädchen, das als erste drankam.

»Hallo, allerseits«, sagte er. »Wir können jetzt gleich anfangen.« Er hatte eine weiche und melodische Stimme mit der Andeutung eines englischen Akzents. »So viele von euch hier zu sehen, schadet meinem Selbstbewußtsein kein bißchen, das kann ich euch versichern«, sagte er, und helles Lachen ertönte.

»Ich wünschte, ich könnte euch alle aufnehmen«, sagte er, und sein Gesicht wurde ernst, »aber das ist offensichtlich nicht möglich. Es könnte passieren, daß ich ein oder zwei von euch einfach um der Vielfalt willen auswähle, und das heißt, daß nichts, was hier geschieht, eine endgültige Einschätzung eurer Talente und Fähigkeiten ist. Wenn ihr in diesem Semester nicht bei mir studiert, dann bin ich sicher, daß ihr mit anderen fähigen Lehrern arbeiten werdet, vielleicht sogar mit besseren Lehrern, als ich einer bin.«

Er schlug die Hände zusammen, und ich sah die schmale, elegante goldene Armbanduhr an seinem linken Handgelenk.

»Nun denn, meine Damen und Herren«, fuhr er fort, »dann wollen wir doch anfangen, einer nach dem anderen«, sagte er. »Ich gebe die erste Note vor, und ich hätte gern, daß sie die Tonleitern für mich rauf und runter singen.« Er wies auf seine kleine Stimmpfeife.

Dann bat er den ersten Studenten vorzutreten. Es wurde sehr

still, so still, daß ich die tiefen Atemzüge um mich herum hören konnte. Er gab der Schülerin die Note vor, und sie sang ihre Tonleitern. Als sie zur Hälfte durch war, bedankte er sich und forderte den nächsten Kandidaten auf, vorzutreten. Die Reihe bewegte sich sehr schnell voran, und ehe ich mich versah, war ich die nächste.

Mir fiel auf, daß Michael Suttons Blick von dem Jungen vor mir zu mir glitt. Voller Entsetzen wandte ich die Augen vor seinem gründlichen, durchdringenden Blick ab, denn ich fürchtete, er könne mir meine Nervosität ansehen. Als ich wieder in seine Richtung schaute, lächelte er. Er hörte dem Jungen einen Moment lang zu und bedankte sich dann bei ihm. Jetzt drehte er sich ganz zu mir um, und seine vollen, sinnlichen Lippen waren einen Spalt geöffnet, als er mich betrachtete. Lange starrte er mich nur einfach an, sog meinen Anblick von Kopf bis Fuß in sich auf. Taubheit ließ meine Finger prickeln, vielleicht, weil ich sie zu sehr verkrampft hatte.

»Nun denn«, sagte er und führte die Stimmpfeife an seine Lippen, um mir einen Ton vorzugeben.

Ich fing zu singen an und spürte, wie sich meine Kehle zuschnürte. Ich hörte augenblicklich auf.

»Das ist schon gut«, sagte er freundlich. »Versuch es noch einmal.«

Diesmal sang ich meine Tonleitern, so gut ich es konnte. Als ich fertig war, nickte er nur, und ich spürte, wie mir das Herz sank. Bis zu diesem Augenblick war mir gar nicht klar gewesen, wie sehr ich gehofft hatte, in seinen Kurs aufgenommen zu werden.

»Danke, Nummer neununddreißig«, sagte er, und ich trat zur Seite.

Als alle, die in der Reihe standen, vorgesungen hatten, sprach sich Michael Sutton mit Richard Taylor ab. Dann trat Richard vor und hielt ein Blatt Papier vor sich hin.

»Das sind die Namen derer, die bitte noch bleiben möchten. Allen anderen nochmals vielen Dank«, sagte er kurzangebunden und las dann die Nummern vor. Als er die Liste zur Hälfte vorgelesen hatte, hörte ich, daß meine Nummer aufgerufen wurde. Ich traute meinen Ohren nicht. So viele andere Schüler hatten ihre Sache besser gemacht als ich, und viele von ihnen waren nicht so nervös und machten den Eindruck, als gäben sie bessere Schüler und Sänger ab. Trisha drückte meinen Arm.

»Du Glückliche«, sagte sie neiderfüllt.

»Der zweite Durchgang kommt erst noch«, rief ich ihr ins Gedächtnis zurück.

»Du wirst es schaffen. Viel Glück«, sagte sie und ging mit den anderen enttäuschten, abgewiesenen Kandidaten hinaus.

Der nächste Schritt bestand darin, Richard die Noten für das Stück zu geben, das wir singen wollten, damit er uns begleiten konnte, während Michael Sutton mit dem Stift und dem Notizbuch in der Hand hinten im Auditorium saß und zuhörte. Ich hatte mich entschlossen, »Somewhere Over the Rainbow« zu singen, das Lied, das ich erfolgreich bei dem Konzert gesungen hatte, als ich noch in Richmond die Emerson-Peabody-Schule besucht hatte.

Diesmal mußten wir unsere Namen nennen und die Titel ansagen.

»Dawn Cutler«, sagte ich laut und deutlich. »Somewhere Over the Rainbow.«

Sowie ich das Lied begonnen hatte, passierte mir dasselbe, was mir immer passiert, wenn ich singe. Ich vergaß, wo ich war und wer mir zuhörte. Ich war allein und von meiner Musik besessen. Mein Vorstellungsvermögen und meine gesamte Konzentration flossen in die Perfektionierung dieser Töne. Ich reiste auf einem fliegenden Teppich aus Noten, der mich davonschweben ließ und mich fort von jedem Schmerz und jeder Sorge trug. Ich vergaß die Vergangenheit und die Gegenwart. Ich war wie ein Adler, der sich mit dem Wind aufschwingt, besessen von der eigenen Fähigkeit, fliegen zu können, und ganz vernarrt in dieses Können. Weder die Wolken noch die Sterne – nichts schien zu weit weg zu sein.

Ich öffnete die Augen erst wieder, als ich am Ende des Liedes angelangt war. Einen Moment lang herrschte tiefes Schweigen, und dann wurde Beifall laut. Die anderen Kandidaten klatschten begeistert und vergaßen einen Moment lang, daß wir alle Konkurrenten im Wettstreit um nur sechs Studienplätze waren. Ich sah mich nach Michael Sutton um. Er lächelte und nickte.

»Der nächste, bitte«, rief er.

Wieder sprach sich Michael mit Richard Taylor ab, als alle gesungen hatten. Diesmal trat Michael Sutton jedoch persönlich vor, um seine Erklärung abzugeben.

»Ich kann euch gar nicht sagen, was für eine wunderbare Erfahrung dieses Vorsingen für mich war«, sagte er. »Mich hat beeindruckt, wie viele Talente hier schlummern. Und es treibt mich gewaltig in die Enge, eine Entscheidung treffen zu müssen. Aber es bleibt mir nichts anderes übrig«, fügte er hinzu und wandte sich seinem Notizblock zu. »Folgende Studenten möchten bitte noch hierbleiben, damit wir die Stundenpläne miteinander besprechen können«, sagte er, und dann las er die Namen vor.

Mein Name wurde als letzter aufgerufen, doch als ich ihn hörte, schien mir das Herz vor Freude zu zerspringen. Ich war auserwählt worden, unter all diesen anderen begabten Schülern auserkoren worden, mit einer Berühmtheit zu arbeiten. Was wirst du wohl sagen und was wirst du dir denken, wenn du das hörst, Großmutter Cutler dachte ich. An jenem scheußlichen Tag, an dem wir uns in deinem Büro gegenübergestanden haben, hättest du in deinen kühnsten Träumen nicht geglaubt, daß ich soviel erreichen könnte. Ich gehörte zu den Klavierschülerin, die Madame Steichen einzeln unterrichtete, und übte bereits das Stück, das ich dieses Jahr am Veranstaltungswochenende vortragen würde, und jetzt gehörte ich zu den sechs auserwählten Schülern, die mit Michael Sutton arbeiten durften.

Deine Rache hat sich zu einem zweischneidigen Schwert entwickelt, und die schärfere Seite ist dir selbst zugekehrt, Großmutter Cutler.

»Gebt bitte Richard eure Stundenpläne an. Er soll sich die Zeiten eurer vorgeschriebenen Kurse notieren«, sagte Michael Sutton und rüttelte mich aus meinen haßerfüllten Gedanken auf, »damit wir einen Zeitplan für eure Privatstunden aufstellen können. Wir werden uns nur einmal wöchentlich als Gruppe treffen. In der übrigen Zeit werde ich mit jedem einzelnen von euch allein arbeiten«, schloß er, und sein Blick ruhte so lange auf mir, daß ich nervös wurde und die Augen abwenden mußte.

Nachdem ich meinen Stundenplan bei Richard abgegeben hatte, wollte ich gehen. Zwei der anderen Musiklehrer waren reingekommen, um mit Michael zu reden, doch er wandte sich ihnen nicht zu, sondern nickte und lächelte mir zu, als ich zur Tür ging. Dann stolperte ich über einen meiner Schnürsenkel, der aufgegangen war. Ich kippte nach vorn und konnte mich gerade noch abstützen, um nicht hinzufallen.

»Ist alles in Ordnung mit dir?« rief Michael und kam auf mich zu.

»Ja«, sagte ich schnell und rannte hinaus. Ich kam mir unglaublich blöd vor. Das Blut war in mein Gesicht geschossen, und ich war so verlegen und bestürzt, daß ich es nicht erwarten konnte, zu verschwinden.

Trisha erwartete mich im Vorraum.

»Du hast es geschafft, stimmt's? Ich wußte, daß du es schaffen wirst. Du wirst mir jeden einzelnen Moment deiner Privatstunden bis in alle kleinsten Einzelheiten schildern müssen«, ordnete sie an. »Ich will jedes Wort wissen, das er zu dir sagt.«

»O Trisha, wahrscheinlich hält er mich für einen kleinen Dummkopf. Ich bin eben gerade fast hingefallen, als ich ihn auf dem Weg zur Tür dämlich angegafft habe!« rief ich aus.

»Wirklich? Wie aufregend. Siehst du, es ist schon etwas passiert, sogar jetzt schon«, sagte sie. Wie sehr sie mich immer wieder damit in Erstaunen versetzte, wie sie die Dinge verdrehen und in ihr Gegenteil verkehren konnte! Mir blieb nichts anderes übrig, als zu lachen und mit ihr loszulaufen.

Am selben Tag mußte ich später noch einmal in die Schule

gehen, weil ich noch eine Klavierstunde bei Madame Steichen hatte. Ich erzählte ihr, daß ich in Michael Suttons Klasse aufgenommen worden war, doch sie schien nicht allzu froh darüber zu sein. Unser Verhältnis zueinander war inzwischen so freundschaftlich, daß ich glaubte, sie fragen zu können, warum sie so skeptisch auf meine Mitteilung reagierte.

»Er kommt nicht von der Klassik«, sagte sie. »Er ist kein wahrer Künstler; er ist ein Schauspieler.«

»Den Unterschied verstehe ich nicht, Madame Steichen«, sagte ich.

»Du wirst ihn noch verstehen, meine liebe Dawn. Eines Tages verstehst du das«, sagte sie voraus und bestand darauf, daß wir keinen Moment ihrer kostbaren Zeit mehr darauf vergeudeten, über Unsinn zu reden.

Nach meiner Klavierstunde bei Madame Steichen sammelte ich meine Noten ein und machte mich langsam auf den Weg, denn ich fand, da ich reichlich Zeit bis zum Abendessen hatte, sei es zwecklos, mich abzuhetzen. Mir war ohnehin danach zumute, den Rest dieses warmen Augustnachmittags genüßlich auszukosten. Eine kühle Brise, die vom East River kam, liebkoste mein Gesicht. Über mir sahen die milchigweißen, winzigen Wölkchen wie kleine Sahnehäubchen aus, die auf eine Glasur aus tiefblauem Himmel gespritzt worden waren. Ich setzte mich auf eine der Holzbänke und schloß die Augen, um den Duft der Rosen, Ringelblumen und Stiefmütterchen einzuatmen. Die wohlriechende Luft und die wärmende Sonne ließen mich zu freudigen und sorglosen Gedanken zurückkehren. Ich sah mich als kleines Mädchen beim Seilspringen, und ich sang eines der Lieder, die ich von einem Mädchen gelernt hatte, das ein paar Jahre älter war als ich.

»Meine Mutter, deine Mutter, die wohnt gar nicht weit, Broadway hundertacht. Und dort gibt es Streit, und das jede Nacht, und da heißt es dann...«

Bei dieser Erinnerung mußte ich unwillkürlich lachen.

»Du mußt gerade an etwas Lustiges gedacht haben«, hörte ich jemanden sagen, und als ich die Augen aufschlug, sah ich Michael Sutton vor mir stehen und mit einem Lächeln auf den Lippen auf mich herunterschauen. Er hielt eine schmale lederne Aktentasche in der rechten Hand.

»Oh, ich...«

»Du brauchst es mir nicht zu erklären«, sagte er lachend. »Ich wollte mich nicht einmischen.«

»Nein, es ist keine Einmischung«, sprudelte ich heraus. »Ich war nur so verblüfft.«

Er nickte und hielt seine Aktentasche mit beiden Händen vor sich.

»Wie war die Klavierstunde heute?« fragte er. Es wunderte mich, daß er sich so gut an meinen Stundenplan erinnern konnte.

»Ich glaube, es war nicht schlecht, wenn Madame Steichen auch nur sehr sparsam Komplimente verteilt. Sie findet, eine wahre Künstlerin braucht es nicht, daß andere ihr sagen, wann sie ihre Sache gut macht; sie weiß es schließlich selbst, rein instinktiv.«

»Dummes Zeug«, sagte Michael Sutton und beugte sich zu mir vor. »Jeder braucht Streicheleinheiten, und jeder will hören, daß er seine Sache gut gemacht hat. Wir alle haben Egos, die wie kleine Kätzchen gestreichelt werden müssen. Wenn du deine Sache gut machst, werde ich es dir sagen, und wenn nicht, dann werde ich dir auch das sagen.«

Er richtete sich wieder auf und sah auf den Weg. Ich hielt den Atem an. Wir unterhielten uns wie Menschen, die sich schon lange kennen. Er wirkte so locker und überhaupt nicht herablassend und eingebildet, wie ich es von Berühmtheiten erwartet hätte.

»Ich wollte gerade in einem kleinen Café gleich um die Ecke eine Tasse Cappuccino trinken. Hättest du vielleicht Lust mitzukommen?« fragte er. Einen Moment lang starrte ich ihn nur an. Es war, als müßte jemand diese Worte für mich übersetzen.

Er lächelte und legte den Kopf ein wenig zur Seite. Was mochte Cappuccino sein, fragte ich mich. Vielleicht ein Wein?

»Cappuccino?« fragte ich.

»Wenn es dir lieber ist, kannst du statt dessen eine Tasse normalen Kaffee trinken«, sagte er.

»Oh, ja«, antwortete ich schnell. »Danke, gern.«

Er wartete einen Moment.

»Wenn du mitkommen willst, wirst du aufstehen müssen«, betonte er dann.

»Oh. Ja.« Ich lachte und sprang auf. Wir gingen auf das Tor zu.

»Du wohnst also in einem der Privathäuser ganz in der Nähe, die immer an Schüler vermietet sind«, sagte er, als wir uns in Bewegung gesetzt hatten.

»Ja«, sagte ich und stellte fest, daß ich plötzlich keinen Ton mehr herausbrachte.

»Und gefällt dir das Leben in New York?« fragte er. Als wir um eine Ecke bogen, nahm er meinen Arm. Ich hätte erwartet, eine solche Geste würde mich nervös machen und in Verlegenheit bringen, doch statt dessen stellte ich fest, daß ich mich entspannte und mich erstaunlich sicher fühlte.

»Ja, es macht Spaß«, sagte ich, um seine Frage zu beantworten. »Aber es dauert eine Weile, bis man sich daran gewöhnt hat.«

»Meine Lieblingsstadt ist London. Das mußt du dir eines Tages ansehen. In London läuft man im Schatten von Bauwerken herum, die vor Jahrhunderten erbaut worden sind, und doch ist man auch ganz von der modernen Welt umgeben.«

»Das klingt aufregend«, sagte ich.

»Du bist noch nicht viel gereist?« fragte er.

»Nein, ich bin noch nicht aus den Vereinigten Staaten rausgekommen«, erwiderte ich.

»Ach, wirklich? Ich dachte, hier seien sämtliche Schüler welterfahrene Reisende«, sagte er, und ich dachte, er würde mich jetzt geringer einschätzen. »Aber andererseits«, meinte er dann und blieb stehen, um sich zu mir zu drehen, »war das, was mir an dir beim Vorsingen am meisten aufgefallen ist, deine Unschuld, die mir so reizvoll erschien.« Wir waren stehengeblieben, und als ich mich zu ihm hindrehte, weil ich wissen wollte, weshalb er mir so gebannt ins Gesicht sah, fing mein Herz an, heftig zu flattern. Ich ertappte mich dabei, daß ich ihm in die Augen sah und meinen Blick einfach nicht abwenden konnte. »Du wirkst ganz so wie jemand, der demnächst entdeckt werden wird und dem noch viele Entdeckungen bevorstehen«, sagte er so leise, daß ich ihn kaum hören konnte. Er hob die Hand, und einen Moment lang, der eine Stunde zu währen schien, glaubte ich, er würde mein Gesicht berühren. Dann senkte er die Hand wieder. »Und doch«, fuhr er fort, »steckt noch etwas anderes hinter diesen blauen Augen, eine Weisheit, die andeutet, daß du vielleicht sehr schmerzliche Erfahrungen hinter dir hast. Ich bin fasziniert.« Er sah mir immer noch in die Augen und schien mich in sich aufzusaugen. Dann war der Moment vorüber, und plötzlich wandte er sich ab.

»Hier wären wir«, sagte er und führte mich in das Café und an einen Ecktisch. Als die Kellnerin fragte, ob wir unseren Cappuccino mit Zimt oder mit Kakao haben wollten, mußte ich gestehen, daß ich noch nie einen Cappuccino getrunken hatte und nicht wußte, wofür ich mich entscheiden sollte.

»Du wirkst auf mich, als sei er dir mit Kakao lieber«, sagte Michael und gab die Bestellung auf. »Erzähl mir mehr über dich. Ich lerne meine Schüler gern persönlich kennen. Natürlich habe ich deine Akte gelesen, und ich weiß, daß du aus Virginia stammst und daß deine Familie ein berühmtes Kurhotel besitzt. Ich bin nie dort gewesen. Wie ist es da?« fragte er, und ich beschrieb ihm das Hotel und das Meer und Cutler's Cove, den kleinen Ort am Meer. Er hörte aufmerksam zu und ließ mich selten aus den Augen, während ich erzählte. Gelegentlich nickte er und stellte mir weitere Fragen. Ich äußerte mich nicht näher zu meiner Familie, sondern sagte nur, normalerweise hätten sie mit der Arbeit, die im Hotel anfiel, alle Hände voll zu tun.

»Ich habe meine Eltern schon seit langer, langer Zeit nicht mehr gesehen«, erzählte er betrübt. »Wie du weißt, bin ich auf Tournee gewesen. Das Leben eines Bühnenschauspielers, eines bekannten Bühnenschauspielers«, fügte er hinzu, »ist sehr kompliziert. Dinge, die der Rest der Menschheit als selbstverständlich hinnimmt, sind für uns sehr selten. Beispielsweise kann ich mich nicht erinnern, wann ich zum letzten Mal an Feiertagen zusammen mit meiner Familie gegessen habe. Zu solchen Zeiten scheine ich immer unterwegs zu sein.«

Er blickte über seine dampfende Tasse Cappuccino hinweg und schaute mir fest in die Augen, in denen jetzt Mitgefühl und Erstaunen standen. Ich hatte mir nie vorgestellt, daß jemand, der so berühmt und erfolgreich wie Michael Sutton war, so traurige Gedanken haben könnte. Auf allen Fotos, die von ihm gemacht wurden, sah er immer aus, als ginge es ihm blendend, und er lächelte auf seine Neider und seine Bewunderer herab.

»Ja«, sagte er plötzlich und nickte, »du bist wirklich ganz anders, angefangen mit deinem Namen, bis hin zu diesen blauen Augen, die ständig im Einklang mit dem, was du dir gerade denkst, den Farbton ändern.«

Ich errötete leicht, doch er streckte die Hand aus und legte sie auf meine.

»Verändere dich nicht«, sagte er so heftig, daß seine Eindringlichkeit mich überraschte. »Sei ganz du selbst, und laß dich nicht von anderen zu dem machen, was sie von dir erwarten oder wollen. Als du mir heute vorgesungen hast, wurdest du zu einem ganz eigenständigen Menschen, einem ganz besonderen Menschen, der in seiner Musik lebt. Dabei gerät dein Blut ins Wallen. Ich weiß das; mir geht es genauso, wenn ich singe, und in dem Moment, in dem ich dich gesehen habe, jemanden gesehen habe, der mich an mich selbst erinnert hat, wußte ich, daß ich meine Meisterschülerin entdeckt hatte.«

Saß ich wirklich hier und hörte mir von Michael Sutton an, ich hätte das Potential, ein Star zu werden, fragte ich mich. Oder war das alles nur ein Traum? Im nächsten Augenblick werde ich aufwachen, und dann ist es frühmorgens, und Trisha und ich werden anfangen, darüber zu diskutieren, was wir zum Vorsingen anziehen sollen.

Ich schloß die Augen und schlug sie wieder auf, doch Michael Sutton verschwand nicht. Er war immer noch da, saß mir gegenüber und sah mich mit soviel Bewunderung an, daß mein Herz schneller pochte. Seine Augen lachten und funkelten strahlend, als er sein Kinn auf die Hände stützte und lächelte.

»Du siehst aus, als würdest du gleich weinen«, sagte er.

Ich drängte meine Freudentränen zurück.

»Es ist einfach schön, zu hören, daß Sie mich mit sich selbst vergleichen«, sagte ich. Er nickte und lehnte sich zurück, und dann richtete er einen Moment lang den Blick auf die Tür des Cafés.

»Ich bin der Meinung«, sagte er schließlich, »wenn man mit einer Begabung gesegnet ist und es geschafft hat, auf der ganzen Welt erfolgreich zu sein, dann ist man verpflichtet, anderen zu helfen, die auch mit Talenten gesegnet sind.

Das«, sagte er und drehte sich mit einer Glut in den Augen wieder mir zu, die mein Herz schneller schlagen ließ, »ist auch der Grund, weshalb ich eingewilligt habe, an der Bernhardt-Schule zu unterrichten. Ich wußte, daß ich hier nicht nur begabte junge Menschen finden würde, sondern auch junge Menschen, die Führung und den Rat von jemandem brauchen, der einen harten, gefährlichen Weg beschritten hat, der eine Gratwanderung hinter sich gebracht hat.

Und deshalb halte ich es auch für wichtig, daß ich persönlichen und zwanglosen Umgang mit meinen Schülern habe, mit meinen speziellen Schülern«, betonte er. »Wenn ich ihnen meine Erfahrung nicht zu ihrem eigenen Nutzen vermitteln kann, wozu dann das Ganze?

Jedenfalls«, fuhr er fort und legte seine Hand wieder auf meine, »habe ich das Gefühl, dich gut zu kennen. Wenn du so bist wie ich, dann bist du ein leidenschaftlicher Mensch. Du empfindest alles tiefer als andere, gewöhnliche Menschen, ob es nun Glück oder Traurigkeit ist, Freude oder Schmerz, und dann bist du auch in der Lage, diese Erfahrungen mit deiner wunderbaren Stimme in Gesang umzusetzen. Habe ich recht?«

»Ja«, sagte ich. »Ich glaube schon.«

»Natürlich habe ich recht. Hast du einen Freund?« fragte er und lehnte sich zurück.

»Ja, aber er ist weit weg, in Europa. Er ist beim Militär.«

»Ich verstehe.« Er nickte. »Merk dir eines, Dawn«, sagte er und beugte sich zu mir vor, »die Leidenschaft treibt uns in die Verzweiflung.«

Ich starrte wie hypnotisiert in seine Augen. Es war, als sei mein Herz stehengeblieben. Ich wagte nicht zu atmen, weil ich fürchtete, dieser zarte Augenblick könnte in Stücke zerspringen. Langsam breitete sich wieder ein Lächeln auf seinem Gesicht aus, und dann lehnte er sich erneut zurück.

»Heute abend«, sagte er, »findet im Museum für Moderne Kunst ein Liederabend statt, und hinterher gibt es einen Empfang mit Wein und Käse. Natürlich bin ich unter den Ehrengästen, und es würde mich freuen, dich auch dazu zählen zu können.«

»Mich?«

»Ja. Sei um acht Uhr im Museum. Ich bin sicher, daß du weißt, wie du dich richtig dafür kleidest. Sieh mich nicht so erstaunt an«, sagte er lächelnd. »In Europa ist es *très chic*, wenn ein Lehrer eine seiner besten Privatschülerinnen zu einem Konzert einlädt. Und außerdem möchte ich, daß du diese Menschen singen hörst. Dabei kannst du etwas lernen. Jeder einzelne Augenblick des Abends sollte ein positiver und lohnender Moment sein. Laß dir ab sofort«, sagte er, »keine Gelegenheit mehr entgehen.«

Er sah auf seine Armbanduhr und zog dann seine Brieftasche heraus.

»Ich muß jetzt gehen. Ich habe noch einiges zu erledigen, ehe ich frei bin, mich nur noch dem Genuß zu widmen. Es freut mich sehr, daß wir zwanglos miteinander plaudern und einander ein wenig besser kennenlernen konnten, und ich freue mich schon darauf, dich heute abend zu sehen. Du wirst doch kommen?«

»Oh, ja«, sagte ich schnell. Meine Gedanken überschlugen sich, als ich überlegte, was ich zum Anziehen hatte, wie ich mich am besten angemessen kleidete. Warte nur, bis Trisha das hört, dachte ich.

Michael stand auf, und wir verließen das Café. Draußen auf dem Bürgersteig trennten wir uns. Ich beobachtete, wie er ein Taxi anhielt. Er winkte noch einmal kurz, ehe er einstieg, und dann war er fort.

Ich stand da, und meine Gedanken drehten sich so schnell, daß mir schwindlig wurde und ich mich an eine Straßenlaterne lehnen mußte, um Atem zu holen. Träumte ich? Schließlich überquerte ich die Straße und kam mir vor, als schwebte ich auf Wolken. Ich mußte zu Boden schauen, um sicherzugehen, daß meine Füße tatsächlich die Straße berührten. Mir wurde gar nicht klar, wo ich war, bis ich feststellte, daß ich vor Agnes' Haus stand. Dann eilte ich die Treppe hinauf und öffnete die Tür. Ich rannte eine Etage höher und platzte ins Zimmer; Trisha blickte von ihrer Zeitschrift auf.

»Das glaubst du nie«, sagte ich atemlos. »Rate mal, wohin ich heute abend gehe und wer mich dazu eingeladen hat.«

Und dann fing ich an, ihr in einem einzigen Atemzug alles zu erzählen.

Ich war so aufgewühlt und voller Vorfreude, daß ich beim Abendessen keinen Bissen essen konnte. Das Essen lag einfach auf dem Teller und starrte mich an. Ich stocherte darin herum, sobald Mrs. Liddy reinkam und nach uns sah, denn ich wollte ihr nicht das Gefühl geben, daß mir ihr Essen nicht schmeckte. Ich hatte mir das Haar gewaschen und es mit großen Lockenwicklern aufgedreht. Agnes und Mrs. Liddy wußten, daß ich zu dem Liederabend ging und daß Michael Sutton mich dazu eingeladen hatte.

Vor dem Abendessen hatten Trisha und ich meine Garderobe durchgesehen, um zu entscheiden, was für einen Konzertabend angemessen war. Fast alles, was ich hatte, war zu lässig, fanden wir. Schließlich wählten wir mein ärmelloses schwarzes Taftkleid mit dem V-Ausschnitt aus. Es hatte eine breite schwarze Schärpe um die Taille und einen fülligen Rock, der mir bis zu den Waden reichte.

Nach dem Abendessen ging ich hinauf, um mich anzuziehen, und Trisha zog ihren gepolsterten BH aus der obersten Kommodenschublade. Sie hielt ihn baumelnd vor mich hin.

»Oh, nein«, sagte ich und war doch sehr versucht, als ich ihn musterte. »Das kann ich doch nicht anziehen.«

»Natürlich kannst du das. Du willst doch älter aussehen und das betonen, was sich schon von selbst entwickelt hat, oder nicht? Du wirst unter erwachsenen Frauen sein. Du kannst unmöglich wie ein Kind aussehen«, erklärte sie. »Außerdem ist so ein BH für das Oberteil deines Kleides unerläßlich. Jetzt mach schon«, trieb sie mich an, als ich immer noch zögerte.

Ich nahm ihr den BH langsam aus der Hand und zog ihn an. Als ich in das Kleid schlüpfte und sie mir den Reißverschluß auf dem Rücken zuzog, war ich selbst von meinem Spiegelbild überrascht. Seit meine Mutter und ich vor etwa einem Jahr in Virginia einkaufen gegangen waren, hatte sich mein Äußeres unauffällig, aber doch entscheidend verändert. An Jimmy war mir sofort jede Veränderung aufgefallen, aber irgendwie hatte ich die Veränderungen an mir selbst nicht wahrgenommen.

Auch mein Gesicht hatte nicht mehr die kindlich dicken Wangen. In meinen Augen bemerkte ich einen reiferen Schimmer, und ich stellte fest, daß ich jetzt immer, wenn ich mich etwas genauer ansah, die rechte Augenbraue wie ein Fragezeichen hochzog. Mein Hals wirkte zarter, der Übergang zu den Schultern anmutiger, der Spalt zwischen meinen Brüsten tiefer, verlockender und vielversprechender. Sogar Trisha war erstaunt.

»Du siehst gleich viel älter aus!« rief sie laut. »Hier«, sagte sie und eilte zu ihrem Schmuckkasten. Sie zog eine goldene Halskette mit winzigen Diamanten heraus, die funkelten und glitzerten. »Zieh das an.«

»Nein, das kann ich nicht tun, Trisha. Stell dir nur vor, ich würde sie verlieren! Ich weiß, daß diese Kette ein ganz spezielles Geschenk deines Vaters für dich war.«

»All seine Geschenke für mich sind etwas ganz Besonderes«, sagte sie achselzuckend. »Mach dir keine Sorgen, du wirst sie schon nicht verlieren, und zu diesem tiefen Ausschnitt brauchst du etwas um den Hals. Ich sollte vielleicht eher von einem gewagten Ausschnitt sprechen«, neckte sie mich.

»Ich sehe doch albern aus, wie jemand, der versucht, sich wesentlich älter zu machen, oder nicht?«

»Absolut nicht«, beharrte sie. »Ich mache doch nur Spaß. Wage es bloß nicht, dich noch einmal umzuziehen, Dawn. Und jetzt wirst du auf der Stelle runtergehen und dir ein Taxi rufen, ehe du die Nerven verlierst. Geh schon«, drängte sie.

Agnes erwartete mich auf dem unteren Treppenabsatz. Einen Moment lang glaubte ich, sie würde darauf bestehen, daß ich augenblicklich kehrtmachte und mir etwas anderes anzog, was mich weit weniger verführerisch erscheinen ließ und meinem Alter mehr entsprach. Aber plötzlich hellten sich ihre dunkelbraunen Augen auf.

»Einen Moment lang«, sagte sie mit einer fast tonlosen Stimme, »dachte ich, die Zeit sei zurückgedreht worden. Es kam mir vor, als sähe ich mich selbst diese Treppe herunterkommen, in einem Melodrama, in dem ich aufgetreten bin, als ich nur vier oder fünf Jahre älter war als du.« Sie seufzte und schüttelte den Kopf.

»Ich muß mir ein Taxi bestellen«, sagte ich und ging auf das Wohnzimmer zu. Wenn sie sich in einer ihrer Erinnerungen verlor, konnte Agnes stundenlang darin schwelgen.

»Ja, schon gut, aber warte hinterher hier«, ordnete sie an und eilte davon. Sie kam mit einem perlmuttfarbenen Schal zurück und drapierte ihn auf meinen Schultern. »Jetzt«, sagte sie und trat zurück, »wirkt deine Erscheinung abgerundet, und du siehst elegant und wie eines meiner Mädchen aus.«

Mein Herz klopfte so heftig, als ich aus dem Haus trat und die

Stufen hinunterlief, um in das Taxi zu steigen, daß ich glaubte, ich könnte ohnmächtig werden und müßte ins Krankenhaus gebracht werden. Ich spürte, wie sehr ich zitterte, als ich in das Taxi eingestiegen war. Einen Moment lang konnte ich mich nicht erinnern, wohin ich fahren wollte.

»Zu welchem Museum?« fragte der Taxifahrer noch einmal.

»Zum Museum... für moderne Kunst«, keuchte ich.

»In Ordnung«, erwiderte er und fuhr los.

Als wir ankamen, blieb ich noch einen Moment lang sitzen und schaute die Menschen an, kultivierte Männer und Frauen in kostbarer Kleidung, die aus Taxis und Limousinen stiegen und dann auf den Haupteingang des Museums zugingen. Vereinzelt sah ich ein paar junge Leute, aber sie waren alle in Begleitung ihrer Eltern. Ich bezahlte den Taxifahrer und stieg so langsam aus dem Taxi aus, daß ich sicher war, er glaubte, ich müßte eine Veranstaltung besuchen, die mir ein Greuel war. Nachdem er weggefahren war, blieb ich stehen und hoffte, Michael Sutton irgendwo zu entdecken, doch er war nirgends zu sehen. Schließlich ging ich auf den Haupteingang zu und folgte einigen anderen Leuten durch die Türen.

Kleine Grüppchen standen im Foyer zusammen. Die meisten Leute schienen einander zu kennen. Ich sah niemanden, der so allein wirkte, wie ich es war. Ich watete durch das Meer aus Stimmen und Gelächter und tastete mich langsam zum Konzertsaal vor. Er war gut ausgeschildert. Als ich den Eingang des Saales erreicht hatte, fand ich eine ältere Dame vor, die an einem Tisch saß und eine Namensliste vor sich liegen hatte. Sie sah erwartungsvoll zu mir auf und lächelte. Wurden hier Eintrittskarten verlangt?

»Guten Abend«, sagte sie und wartete darauf, daß ich ihr meinen Namen nannte.

»Guten Abend. Ich bin Dawn Cutler«, sagte ich.

»Cutler?« Sie sah in ihre Liste der geladenen Gäste. »Cutler«, wiederholte sie. »Tut mir leid, ich habe hier keine...«

Ich spürte, wie mir das Blut ins Gesicht strömte, als andere

Leute, die um mich herumstanden, mich anstarrten und ungeduldig darauf warteten, daß es weiterging.

»Ist Ihnen eine Einladung zugeschickt worden?« fragte mich die ältere Dame, die mich immer noch freundlich anlächelte.

»Ich... ich bin von Michael Sutton eingeladen worden«, stammelte ich.

»Ach so. Ein Gast von Mr. Sutton. Ja, gut. Gehen Sie gleich rein, Sie können sich Ihren Platz aussuchen«, sagte sie.

Ich betrat eilig den Konzertsaal und sah mich um. Inzwischen hielt ich verzweifelt Ausschau nach Michael. Ich kannte niemand anderen hier, und ich wußte nicht, wohin ich mich setzen sollte. Ich bemühte mich, nicht verwirrt und verängstigt zu wirken, aber es schien mir, als sähen mich alle in diesem Raum an: Leute, die ihre Plätze schon eingenommen hatten, drehten sich um, und andere blieben nach dem Betreten des Saals stehen, um mich anzustarren, und niemand lächelte. Ich war sicher, daß ich wie ein scheußliches Unkraut in einem Rosenbeet wirkte.

Schließlich eilte ich aus reiner Verzweiflung durch den rechten Gang und setzte mich auf den erstbesten freien Platz. Ich wandte mich zur Tür um, weil ich hoffte, Michael Sutton zu sehen, wenn er den Saal betrat. Sowie er kam, dachte ich, würde ich gleich zu ihm hinlaufen. Endlich, direkt vor dem Beginn des Konzerts, erschien er in einem Smoking mit schwarzer Fliege. Aber ich rührte mich nicht von der Stelle. Er kam Arm in Arm mit einer wunderschönen Frau mit flammendrotem Haar und funkelnden Diamantohrringen. Ein aufgeregter Platzanweiser begrüßte die beiden und führte sie zu den reservierten Plätzen in der ersten Reihe auf der anderen Seite des Konzertsaals.

Ich war wie betäubt. Er sah sich überhaupt nicht nach mir um; gewiß hatte er sich noch nicht einmal erkundigt, ob ich erschienen war, denn dann hätte er gewußt, daß ich da war, und er hätte nach mir Ausschau gehalten, dachte ich. Hatte er damit gerechnet, daß ich im Foyer auf ihn wartete? Davon hatte er kein Wort gesagt. Sollte ich vielleicht jetzt zu ihm gehen? Als ich mir den Hals verrenkte, um über die Leute hinweg schauen zu können, die vor mir saßen, stellte ich fest, daß neben den beiden kein Platz mehr frei war.

Ehe ich etwas unternehmen konnte, begann die Veranstaltung, und ich hatte keine Zeit mehr, mir Gedanken zu machen. Stars von der Metropolitan Oper sangen bekannte Arien. Die Stimmen und die Musik waren derart überwältigend, daß ich alles andere vergaß, solange das Konzert dauerte: Ich vergaß, wie verlegen und wie allein ich war, vergaß, daß ich unter Fremden saß, die keinerlei Interesse an mir zu haben schienen, und ich vergaß sogar Michael Sutton, der anscheinend den Umstand ignorierte, daß er mich eingeladen hatte.

Nachdem der Applaus verklungen war und die Besucher den Konzertsaal verließen, blieb ich noch, damit Michael mich sehen konnte. Als er durch den Gang kam, war er von einer Schar von Menschen umgeben, so daß ich nicht wußte, wie ich an ihn herankommen sollte, wenn ich mir nicht gerade mit den Ellbogen einen Weg durch die Menge bahnen wollte. Er sah mich nicht, und ich war zu verlegen, um laut nach ihm zu rufen. Statt dessen senkte ich den Kopf und folgte dem Publikum zu dem Empfang, auf dem Wein und Käse serviert wurden.

Kellner und Kellnerinnen liefen in einem großen Saal herum und trugen Tabletts, auf denen hohe dünne Weingläser standen, und andere reichten kalte Häppchen herum. Ich nahm ein Glas Wein und wartete, bis ich einen Blick auf Michael erhaschte. Endlich sah ich ihn am anderen Ende des Raumes inmitten einer Menschenmenge. Ich schlenderte so anmutig wie möglich durch den Saal, obwohl mir viel mehr danach zumute war, zu ihm zu rennen. Als ich dort ankam, blieb ich stehen und wartete darauf, daß er mich bemerken würde. Es schien Ewigkeiten zu dauern, denn er hatte nur Augen für die schöne rothaarige Frau an seiner Seite. Sie war immer noch bei ihm eingehängt, und jedesmal, wenn er etwas sagte, warf sie den Kopf zurück, um zu lachen, und ihre Schulter schmiegte sich an ihn.

Endlich drehte er sich in meine Richtung um. Seine Augen leuchteten, als er mich erkannte.

»Dawn«, rief er aus. Er streckte mir die Hand entgegen, und ich nahm sie, um zu ihm vorzutreten. »War es nicht einfach phantastisch?« fragte er, und sein Gesicht war vom Wein und von den Gesprächen gerötet, aber auch von der Hitze der Menschenmenge, die sich um ihn drängte.

»Doch. Ich war nicht sicher, ob ich Sie im Foyer hätte treffen sollen..«

»Dies, meine Damen und Herren«, erklärte er und wandte sich den Leuten zu, die uns am nächsten standen, »ist eine meiner neuen Schülerinnen.«

»Ach, stimmt ja, Michael«, sagte die rothaarige Frau lachend, »ich hatte ganz vergessen, daß du dieses Jahr auch unterrichten wirst.« Sie flüsterte ihm etwas ins Ohr, und er lachte laut. Dann wandte er sich wieder mir zu.

»Hast du schon etwas gegessen? Dir ein Glas Wein geholt?«

»Ja«, sagte ich und hielt mein Glas hoch.

»Sehr gut. Dann wünsche ich dir jetzt noch viel Spaß. Wir werden dann in unserer ersten Privatstunde über diesen Abend reden«, sagte er und tätschelte meine Hand. Ich wartete mit angehaltenem Atem auf weitere Worte, doch er schenkte seine Aufmerksamkeit wieder den Umstehenden.

Ich stand benommen da und fragte mich, was ich jetzt noch sagen oder tun sollte. Im nächsten Moment führten ihn seine Freunde und die rothaarige Frau zu einer anderen Gruppe von Menschen, und ich blieb allein stehen.

Michael hatte mich niemandem wirklich vorgestellt; er hatte niemandem meinen Namen genannt. Ich sah mich um. Konnten mir alle meine Verlegenheit ansehen? Wohin ich mich auch wandte, überall waren Blicke auf mich gerichtet. Wie albern ich doch wirken mußte, wie ich mit einem Weinglas in der Hand ganz allein dastand und darauf wartete, daß mich jemand ansprach. Ich sah, daß sich ein Mann vorbeugte und der Frau an seiner Seite etwas zuflüsterte, die dann laut über seine Worte lachte. Bestimmt lachten sie über mich. Mein Herz schlug bis in die Kehle, und mir brach der kalte Schweiß aus.

Ich wäre am liebsten hinausgerannt, aber ich wußte, daß ich damit nur noch mehr Aufmerksamkeit auf mich gelenkt hätte. Langsam und mit gesenktem Kopf ging ich auf die Tür zu. Als ich endlich im Foyer stand, hob ich den Kopf und spürte die Tränen, die in meinen Augen brannten. Da ich fürchtete, jemand könnte mich weinen sehen, stürzte ich zum Ausgang des Museums und eilte auf die Straße. Sowie ich draußen war, holte ich tief und keuchend Atem. Innerlich war ich angespannt bis zum Zerreißen.

Ohne mir darüber klarzuwerden, was ich tat oder wohin ich ging, wandte ich mich nach links und lief los. Ich weiß nicht, wie weit ich gelaufen war oder welche Richtung ich eingeschlagen hatte, denn ich ging immer dahin, wo die Ampel gerade grün war. Endlich blieb ich stehen, sah mich um und stellte fest, daß ich mich verirrt hatte. Aber was mich noch mehr erschreckte und schockierte, war die Erkenntnis, daß ich das Museum mit dem Weinglas in der Hand verlassen hatte. Was war, wenn jemand mich beobachtet hatte und glaubte, ich hätte das Glas gestohlen? Wenn man der Frau, die vor der Tür an dem Tisch gesessen hatte, eine Beschreibung von mir gab, wußte sie, wer ich war, und sie würde es Michael Sutton erzählen.

Ich konnte sie schon sagen hören: »Ihre Meisterschülerin hat ein Weinglas gestohlen und ist davongelaufen.«

Verzweifelt sah ich mich nach einem Ort um, an dem ich das Glas wegwerfen konnte. Plötzlich hörte ich jemanden sagen: »Hallo, Süße, willst dich wohl heute mal in den Slums rumtreiben?«

Als ich mich umdrehte, stand ich einem unrasierten Mann mit Augen gegenüber, die an leere Augenhöhlen erinnerten. Als er lächelte, sah ich, wie viele Zähne ihm im Mund fehlten. Ich konnte seine Whiskyfahne riechen. Er sah aus, als hätte er in seinem ausgewaschenen braunen Regenmantel und in seiner verknitterten Hose geschlafen. Seine Schuhe waren an den Seiten aufgeplatzt.

Als er lachte, drehte ich mich um, so schnell ich konnte, und rannte auf meinen hochhackigen Schuhen eilig fort. Agnes' Stola glitt von meinen Schultern, aber ich lief nicht zurück, um sie wieder aufzuheben, denn ich hörte, wie der furchtbare Mann mir etwas nachrief. Als ich gerade eine Kreuzung erreicht hatte, brach einer meiner Absätze ab. Ich zog die Schuhe aus und rannte weiter, ohne mich umzusehen. Ich rannte, so schnell ich konnte, bis ich an eine verkehrsreiche Kreuzung kam. Dort hielt ich mich an einem Laternenpfahl fest und schöpfte Atem. Passanten schauten mich an, doch niemand blieb stehen, um mich zu fragen, was mir fehlte oder ob man mir helfen könne.

Schließlich gelang es mir, ein Taxi an den Randstein zu winken.

»Muß ja 'ne schöne Party gewesen sein«, sagte der Fahrer, nachdem ich eingestiegen war. Ich stellte fest, daß mein Haar zerzaust war und mir kreuz und quer ins Gesicht hing. Tränen liefen über meine Wangen. Mein Kleid zwar zerknittert, und ich war barfuß. Und doch hielt ich immer noch das Weinglas fest, das ich bei dem Empfang mitgenommen hatte. Ich nannte dem Taxifahrer meine Adresse, lehnte mich zurück und hielt die Augen während der ganzen Fahrt geschlossen.

Als wir ankamen, zahlte ich eilig den Fahrpreis und stürzte die Stufen hinauf ins Haus. In dem Moment, in dem ich eintrat, hörte ich Stimmen aus dem Wohnzimmer, und mir fiel wieder ein, daß Agnes ein paar ihrer Freunde vom Theater zu sich eingeladen hatte. Ich versuchte, unbemerkt an der Tür vorbeizuschleichen, doch Agnes hatte mich gehört. Sie kam aus dem Wohnzimmer.

»Dawn«, rief sie. »Komm, und erzähl uns von dem Empfang.« Als ich näherkam, merkte sie, daß etwas nicht stimmte. »Was ist passiert?«

»O Agnes«, rief ich. »Ich habe mich verirrt und Ihren Schal verloren. Es tut mir so leid!«

»Ach, du meine Güte. Du warst gar nicht auf dem Empfang? Aber wie konnte das passieren? Das Taxi hat dich doch bestimmt direkt hingefahren.«

»Nein, hinterher«, erklärte ich. Sie starrte mich an und sah dann auf das Glas in meiner Hand.

»Das verstehe ich nicht«, sagte sie kopfschüttelnd. »Warum hast du dieses Glas in der Hand?«

»Ich ... ich weiß es nicht!« rief ich aus und lief an ihr vorbei die Treppe hinauf.

Trisha wartete natürlich schon gespannt darauf, eine Schilderung meines aufregenden Abends zu hören, doch sobald sie auch nur einen Blick auf mich geworfen hatte, wich ihr Lächeln einem schockierten Ausdruck.

»Was ist denn mit dir passiert?«

»O Trisha, es ist mir ja so peinlich. Es war keine Verabredung mit Michael. Er hat kaum ein Wort mit mir geredet. Ich bin von dem Empfang weggerannt und habe vergessen, das Glas zurückzugeben. Dann habe ich mich verlaufen, und ein furchtbarer Mann kam hinter mir her, und deshalb bin ich wie eine Wilde gerannt und habe einen Schal verloren, den Agnes mir gegeben hat, und ich habe mir auch einen Absatz abgebrochen«, jammerte ich und ließ mich auf meinem Bett auf den Bauch fallen.

»Ich verstehe nicht, wovon du redest«, sagte Trisha. Ich drehte mich um und schrie sie an.

»Ich will damit sagen, daß es nichts taugt, wenn man versucht, jemand zu sein, der man nicht ist. Ich hätte mich nicht so herausputzen sollen. Ich hätte gar nicht erst hingehen sollen. Großmutter Cutler hat recht. Ich bin ein Niemand, den man auf der Schwelle von reichen, vornehmen Menschen wieder ausgesetzt hat, aber jeder kann mir ansehen, daß ich keiner von ihnen bin und nicht dazugehöre.«

»So ein Blödsinn. Natürlich hat sie nicht recht, was dich angeht. Jedem könnte es passieren, daß er sich nachts in New York verläuft. Und jetzt hör auf zu weinen«, befahl mir Trisha. »Du hast also vergessen, ein Glas zurückzugeben. Na, toll. Wenigstens hast du es nur vergessen. Andere Leute klauen sie, sogar reiche, kultivierte Menschen. Aber sag mir lieber eines: Hat Michael Sutton gesehen, daß du weggerannt bist?!«

»Ich weiß es nicht«, sagte ich und kämpfte gegen die Tränen an.

»Und warum stellst du dich dann so an?«

»Ich bin mir so albern vorgekommen«, wiederholte ich. »Niemand hat ein Wort mit mir geredet, noch nicht einmal die Leute, die neben mir gesessen haben. Sie sind alle so hochnäsig. Ich bin mir vorgekommen, als sei ich in einem ganzen Saal voller Großmütter Cutler.«

»Das wird ihnen noch leid tun«, sagte Trisha. Sie setzte sich neben mich und strich mir über das zerzauste Haar. »Eines Tages werden sie alle kommen, um dich singen zu hören, und dann kannst du sie an diesen Abend erinnern.«

Ich sah sie an und schüttelte den Kopf.

»Jedenfalls«, sagte Trisha, die mir das Glas aus der Hand nahm und es auf meine Kommode stellte, »haben wir ein echtes Souvenir, ein Erinnerungsstück an deinen ersten Abend mit Michael Sutton, ob er es nun weiß oder nicht.«

Sie machte große Kulleraugen, und wir lachten beide.

Gott sei Dank, daß ich Trisha hatte, dachte ich, die Schwester, die mir nie vergönnt gewesen war. Ich hätte Clara Sue gegen sie eingetauscht, ohne auch nur mit der Wimper zu zucken. Großmutter Cutler irrte sich: Blut war nicht immer dicker als Wasser.

7
Privatstunden

Mein zweites Jahr in der Bernhardt-Schule trat ich mit weit größerer Begeisterung als das erste an. Wenn ich über den Campus lief und die Gesichter der neuen Studenten sah, die vor Angst grün waren, überkam mich unwillkürlich das Gefühl der Überlegenheit. Außerdem genoß ich als Madame Steichens Starpianistin und eine der sechs auserwählten Schüler, die Michael Suttons Kurse besuchen durften, einen gewissen Berühmtheitsgrad.

Ich wußte, daß Agnes ihrer Pflicht nachgekommen war und Großmutter Cutler von diesen Ereignissen berichtet hatte, denn in einem ihrer sogenannten stärkeren Momente rief meine Mutter mich an, um mir zu gratulieren.

»Randolph hat mir alles erzählt«, sagte sie. »Ich bin sehr stolz auf dich, Dawn. Es ist so tröstlich, zu wissen, daß du musikalisch wirklich begabt bist.«

»Vielleicht hätte mein Vater auch gern diese Bestätigung, Mutter. Warum sagst du mir nicht, wer er wirklich ist, damit ich ihm mitteilen kann, wo er mich findet und was ich erreicht habe«, erwiderte ich scharf.

»Warum mußt du immer unerfreuliche Themen ansprechen, Dawn? Wird das denn niemals aufhören?« stöhnte sie, um ihre Verzweiflung zu betonen. Ich konnte direkt sehen, wie sie am anderen Ende der Leitung in Ohnmacht fiel. Ich war sicher, daß sie mich von ihrem Bett aus anrief, den Rücken an zwei große, flauschige Kissen gelehnt und die Decke wie ein schützendes Schneckenhaus über sich gezogen.

»Es gilt nicht als besonders unerfreulich, wenn man weiß, wer sein Vater ist, Mutter«, sagte ich noch boshafter.

»In dem Fall ist es das«, erwiderte sie schnell. Die Tiefe ihrer wahren Gefühle überraschte mich. Wie konnte jemand nur so schlecht sein, fragte ich mich.

»Mutter«, bat ich sie, »erzähle mir bitte mehr über ihn. Es ist ungerecht, mir nichts zu sagen. Warum ist es unerfreulich?«

»Manchmal«, sagte sie mit gesenkter Stimme und sprach so langsam wie jemand, der völlig benommen ist, »sind gutes Aussehen und Charme nur eine dünne Schicht, eine täuschende Oberfläche, unter der sich eine Woge von Schlechtigkeit und Grausamkeit verbirgt. Intelligenz und Talent und all diese Dinge, die die Menschen für einen Segen halten, heißen nicht immer, daß ein Mensch ein guter Mensch ist, Dawn. Es tut mir leid, daß ich dir nicht mehr dazu sagen kann.«

Was für ein seltsamer und geheimnisvoller Rat, dachte ich. Ich fühlte mich in einen Strudel von Fragen getaucht, und das Rätsel meiner Geburt und ihrer Folgen wurde nur noch mysteriöser.

»Sag mir eines, Mutter: Tritt er noch auf? Betätigt er sich noch als Entertainer?«

»Ich weiß es nicht«, sagte sie schnell. Zumindest war er noch am Leben, dachte ich. Sie hatte nicht gesagt, er sei tot. »Einer der Gründe, aus denen ich angerufen habe«, fuhr sie fort, und ihre Stimme änderte sich drastisch. Sie sprach jetzt lauter, melodiös und glücklich. »Ich wollte dich fragen, ob dir zu deiner Garderobe etwas fehlt, da du jetzt immer häufiger auftrittst.«

»Ich weiß es nicht«, sagte ich. »Ich vermute, ich werde ein paar neue Sachen brauchen.«

»Ich habe Randolph angewiesen, dir in einigen der besseren Geschäfte Konten zu eröffnen. Er wird dir heute genauere Anweisungen zuschicken. Besorg dir alles, was du brauchst«, sagte sie.

»Ist Großmutter Cutler damit einverstanden?«

»Ich habe ein wenig eigenes Geld, über das sie nicht bestimmen kann«, erklärte meine Mutter, und Stolz und Zufriedenheit waren aus ihrer Stimme herauszuhören. »Jedenfalls gratuliere ich dir zu deinen Erfolgen, und wenn du daran denkst, dann schreib mir doch gelegentlich, damit ich weiß, wie es dir geht.«

Woher das plötzliche Interesse an meinem Leben, fragte ich mich. Nagten Gewissensbisse an ihr? Ich versprach ihr nichts. Ehe ich noch etwas sagen konnte, hatte sie ohnehin schon angefangen, mir ihre Kopfschmerzen und ein neues Medikament zu schildern, das ihr der Arzt verordnet hatte. Dann behauptete sie, erschöpft zu sein, und unser Gespräch war beendet.

Doch die Dinge, die sie über den schlechten Charakter meines wirklichen Vaters gesagt hatte, blieben wie ein fauliger Geruch, der nie verschwinden würde, in den hintersten Winkeln meines Verstandes hängen. Was hatte das zu bedeuten? Wenn ich die musikalische Begabung meines Vaters geerbt hatte, hatte ich dann auch seine Verderbtheit geerbt? Wie sehr ich mich danach sehnte, ihm von Angesicht zu Angesicht gegenüberzustehen und mir selbst ein Urteil über ihn zu bilden. Ich hätte von ihm eine Antwort auf die Frage verlangt, warum er fortgegangen war und sich nie bemüht hatte, etwas über mich in Erfahrung zu bringen. War Großmutter Cutlers Macht daran schuld, ihre Drohungen und das, was sie alles unternehmen konnte, um die Karriere oder das Leben eines Menschen zu zerstören? Oder war es wirklich schlicht und einfach eine Tatsache, daß mein Vater sich aus nichts und niemandem, außer sich selbst, etwas machte und der egoistische Playboy war, als den man ihn mir geschildert hatte? Hier gab es so viele heimtückische Strömungen unter der Oberfläche, die ich nicht verstehen konnte. Lug und Trug. Wie sollte ich in einem Meer aus Täuschungen je schwimmen lernen?

So kam es, daß ich in den ersten Schultagen, an denen die anderen Schüler nur von angenehmen Erinnerungen begleitet wurden, in einem Nebel umherirrte, der sich nur dann lichtete, wenn ich sang oder Klavier spielte.

Der Herbst brach unvermittelt über New York herein und ließ die Quecksilbersäulen nachts drastisch sinken, und das grüne Laub verfärbte sich gelb und braun. Wenn Trisha und ich jetzt an einer Kreuzung warteten, bis die Ampel grün wurde, wurde welkes Laub über die Straße geweht und schmiegte sich an meine Beine. Die frische kalte Luft war belebend, es tat mir gut, wenn meine Wangen prickelten.

Ich fühlte mich sogar rundum wohl. Vielleicht kam es daher, daß meine musikalischen Erfolge mein Selbstvertrauen gestärkt hatten. Worin die Gründe auch bestehen mochten, aber als ich mich im September eines Morgens im Spiegel ansah, bemerkte ich einen reiferen Ausdruck in meinem Gesicht.

Nachdem ich über die Katastrophe des Museumskonzerts hinweggekommen war, hatte ich mir das Mädchen, das mich aus dem Spiegel anschaute, noch ein zweites Mal genauer angesehen. Sie war fast siebzehn: Ihr Leben hatte sich drastisch verändert, und diese Veränderungen hatten etwas von ihrer Unschuld genommen. In ihren Augen stand ein wacherer Ausdruck, die Wangenknochen waren betont, das Kinn kantiger. Ihre Lippen waren fest, ihr Hals und ihre Schultern anmutig geschwungen. Ihre Brüste waren üppig und wohlgeformt, ihre Taille war schmal. Vielleicht war sie noch keine Frau, aber sie klopfte gerade an dieser Tür an.

Natürlich erzählte ich Michael Sutton mit keinem Wort, was mir zugestoßen war, nachdem ich den Empfang im Museum überstürzt verlassen hatte, und anscheinend wußte er von nichts. In unserer ersten Unterrichtsstunde, der allgemeinen Besprechung mit all seinen Schülern, fragte er mich noch einmal, wie mir die Musik gefallen hätte, und ich sagte ihm, es sei wirklich wunderbar gewesen. Ich bedankte mich bei ihm für die Einladung. Anschließend konzentrierte er sich ganz auf den Unterricht.

Nach meinem Stundenplan hatte ich erst eine Woche später Privatunterricht bei ihm. Als ich erschien, saß Richard Taylor am Klavier. Michael Sutton war noch nicht da. Aus Richards Äußerungen und seinem Verhalten konnte ich schließen, daß Pünktlichkeit nicht gerade zu Michael Suttons Tugenden zählte.

»Gestern«, meinte Richard trocken, »ist er erst gekommen, als die Zeit schon zur Hälfte um war. Es ist mit ihm anders, als mit Madame Steichen, soviel steht fest«, murrte er und klimperte ungeduldig auf dem Klavier herum. Ich setzte mich auf einen hölzernen Klappstuhl und holte meine Mathematikhausaufgaben raus. Fast fünfzehn Minuten später kam Michael lässig durch die Tür geschlendert und entschuldigte sich noch nicht einmal für seine Verspätung. Er sagte, er haßte es, sich an feste Zeiten zu halten; das sei einer der Haken beim Unterrichten.

»Kreative Menschen müssen motiviert werden, müssen in der richtigen Stimmung sein«, erklärte er, als er den hellblauen Schal auszog, den er sich um den Hals geschlungen hatte, und seinen weichen Wollmantel aufknöpfte. »Davon verstehen Schulbehörden nichts.« Er hängte seine Sachen über einen Stuhl und forderte mich auf, ans Klavier zu kommen.

»Wir werden mit den Tonleitern anfangen«, sagte er, »und mit dem Atem. Der Atem«, betonte er, »ist entscheidender als alles andere. Vergiß die Melodie, vergiß die Noten, vergiß deine Stimme. Denk nur noch an dein Zwerchfell«, predigte er.

Sowie ich begonnen hatte, unterbrach er mich und wandte sich an Richard Taylor, der bereits hämisch grinste.

»Siehst du, was ich meine, Richard? Keiner der Schüler hier hat es je richtig gelernt. Es ist zwecklos, deine Zeit heute noch länger zu vergeuden. Wir werden das Klavier nicht brauchen.«

Richard klappte das Notenheft zu und ging, ohne ein Wort zu sagen, ohne sich auch nur flüchtig von mir zu verabschieden. Sobald Richard zur Tür herausgegangen war, wandte sich Michael wieder an mich und lächelte.

»Er ist ein begabter junger Mann«, sagte er und wies mit einer Kopfbewegung auf die Tür, »aber etwas zu ernst.« Er beugte sich weiter vor und flüsterte: »Er macht mich nervös.« Er stand auf und schloß die Tür.

»Aber«, sagte er, als er zurückkam, »das, was ich über deinen Atem gesagt habe, war mein Ernst. Bei deiner Atemtechnik wird zuviel Druck auf die Kehle ausgeübt. Ich wette, wenn du eine Zeitlang gesungen hast, tut dir die Kehle weh, was?«

Ich nickte.

»Natürlich. Versuchen wir es noch einmal. Wir werden es so

machen, wie es mir einer meiner europäischen Lehrer beigebracht hat.«

Er überrumpelte mich restlos, als er sich hinter mich stellte und seine Arme um mich schlang. Er hielt meine Ellbogen fest und zog mich an sich.

»Sei ganz locker«, flüsterte er mir ins Ohr. Ich spürte seinen Atem in meinem Nacken, und seine Brust war an meine Schultern gepreßt. Der süßliche Geruch seines Rasierwassers drang mir in die Nase. Dann preßte er die Handfläche seiner rechten Hand direkt unter meinen Brüsten auf mein Zwerchfell.

»Und jetzt hol tief Atem«, sagte er, »und beim Ausatmen mußt du meine Handfläche von dir wegstoßen.«

Ich spürte, wie sein rechter Zeigefinger die Unterseite meiner linken Brust streichelte, und einen Moment lang konnte ich gar nichts tun. Es hatte mir den Atem verschlagen und mich ganz bestimmt nicht auf Atemübungen vorbereitet. Gewiß, dachte ich, spürte er, wie sehr mein Körper zitterte und wie heftig mein Herz pochte. Auch sein Atem ging schneller.

»Na, mach schon«, sagte er einschmeichelnd. »Hol ganz tief Luft.«

Ich tat es, und als sich meine Schultern hoben, glitt seine Hand näher zu meinem Busen, bis er ihn regelrecht mit seinem Daumen und seinem Handgelenk abstützte.

»Gut. Atme aus, stoß meine Hand von dir weg. Denk daran, während du es tust. Konzentration, mehr Konzentration«, sagte er, und ich tat, was er gesagt hatte. Er ließ es mich noch einmal wiederholen. Ich tat dasselbe fast ein dutzendmal, und plötzlich wurde mir schwindlig, so schwindlig, daß mir die Knie weich wurden. Ich stöhnte, verlor das Gleichgewicht und sank gegen ihn. Er packte mich noch kräftiger und hielt mich fest.

»Ist alles in Ordnung mit dir?« fragte er schnell. Ich versuchte, etwas zu sagen, aber ich konnte nur nicken. Dann hörte ich sein Lachen. »Du hast hyperventiliert. Das macht nichts. Jetzt hast du zuviel Sauerstoff im Blut. Setz dich doch einfach einen Moment hin«, sagte er und führte mich wieder zu dem hölzernen

Klappstuhl. Dann kauerte er sich neben mich und nahm meine Hände in seine. »Wieder gut?« Er drückte sanft meine Hände und stützte seine Unterarme auf meine Knie.

Ich nickte und versuchte, nicht zu zittern, doch mein Gesicht glühte derart und mein Herz schlug immer noch so schnell, daß ich Angst hatte, auch nur einen Laut von mir zu geben, weil ich sicher war, daß meine Stimme sich überschlagen würde. Als ich ihn so nah vor mir sah, entdeckte ich in seinen dunklen Augen eine Tiefe, die auf ihre Art auch schwindelerregend war. Sie gab mir ein Gefühl der Leichtigkeit und Unbefangenheit, und ich war begierig darauf, mich in seine Arme fallen und mich von ihm festhalten zu lassen. Mein Körper wurde allmählich an den intimsten Stellen warm, und ich mußte mich abwenden, weil ich ganz sicher war, daß er mir ansah, was in mir vorging, und ich errötete auch vor Verlegenheit.

»Ruh dich einfach einen Moment lang aus«, sagte er, »und dann nehmen wir uns die Tonleitern wieder vor.«

Er tätschelte mein Knie und stand auf. Er ging ans Klavier und blätterte in irgendwelchen Papieren herum.

»In Ordnung«, sagte ich schließlich.

Ich weiß, daß ich nicht so gut wie sonst sang, als wir anschließend die Tonleitern übten. Er ließ sie mich wiederholt singen, bis er meinte, jetzt hätte ich die richtige Atemtechnik und die Noten miteinander kombiniert.

»Schön. So ist es gut«, sagte er. Er legte seine Hände auf meine Schultern und hielt mich auf Armeslänge von sich, während er mich mit diesem starren Blick in sich aufsog, der ihm eigen war. »Du bist schon von deinem angeborenen Talent her ganz wunderbar«, fuhr er fort, »aber wenn du erst einmal alles richtig machst, wirst du dein Potential voll ausschöpfen können, und dann wirst du eine wahre Diva werden. Sie werden sich alle um dich drängen und sich darum reißen, in deinem Schatten stehen zu dürfen.

Weißt du, wie es mir ergeht, wenn ich mit jemandem wie dir zusammen bin?« fuhr er fort, und jedes dieser wunderbaren

Worte, die er sagte, ließ mich erschaudern. »Ich fühle mich jünger und stärker und in der Lage, mich weiterzuentwickeln und noch Größeres zu leisten. Es läßt mich wünschen, meine eigenen Talente noch weiter auszuschöpfen und es zu mehr zu bringen, als ich mir je erträumt habe.«

Er lachte und ließ mich los. Dann ging er ans Klavier und schlug einen Ton an. Dann sang er die Tonleiter und streckte mir seine Arme entgegen, als sänge er das romantischste aller Liebeslieder. Anschließend sang er tatsächlich ein Liebeslied, ein Lied, das durch ihn berühmt geworden war. Er forderte mich auf, mitzusingen, und er bedeutete mir, ich solle die Noten auf dem Klavier zu Hilfe nehmen, aber ich schüttelte den Kopf. Ich kannte das Stück gut genug.

Als ich in seinen Gesang einfiel, riß er vor Freude und Erstaunen die Augen weit auf. Er trat näher vor mich hin, um meine Hände in seine zu nehmen, und wir sangen füreinander, wie wir gesungen hätten, wenn wir vor einem Publikum auf der Bühne gestanden hätten. Meine Stimme verwob sich mit seiner, und er führte mich höher und immer höher hinauf. Seine Finger schlossen sich fest um meine, und er senkte sein Gesicht näher zu mir, als das Lied zu Ende war.

Auf der Bühne endete es damit, daß der Mann und die Frau sich küßten, und so endete es jetzt auch, obwohl ich nie geglaubt hätte, daß er es wirklich tun würde. Erst spürte ich seinen heißen Atem auf meinem Gesicht, und als er mich dann noch näher zu sich heranzog und sich zu mir neigte, wußte ich, daß es passieren würde. Ich schloß die Augen, und seine Lippen berührten die meinen erst zart, fast so, als seien wir beide aus Luft gemacht, und dann preßte er seinen Mund heftig auf meinen. Diese Berührung durchfuhr mich wie ein Blitz. Ich spürte, wie ich zusammensackte. Er hielt mich fest und nahm dann langsam seine Lippen von meinen. Flatternd schlug ich die Lider auf und schaute ihm in die Augen, die mich mit einer solchen Leidenschaft und mit derartigem Verlangen anzuflehen schienen, daß ich ihn nur noch anstarren und abwarten konnte, was er als nächstes tun würde, denn ich erinnerte mich noch daran, was er im Café zu mir gesagt hatte: »Die Leidenschaft treibt uns in die Verzweiflung.«

Mein pochendes Herz ängstigte und faszinierte mich zugleich. Ich fürchtete, ich würde in einer Ohnmacht versinken.

»Ich mußte es einfach tun«, sagte er zärtlich. »Du hast so schön gesungen. Einen Moment lang dachte ich, ich stünde wirklich auf der Bühne, und wenn ich auf der Bühne stehe, tue ich, was erforderlich ist und getan werden muß, um dem Publikum die Musik glaubwürdig zu machen. Das ist das Kennzeichen eines Profis. Ich bin sicher, du verstehst das.«

Ich verstand es zwar nicht, aber ich nickte.

Er lächelte und sah mich aus diesen dunklen, durchdringenden Augen wie gebannt an.

»Wir haben eine sehr erfolgreiche Lektion hinter uns gebracht«, sagte er. »Wie fühlst du dich?«

Ich empfand im Moment so viele verschiedene Dinge auf einmal, daß ich nicht wußte, wie ich darauf reagieren sollte. Ich war immer noch von seinem Kuß erschüttert und bebte unter seiner Berührung und seinem eindringlichen Blick.

»Gut«, sagte ich endlich. Er lachte und küßte mich auf die Stirn.

»Du bist eine sehr schöne junge Frau, ist dir das klar?« fragte er. »Es kommt selten vor, daß man jemanden mit einer so schönen Stimme findet, der noch dazu ein so schönes Gesicht hat. Ich bringe dich doch nicht etwa in Verlegenheit, oder?«

Ich schüttelte langsam den Kopf und konnte den Blickkontakt immer noch nicht lösen.

»So würde ich mit keiner meiner anderen Schülerinnen sprechen, aber ich spüre, daß du etwas ganz Besonderes bist. Dein Talent unterscheidet dich von dem der anderen, und es ermöglicht dir, schneller älter zu werden, weil du sensibler, einfühlsamer und intelligenter bist. Genau wie ich entwickelst du dich in jedem noch so flüchtigen Augenblick und durch jede Erfahrung immer weiter.

Erzieher haben von so etwas keine Ahnung«, sagte er geringschätzig, und diese Abneigung drückte sich auf seinem Gesicht aus. »Sie nehmen alles ganz genau, sogar in einer Schule wie dieser; aber wir werden es anders halten, weil wir anders sind. Du hast doch nichts dagegen, oder?« fragte er. Ich war mir nicht ganz sicher, wovon er eigentlich sprach, aber ich sagte trotzdem nein, und mein »Nein« kam so leise wie ein Hauch heraus, und ich war selbst nicht sicher, ob ich tatsächlich etwas gesagt hatte oder nicht.

»Gut!« rief er erfreut. »Sehr gut«, wiederholte er leise, und dann machte er schnell auf dem Absatz kehrt und ging zu dem Stuhl, auf dem er seine Sachen abgelegt hatte. Er schlang sich den Schal um den Hals, und dabei lächelte er mich an.

»Ich muß jetzt los«, sagte er. »Ich habe noch ein Dutzend Dinge zu erledigen. Für heute abend habe ich ein paar Leute zu mir eingeladen. Nichts Besonderes, nur kalte Häppchen und Champagner.« Er starrte mich einen Moment lang an, und dann hob er sein Jackett auf und zog es an, während er wieder auf mich zukam.

»Kannst du diskret sein?« fragte er mich.

»Diskret?«

»Ein Geheimnis für dich behalten«, sagte er lächelnd, »vor allem, wenn es etwas ganz Besonderes ist?«

»Oh, ja, ja, das kann ich wirklich«, versicherte ich. »Ich habe keine engen Freundinnen, bis auf meine Zimmergenossin, und ihr erzähle ich nicht alles.« Ich glaubte, er würde mich bitten, niemandem zu sagen, daß er mich geküßt hatte.

»Sehr gut.« Diesmal starrte er mich besonders lange an, während er überlegte, ob er weiterreden sollte oder nicht. »Ich würde dich gern einladen, heute abend in meine Wohnung zu kommen«, sagte er schließlich. »Es würde sehr interessant für dich sein, einige der Leute kennenzulernen, die zu mir kommen, aber...«

Er drehte sich um, um sich zu vergewissern, daß die Tür des Musiksaals noch geschlossen war. »Aber die Schulverwaltung würde nicht recht verstehen, daß ich eine Schülerin zu mir nach Hause einlade. Es liegt auf der Hand, daß diese geistig beschränkten Leute solche Dinge mißtrauisch beobachten würden, aber der Umgang mit Theaterleuten ist einfach stimulierend. Allerdings«, warnte er mich, »solltest du je erwähnen, daß...«

»Oh, ich würde niemandem ein Wort sagen!« rief ich aufgeregt. Er preßte seinen Zeigefinger auf meine Lippen und sah sich wieder um. »Die Wände haben Ohren«, flüsterte er. Ich nickte und hielt den Atem an. Er lächelte liebevoll.

»Ich wohne im Parker House in der 72sten Ost, Apartment 4b«, sagte er. »Komm um acht, aber denk daran... zu niemandem ein Wort darüber, noch nicht einmal zu deiner Zimmergenossin. Versprichst du das?«

»Ja«, sagte ich.

»Schön. Dann bis später«, sagte er und ging zur Tür.

»Ah, noch etwas. Was soll ich anziehen?«

»Nichts Besonderes. Komm so, wie du jetzt bist, wenn du magst«, antwortete er und war verschwunden.

Einen Moment lang stand ich nur da und starrte ihm nach. Hatte ich wirklich gehört, was ich glaubte, gehört zu haben? Ich drehte mich schnell um und schaute das Klavier an. War das, was hier vorgefallen war, wirklich passiert? Ich preßte mir die Hand aufs Herz, dann hob ich meine Sachen auf und ging. Ich bewegte mich wie in Zeitlupe und hoffte, daß ich nicht plötzlich aufwachen würde und alles nur geträumt hatte.

Trisha fiel sofort eine Veränderung an mir auf, als wir uns nach der Schule in unserem Zimmer trafen. Sie sprühte wie üblich vor Energie, berichtete mir alles, was in der Schule vorgefallen war, und verwob Personen und Ereignisse so zügig ineinander, daß sie mir nach fünfzehn Minuten ihren ganzen Tag erzählt hatte. Ich hörte zu, und mein Gesicht war zu einem flüchtigen Lächeln erstarrt, mein Blick war zwar auf sie gerichtet, aber in Gedanken weilte ich woanders, und meine Ohren hörten eine andere Stimme, Michaels Stimme.

»Hast du auch nur ein Wort von dem gehört, was ich gesagt habe?« fragte Trisha plötzlich.

»Was? Ach so. Ja, doch«, sagte ich schnell und konnte nichts dagegen tun, daß mir das Blut ins Gesicht strömte. Es war, als seien mir meine Gedanken anzusehen. Trisha neigte den Kopf zur Seite und musterte mich einen Moment. Dann riß sie die Augen weit auf und sprang mit einem Satz von ihrem Bett.

»Diesen Blick kenne ich!« rief sie. »Du hast jemanden kennengelernt, stimmt's? Jemanden, den du sehr magst, und du hast dich Hals über Kopf verliebt. Komm schon, erzähl es mir«, stöhnte sie, als ich nicht gleich reagierte.

»Ich ...«

»O Dawn.« Es war ein ungeduldiges Stöhnen. »Du kannst mir vertrauen. Ich habe dir Millionen von Dingen erzählt, die ich niemand anderem erzählen würde, und du hast mir sehr intime Einzelheiten über dich und dein Leben erzählt, und ich habe nie irgendwo ein Wort darüber verloren, oder? Also, was ist?«

»Nein, du hast nichts weitererzählt«, stimmte ich ihr zu. Ich war sehr versucht, ihr zu erzählen, was sich in der Gesangsstunde abgespielt hatte. Das Bedürfnis, mit jemandem darüber zu reden, blies sich wie ein Ballon in mir auf. Ich hatte Angst, wenn ich nichts sagte, könnte ich vor Aufregung platzen.

Und doch erinnerte ich mich an das Versprechen, das ich Michael gegeben hatte. Er hatte mich gefragt, ob ich ein Geheimnis für mich behalten könnte; mit anderen Worten hieß das, ob ich eine gewisse Reife besaß. Wie hätte ich ihn bei der ersten sich bietenden Gelegenheit verraten können? Was war, wenn Trisha ein Wort herausschlüpfte und Michael es erfuhr?

Ich biß mir auf die Unterlippe, um die Worte zurückzuhalten, die aus mir heraussprudeln wollten.

»Also, was ist?« fragte Trisha. Sie zog die Beine an und hockte sich darauf. »Erzähl es mir!« drängte sie.

»Ja«, gestand ich, »ich habe wirklich jemanden kennengelernt.«

»Wußte ich es doch. Schon in dem Moment, in dem du zur Tür

reingekommen bist, hattest du diesen Ausdruck im Gesicht. Also? Wer ist er? Er ist einer der Schüler, die im zweiten Studienjahr sind, stimmt's? Doch nicht etwa Erik Richards, oder? Ich habe kürzlich gesehen, wie er dich angeschaut und mit seinen Freunden geflüstert hat. Er hat ja so verträumte Augen! Es ist Erik, stimmt's?« plapperte sie drauflos.

»Nein«, sagte ich. »Es ist ein anderer.« Ich biß mir wieder auf die Unterlippe, um einen Moment lang nachzudenken. Ich merkte, daß ich mit ihr darüber reden konnte, ohne etwas zu verraten.

»Wer ist es dann? Sag es mir!«

»Er studiert nicht an unserer Schule.«

»Nein?« Sie sank enttäuscht in sich zusammen, doch dann packte sie nur eine noch größere Neugier.

»Nein. Er ist älter, wesentlich älter«, fügte ich hinzu. Sie riß die Augen noch weiter auf. »Ich habe ihn in George's Eiscafé kennengelernt«, sagte ich. Die Worte sprudelten heraus, sowie ich den Gedanken zu Ende gedacht hatte. »Wir haben geredet und geredet, und dann hat er angefangen, mich von der Schule abzuholen und mich nach Hause zu begleiten. Heute hat er mich nach Hause gebracht.«

»Wie alt ist er?« fragte Trisha und hielt den Atem an.

»Er ist bestimmt schon Anfang Dreißig«, sagte ich.

»Dreißig!«

Ich nickte.

»Wie heißt er?«

Einen Moment lang war ich entgeistert. Mein Verstand drehte sich wie ein Kreisel um die Namen aller Jungen, die ich je gekannt hatte.

»Allan«, sagte ich. »Allan Higgins. Aber du mußt schwören und mir versprechen, daß du mit niemandem ein Wort darüber redest.«

»Natürlich nicht, das tue ich bestimmt nicht«, sagte sie und fuhr sich mit den Fingern über den Mund, als zöge sie einen Reißverschluß zu. »Wie sieht er aus?«

»Er ist groß, ein Meter achtundachtzig, und er hat mandelfarbene Augen und dunkelbraunes Haar. Er hat ein sehr sensibles Gesicht, ein Gesicht von der Art, wo man auf den ersten Blick Vertrauen faßt. Er ist sehr, sehr höflich und rücksichtsvoll. Wir haben uns ganz wunderbar unterhalten, während wir spazierengegangen sind.«

»Aber ein Mann in seinen Dreißigern!« Trisha schüttelte den Kopf. »Was kann der bloß von dir wollen?« Ihre Augen leuchteten, als sie wieder einen ungeheuerlichen Einfall hatte. »Er ist doch nicht etwa verheiratet, oder?«

»Er war es, aber seine Frau ist gestorben, als sie drei Jahre miteinander verheiratet waren. Er hat gesagt, bis jetzt hätte er keine andere Frau auch nur angeschaut, und der einzige Grund, weshalb er mich angeschaut hätte, sei der, daß ich ihn an sie erinnerte.«

»Was tut er?« fragte Trisha atemlos.

»Er ist Geschäftsführer. Ich weiß, daß er finanziell gut dasteht, denn er hat ein Apartment in der Park Avenue. Er hat mich zu sich eingeladen«, sagte ich. »Für heute abend«, fügte ich hinzu.

»Heute abend! Was wirst du tun?« fragte sie.

»Ich möchte hingehen, aber ich will natürlich nicht, daß Agnes erfährt, wohin ich gehe. Ich werde ihr sagen, daß ich ausnahmsweise eine zusätzliche Klavierstunde habe und in die Bibliothek gehen muß, um für eine Hausarbeit Material zusammenzutragen. Wirst du mir helfen und alles bestätigen, falls sie weitere Fragen stellt?«

»Aber du kannst doch nicht einfach zu einem Mann nach Hause gehen, den du gerade erst kennengelernt hast und der noch dazu in den Dreißigern ist!«

»Ich kann ihm vertrauen, das weiß ich ganz genau. Er ist so reizend. Wir werden Musik hören und uns unterhalten.«

Sie schüttelte erstaunt den Kopf.

»Ist er je in dem Eiscafé gewesen, wenn wir beide zusammen dort waren?«

»Ja, das ist schon vorgekommen, aber er hat nicht den Mut

aufgebracht, mich anzusprechen, und das zeigt dir doch, wie schüchtern und höflich er ist.«

»Ich kann mich an niemanden erinnern, der so ausgesehen hat«, sagte sie betrübt. »Wirst du ihn mir vorstellen?«

»Wenn es ihm recht ist. Im Moment widerstrebt es ihm verständlicherweise, neue Leute kennenzulernen.«

Ich wartete ab, weil ich sehen wollte, wie meine Geschichte bei ihr ankam.

»Also, gut«, sagte sie. »Ich helfe dir beim Abendessen, falls Agnes dir irgendwelche Fragen stellt, aber sei vorsichtig«, warnte sie mich.

»Danke. Ich wußte, daß ich mich auf dich verlassen kann.«

»Über dreißig«, murmelte sie vor sich hin. Ich verbarg mein Lächeln und wandte mich den Hausaufgaben zu, damit mich nichts davon abhalten würde, Michael Sutton zu besuchen.

Michael hatte zwar gesagt, ich sollte kommen, wie ich war, aber ich zog mich trotzdem um und entschied mich für einen hübschen Pullover, meinen blaßroten mit den Perlmuttknöpfen. Er gehörte zu den ersten Dingen, die meine Mutter mir für den Schulbesuch gekauft hatte, und als ich ihn jetzt anzog, fiel mir auf, daß er enger an meinem Busen anlag als damals. Ich schlüpfte in einen dunkelblauen Faltenrock aus Wollstoff und wählte ein paar flache dunkelblaue Schuhe aus. Das Haar trug ich offen, und von Trisha lieh ich mir ihre winzigen Ohrringe mit den Perlen aus.

»Warum hast du dich heute abend so feingemacht?« fragte Agnes argwöhnisch. Ich erzählte ihr, ich müßte noch einmal in die Schule gehen, weil ich eine zusätzliche Klavierstunde nehmen konnte, und es könnten ein paar Leute dasein, die zuhörten. Ich erwähnte, daß ich außerdem noch an einer Hausarbeit zu tun hatte. Trisha spielte mit und klagte über zusätzliche Belastungen, und von Zeit zu Zeit warf sie mir einen verschwörerischen Blick zu. Als ich aus dem Haus ging, wurde ich beinahe bei meiner Lüge erwischt, denn Agnes bemerkte, daß ich keine Bücher bei mir hatte.

»Heute abend muß ich in der Bibliothek lesen und Material zusammentragen«, erklärte ich ihr schnell. »Ich arbeite gemeinsam mit einem anderen Mädchen.« Sie akzeptierte meine Erklärung, und ich ging aus dem Haus.

Michael wohnte in einem schicken Apartmenthaus. Im Foyer standen auf dem Marmorfußboden rote Ledersofas und -sessel, Glastische mit Messingbeinen und ein langer Blumenkasten, in dem allerhand wuchs und blühte. Der Portier führte mich zum Aufzug, und mein Finger zitterte vor Aufregung, als ich bei Michael läutete. Einen Moment später erschien er in einem sehr schönen anthrazitfarbenen Anzug aus weichem Kaschmirstoff, weicher als alles, was ich je gesehen oder angefaßt hatte.

»Hallo«, sagte er. »Du bist wirklich sehr pünktlich. Meine anderen Gäste sollten sich ein Vorbild an dir nehmen«, fügte er hinzu und trat zurück.

Seine Wohnung war luxuriös, von der Marmordiele bis hin zu dem tieferliegenden Wohnzimmer, in dem ein Sofa mit einem Eckelement und Seidenbezug stand, ebenso ein großer Glastisch mit einem schwarzen Metallgestell – und einen gewaltigen Kamin gab es auch. Auf dem Fußboden lag ein hochfloriger, weicher weißer Teppich. Vor den Glastüren, die bis zur Decke reichten, hingen eierschalfarbene Satingardinen. Im Moment waren sie zurückgezogen, um einen Ausblick über die nächtliche Skyline zu bieten.

Als ich das Wohnzimmer betrat, erkannte ich augenblicklich die Musik, die aus den Lautsprechern kam, als Tschaikowskis »Dornröschen«.

»Was für eine wunderschöne Wohnung«, sagte ich.

»Danke. Ein kleines Zuhause fern der Heimat«, sagte er und schloß die Tür hinter mir. »Du hast doch niemandem erzählt, daß du herkommst, oder doch?« fragte er und kniff besorgt die Augen zusammen.

»Oh, nein.«

»Gut.« Er lächelte und bedeutete mir, ich solle mich auf das Sofa setzen.

»Ich sollte dir wohl keinen Cocktail anbieten«, meinte er, als er hinter mir das Zimmer betrat, »aber ich denke, ein kleines Glas Weißwein darf ich dir einschenken. Ist dir das recht?«

»Ja, gern«, sagte ich.

»Mach es dir bequem.«

Ich setzte mich mitten auf das Sofa. Ich war so nervös, daß ich nicht wußte, was ich mit meinen Händen anfangen sollte. Erst faltete ich sie auf dem Schoß. Dann fand ich, das sähe albern aus und ließe mich wie ein Schulmädchen wirken, und daher legte ich den rechten Arm auf die Sofalehne. Ich schlug die Beine übereinander und setzte mich sofort wieder anders hin.

»Du siehst sehr hübsch aus«, sagte Michael, als er mir ein Glas Wein brachte.

»Danke.« Ich nahm das Glas mit beiden Händen entgegen, weil ich fürchtete, ich könnte etwas auf das Sofa verschütten, weil ich so sehr zitterte.

»Im Grunde genommen«, sagte er und setzte sich neben mich, »freut es mich sehr, daß du vor den anderen da bist. Das gibt mir Gelegenheit, dich ohne jede Störung noch näher kennenzulernen.« Er trank einen Schluck aus seinem Glas und stellte es auf einen Untersatz auf den Tisch. Dann beugte er sich so nahe zu mir her, daß wir einander fast berührten.

»Sehen wir doch mal«, fuhr er fort, und das schelmische Funkeln trat wieder in seine saphirblauen Augen. »Ich weiß, daß du in Richmond eine Privatschule besucht und dort bei einer Veranstaltung ein Solo gesungen hast, das ein spektakulärer Erfolg wurde.«

»Ich war nur eine unter vielen Schülerinnen, die an jenem Abend aufgetreten sind«, erklärte ich.

»Hm. Und dann hat deine Familie begriffen, daß du begabt bist, und sie haben dich in die Bernhardt-Schule geschickt. Macht es dir viel aus, daß du nicht zu Hause wohnen kannst?«

»Nein«, sagte ich vielleicht etwas zu schnell. Er zog die Augenbrauen hoch. Dann nickte er.

»Stimmt. Du konntest ja auch nicht zu Hause wohnen, als du

in diese Privatschule gegangen bist, aber jetzt hast du auch deinen Bruder und deine Schwester nicht mehr in der Nähe. Macht dir das denn nichts aus?«

»Wir verstehen uns nicht allzugut miteinander«, sagte ich und konnte ein schiefes Lächeln nicht unterdrücken.

»Ich verstehe. Ich komme selbst nicht allzugut mit meinen beiden Brüdern aus. Wir sehen uns selten, und sie kommen nie zu einem meiner Auftritte. Du kannst von Glück sagen, daß du wenigstens eine Familie hast, die dich unterstützt«, sagte er. »Es hat sich ausgezahlt. Sie haben nicht nur eine sehr hübsche junge Dame großgezogen, sondern auch eine sehr begabte.«

»Danke«, sagte ich, doch es war kaum hörbar, und ich konnte die Tränen nicht zurückhalten, die sich unter meinen Liedern sammelten.

»Hast du etwas?«

Ich senkte den Kopf, als die Tränen über meine Wangen rannen und von meinem Kinn tropften. All diese Täuschungen waren mir verhaßt, all diese Lügen. Michael war so aufrichtig und lebte ganz für seinen Gesang, und er war so wunderbar mit mir umgegangen und hatte mir das Gefühl gegeben, etwas ganz Besonderes zu sein, und hier saß ich jetzt und erzählte ihm eine Unwahrheit nach der anderen.

Er streckte die Hand aus und hob meinen Kopf hoch.

»Dawn?«

Als ich in seine dunklen Augen blickte, bemerkte ich seine Bestürzung.

»O Michael, ich hab in Wirklichkeit gar keine Familie«, sagte ich. »Meine Mutter verbringt die meiste Zeit ihres Lebens in ihrem Schlafzimmer und läßt sich bedienen. Meine Schwester haßt mich und ist neidisch auf mich, und mein Bruder ... mein Bruder ...«

»Ja?«

Ich fing an, noch heftiger zu weinen, und ich schluchzte wie ein kleines Kind. Meine Schultern bebten. Er legte eilig den Arm um mich.

»Aber, aber, ganz so schlimm kann es doch gar nicht sein. Was es auch ist, es liegt jetzt hinter dir. Du bist weit davon entfernt, und du bist hier in der Schule und arbeitest mit mir«, sagte er. Er küßte mich auf die Stirn und strich mir ein paar Haarsträhnen aus dem Gesicht, die mir über die Augen gefallen waren. Dann griff er in seine Jackettasche und zog ein Taschentuch heraus, um mir damit die Tränen wegzuwischen. Während er das tat, sah ich ihm in die Augen. Ich kam mir vor wie ein Instrument des Verlangens, das von heißhungrigen Gelüsten auf romantische Erfüllung anschwoll, und ich wußte, daß er es mir ansah, denn sein Gesichtsausdruck veränderte sich und wurde versonnener.

»Du hast etwas Bezauberndes an dir, Dawn. Ich wußte es schon, als ich dich beim Vorsingen das erste Mal gesehen habe. Im einen Moment sehe ich dich an, und du bist ein naives junges Mädchen, und dann blinzele ich kurz, und schon hat sich dein Gesicht verändert, und du wirst zu einer provozierenden, verführerischen Frau, einer Frau, die genau zu wissen scheint, was sie tut.«

Er täuschte sich, dachte ich. Ich hatte nie die Absicht gehabt, verführerisch zu sein. Das war nicht der Grund, weshalb ich begonnen hatte zu weinen. Ich schüttelte den Kopf und brachte ein »Nein« heraus, doch er legte seine rechte Hand zart auf meine Wange.

»Oh, doch, genauso ist es«, sagte er. »Vielleicht ist es dir selbst nicht bewußt, deine weibliche Macht, die Macht, die du über die Männer hast und immer mehr haben wirst.

Manche Frauen, Frauen wie du«, fuhr er fort, »können Männer innerhalb von Sekunden zu kleinen Jungen werden lassen ... einfach so«, fügte er hinzu und schnalzte mit den Fingern, »und sie können sie dazu bringen, um einen freundlichen Blick, eine Berührung, einen Kuß zu betteln und zu flehen. Weißt du, ich bin auf der ganzen Welt herumgereist, und ich habe diese Frauen gesehen, habe mich ihretwegen ab und zu lächerlich gemacht. Ich weiß also genau, wovon ich rede.«

Unvergossene Tränen verliehen seinen Augen einen wunderschönen Glanz. Wie tief er doch die Dinge empfand, die er sagte, dachte ich. Er hatte recht gehabt, als er zu mir gesagt hatte, große Schauspieler, große Sänger und alle großen Künstler empfänden alles tiefer.

»Das soll nicht nach etwas Schlechtem klingen. Du kannst gar nicht schlecht sein. Du kannst nur wunderbar sein. Wenn irgendein Mann deinetwegen leidet, dann ist das seine eigene Schuld«, fügte er hinzu, und es klang fast gereizt. Dann wurde sein Gesicht wieder sanfter. Er lächelte und berührte erneut meine Wange.

»Du wirst diese Macht auf der Bühne erfolgreich einsetzen, glaub mir«, sagte er. »Das Publikum wird sie spüren.«

Ich lächelte zaghaft, doch er blieb ernst.

»Du hast noch nie viele Freunde gehabt, oder?« fragte er.

»Nein.«

»Das freut mich«, sagte er so entschieden, daß ich ihn überrascht ansah. »Ich arbeite gern mit Menschen, die rein und unschuldig sind. Wenn du mit mir singst, wird es sein, als liebten wir einander, als liebten wir einander jedesmal, wenn wir zusammen singen ...«

Ich hielt den Atem an. Er hielt inne, aber ich wußte nicht, was ich sagen sollte oder was er jetzt von mir erwartete. Sollte ich vielleicht mit ihm singen? Wo? Wann? Schweigen lastete auf uns. Er ließ mich nicht aus den Augen. Dann glitten seine Fingerspitzen über meine Wangen und auf meine Lippen.

»Du hast mich heute tief beeindruckt«, flüsterte er, »vor allem, nachdem ich dich zum Abschluß des Liedes geküßt habe. Kennst du den Unterschied zwischen einem Bühnenkuß und einem echten Kuß?«

Ich schüttelte den Kopf.

»Ein Kuß auf der Bühne sieht leidenschaftlich aus, doch in Wirklichkeit halten die beiden Menschen ihre Leidenschaft unter Kontrolle. Ich mußte Frauen küssen, deren Anblick mir kaum erträglich war.

Aber dieses Problem habe ich heute mit dir nicht gehabt«,

fügte er eilig hinzu. »Zwischen uns bestand bereits etwas, eine unsichtbare Schnur, die uns miteinander verband und uns zueinander hinzog. Mir fällt es sogar ausgesprochen schwer, deine Lippen jetzt nicht zu berühren. Erschreckt dich das?«

»Nein«, sagte ich, obwohl ich erschrak. Ich zitterte wie ein kleines Mädchen, als ich ihn solche Dinge sagen hörte, Dinge, von denen ich mir erträumt hatte, er würde sie zu mir sagen.

Er nahm mir das Weinglas aus der Hand und stellte es auf den Tisch. Dann wandte er sich mir wieder zu, näherte sich mir langsam und legte unsäglich langsam seine Lippen auf meine. In dem Moment, in dem wir uns berührten, schloß ich die Augen. Diesmal öffneten sich meine Lippen unter seinem Kuß. Ich schnappte entgeistert nach Luft, weil seine Zunge meine berührte, doch ich wich nicht zurück. Als seine Lippen sich von meinem Mund lösten, wollte ich schon die Augen aufschlagen, aber er küßte sie, drückte zarte Küsse auf meine Lider und küßte mich dann auf die Wangen und ließ seinen Mund auf meinen Hals gleiten.

»O Dawn«, flüsterte er, »du bist ein bezauberndes Geschöpf, eine ganz auserlesene junge Frau. Ich habe schöne Frauen auf der ganzen Welt gesehen, und du bist eine der allerschönsten.«

Ich, dachte ich. Eine der schönsten Frauen auf der Welt? Bestimmt sagte und tat er diese Dinge nur, um mir eine Freude zu machen.

»Wir beide werden gemeinsam berühmt werden. Ich werde aus dir eine der großartigsten Sängerinnen machen, die es gibt, einen großen Star. Ich kann es kaum erwarten, bis wir beide gemeinsam singen, denn wir werden diese Leidenschaft, die uns miteinander verbindet, in unsere Musik einfließen lassen, und unsere Musik wird außergewöhnlich sein. Willst du das?«

Was hätte ich sagen sollen? Ich hatte mir in meinen Phantasien ausgemalt, mein Bild würde mir von Plakaten entgegensehen, mein Name würde in Leuchtschrift erstrahlen. Und hier saß Michael Sutton und erzählte mir, die ganze Welt würde meinen Namen kennenlernen. Wir würden gemeinsam auf dem Broadway auftreten. Wir würden in Filmen mitspielen. Großmutter Cutler würde tausend Tode sterben. Sie würde meinen Namen überall hören und sehen.

»Ja«, sagte ich, und mich begeisterte, daß ich Großmutter Cutler nach langem Warten schließlich doch noch ins Unrecht setzen würde. »Oh, ja. Ja, wirklich.«

»Sehr gut.« Er preßte sich enger an mich. »Du darfst dich nicht vor tiefen Gefühlen und großen Leidenschaften fürchten. Du wirst auf diese Gefühle zurückgreifen müssen, wenn du singst. Sie sind in dir verborgen, und sie warten nur darauf, entdeckt zu werden«, sagte er, und ich fühlte seine Hände auf meinen Armen zu meiner Taille hinabgleiten. Seine Finger schlüpften unter meinen Pullover, und seine Handflächen lagen auf meiner nackten Haut, als seine Hände zu meinen Brüsten hinaufglitten. Er preßte sie zusammen und drückte sich noch enger an mich, und so ließ ich mich auf dem Sofa zurücksinken.

Im nächsten Moment schaute er auf mich herunter.

»Ich will der erste sein, der dich in Ekstase versetzt«, flüsterte er, »der erste, der dich zu Höhen führt, von denen du bisher nur gelesen oder geträumt hast. Das ist mir heute klargeworden, nach der Unterrichtsstunde. Es ist nur angemessen, daß wir die großartigsten Augenblicke miteinander verbringen, daß ich derjenige bin, der dich in die wahre Leidenschaft einführt, denn ich werde derjenige sein, der deinen Gesang bis an die Grenzen deines Könnens fordern wird. Du kannst nicht über den höchsten Augenblick der Liebe singen, wenn du ihn nicht erlebt hast.

Du verstehst doch, was ich sage, oder?« fragte er eindringlich und mit einem Anflug von Panik in der Stimme. Ich war zugleich entsetzt und elektrisiert, aufgeregt und verängstigt, aber ich konnte nicht mehr tun, als nicken und die Augen schließen, als seine Finger erneut meine Brüste streichelten.

»Dawn«, flüsterte er, »du erstes Licht des Morgens.« Er stand vom Sofa auf und kniete sich davor, um seine Hände unter mich gleiten zu lassen. Dann hob er mich auf seine Arme. Er küßte meine Nasenspitze und wollte mich zu seinem Schlafzimmer tragen.

»Aber...« Ich drehte mich zur Tür um. »Deine anderen Gäste...«

Er lächelte und schüttelte den Kopf.

»Es war grob unhöflich von ihnen, nicht eher zu erscheinen. Wir machen einfach die Tür nicht auf, falls sie doch noch kommen sollten«, sagte er und trug mich durch das Wohnzimmer. Er lehnte sich an seine Schlafzimmertür und drückte sie auf.

Eine kleine Lampe auf dem Nachttisch neben seinem Bett tauchte das Zimmer in einen matten Schein. Die Decke war zurückgeschlagen. Michael ließ mich sanft auf das Laken gleiten. Er zog sein Jackett und das blütenweiße Hemd darunter eilig aus, beugte sich über mich und bedeckte mein Gesicht mit Küssen. Ich wollte gerade die Augen aufschlagen, als er sich aufrichtete, doch er legte seine Fingerspitzen auf meine Lider und flüsterte: »Mach die Augen nicht auf, ehe ich es dir sage.«

Ich hörte die Geräusche, mit denen er sich die restlichen Kleidungsstücke auszog, und dann spürte ich ihn neben mir. Wieder wollte ich die Augen aufschlagen, doch er berührte sie mit seinen Lippen, damit ich sie geschlossen hielt. Dann zog er mir den Pullover über den Kopf und zog mich weiter aus, während ich stumm dalag und in das Dunkel hinter meinen Lidern starrte, und mein Herz heftig pochte.

»Und jetzt mach die Augen auf«, sagte er leise.

Mit seinen Augen begann er, mich zu lieben, und ich ertrank in seinen Augen. Erst lag er neben mir, ohne mich zu berühren, ohne mich zu küssen, ohne sich zu bewegen. Seine Brust war nur Zentimeter von meinem nackten Busen entfernt. Mein Körper bebte in Erwartung seiner Berührungen. Die Vorfreude war wie eine Marter.

»Du bist umwerfend, fast zu schön, um aufgeweckt zu werden, wie eine prächtige Blume, die man nur bewundern und niemals pflücken sollte. Aber diese Form von Zurückhaltung liegt mir nicht, und außerdem sollte dir die köstliche Ekstase nicht versagt bleiben, die sich einstellt, wenn zwei begabte und schöne Menschen einander lieben.«

Mit diesen Worten preßte sich sein Mund fest auf meine Lippen. Haut preßte sich an Haut, und anfangs hielten wir einander nur fest und begeisterten uns daran, überschwenglich zu teilen, was jeder von uns zu geben hatte. Bei jeder Berührung seiner Lippen und seiner Hände durchzuckten mich Empfindungen, bis ich schließlich wie rasend darauf versessen war, ihn in mir zu spüren, nicht länger zärtlich, sondern voller Glut, von seinem eigenen heftigen Verlangen angetrieben, dieselben Höhen zu erklimmen, denen ich entgegenstrebte.

Er nahm meine Brüste in seine Hände und küßte die Spitzen, und jeder Kuß kam mir wie ein warmer Regentropfen vor. Seine Hände glitten unermüdlich über mich und suchten die intimsten Stellen meines Körpers. Dann drehte er sich um und wand sich, bis er über mir war. Er hob meine Beine und schloß sie wie Krebsscheren um seine Hüften. Ich stieß leise Schreie aus, als er uns weiter vorantrieb, und immer wieder rief er meinen Namen, als flehte er mich an, mehr zu tun, aber ich war nicht sicher, was ich sonst noch hätte tun können. Er war schließlich immer noch der Lehrer, und ich war schließlich immer noch die Schülerin.

Endlich sprühten heiße Säfte, die mich innerlich angenehm wärmten, und dann war alles vorbei. Verausgabt ließ er sich nach vorn fallen und legte sich ganz auf mich, und sein Atem ging so schwer und schnell wie meiner. Eine Weile tat er gar nichts und sagte auch nichts mehr. Dann küßte er mich schnell auf die Stirn und stand auf.

»War es nicht wunderbar?« fragte er. »War das nicht, als träfe man die schwierigsten Noten und fühlte, wie man sich in absolute Höhen aufschwingt? Nun, was ist?« fragte er nicht ohne eine gewisse Gereiztheit, da ich nicht sofort antwortete. Aber ich dachte darüber nach, bemühte mich, die Momente noch einmal zu erleben und zu erkennen, ob ich das Gefühl ebenso umwerfend in Erinnerung hatte, wie er es beschrieb.

Das Problem bestand darin, daß ich so darum besorgt gewesen war, eine gute Geliebte zu sein und alles richtig zu machen, daß ich glaubte, mir sei vielleicht ein Teil der Ekstase entgangen, von der er mir versicherte, sie hätte stattgefunden.

»Ja«, sagte ich schnell.

Er lächelte zufrieden.

»Ich sagte dir doch, daß uns die Leidenschaft in die Verzweiflung treibt, doch die Verzweiflung läßt uns unser wahres Wesen erst voll und ganz erfahren, uns ganz bis zu unserem eigenen Kern durchdringen, und sie bringt uns in köstliche Gefahr. Du wirst phantastische Lieder singen«, behauptete er und lachte.

»Ich habe Hunger«, sagte er. »Die Liebe fördert immer meinen Appetit.« Er fing an, sich schnell anzukleiden. Ich setzte mich auf und begann, meine Sachen wieder anzuziehen. »Möchtest du vielleicht etwas essen?«

»Nein«, sagte ich. »Danke. Ich werde nur kurz das Bad benutzen.«

»Selbstverständlich. Komm raus, wenn du fertig bist, und sieh mir beim Essen zu. Du kannst deinen Wein noch austrinken. Dann«, sagte er und nickte eher wie ein Lehrer und nicht wie ein Liebhaber, »werde ich dir ein Taxi rufen, und du wirst dich auf den Heimweg machen, damit du nicht zu spät kommst und Ärger kriegst.«

Er ließ mich allein. Während ich mich fertig anzog, sah ich mich in seinem Schlafzimmer um, als sei ich die ganze Zeit über in Trance gewesen, und plötzlich wurde mir klar, wo ich war und was ich getan hatte.

Was hatte ich bloß getan!

Ich hatte ohne die leiseste Zurückhaltung und ohne jedes Zögern mit einem Mann geschlafen. Ich hatte zugelassen, daß Michael mich in sein Bett getragen und verführt hatte, aber ich glaubte und betete, daß seine Worte ehrlich und aufrichtig gemeint waren. Er sah doch wirklich eine Schönheit in mir, jemanden, den er mögen und lieben konnte, weil ich ihm so ähnlich war. Wir waren mit einem Talent gesegnet, das uns zu etwas anderem machte, uns die Dinge intensiver fühlen ließ. Es war gut so; es war so bestimmt, daß zwei Menschen wie er und ich gemeinsam die Ekstase erfahren würden.

Und doch fühlte ich mich unwillkürlich schuldbewußt. Hatte Großmutter Cutler recht, was mich anging? War ich die Brut, die einer ruchlosen sündigen Tat entsprungen war, die meine Mutter mit einem reisenden Sänger begangen hatte, der keinen Gedanken an die Folgen seines Handelns vergeudete? War ich so verwöhnt und so eitel wie meine Mutter, die wie eine Prinzessin behandelt und bis in alle Ewigkeit jung und schön bleiben wollte?

Genau wie meine Mutter hatte ich einen Sänger zum Liebhaber genommen, dachte ich.

Aber Michael war anders; er mußte einfach anders sein. Er war nicht irgendein umherziehender Schnulzensänger, der seinen Spaß haben wollte und seine Karriere und seine Kunst auf die leichte Schulter nahm. Michael liebte mich, weil er etwas Außergewöhnliches in mir sah. Wir würden ein schönes Paar sein, wenn wir Duette auf der Bühne sangen, Duette, an die sich die Menschen für alle Zeiten erinnern würden, weil wir aufrichtig meinten, was wir sangen, eine Leidenschaft füreinander empfanden, die unsere Stimmen noch viel großartiger werden ließ.

Nein, erklärte ich mir selbst entschieden, ich wollte mich jetzt nicht sündig, nicht schuldbewußt fühlen. Ich wollte das Gefühl haben, die Erfüllung gefunden zu haben, und ich hatte die Erfüllung gefunden. Michael hatte eine Frau aus mir gemacht, seine Frau, und ich würde meine neue Identität voller Stolz tragen, obwohl ich sie zumindest eine Zeitlang ganz und gar geheimhalten mußte.

8
Liebesschwüre

Ich traf Michael in der Küche und sah ihm zu, wie er sich ein Brot schmierte und Kaffee trank. Er bestand darauf, ich solle eine Tasse Kaffee trinken und mich zu ihm setzen, solange er aß. Er sprach darüber, wie gern er seine Arbeit in der Bernhardt-Schule machte und wie aufregend und erfreulich er es fand, wieder in New York zu sein.

»Obwohl ich«, sagte er, »die Reisen durch Europa sehr genossen habe, das Singen in den großen Theatern mit ihrer faszinierenden Geschichte, das Singen vor einem außerordentlich reichen und kultivierten Publikum. Ich habe in Rom, Paris und London gespielt. Sogar in Budapest, in Ungarn, bin ich aufgetreten«, brüstete er sich.

Ich saß da und war hypnotisiert von seiner Stimme und den Geschichten, die er mir erzählte.

Plötzlich lehnte er sich auf seinem Stuhl zurück und starrte mich prüfend an. Er hatte den Kopf nach rechts geneigt und fixierte mich mit seinen Blicken.

»Vorhin«, sagte er, »als du über deine Familie gesprochen hast, hast du deinen Vater mit keinem Wort erwähnt. Was für ein Mensch ist er? Lebt er noch?«

Ich dachte lange nach. Michael hatte mich in sein Leben aufgenommen, hatte mich so intim berührt, wie ein Mann eine Frau berühren konnte, hatte mir vertraut, hatte mich begehrt. Ich wollte keine Falschheiten zwischen uns zulassen. In seinen Augen standen Sorge und aufrichtiges Interesse. Ich glaubte ihm, als er gesagt hatte, die Musik hätte uns bereits miteinander verbunden, uns auf eine Weise zusammengeführt, die andere Menschen nicht verstehen konnten.

»Ich weiß nicht, was für ein Mensch mein Vater ist«, sagte ich und erzählte ihm meine Geschichte. Er hörte zu, ohne sich auch nur einmal zu bewegen. Unsere Rollen hatten sich umgekehrt: Jetzt war er von mir und dem Bericht über meine Entführung fasziniert, der Geschichte, wie ich wieder gefunden und zu einer Familie zurückgebracht worden war, die ich verabscheute, und wie ich die Wahrheit über meine Entführung herausgefunden hatte. »Ich weiß alles«, schloß ich, »nur nicht den Namen meines Vaters.«

Michael nickte langsam, und seine dunklen Augen waren versonnen, als er über das nachdachte, was ich ihm gerade erzählt hatte.

»Es klingt ganz so, als sei deine Großmutter eine mächtige alte Frau mit einem starken Willen. Sie würde dir nichts über deinen richtigen Vater erzählen?«

»Nein, und meine Mutter fürchtet sich entsetzlich vor ihr und will mir daher auch nichts sagen.«

Er nickte und schlug betrübt die Augen nieder. Dann blickte er auf und strahlte, er hatte eine Idee.

»Vielleicht kann ich dir dabei helfen, deinen leiblichen Vater zu finden«, sagte er.

»O Michael, kannst du das tun? Wie denn? Wenn du das für mich tun würdest, wäre es das schönste Geschenk, das du mir überhaupt machen könntest«, rief ich aus.

»Ich habe ein paar gute Freunde, Freunde in Agenturen, die Leute von anderen Agenturen kennen müssen, die diese Sänger und Unterhalter in der Zeit, von der du sprichst, an Strandhotels vermittelt haben. Ich werde sie darauf ansetzen, Nachforschungen anzustellen und uns ein paar Namen zu nennen. Zumindest können wir den Kreis derer, die in Frage kommen, eingrenzen, ehe wir uns weiter bemühen«, schloß er.

»Es könnte sein, daß er in New York auftritt. Es könnte sogar sein, daß du ihn kennst!«

»Das ist durchaus möglich«, stimmte mir Michael zu. »Laß mich das mal in Angriff nehmen. Aber jetzt, junge Frau«, sagte er und lehnte sich zurück, »sollten wir lieber zusehen, daß du dich auf den Weg machst. Abgesehen davon, daß du dich an die Ausgangszeiten deiner Unterkunft halten mußt, möchte ich, daß du dich frisch und energiegeladen fühlst, wenn ich mit dir arbeite. Aus naheliegenden Gründen kann ich dich allerdings nicht anders behandeln als meine anderen Schüler. Du mußt weiterhin alles, was zwischen uns geschieht und ausgesprochen wird, streng vertraulich behandeln.«

»Wird gemacht«, sagte ich. »Ich werde alles in meinem Herzen verschließen«, fügte ich hinzu und legte mir die Hand auf die Brust.

»Du bist so bezaubernd...« sagte er gedankenverloren.

Dieses Kompliment ließ mich unwillkürlich erröten. Er stand auf, um mich auf die Wange zu küssen, und dann rief er den Portier an, der ein Taxi für mich heranwinken sollte. An seiner Wohnungstür küßte er mich zart auf die Lippen und schmiegte seine Wange an meine.

»Gute Nacht, meine kleine Diva«, flüsterte er.

Mir kam es vor, als schwebte ich zum Aufzug. Als ich das Foyer betrat, wartete das Taxi, das der Portier angehalten hatte, bereits auf mich. Er begleitete mich nach draußen und hielt mir die Tür des Taxis auf, ehe er die Finger an die Mütze legte und mir gute Nacht wünschte. Ich nannte dem Fahrer meine Adresse, lehnte mich zurück und verlor mich in der Erinnerung an alles, was geschehen war.

Michael hatte mich auserwählt und mich erst auf dem Weg über meine Musik geliebt und dann so, wie ein Mann und eine Frau einander lieben sollten. Ich fragte mich, ob die übrigen Gäste, die Michael eingeladen hatte, wohl dagewesen waren und an die Tür geklopft hatten. Ich hatte das Gefühl, wir hätten niemals gehört, wenn jemand angeklopft oder geläutet hätte, denn wir waren ganz in unserer eigenen Welt gefangen gewesen, in unserem eigenen Glück.

Ich dachte nicht an Trisha, bis ich unsere Schlafzimmertür öffnete. Ich hätte mir denken können, daß sie meine Rückkehr schon gespannt erwartete und jetzt wollte, daß ich ihr meinen heimlichen Abend mit dem älteren Mann, den ich erfunden hatte, in allen Einzelheiten beschrieb. Sie lag im Bett und machte ihre Hausaufgaben, doch in dem Moment, in dem ich das Zimmer betrat, schlug sie die Bücher sofort zu.

»Ich konnte kaum erwarten, daß du endlich zurückkommst«, sagte sie. »Erzähl mir alles.« Sie setzte sich auf und faltete die Hände im Schoß. Wie bereits am Nachmittag entschloß ich mich, Phantasien und Fakten miteinander zu vermischen. Während ich mich fertig machte, um ins Bett zu gehen, begann ich mit meiner Erzählung.

»Er hat eine wunderschöne Wohnung in einem sehr gepflegten Haus mit einem Portier im Foyer.« Ich beschrieb Michaels Wohnung in allen Einzelheiten, denn ich verließ mich darauf, daß Trisha sie nie selbst sehen würde. »Er hat in allen Zimmern Bilder von seiner toten Frau hängen«, fügte ich noch hinzu. »Ein ganz besonders großes hängt über dem Kamin, und es ist wirklich wahr: Wir sehen einander sehr ähnlich. Sie hatte sogar meine Kleidergröße und meine Schuhgröße, und er hat all ihre Sachen aufgehoben. Er wollte mir ein paar Dinge schenken, aber ich habe abgelehnt, auch nur irgend etwas anzunehmen. Allerdings habe ich ein paar Sachen von ihr anprobiert, und alles hat gepaßt, als sei es für mich gemacht.«

»Das ist ja gespenstisch«, sagte Trisha mit weitaufgerissenen Augen.

»Ja, aber vielleicht hat uns das Schicksal zusammengeführt. Manche Dinge sind eben einfach vorbestimmt.«

»Du meinst, du wirst ihn noch oft wiedersehen?«

»Oh, ja, aber immer nur heimlich«, betonte ich. »Ich habe ihm gesagt, wir sollten uns auch nicht mehr vor der Schule treffen. Wenn Agnes irgendwie dahinterkäme, würde sie mit Sicherheit Großmutter Cutler anrufen, und sie könnte das als Vorwand nutzen, um mich woanders hinzuschicken. Du kannst dir gar nicht vorstellen, wie gemein sie sein kann.«

»Was habt ihr in seiner Wohnung getan?«

»Wir haben ein wenig Wein getrunken, Musik gehört und geredet.«

»Worüber habt ihr denn so lange geredet?« fragte Trisha und sah mich skeptisch an.

»Erst hat er mir von sich und seiner traumhaften Ehe erzählt und gesagt, wie sehr er seine Frau geliebt hat und wie sehr sie ihn geliebt hat. Es war sehr traurig. Ich habe geweint. Und dann habe ich ihm meine Geschichte erzählt, und er hat um mich geweint. Er hat in jungen Jahren seine Eltern verloren und weiß daher genau, wie man sich als Waise fühlt.

Aber weißt du überhaupt, was er tun wird? Er will sehen, ob er mir helfen kann, meinen richtigen Vater zu finden. Er hat Freunde in einflußreichen Positionen, genau wie Großmutter Cutler, und er wird ein paar Erkundigungen einholen und ein paar Leute Nachforschungen anstellen lassen. Er hat gesagt, vielleicht wird er sogar einen Privatdetektiv engagieren, damit er ihn ausfindig macht.«

»Das hat er gesagt? Aber das könnte sehr teuer werden«, sagte Trisha.

»Er hat gesagt, daß Geld bei ihm keine Rolle spielt, wenn es um mich geht. Er wollte mir Schmuckstücke von seiner Frau schenken und auch teure Parfüms, aber ich habe ihm gesagt, ich könnte niemandem erklären, woher ich diese Dinge hätte. Er ist sehr verständnisvoll und will nichts tun, was mich in Schwierigkeiten bringen könnte.«

Trishas Augen wurden kleiner und schärfer.

»Du mußt mit einem Mann, der über dreißig ist, mehr getan haben. Ihr habt nicht nur miteinander geredet«, beharrte sie. Ich wandte mich eilig ab und fing an, meine Sachen aufzuhängen. »Das stimmt doch, oder nicht?«

»Wir haben uns geküßt«, gestand ich ein, »und ich wäre gern noch weiter gegangen, aber Alvin hat gesagt, wir dürften die Dinge nicht überstürzen.«

»Alvin? Ich dachte, du hättest gesagt, daß er Allan heißt.«

»So heißt er auch. Habe ich Alvin gesagt?« Sie nickte. »Ich

kann mir nicht vorstellen, wie das gekommen ist. Ach so«, sagte ich. »Er hat einen jüngeren Bruder, der Alvin heißt. Ich bin wohl einfach furchtbar müde, verwirrt und glücklich.« Trisha sah mich einen Moment lang skeptisch an, doch dann nahm sie mir meine Erklärung ab.

»Wann wirst du ihn wiedersehen?«

»Bald«, sagte ich, »aber aus naheliegenden Gründen müssen wir uns sehr diskret verhalten. Er wird mich nicht anrufen, wenn es nicht von allergrößter Wichtigkeit ist.«

»Du hast eine heimliche Romanze«, sagte sie unglücklich. Sie lehnte sich in ihr Kissen zurück, verschränkte die Arme vor der Brust und zog einen Schmollmund. Ich setzte mich auf das Fußende ihres Bettes.

»Was ist mit dir, Trisha?«

»Nichts«, sagte sie. Dann schaute sie mich an. »Du hast soviel Romantik und Abenteuer in deinem Leben, und ich schaffe es nicht, daß jemand, der gut aussieht, auch nur mehr als zwei Worte an mich richtet.« Dann hörte sie genauso schnell, wie sie damit angefangen hatte, wieder auf zu schmollen. »Ich glaube, ich werde versuchen, mit Erik Richards zu flirten, da du ja kein Interesse an ihm hast«, sagte sie. »Er hat gestern beim Mittagessen tatsächlich neben mir gesessen, und er hat mir nicht eine einzige Frage nach dir gestellt.«

»Erik Richards? Natürlich«, sagte ich aufgeregt. »Ich glaube, ihr beide wärt ein perfektes Paar.«

»Vielleicht lädt er mich zum Halloween-Ball ein«, schloß sie. Sie wandte sich wieder mir zu. »Was ist, wenn jemand aus der Schule dich dazu einlädt?«

»Oh, ich könnte nicht hingehen. Ich könnte jetzt nicht mit einem anderen zusammensein. Ich dächte ja doch nur an... Allan«, sagte ich, »und das wäre nicht fair gegenüber dem Jungen, der mich einlädt.«

»Aber du wirst dir doch nicht all den Spaß entgehen lassen, den wir in der Schule haben können? Bist du ganz sicher, daß du einen Freund haben willst, der viel älter ist als du?« fragte sie.

»Wie ich schon sagte«, flötete ich und stand auf, »hat das Schicksal es so bestimmt.«

Ich rannte ins Bad, um mich zu waschen und mir die Zähne zu putzen. Ich haßte es, Trisha anzulügen. Sie war mir doch von Anfang an eine so gute Freundin gewesen. Als ich in den Spiegel schaute, sah ich das Gesicht einer Lügnerin. Ich war gerade noch mit Michael so glücklich gewesen, aber konnte mich die Liebe zu einem abscheulichen Wesen machen? Welche Ironie des Schicksals war es doch, und noch dazu so betrüblich, daß ich, nachdem ich endlich Liebe, Glück und Geborgenheit gefunden hatte, Dinge tat, die genauso verlogen und hinterhältig waren wie das, was Großmutter Cutler tat. Ich beruhigte mein Gewissen, indem ich mir einredete, eines Tages, vielleicht schon bald, würde Michael mir erlauben, Trisha die Wahrheit zu sagen. Wieder sah ich in den Spiegel und betrachtete das Gesicht des Mädchens, das mir entgegenschaute. Von all den Dingen, die heute abend vorgefallen waren, war mein Gesicht gerötet. Meine Augen glitzerten wie noch nie – ich sah die Macht in ihnen. Die Wahrheit war, daß ich nie wieder mit irgendeinem albernen Schuljungen zu einem Fest gehen konnte, nicht aus den Gründen, die ich Trisha genannt hatte, sondern weil ich jetzt die Freuden der Liebe mit einem meisterhaften älteren Mann kannte.

Michael hielt sein Wort. Er hatte gesagt, er würde mich nicht anders als all seine anderen Schülerinnen behandeln. Ich hatte sogar tatsächlich den Eindruck, daß er mich seit unserem Abend in seiner Wohnung noch zurückhaltender und förmlicher behandelte als die anderen. Er nannte mich in Anwesenheit anderer Schüler nicht mehr Dawn, sondern sprach mich mit Miss Cutler an. Wenn wir uns in den Schulkorridoren begegneten, lächelte er flüchtig, wandte seinen Blick jedoch sofort wieder den Menschen zu, mit denen er zusammen war, als fürchte er, jeder in seiner Begleitung könnte augenblicklich die Spannung fühlen, die zwischen uns knisterte.

In den nächsten Wochen sorgte er dafür, daß Richard Taylor bei jeder unserer Privatstunden anwesend war, und wenn er mit mir arbeitete, benahm er sich, als sei er unendlich viel älter als ich. Er faßte mich nie an und sprach auch über nichts anderes als über unsere Musik, und er schickte mich immer weg, ehe er Richard gehen ließ. Dadurch konnten wir nicht einmal nach dem Unterricht auch nur für einen Augenblick miteinander alleinsein.

Ich arbeitete und wartete darauf, daß er mich auffordern würde, ihn wieder zu besuchen. Ich ging kaum noch aus dem Haus, weil ich fürchtete, ich könnte einen Anruf von ihm verpassen. Ich wußte, daß er seinen Namen nicht hinterlassen würde, wenn er anrief und ich nicht da war. Trisha wurde zusehends argwöhnischer, weil ich zu keinen weiteren Verabredungen mit meinem heimlichen Freund ging.

»Du hast jetzt schon seit Tagen kein Wort mehr über Allan verloren«, sagte sie, »und du bist auch abends nicht mehr heimlich aus dem Haus gegangen, um dich mit ihm zu treffen. Ist er mit einer anderen Frau durchgebrannt?«

»Oh, nein. Er mußte geschäftlich verreisen«, erzählte ich ihr, »aber sobald er wieder zurück ist, werden wir uns sehen.«

Endlich forderte mich Michael eines Nachmittags nach meiner privaten Gesangsstunde auf, noch zu bleiben. Wir warteten, bis Richard Taylor gegangen war, und dann schloß Michael die Tür.

»O Dawn«, sagte er und kam eilig auf mich zu, um meine Hände in seine zu nehmen, »es tut mir so leid, daß ich in diesen letzten Wochen so reserviert war. Ich weiß, daß du glauben mußt, ich sei abscheulich und hätte dich absichtlich ignoriert.«

»Bedrückt hat es mich schon«, gab ich zu. »Ich hatte Angst, du könntest glauben, ich hätte unser Geheimnis verraten. Ich habe immer wieder gehofft, du würdest bald mit mir reden. Ich wollte nichts tun, was in der Schule gefährlich für dich werden kann.«

»Ich weiß«, sagte er. »Das hast du ganz wunderbar gemacht. Du warst wirklich sehr geduldig.« Er küßte mich kurz auf die Wange und trat dann einen Schritt zurück. »Ein paar Tage, nachdem du bei mir in meiner Wohnung warst, hat mich der

Schulvorstand zu sich bestellt, um mit mir über meine Methoden zu reden. Es scheint, als hätten andere Lehrer hinter meinem Rücken über mich getuschelt. Ich weiß, daß es sich nur um beruflichen Neid handelt. Sie haben alle Wind davon bekommen, daß ich ihre Techniken kritisiere, und manche von ihnen ertragen es nicht, wieviel Aufmerksamkeit ich erhalte, während sie kaum beachtet werden.

Jedenfalls hat man mich aufgefordert, meine Verhältnisse als Lehrer zu meinen Schülern förmlicher zu halten. Ich dachte, vielleicht hätte uns jemand zusammen gesehen, als wir damals einen Kaffee getrunken haben, oder Richard hätte vielleicht etwas gespürt und es weitererzählt. Natürlich hatte ich auch Angst um dich, und daher dachte ich, wir sollten die Dinge abkühlen lassen. Es tut mir leid, wenn ich dich verletzt habe«, fügte er hinzu.

»O Michael«, rief ich. »Du kannst mir nicht weh tun. Ich verstehe das doch.«

»Damit habe ich gerechnet«, sagte er lächelnd und nahm wieder meine Hände. »Jedenfalls ist es mir unerträglich, so mit dir umgehen zu müssen und dich nicht sehen zu können, wenn ich will und wenn ich es brauche. Kannst du heute abend wieder in meine Wohnung kommen, wie letztes Mal, ohne jemandem etwas davon zu sagen?«

»Ja«, sagte ich schnell und war begeistert, weil er mich endlich gebeten hatte, wieder zu ihm zu kommen.

»Wunderbar.« Er ließ meine Hände los und sammelte eilig seine Sachen zusammen. »Ich muß mich jetzt in Bewegung setzen, um meinen nächsten Termin einzuhalten. Komm um dieselbe Zeit. Enttäusche mich nicht«, flehte er und ging.

Ich war so aufgeregt, weil ich ein Rendezvous mit Michael hatte, daß ich kein Wort von dem mitbekam, was in meinen anderen Unterrichtsstunden geredet wurde, und ich haßte die Uhr dafür, daß sie so langsam tickte. Die einzige, die eine Veränderung an mir bemerkte, war Madame Steichen. Sie unterbrach mich während meines Unterrichts beim Spielen, und sie schlug mit ihrem hölzernen Zeigestab so fest auf das Klavier, daß der Zeigestab in drei Stücke zersplitterte, die in drei verschiedene Richtungen flogen. Ich zuckte so heftig zusammen, daß ich unbewußt vom Klavierhocker aufsprang.

»Als was würdest du das bezeichnen ... dieses blöde Klimpern auf den Tasten?« höhnte sie, und ihr Gesicht war verzerrt und hatte etwas Hexenhaftes.

»Als Üben«, sagte ich leise.

»Nein«, brauste sie auf, und ihre Augen waren vor Wut gerötet, »das ist kein Üben. Das ist Zeitvergeudung. Ich habe dir gesagt, daß du nicht wie eine Künstlerin spielen kannst, wenn du nicht dein ganzes Wesen in jede Note einfließen läßt. Deine Finger dürfen sich nicht von deiner tiefsten Seele loslösen. Konzentration, Konzentration, Konzentration. Woran denkst du beim Spielen?«

»An nichts«, sagte ich.

»Und das drückt sich auch in deinem Spiel aus ... es ist nichts, nur Töne. Wirst du dich jetzt konzentrieren, oder bist du hier, um meine Zeit zu vergeuden?« fragte sie, und ihr Tonfall war eisig.

»Ich werde mich konzentrieren«, sagte ich, und die Tränen brannten in meinen Augen.

»Fang noch einmal von vorn an«, sagte sie. »Und was dich auch ablenken mag – schüttele es ab.«

Sie sah aus kleinen Augen auf mich herunter, fast wie zwei Mikroskoplinsen, die mein Gesicht erforschten.

»Mir gefällt gar nicht, was ich in deinen Augen sehe«, sagte sie. »Etwas korrumpiert dich von innen heraus, und es schlägt sich in deiner Musik nieder. Hüte dich davor, was es auch ist«, riet sie mir, und dann trat sie zurück und verschränkte die knochigen Arme vor ihrem kleinen Busen.

Zittrig fing ich noch einmal von vorn an, und diesmal richtete ich meine gesamte Konzentration auf mein Klavierspiel und zwang mich, nicht mehr an Michael zu denken. Madame Steichen war nicht zufrieden mit mir, aber sie war auch nicht unzufrieden genug, um mich zu unterbrechen. Am Ende der Stunde stellte sie sich vor mich hin. Sie hatte die Schultern hochgezogen, und ihr Hals war so starr und verkrampft, daß er wie der Hals einer Statue wirkte, und auch den Kopf hielt sie unbeweglich.

»Du mußt dich entscheiden«, sagte sie langsam, und ihre Worte waren scharf und schneidend, »ob du Unterhaltung oder Kunst anstrebst.« Ihre Augen starrten glasig. Ich ließ den Kopf sinken und schaute zu Boden.

»Eine Künstlerin«, fuhr sie fort, »lebt für ihre Arbeit. Das ist der Unterschied zwischen Kunst und Unterhaltung. Zwischen ernsthaften Menschen und Personen, die im allgemeinen in sich selbst verliebt sind und sich nicht für die Schönheit dessen begeistern, was sie hervorbringen. Der Ruhm«, belehrte sie mich, »ist oft mehr eine Last als ein Segen. In diesem Land hier ist man sehr dumm, wenn es um Berühmtheiten auf dem Sektor der Unterhaltung geht«, sagte sie, und die Worte kamen hämisch und fauchend heraus. »Hier werden Berühmtheiten angebetet, und dann leidet das Publikum, wenn es entdeckt, daß seine Götter der Bühne und der Leinwand Füße aus Ton haben.

Bleib mit den Füßen auf dem Boden, und laß deinen Kopf nicht in Wolken schweben«, predigte sie. »Verstehst du das denn nicht?«

Ich nickte und hielt den Kopf immer noch gesenkt. Sie redete mit mir, als wüßte sie etwas über Michael und mich. Aber woher hätte sie es wissen sollen? Es sei denn ... Richard Taylor, dachte ich, und mein Herz pochte heftig vor Angst.

»Geh«, fauchte sie und drehte sich schnell um, um den Musiksaal zu verlassen. Ich stand allein da und hörte das Klappern ihrer Absätze, als sie durch den Korridor lief, und jeder Ton kam mir wie eine Ohrfeige vor.

Ich verließ eilig die Schule und rannte mit gesenktem Kopf über den Campus zum Bürgersteig. Ich hastete über Straßen, ohne jemanden zu sehen.

Es war ein grauer bewölkter später Herbsttag. Der Himmel war ein Meer von Wolken, die zornig wirkten und drohten, einen kalten, heftigen Regen auf die Stadt prasseln zu lassen. Der Wind fand jede Öffnung in meiner Jacke und ließ mich derart frösteln, daß ich noch schneller lief. Als ich vor dem Haus angekommen war, lief ich die Treppe hinauf und durch die Tür. Ich wollte sofort in mein Zimmer gehen und das Gesicht in meinem Kissen vergraben.

Aber ein Päckchen auf dem kleinen Tisch im Flur zog meinen Blick auf sich. Es lag dort, wo Agnes unsere Post ablegte. Das Päckchen war sehr groß und mit vielen Briefmarken beklebt. Sofort erkannte ich die Handschrift; es war ein Päckchen aus Deutschland, von Jimmy. Ich klemmte es mir eilig unter den Arm und rannte durch den Korridor zur Treppe.

Trisha war noch nicht von einem spätnachmittäglichen Tanzkurs zurückgekommen, und daher war ich allein. Ich setzte mich auf mein Bett und packte das Päckchen langsam aus. Dann hob ich den Deckel von der Schachtel, und vor mir lag ein wunderbar besticktes Satinkissen mit seidenen Quasten. Es war leuchtend rosa mit Herzchen und Vergißmeinnicht. Die Buchstaben waren schwarz, und es bedeutete auf deutsch und auf englisch: ICH LIEBE DICH. Einen Moment lang hielt ich das Kissen auf dem Schoß und war nicht in der Lage, mich zu bewegen, nicht in der Lage, auch nur einen klaren Gedanken zu fassen.

In den letzten Wochen hatte ich nicht oft an Jimmy gedacht. Wenn seine Briefe kamen, lagen sie tagelang ungeöffnet auf meiner Kommode. Und wenn ich sie dann endlich öffnete, las ich sie schnell und flüchtig durch, fast so, als fürchtete ich mich vor seinen Worten, als fürchtete ich mich, innerlich seine Stimme zu hören und sein Gesicht vor mir zu sehen.

Ihm war bereits in meinem letzten Brief eine Veränderung an mir aufgefallen. Er war wesentlich kürzer als alle anderen, und ich hatte nicht wieder und immer wieder geschrieben, wie sehr ich ihn vermißte. Er fragte sich, ob ich krank war, und er hoffte, sein Geschenk aus Deutschland würde mich aufheitern. In dem Brief, der bei dem Kissen lag, schrieb er: »Schon allein das Wissen, daß du deinen Kopf auf dieses legen wirst, macht mir

Freude. Für mich ist es so, als würdest du deinen Kopf in meinen Schoß sinken lassen.«

Ich ließ den Brief fallen und schlug mir die Hände vors Gesicht. Ich wollte Jimmy nicht betrügen, und doch konnte ich nichts dagegen tun, daß ich Michael liebte. Ich wußte, daß es Jimmy das Herz brechen würde, wenn er von Michael und mir erfuhr. Irgendwann mußte es herauskommen. Die Vorstellung, er könnte mich dafür hassen, war mir unerträglich.

Zweimal setzte ich mich hin und versuchte, einen Brief an Jimmy zu schreiben und ihm zu erklären, was vorgefallen war und daß ich nichts dafür konnte, weil ich es gar nicht so gewollt hatte. Es war nichts weiter als ein Teil meines musikalischen Lebens, schrieb ich, aber das klang auch nicht besser als alles andere, was ich bereits geschrieben hatte. Schließlich zerriß ich beide Briefe und beschloß, ich würde noch damit warten und ihm erst später schreiben.

Ich packte das Satinkissen wieder in seine Schachtel und versteckte sie tief unten in meinem Kleiderschrank. Wenn ich es auf mein Bett gelegt hätte, hätte ich es täglich gesehen und gefühlt, und dann hätte ich mich täglich für den Moment gehaßt, in dem Jimmy etwas über Michael und mich herausfinden würde.

»Ich habe ein Geschenk für dich«, sagte Michael, sobald er mir seine Wohnungstür geöffnet hatte, zur Begrüßung. »Es liegt auf dem Bett. Geh hin, und zieh es an«, fügte er hinzu und trat zur Seite. Er hielt ein Glas Wein in der Hand und hatte leise Musik aufgelegt und gedämpftes Licht eingeschaltet. »Ich schenke dir ein Glas Wein ein.«

»Was ist es?« fragte ich nicht ohne ein Spur von Besorgnis. Er wirkte, als hätte er bereits etwas zuviel Wein getrunken.

»Geh, und sieh es dir selbst an«, sagte er.

Ich eilte durch die Wohnung und in sein Schlafzimmer. Auf dem Bett lag eine lange weiße Schachtel. Ich öffnete sie und schaute auf ein hauchdünnes blaßrotes Seidennachthemd, so knapp und durchsichtig, daß ich ebensogut hätte nackt sein können. Wollte er, daß ich es jetzt gleich anzog, fragte ich mich.

»Gefällt es dir?« fragte er von der Tür her.

»Es ist sehr hübsch«, sagte ich.

»Sehr hübsch?« Er kam auf mich zu und legte von hinten seine Hände auf meine Schultern, ehe er mich zart auf den Nacken küßte. »Es ist auch sehr teuer gewesen. Zieh es an. Nur das Nachthemd, sonst nichts«, fügte er hinzu. »Ich habe schon den ganzen Tag davon geträumt, dich darin zu sehen«, flüsterte er und küßte mich hinter das Ohr, ehe er wieder ins Wohnzimmer ging.

Seine Küsse ließen mich von Kopf bis Fuß prickelnd zurück, und allein die Vorstellung, nichts weiter als dieses Nachthemd zu tragen, ließ mich erbeben.

Langsam zog ich mich aus und streifte mir das Nachthemd über den Kopf. Es lag nicht schwerer als ein Hauch Seide auf meiner Haut. Ich schaute mich im Spiegel an und sah, wie deutlich meine Nacktheit zu erkennen war. Als ich langsam auf die Schlafzimmertür zuging und hinauslugte, hatte ich die Arme um mich geschlungen. Michael hatte eine seiner eigenen Plattenaufnahmen aufgelegt. Er saß zurückgelehnt auf dem Sofa, und auf seinem Gesicht lag ein belustigtes Lächeln. Als er mich sah, wurde sein Lächeln breiter, und er beugte sich vor.

»Komm rein. Sei nicht so schüchtern«, sagte er. »Du bietest einen atemberaubenden Anblick.« Er schenkte noch ein Glas Wein ein und hielt es mir hin. Ich ging auf ihn zu, hatte die Arme aber immer noch um meinen Busen geschlungen.

»Ich bin verlegen«, sagte ich zögernd.

»Das brauchst du nicht zu sein«, erwiderte er, und sein Gesicht wurde sehr ernst und eindringlich. »Nicht bei mir, bei mir soll dir nie etwas peinlich sein.« Er stellte das Weinglas hin, stand auf und küßte mich auf die Stirn. Dann löste er sachte meine Arme und schaute an mir hinunter, und seine Augen waren voller Verlangen. Wir küßten uns, ein langer Kuß, aber ein zärtlicher. Verwunderung erfüllte mich. Er liebte mich wirklich. Ich hörte es in seiner Stimme, spürte es in seiner Umarmung.

»Du zitterst ja. Ist dir kalt?« fragte er.

»Nein, kalt ist mir nicht.«

»Du armes Ding, du bist noch so unschuldig. Ich habe dir ja gesagt«, sagte er mit fester Stimme, »daß wir ganz besondere Menschen sind, durch unser Talent und die Musik ewig miteinander verbunden. Das glaubst du mir doch, oder nicht?« fragte er. Ich nickte.

»Ich weiß, was wir tun werden«, sagte er und lächelte wieder. Seine Augen funkelten schelmisch. »Wir werden es offiziell begehen.«

»Offiziell?«

»Natürlich. Wir werden uns formell aneinander binden, indem wir formelle Gelübde ablegen. Genau wie bei einer Trauungszeremonie«, fügte er hinzu und nahm mich an der Hand, um mich so vor sich hinzustellen, daß wir beide vor dem Spiegel standen. In dem gedämpften Licht wirkten wir wie Phantome. Es war, als seien wir in einem anderen Zimmer und unsere Schatten hätten sich heimlich getroffen, um einander heimlich zu lieben.

Michael schob mich näher zum Spiegel. Er sah so schlank und so sinnlich aus. Eine seiner Liebesballaden ertönte leise aus den Lautsprechern, fast so, als hätte er alles perfekt geplant.

»Und nun, Michael Sutton«, sagte er zu dem Spiegel gewandt, »nimmst du diese schöne junge Sängerin, diese Sirene, diese neue Göttin der Bühne und der Leinwand, um sie zu lieben und zu ehren, sie zu beschützen und ihr beizustehen, zu deiner lebenslänglichen romantischen Hauptdarstellerin, bis der Vorhang fällt und der Applaus schließlich endet?«

»Ja«, erwiderte er auf seine eigene Frage.

»Und du, Dawn Cutler«, sagte er und wandte sich mir zu, und seine Stimme wurde tief und ernst, »nimmst du diesen gutaussehenden jungen Mann, diese Sternschnuppe der Musikbühnen und der Leinwand, um ihn zu lieben und zu ehren, ihn zu beschützen und ihm beizustehen, zu deinem lebenslänglichen romantischen Hauptdarsteller, bis der Vorhang fällt und der Applaus schließlich endet?«

Ich starrte ihn mit zitternden Lippen an. Oh, wie sehr ich wünschte, das wäre wirklich eine richtige Zeremonie gewesen und wir legten diese Gelübde in einer großen, vornehmen Kirche vor einem Geistlichen und Hunderten von Ehrengästen ab, Leuten vom Theater und von den Zeitungen. Natürlich wären alle Cutlers erschienen, vor allem Großmutter Cutler, die vor Wut fast platzte, aber gezwungen war, jeden anzulächeln, der ihr gratulierte. Clara Sue hätte sich innerlich vor Neid verzehrt, und meine Mutter hätte sich damit abfinden müssen, daß eine andere als sie im Mittelpunkt der Aufmerksamkeit stand.

»Nun?« fragte Michael noch einmal.

»Ja«, sagte ich. »Oh, ja.«

Er wandte sich wieder dem Spiegel zu.

»Dann erkläre ich euch hiermit, im Namen der Götter und Göttinnen der Bühne für den Rest eures Lebens auf Erden zur männlichen und weiblichen Hauptrolle, dich, Michael, und dich, Dawn. Du darfst die Braut jetzt mit wahrer Leidenschaft küssen und ihr nicht nur den Bühnenkuß geben«, sagte er. Er drehte mich zu sich um, riß mich in seine Arme und küßte mich lange und heftig, und seine Zunge suchte die meine. Anschließend ließ er Küsse auf meine Stirn und meine Wangen regnen. Dann hob er mich auf seine Arme und lachte.

»Zeit für die Flitterwochen«, flüsterte er und trug mich wieder in sein Schlafzimmer.

Diesmal war es ganz anders, ihn zu lieben. Es dauerte dreimal so lang wie beim ersten Mal, und ich schrie oft auf, und jedesmal erreichte meine Ekstase neue Höhepunkte, ganz so, wie er es mir versprochen hatte. Dann, als ich glaubte, wir seien fertig, drehte er mich um und zog mich auf sich. Da ich unsicher war, was hier geschah, zuckte ich zusammen.

»Sei ganz locker«, flüsterte er und gab mir Hilfestellungen, bis ich verstanden hatte und mich auf ihm bewegte.

Als es zu Ende war, lagen wir still da, und während unsere Herzen noch heftig pochten, lauschte jeder dem beschleunigten Atem des anderen.

»Wenn das keine Flitterwochen sind«, sagte Michael schließlich und küßte mich auf die Wange. Im Schein der kleinen Lampe glänzten seine Augen. Er legte einen Finger auf meine Nasenspitze. »Bist du glücklich?« fragte er.

Ich wußte nicht, wie lange dieser Begeisterungszustand zwischen mir und Michael anhalten würde. Ich sehnte mich nach unsterblicher Leidenschaft, nach einer ewigwährenden Ekstase. Und doch schöpfte ich in meiner argwöhnischen Art den Verdacht, daß nichts, was so grandios war wie das, was Michael und ich miteinander hatten, endlos weitergehen konnte. Bald schon würde er meiner müde werden, eines Kindes, das sich in puncto Erfahrung oder Raffinesse nicht mit ihm oder den anderen Frauen messen konnte, die er gekannt hatte.

»Ich bin glücklich«, sagte ich, »aber jedesmal in meinem Leben, wenn ich glücklich gewesen bin, ist etwas passiert, was mein Glück zerstört hat.«

»Diesmal wird es nicht dahin kommen. Wir sind dazu bestimmt, Phantasieleben zu führen, in denen man immer nur glücklich bleibt, wie im Film oder in ganz großen Romanen. Du darfst keine Angst haben, das Leben zu genießen und es mit mir zu genießen.«

»Ich will mich nicht fürchten«, sagte ich. »Ich möchte, daß alles, was du gesagt hast, wahr wird.«

»Dann wird es so kommen«, erklärte er und fuchtelte mit der Hand durch die Luft. »Ich webe meine magische Wand über uns. Nichts kann uns aufhalten, uns etwas anhaben oder sich zwischen uns stellen.«

»O Michael, meinst du das ernst? Ist es wirklich dein Ernst?«

»Natürlich«, sagte er. »Haben wir nicht vor dem Zauberspiegel die Gelübde abgelegt?« Er küßte mich wieder und drehte sich dann auf den Rücken und verschränkte die Hände hinter dem Kopf. Ich stand auf und ging ins Bad.

Als ich mich im Badespiegel anschaute, sah ich, daß mein Gesicht noch stark gerötet war.

Michael war noch nackt, als er ins Bad kam und mir die

Hände auf die Schultern legte. Er sah in den Spiegel, als er meinen Nacken küßte und seine Lippen dort sehr lange ruhen ließ. Dann glitten seine Lippen über meine Schultern, und er legte seine Hände wieder auf meine Brüste und beobachtete sich selbst dabei, als spielten er und ich einen Film.

Später warf Trisha nur einen einzigen Blick auf mich, nachdem ich in unser Schlafzimmer geschlüpft war, und schon wußte sie, daß ich mehr getan hatte, als nur Musik zu hören und mich mit meinem älteren Herrn zu unterhalten.

»Du hast einen Knutschfleck auf dem Hals«, sagte sie. Der reichlich aufgetragene Puder hatte nicht geholfen. »Was ist heute abend passiert?« fragte sie. »Und erzähl mir bloß nicht, ihr hättet nur rumgesessen, Wein getrunken und geredet.«

«O Trisha, ich habe mit ihm geschlafen, und es war wundervoll, viel schöner, als ich es mir vorgestellt hatte.«

»Das wußte ich«, sagte sie. »Ich wußte doch gleich, daß ein Mann in den Dreißigern sich nicht nur damit begnügt, Händchen zu halten und zu reden.«

»Aber, Trisha«, sagte ich, »ich bin wirklich verliebt, mehr, als ich für möglich gehalten hätte. Und wir haben uns Versprechen gegeben, haben ein Gelübde abgelegt.«

»Gelübde? Was für ein Gelübde?«

»Einander zu lieben und zu ehren und zusammenzuhalten, genau wie die Gelübde, die man bei der Hochzeit ablegt«, sagte ich, doch sie verzog das Gesicht und schüttelte den Kopf.

»Meine Mutter hat zu mir gesagt, daß Männer alles sagen, um einen dahin zu bringen, wo sie einen haben wollen.«

»Nein«, sagte ich, »bei uns ist das nicht so. Wir haben eine ganz besondere Beziehung zueinander. Er braucht mich, noch mehr als ich ihn brauche. Er hat die ganze Welt gesehen und viele verschiedene schöne Frauen kennengelernt, und doch will er mich. Mich!«

»Oh, bitte, bitte, Trisha«, bat ich, »freue dich mit mir.«

»Ich freue mich mit dir, aber ich kann nichts dafür, daß ich mir gleichzeitig auch Sorgen um dich mache«, sagte sie.

Trishas Worte waren wie kalte Regentropfen, die versuchten, das Dach meiner Liebeslaube zu durchdringen. Aber sie prallten ab und trockneten in dem strahlenden Licht, das leuchtete, wenn ich mich an Michaels liebevolles Lächeln erinnerte. Trisha und ich lagen noch lange wach im Bett und redeten miteinander. Oder besser gesagt, ich übernahm das Reden und sie das Zuhören.

Ich wob eine Erzählung aus Verwunderung und Glück. Ich berichtete ihr, Allan schmiedete bereits Pläne für den Tag, an dem ich die Schule abgeschlossen hatte. Wir würden auf einem Luxusdampfer eine lange Hochzeitsreise machen und dann nach New York zurückkehren und dort in einer eigenen Wohnung leben, während ich mich um Rollen in Musicals bewarb. Ein paarmal ließ ich mich selbst derart von meiner Geschichte mitreißen, daß ich fast »Michael« gesagt hätte, statt ihn »Allan« zu nennen. Ich mußte mich immer wieder zusammennehmen und meine Zunge im Zaum halten, die allzugern die Wahrheit gesagt hätte.

»Das klingt alles sehr schön«, sagte Trisha, als ich am Ende angelangt war. »Sei trotzdem vorsichtig«, warnte sie mich.

Als ich in jener Nacht eingeschlafen war, träumte ich von der Trauungszeremonie, die Michael und ich einander vorgespielt hatten, und ich betete von ganzem Herzen, daß das, was wir uns vorgemacht hatten, eines Tages Wirklichkeit werden würde.

Von da an besuchte ich Michael mindestens einmal in der Woche in seiner Wohnung. Nachdem wir uns geliebt hatten, tranken wir Weißwein und hörten Musik und redeten über unsere Karriere. Michael bekam viele Angebote, Rollen zu übernehmen, und er versprach mir, bald würde er es so einrichten, daß ich vorsingen und mit ihm auftreten könnte.

»Natürlich«, sagte er, »würde ich dich nicht zu den Proben schicken, solange ich selbst nicht glaube, daß du soweit bist. Wir werden noch viel härter arbeiten müssen, damit wir dich an den Punkt bringen, an dem dich niemand mehr abweisen kann.«

Er hatte auch sein anderes Versprechen nicht vergessen, mir

bei der Suche nach meinem Vater zu helfen. Er sagte, seine Freunde in den Agenturen seien dabei, sich in den Aufzeichnungen anzuschauen, welche Unterhalter in den Küstenstädten herumgereist und in einem Hotel wie Cutler's Cove aufgetreten waren. Er behauptete, es würde jetzt nicht mehr lange dauern, bis wir eine Namensliste hätten und anfangen könnten, diejenigen auszustreichen, die offensichtlich nicht in Frage kämen.

»Was werden wir mit den Namen anfangen, die dann noch übrigbleiben?« fragte ich.

»Vielleicht kannst du deine Mutter dazu bringen, dir ein bißchen mehr zu erzählen, und dann sind wir in der Lage, den Kreis auf ein oder zwei Personen einzuengen. Warten wir erst ab, wie lang die Liste sein wird«, erwiderte er.

Natürlich war ich ungeduldig und fand die Vorstellung aufregend, eines Tages meinem wirklichen Vater gegenüberzutreten. Ich hatte beschlossen, schlimmer als meine Mutter könnte er nicht sein. Er war ein Opfer, genau wie ich.

Die Wochen vergingen jetzt schneller für mich, und ehe ich mich versah, standen die Ferien bevor, in die das Erntedankfest fiel. Alle fuhren weg, um es bei ihren Familien zu verbringen. Michael bat mich, nach einer unserer Privatstunden noch zu bleiben, und sobald Richard Taylor gegangen war, wandte er sich an mich.

»Was wirst du in den Ferien anfangen? Fährst du ins Hotel?« fragte er.

»Ich will nicht hinfahren«, sagte ich, »und niemand wünscht sich wirklich, daß ich komme. Meine Mutter hat mich seit Wochen nicht mehr angerufen.«

»Sehr gut«, sagte er. »Ich fahre auch nirgendwo hin, und ich habe eine Idee, falls du es schaffst, daß niemand etwas davon erfährt.«

»Was für eine Idee?« fragte ich aufgeregt.

»Ich möchte, daß du in meine Wohnung kommst und das ganze verlängerte Wochenende bei mir verbringst. Wir werden allein miteinander feiern. Würde dir das gefallen?«

»Oh, ja, Michael«, sagte ich, »ich täte es liebend gern. Ich werde uns das Festmahl zum Erntedankfest kochen. Ich bin nämlich eine gute Köchin.«

Er lachte über meine Überschwenglichkeit.

»Das bezweifle ich nicht. Aber niemand darf etwas davon wissen, das ist klar, und wir werden auch nicht gemeinsam durch die Stadt laufen können. Die Leute werden mich erkennen, und wenn du mit mir zusammen gesehen wirst...«

»Ich werde einen Weg finden, Michael, ganz bestimmt«, versprach ich, und den Rest des Tages verbrachte ich damit, mir Gedanken zu machen. Ich zog in Erwägung, Agnes zu sagen, ich führe nach Cutler's Cove, aber in dem Fall fürchtete ich, sie könnte mit Großmutter Cutler reden, und dann wäre sie dahintergekommen, daß ich gelogen hatte. Ich suchte verzweifelt nach einer Idee, bis Trisha mich auf eine brachte, als sie mich fragte, ob ich Lust häte, mit ihr über die Feiertage nach Hause zu fahren.

» O Trisha«, sagte ich, »das täte ich gern, ich täte es wirklich gern, aber ein anderes Mal. Allan hat mich gebeten, die Feiertage mit ihm zu verbringen, und ich wußte nur noch nicht, wie ich das anstellen soll, bis zu diesem Moment. Das heißt, falls du mitspielst.«

»Wovon redest du?« fragte sie.

»Ich werde Agnes sagen, daß ich zum Erntedankfest mit dir nach Hause fahre«, sagte ich.

So, wie Trisha mich ansah, rechnete ich nicht damit, daß sie einwilligen würde. Einen Moment lang starrte sie mich nur an.

»Du läßt dich so nah mit ihm ein«, sagte sie schließlich. »Bist du sicher, daß das gut für dich ist?«

»Mich hat nie jemand glücklicher gemacht, und mich könnte nie jemand glücklicher machen. Sobald es geht, werde ich es in die Welt hinaus posaunen, und dann brauchen er und ich keine Heimlichkeiten mehr. Ich kann den Tag nicht erwarten, aber bis dahin... O Trisha«, sagte ich, »ich weiß, daß es unfair ist, wenn ich dich bitte, für mich zu lügen, aber du brauchst ja nicht wirklich zu lügen. Falls mir jemand auf die Schliche kommt, werde ich die gesamte Schuld auf mich nehmen. Ich werde sagen, ich hätte versprochen, mit dir nach Hause zu fahren, und du hättest es geglaubt, doch dann hätte ich es mir im letzten Moment anders überlegt, und du hättest nichts mehr tun können.«

»Um mich mache ich mir keine Sorgen«, sagte sie. »Ich mache mir Sorgen um dich.«

»Das brauchst du nicht«, sagte ich. »Ich könnte nicht glücklicher sein und mich nicht geborgener fühlen als bei ihm.«

»Also gut«, sage sie, »ich helfe dir, wenn du ganz sicher bist, daß du es wirklich tun willst.«

»Oh, ja, ich bin ganz sicher. Ich danke dir, Trisha, ich danke dir«, rief ich aus und umarmte sie. Sie lächelte, doch in ihren Augen stand Sorge.

Ich konnte natürlich nur noch an Michael denken. Wohin ich auch sah, immer sah ich nur ihn. Ich stellte ihn mir vor, wie er über das Schulgelände lief, eine Straße überquerte, mir aus einem Spiegel entgegenlächelte. Er lebte hinter meinen Augenlidern. Ich hörte seine Stimme, seine geflüsterten Liebesworte. Wenn ich die Augen schloß, und ihn mir vorstellte, fühlte ich seine Lippen auf den meinen.

Ich teilte Agnes mit, ich würde zum Erntedankfest mit Trisha nach Hause fahren, und ich sorgte dafür, daß Trisha nicht dabei war, als ich das sagte.

»Weiß deine Großmutter etwas davon?« fragte Agnes mißtrauisch.

»Ich habe es meiner Mutter gesagt, als sie das letzte Mal angerufen hat«, log ich. Ich haßte all diese Lügen, dieses Kartenhaus aus erlogenen Geschichten, die ich auf ein Fundament der Täuschung baute, aber ich redete mir ein, es seien gute Unwahrheiten, weil sie es ermöglichten, daß etwas Wunderbares und Wahres geschehen konnte. Die Menschen, die ich hinters Licht führte, schmiedeten ständig hinter meinem Rücken Intrigen, und außerdem wäre es meiner Familie vollkommen gleichgültig gewesen, wenn sie die Wahrheit erfahren hätte. Ich log nur, weil ich Michael keine Schwierigkeiten machen wollte.

So kam es, daß Trisha und ich zu Beginn unserer Schulferien an einem frühen Nachmittag gemeinsam in ein Taxi stiegen, das uns angeblich zum Busbahnhof bringen sollte. Alle wünschten einander ein frohes Fest und schöne Ferien, und dann brachen wir auf. Nachdem wir losgefahren waren, nannte ich dem Fahrer Michaels Adresse. In dem Moment drehte sich Trisha überrascht zu mir um.

»Ich dachte, du hättest mir gesagt, daß er eine Wohnung in der Park Avenue hat«, sagte sie.

»Habe ich von einer Wohnung gesprochen? Er arbeitet dort. Das muß ich wohl gemeint haben.«

Trisha war beindruckt von dem Apartmenthaus. Sie beugte sich aus dem Taxi, um mich zu umarmen, nachdem ich ausgestiegen war.

»Ich wünsche dir wunderschöne Ferien«, sagte ich. »Und ich danke dir dafür, daß du es mir ermöglicht hast, sie auch so wunderbar zu verbringen.«

»Ruf mich an, wenn du es dir anders überlegst und doch noch kommen willst«, sagte sie.

Wir küßten einander auf die Wange, und dann fuhr sie weiter. Ich sah ihrem Taxi nach, als es losfuhr. Sie winkte mir vom Rücksitz aus zu, und dann betrat ich das Haus, um fünf phantastische Tage mit dem Mann zu verbringen, den ich liebte.

9

Ein heimliches Liebespaar

Kurz vor Ferienbeginn hatte ich Michael eine Liste von Lebensmitteln gegeben, die er für unser Festmahl zum Erntedankfest kaufen sollte. Er hatte alles auf dem Küchentisch aufgebaut, als ich ankam.

»Es ist alles da«, sagte er und wies auf die Dosen und Päckchen, den Truthahn und die frischen Zutaten. »Genauso, wie du es wolltest.«

»Sehr gut. Ich werde heute abend die Törtchen machen«, erklärte ich und zog schnell meinen Mantel aus. Dann zog ich eine Schürze an, die er an der Tür der Speisekammer hängen hatte.

»Wirklich? Was für Sorten?« fragte er mit einem amüsierten Lächeln.

»Äpfel und Kürbis. Ich habe es bei einer Meisterin gelernt, Momma Longchamp, obwohl wir selten genug Geld hatten, um es für Nachspeisen auszugeben, sogar an den Feiertagen.« Ich fing an, die Töpfe und Pfannen rauszuholen und den Mixer aufzubauen.

»Wie arm du in deiner ersten Familie gewesen sein mußt«, bemerkte er und setzte sich in die Küche, um mir bei den Vorbereitungen zuzusehen und sich meine Schilderung von meinem Leben mit Daddy und Momma Longchamp anzuhören.

»Ich kann mich noch erinnern, daß wir nichts anderes als Hafergrütze und Erbsen zu essen hatten. Daddy war dann so niedergeschlagen, daß er in ein Wirtshaus gegangen ist und alles Geld, das wir noch hatten, vertrank, und dann mußten wir uns das nötigste zusammenbetteln. Nachdem Fern geboren worden war, war es noch schlimmer. Wir hatten noch einen Mund mehr zu füttern, und Momma konnte kaum noch arbeiten. Ich mußte die Hausarbeit erledigen, mich um das Baby kümmern und mit meinen Schularbeiten auf dem laufenden bleiben, während andere Mädchen in meinem Alter von Jungen und Partys und Bällen geträumt haben.«

»Jetzt wirst du so jedenfalls nicht mehr leiden«, sagte Michael. Er war so gerührt, daß er aufstand, um mich zu küssen und in seine Arme zu ziehen, und er flüsterte mir ein Versprechen nach dem anderen ins Ohr. »Du wirst eines Tages in nicht allzu ferner Zukunft eine berühmte und sehr reiche Sängerin sein, so reich, daß du dich nicht einmal mehr wirst erinnern können, wie arm du früher einmal gewesen bist.«

»O Michael«, sagte ich, »ich brauche gar keine Unsummen von Geld zu verdienen. Solange ich dich habe und du mich liebst, bin ich so reich, wie ich es mir nur wünschen kann.«

Er lächelte, und seine Augen verschwammen zu klaren Teichen des Verlangens. Unter seinem Blick erschauerte ich so sehr, daß ich die Augen abwenden mußte.

»Was ist los mit dir, kleine Diva? Siehst du mich denn nicht gern an?«

»Ich liebe es, dich anzusehen, Michael. Aber wenn du mich so ansiehst wie eben, dann ist es, als zögest du mich mit deinen Augen aus, als nähmst du mich mit deinen Augen mit in dein Bett.«

Er lachte.

»Vielleicht tue ich genau das. Vielleicht sollte ich genau das tun«, fügte er hinzu und küßte mich liebevoll auf die Stirn. Ich erkannte, daß er mich nicht freigeben, seine Umarmung nicht lösen würde.

»Michael, ich muß diesen Teig in den Mixer schütten«, rief ich lachend und deutete auf die Schüssel auf der Anrichte. »Und ich will eine Füllung für den Truthahn zubereiten und ...«

»Das Essen kann warten«, erklärte er. Wenn dieser Ausdruck auf seinem Gesicht stand, war er nicht aufzuhalten. Es war ansteckend. Ich konnte seinen Küssen nicht widerstehen, und schon bald erwiderte ich seine Küsse mit derselben Glut, mit der er mich küßte, und ich umarmte ihn ebenso zärtlich wie er mich. Ehe ich Einwände erheben konnte, hob er mich auf seine Arme und trug mich aus der Küche hinaus.

»Unser Abendessen«, rief ich.

»Ich habe es dir doch schon gesagt – von der Liebe bekomme ich erst richtig Hunger«, sagte er lachend.

Es schien, als verbrächten wir in den ersten Tagen die meiste Zeit im Bett, doch es gelang mir, einen kleinen Truthahn, die Füllung, kandierte Süßkartoffeln, frische Erbsen, ein selbstgebackenes Brot, Preiselbeersauce und die beiden Torten zuzubereiten. Michael sagte, es sei das beste Festmahl zum Erntedankfest, das er je gegessen hatte.

»Ich kenne nicht viele Frauen, die so gut kochen können wie du«, sagte er. »Alle Frauen, die ich kenne, kommen nicht ohne Dienstmädchen und Köche aus und sind schon hilflos, wenn es nur darum geht, Teewasser zum Kochen zu bringen.«

Es war das erste Mal, daß er auf die anderen Frauen zu sprechen kam, die er gekannt hatte, und unwillkürlich fiel mir die wunderschöne rothaarige Dame wieder ein, mit der er zum Museumskonzert erschienen war. Ich fragte Michael, wer sie sei.

»Ach, die.« Er schüttelte den Kopf. »Sie ist die Ehefrau eines Produzenten, mit dem ich befreundet bin. Er bittet mich immer wieder, ihm einen Gefallen zu tun und sie manchmal mitzunehmen, wenn ich ausgehe. Sie ist eine Frau von der Art, die mehr als einen Mann brauchen, wenn du weißt, was ich meine«, sagte er und zwinkerte mir zu.

Ich wußte aber nicht, was er meinte. Wie konnte man mehr als einen Mann brauchen, wenn dieser Mann der Mann war, den man von ganzem Herzen und aus ganzer Seele liebte? Und wenn ein Mann eine Frau liebte, wie konnte er dann wollen, daß ein anderer sie beim Ausgehen begleitete?

»Wieso ist ihr Mann nicht eifersüchtig, wenn ein anderer sich mit ihr schmückt?« fragte ich.

»Eifersüchtig? Er war mir dankbar«, sagte er und lachte verschlagen. »Im Showbusineß gibt es solche Leute«, sagte er. »Sie glauben, ihre Beziehung sei nichts weiter als einer ihrer Auftritte, eine Rolle unter vielen. Aber mach dir keine Sorgen, ich bin nicht so«, fügte er eilig hinzu.

»Du hast nie jemanden gefunden, mit dem du immer und ewig zusammensein wolltest?« fragte ich.

»Nicht vor dir. Ich habe nie einen Menschen kennengelernt, der so unschuldig und rein ist. Dein Name paßt gut zu dir; du bist so frisch wie ein neuer Tag.« Er beugte sich vor, um mich auf die Wange zu küssen.

Ich strahlte selig. Nie war ich so glücklich wie in jenem Augenblick. Es war das schönste Erntedankfest, das ich je erlebt hatte. Nach dem Abendessen machte Michael Feuer im Kamin und holte eine seiner weichen Steppdecken. Ich lag mit dem Kopf auf seinem Schoß da, und wir hörten uns wunderbare Musik an, während das Feuer knisterte und uns wärmte. An jenem Abend schien jeder Kuß noch süßer als der vorherige zu sein. Michael strich mir über das Haar und sagte, er wünschte, die Zeit würde stehen bleiben, und wir würden für immer und ewig in diesem Augenblick gefangen sein.

Mein Herz war übervoll. Wie hätte irgendeine Frau irgendeinen Mann mehr lieben können, als ich Michael liebte.

Wir zogen uns aus und liebten uns im Schein des Feuers, und unsere Küsse und Umarmungen waren so leidenschaftlich, daß ich glaubte, wir würden wie Holzscheite verbrennen, einander verzehren und dabei doch jeder dem anderen Erfüllung bringen. Wir schliefen in einer engen Umarmung ein, erschöpft, aber wir hätten nicht glücklicher sein können.

Am Morgen sagte mir Michael, er hätte einen Termin mit einem Produzenten in der Innenstadt.

»Und nach diesem Treffen werde ich einen kleinen Weihnachtsbaum nach Hause bringen. Es ist doch Brauch, daß man am Erntedankfest anfängt, ihn zu schmücken, oder nicht?« sagte er. »Bisher habe ich mich nie daran gehalten, aber jetzt, da ich dich habe...«

»O Michael, das wäre einfach wunderbar. Es ist schon so lange her, seit ich das letzte Mal selbst einen Weihnachtsbaum gehabt habe. Wenn man keine Familie hat oder zumindest keine Familie, die man liebt und die einen liebt, dann sind die Feiertage wie jeder andere Tag. Abgesehen davon, daß man das Glück anderer Menschen mit neiderfülltem Herzen beobachtet.«

»Für dich ist Schluß mit dem Leiden und dem Neid, meine kleine Diva«, sagte er und küßte mich zart auf die Lippen, ehe er sich auf den Weg zu seiner Verabredung machte. Während er fort war, hörte ich Musik, sah fern und las ein wenig. Wir hatten Hausaufgaben über die Feiertage bekommen.

Am späten Nachmittag kam Michael mit einem kleinen, aber hübsch gewachsenen Bäumchen zurück, das volle, auffallend grüne Zweige hatte. Er hatte viele Schachteln Baumschmuck mitgebracht. Sowohl er, als auch der Baum waren mit weißen Schneeflocken gesprenkelt.

»Weißt du, was?« rief er aus, sowie er die Wohnung betreten hatte. Er hielt den Baum in einer Hand und preßte die Kartons mit dem Schmuck an seine Brust. »Es schneit. Was für eine wunderbare Überraschung, und gerade rechtzeitig, um für eine feiertägliche Stimmung zu sorgen. Gefällt dir der Baum?«

»Oh, er ist einfach süß«, rief ich erfreut.

»Ich habe mir viel Zeit beim Aussuchen gelassen. Ich wollte etwas ganz Besonderes für uns haben. Der Verkäufer, der mich bedient hat, ist fast verrückt geworden. Nichts, was er hatte, schien mir gut genug. Dann habe ich um eine Ecke gelugt und diesen Baum gesehen, der nur darauf gewartet hat, daß ich ihn mir aussuche. Er hat es mir regelrecht zugerufen«, sagte er lachend.

Er stellte den Baum in den Ständer und trat zurück. Wir beschlossen, daß er direkt rechts neben dem Kamin gut passen würde.

»Das sieht perfekt aus«, sagte er und warf einen Blick auf seine Armbanduhr. Von dem Moment seiner Rückkehr an war mir schon aufgefallen, daß er in regelmäßigen Abständen auf die Uhr schaute.

»Kommt jemand?« fragte ich.

»Was? Oh, nein. Nein, keineswegs.«

»Du schaust immer wieder auf die Uhr.«

»Ja.« Er schüttelte den Kopf. »Ich muß demnächst aus dem Haus gehen, weil ich einen Termin habe. Der Produzent, mit dem ich mich heute getroffen habe, hat etwas vereinbart, ohne es vorher mit mir abzusprechen, aber es ist so wichtig, daß ich hingehen muß. Die Chancen stehen sehr, sehr gut, daß ich in der nächsten Saison bei einer Eröffnungsvorstellung am Broadway die Hauptrolle bekomme.«

»O Michael, wie schön für dich.«

»Ja, aber diese Dinge erfordern eine monatelange Planung und endlose Treffen mit Geldgebern und Autoren und Produktionsassistenten. Jeder hat eine Meinung. Ich hasse diese Vorbesprechungen, aber sie sind ein notwendiges Übel. Es tut mir leid, daß ich dich jetzt allein lassen muß.«

»Das ist schon in Ordnung, Michael. Solange du weg bist, werde ich den Baum schmücken und uns etwas zum Abendessen kochen.«

Er wirkte besorgt und wandte den Blick eilig von mir ab.

»Stimmt etwas nicht?« fragte ich.

»Dieses Treffen wird wahrscheinlich nahtlos in ein Abendessen übergehen. Es tut mir leid, es tut mir wirklich leid«, sagte er.

»Oh, dann kommst du also erst sehr, sehr spät wieder nach Hause«, stellte ich fest.

»Ja. Kommst du allein zurecht?«

»Ja, sicher. Ich werde die Reste aufessen. Und ich werde ohnehin eine Weile dafür brauchen, den Baum zu schmücken. Mach dir um mich keine Sorgen. Wirklich. Ich komme schon zurecht.«

»Ich versuche, dich später anzurufen und dir Bescheid zu geben, wie spät es voraussichtlich werden kann«, sagte er, und dann ging er, um sich umzuziehen. Als er wiederkam, trug er eines seiner schönen sportlichen Wolljacketts und eine Freizeithose. Als er seinen dunkelblauen Wollmantel anzog, fand ich, besser könnte er gar nicht aussehen, und ich sagte es ihm.

»Tja, für diese Leute muß man sich schönmachen. Sie erwarten es von einem. Das ist einer der Haken daran, ein Star zu sein: Alle wollen, daß man aussieht, als sei man gerade auf eine Bühne getreten. Man muß diesen Erwartungen entsprechen, weil man ständig im Rampenlicht steht. Wenn ein Haar in die falsche Richtung absteht oder man vergißt zu lächeln, könnte das eine Katastrophe sein. Ehe man weiß, wie einem geschieht, setzen die Leute Gerüchte über einen in Umlauf, und man bekommt keine guten Rollen mehr angeboten.

Bist du ganz sicher, daß du allein zurechtkommst?« fragte er noch einmal. »Vielleicht solltest du ins Kino gehen? Ich lasse dir Geld für ein Taxi und fürs Kino da«, sagte er und zog seine Brieftasche raus.

»Oh, nein. Ich habe jede Menge zu tun, sogar Hausaufgaben muß ich noch machen.«

Er schüttelte den Kopf.

»Hausaufgaben. Manche dieser Lehrer sind wirklich lästig. Kannst du dir vorstellen, über die Feiertage Hausaufgaben zu vergeben? Also gut. Wir reden später noch«, sagte er und küßte mich zum Abschied.

Ich hatte ihm gesagt, ich käme allein zurecht, doch in dem Moment, als sich die Tür hinter ihm schloß und ich wieder allein war, sah ich mich in der leeren Wohnung um und hätte am liebsten geweint. Wie sehr ich gewünscht hätte, wir bräuchten kein heimliches Paar zu sein und er hätte mich mitnehmen können! Ich hätte zu großes Interesse an allem aufgebracht, wenn es für ihn auch längst langweilige Routine war.

Ich wandte mich dem kleinen Weihnachtsbaum zu.

»Nun«, sagte ich, »wenigstens habe ich dich. Jetzt werden wir einander näher kennenlernen.«

Ich öffnete die Kartons mit dem Christbaumschmuck, den

Michael gekauft hatte, und fing an, den Baum zu schmücken. Die Stunden vergingen unsäglich langsam, und das nur, weil ich mir wünschte, sie wären schnell verflogen. Ich beschäftigte mich solange wie möglich mit dem Baum, putzte ihn heraus und nahm dann Veränderungen vor, bis alles ausgewogen wirkte. Anschließend aß ich etwas und hörte Musik und dachte an Michael. Ich spülte ab, und dann versuchte ich, meine Hausaufgaben zu machen, aber ich konnte mich nicht auf die Lektüre konzentrieren. Immer wieder sah ich auf die Uhr und wurde wütend auf diese hartnäckigen kleinen Zeiger, die gemein langsam vorrückten. Ich versuchte, ein Feuer zu machen und mich abzulenken, indem ich fernsah. Es wurde später und immer später, und Michael rief nicht an. Ich schlief ein paarmal ein, erwachte aber jedesmal erschrocken, weil ich fürchtete, ich hätte das Läuten des Telefons überhört.

Mein armseliges Kaminfeuer erlosch. Als ich wieder einmal aus dem Schlaf aufschreckte und zum hundertsten Mal auf die Uhr sah, stellte ich schockiert fest, daß es schon fast halb eins war. Warum hatte Michael nicht angerufen, fragte ich mich.

Als ich aus dem Fenster schaute, sah ich, daß es stärker geschneit hatte und eine weiße Decke auf den Bürgersteigen lag. Die Straßen waren naß und glitschig. Hupen ertönten, Autos schlitterten und rutschten einander vorbei. Bei schlechtem Wetter kommt es zu Unfällen, dachte ich. Vielleicht war Michael etwas passiert. Woher sollte ich das wissen? Er wollte nicht, daß jemand erfuhr, daß ich in seiner Wohnung auf ihn wartete, und daher würde niemand anrufen.

Trotz meiner Sorge fiel es mir schwer, die Augen offen zu halten, und nachdem noch eine halbe Stunde vergangen war, döste ich wieder auf dem Sofa ein und wachte erst auf, als ich hörte, wie die Tür geöffnet wurde. Ich rieb mir den Schlaf aus den Augen und setzte mich auf. Michael drehte sich um, um die Tür hinter sich zu schließen, und dabei fummelte er am Schloß und am Griff herum. Ich hörte ihn »pssst« sagen.

»Michael?«

»Hm?« sagte er und drehte sich schnell um. Sein Haar war zerzaust, und sein Jackett war reichlich zerknittert. »Pssst«, sagte er und hielt sich den Zeigefinger an die Lippen. »Du willst Dawn doch nicht wecken.«

»Michael, ich bin Dawn«, sagte ich lächelnd. Ich stand auf. »Was ist los mit dir?«

»Hm?« sagte er wieder. Er blinzelte und wankte.

»Michael, bist du ... betrunken?« fragte ich. Ich hatte Daddy Longchamps oft genug in dieser Verfassung gesehen, um zu wissen, daß ich gar nicht erst zu fragen brauchte.

»Nee«, sagte er und fuchtelte mit der Hand durch die Luft, und dabei fiel er fast hin. »Kein bißchen. Ich habe nur ...« Er hielt die rechte Hand hoch und preßte den Zeigefinger und den Daumen zusammen. »Soviel«, sagte er. »Mehr habe ich nicht getrunken, aber das alle zehn Minuten.« Er lachte jetzt wieder. Sein Gelächter ließ ihn nach vorn taumeln, und er mußte die Arme ausstrecken und sich an der Wand abstützen, damit er nicht aufs Gesicht fiel.

»Michael!« rief ich entsetzt und rannte zu ihm. Er legte seinen Arm um meine Schultern und stützte sich auf mich. Wie er roch! Es war, als hätte er in Whisky gebadet. »Wo warst du? Warum hast du soviel getrunken? Wie bist du überhaupt nach Hause gekommen?«

»Nach Hause?« sagte er. Er sah sich um. »Ach, ja, nach Hause.«

Als ich ihn zum Sofa führte, fiel mir etwas auf, was wie verschmierter Lippenstift auf seinem Kinn aussah. Außerdem hatte er Haare auf seinem Jackett, rote Haare!

»Michael, wo warst du? Mit wem warst du zusammen?« fragte ich. Er antwortete nicht. Er ließ sich auf das Sofa sinken, lehnte sich schwer zurück, starrte mich benommen an und blinzelte und versuchte ganz offensichtlich, mich und alles andere klar zu erkennen.

»Warum dreht sich dieses Zimmer bloß so schnell im Kreis?« murmelte er und schloß die Augen. Dann rutschte er an der

Lehne des Sofas herunter, bis er mit festgeschlossenen Augen auf dem Rücken lag.

»Michael!« Ich schüttelte ihn, aber er stöhnte nur. »Ach, das nutzt ja doch nichts«, rief ich. Ich hob seine Beine hoch und zog ihm die Schuhe aus. Dann stemmte ich ihn unter größtem Krafteinsatz etwas hoch und zog ihm den Mantel und das Jackett aus. Er war zu schwer, und ich konnte ihn nicht ins Schlafzimmer tragen. Also hängte ich seinen Mantel und seine Jacke auf und holte ihm eine Decke. Als ich ihn zudeckte, stöhnte er und drehte sich auf die Seite. Ich stopfte ihm das Kissen unter den Kopf, und dann setzte ich mich neben ihn und hörte ihn tief und gleichmäßig atmen.

Mein Blick glitt auf unseren kleinen Weihnachtsbaum. Vollständig geschmückt und mit seinen Lichtern bot er einen wunderschönen Anblick und strahlte etwas Warmes und sehr Kostbares aus, doch als Michael jetzt wie bewußtlos auf dem Sofa eingeschlafen war, sah er traurig, allein und enttäuscht aus, so wie ich es war. Michael hatte ihn überhaupt nicht bemerkt. Er hatte selbst mich kaum zur Kenntnis genommen!

Ich stand langsam auf und schaltete die Christbaumlichter aus. Dann warf ich noch einen letzten Blick auf Michael. Er schnarchte. Ich schaltete die Lampen im Wohnzimmer aus und zog mich dann in Michaels Schlafzimmer zurück, um dort allein einzuschlafen.

Michael war vor mir wach. Ich spürte, daß er auf dem Bett saß, und meine Lider öffneten sich flatternd, als er mein Gesicht berührte.

»Michael. Wie spät ist es?«

Er trug noch die Kleidungsstücke, die er am Vorabend angehabt hatte. Sein Hemd stand offen, und sein Haar war wüst durcheinander und stand in alle Richtungen ab. Er gähnte und schüttelte den Kopf.

»Es ist noch früh. Es tut mir leid, Dawn«, sagte er. »Ich bin sicher, ich muß gestern abend abscheulich gewesen sein. Ich kann mich nicht einmal mehr daran erinnern, auf dem Sofa eingeschlafen zu sein. Und auch nicht daran, daß du mir eine Decke geholt hast. Ich war das, was man... sternhagelvoll nennt.«

Ich rieb mir den Schlaf aus den Augen und setzte mich schnell auf.

»Wo warst du? Was ist passiert? Warum hast du soviel getrunken?«

»Es war eine Art Feier. Ich habe versucht wegzugehen, aber alle haben darauf bestanden, daß ich mitkomme. Ich habe der Party Leben gegeben, verstehst du, ich stand im Mittelpunkt, und alle Aufmerksamkeit hat mir gegolten. Wir mußten diesen Geldgebern, die alles bezahlt haben, viel bieten. Der Champagner ist in Strömen geflossen.« Er streckte sich und gähnte wieder.

»Aber wo warst du?«

»Wo ich war? Sehen wir doch mal«, sagte er und dachte nach, als handelte es sich um die Kernfrage in einer Mathematikprüfung oder so was. »Wo ich war? Also, erst waren wir im Büro dieses Produzenten. Dann sind wir alle ins Sardi's zum Abendessen gegangen. Anschließend haben wir einen Nachtclub nach dem anderen besucht. Ich sollte mich an ein oder zwei der Bars erinnern, aber im Moment scheinen sie in meinem Kopf alle zu einem Brei zusammenzufließen.«

Er seufzte und stützte seinen Kopf in die Hände.

»Mit wem warst du aus?«

»Wer bei mir war?« Er sah wieder auf, dachte nach und zuckte dann die Achseln. »Ein paar Leute von der Produktionsfirma und die Geldgeber.«

»War diese rothaarige Frau auch dabei?« fragte ich.

»Welche rothaarige Frau? Oh, nein, nicht doch«, sagte er. »Da war keine rothaarige Frau. Jetzt sollte ich mich am besten unter die Dusche stellen. Ich fühle mich wie der Braten von der letzten Woche. Es tut mir leid«, wiederholte er noch einmal und beugte sich vor, um mir einen flüchtigen Kuß zu geben. »Danke, daß du dich so nett um mich gekümmert hast.«

Er sprang auf wie eine Katze und krümmte und streckte sich geschmeidig. Ich ließ den Kopf wieder auf das Kissen sinken und sah ihm zu, als er sich auszog und ins Bad ging, um zu duschen. Belog er mich, fragte ich mich, oder stammten diese roten Haare auf seiner Jacke noch aus früheren Zeiten, vielleicht von einem der Anlässe, als er die Frau seines Freundes ausführen mußte? Ich konnte einfach nicht glauben, daß er mich belügen würde. Er liebte mich zu sehr, um mir wehzutun.

Ich stand auf und ging in die Küche, um uns Kaffee zu kochen und ein Frühstück zuzubereiten. Als Michael auftauchte, wirkte er frisch und gutgelaunt, und sein Haar war ordentlich gebürstet. Er trug einen hellblauen Morgenmantel aus Seide.

»Ah, riecht das gut«, sagte er und stellte sich hinter mich, um mich zu umarmen. »Das mit gestern abend tut mir wirklich leid«, wiederholte er. »Alle waren so begeistert über die neue Show, daß es schwer war, nicht zu feiern.« Er küßte mich auf den Nacken.

»Dann hat also alles gut geklappt?«

»Ja. Du wirst bald viel über Michael Suttons Eröffnungsvorstellung am Broadway hören und lesen«, sagte er stolz. Ich drehte mich in seinen Armen um.

»O Michael, wie schön für dich. Du hast recht: Das ist wirklich aufregend. Ich wünschte nur, ich hätte gestern abend mit dir zusammen feiern können.«

»Wir werden es heute abend feiern«, sagte er. »Wir werden ein Taxi zu einem kleinen, abgelegenen italienischen Restaurant nehmen, das ich in Brooklyn kenne. Dort fallen wir niemandem auf, aber das Essen ist ausgezeichnet.«

»Aber, Michael, meinst du wirklich, daß wir das tun sollten? Falls uns doch jemand sieht ...«

»Da sieht uns niemand. Wie süß von dir, daß du dir meinetwegen solche Sorgen machst«, sagte er. »Und jetzt will ich mir den Weihnachtsbaum anschauen.« Er nahm mich an der Hand, und wir gingen ins Wohnzimmer. Ich schaltete die elektrischen Kerzen ein. »Einfach prachtvoll«, sagte Michael. »Am Heiligabend werden wir beide Kastanien im Kamin rösten und Eiflip trinken und uns direkt vor dem kleinen Bäumchen lieben. Vor unserem Baum«, fügte er hinzu, legte seinen Arm um meine Schultern und zog mich an sich. »Meine kleine Diva«, sagte er wieder und küßte mich zart auf die Lippen.

»Aber im Moment«, sagte er und ließ mich wieder los, »stehe ich kurz vor dem Verhungern. Laß uns frühstücken.«

Der Rest des Tages verging schnell. Michael ging aus dem Haus, um Einkäufe zu machen. Das Telefon läutete zweimal, aber ich ging nicht dran. Als ich hergekommen war, hatte Michael mich gleich darauf hingeweisen, daß jemand von meiner Anwesenheit in seiner Wohnung erfahren würde, wenn ich das Telefon abnahm, und das hätte Fragen zu Folge.

»Und Fragen«, sagte er mit hochgezogenen Augenbrauen, »ziehen Antworten nach sich, die wir im Moment noch nicht geben können.«

Als er am Nachmittag zurückkehrte, hatte er den Arm voller Geschenke, die festlich eingepackt waren.

»Was ist schon ein Weihnachtsbaum ohne Geschenke darunter«, meinte er und baute sie darunter auf.

»Für wen sind diese Geschenke, Michael? Erwartest du Verwandte?«

»Verwandte? Nein. Diese Geschenke sind alle für dich«, sagte er.

»Alle für mich? O Michael, du hättest nicht soviel kaufen sollen!« rief ich und starrte den riesigen Berg Pakete an.

»Doch, natürlich«, erklärte er nachdrücklich. »Für wen sollte ich denn sonst mein Geld ausgeben, wenn nicht für dich. Bestimmt nicht für meine undankbare Familie.« Er lächelte schelmisch und griff in seine Jackentasche, um ein kleines Päckchen rauszuholen, das in rosafarbenes Papier gewickelt und mit einer rosafarbenen Schleife zugebunden war. »Das«, sagte er, »kann nicht warten. Es ist ein Geschenk zum Erntedankfest.«

»Man macht sich zum Erntedankfest keine Geschenke, Michael«, sagte ich lachend.

»Ach, nein?« Er zuckte die Achseln. »Na, dann beginne ich eben mit diesem Brauch, und von jetzt an werden sich die Leute zum Erntedankfest etwas schenken. Für dich«, sagte er und streckte die Hand aus.

Ich nahm die kleine Schachtel entgegen und öffnete sie vorsichtig. Auf Watte gebettet lag dort ein wunderschönes goldenes Medaillon an einer Goldkette. Außerdem war das Medaillon mit winzigen Diamanten gschmückt, die herzförmig angeordnet waren.

»O Michael, es ist ja so schön.«

»Mach es auf«, forderte er mich auf.

Ich drückte auf den Verschluß, und als das Medaillon aufsprang, sah ich, daß Noten eingraviert waren. Ich setzte sie in Gedanken in Töne um und lächelte. Es war der Anfang eines seiner Liebeslieder. »Forever, my love«.

» O Michael«, rief ich aus. Freudentränen brannten in meinen Augen. »Das ist das schönste Geschenk, das mir je jemand gemacht hat. Und es ist so persönlich.«

Ich schlang die Arme um ihn und bedeckte sein Gesicht mit Küssen.

»He!« rief er und hielt mich zurück. »Wir wollen uns doch jetzt nicht in etwas hineinsteigern. Wir müssen uns für unser ruhiges Abendessen zu zweit fertigmachen, oder hast du das vergessen?«

Mein Herz war so berstend voll von Glück, daß ich glaubte, es würde zerspringen. Ich hatte in der Erwartung, Michael und ich könnten einen Abend außer Haus verbringen, ein paar Sachen in meinen Koffer gepackt. Trisha war mit mir losgezogen, um einen BH zu kaufen. Mit dem tieferen Spalt zwischen den Brüsten sah ich gleich um Jahre älter aus. Ich konnte nichts gegen die Röte tun, die sich in dem Tal zwischen meinen Brüsten ausbreitete, aber ich fand, in meinem schwarzen Kleid mit dem V-Ausschnitt und den dreiviertellangen Ärmeln ließ sie mich nur noch verführerischer wirken. Die winzigen Diamanten auf dem Medaillon funkelten auf meiner Brust.

Ich bürstete mir das Haar, bis es seidenweich war und mit einem zarten Schimmer über meine Schultern fiel. Dann trug ich ein wenig Rouge und Lippenstift auf und benutzte dezent etwas Eyeliner. Zu meiner Zufriedenheit sah ich jetzt mehr wie die Frauen aus, die Michael an seiner Seite gewohnt war, als ich aus dem Schlafzimmer kam, um mich von ihm begutachten zu lassen. Er hatte gerade ein Telefongespräch beendet und legte den Hörer auf. Er drehte sich um und lächelte mich mit seinen schimmernden Augen an, und seine Lippen öffneten sich bewundernd.

»Du bist schön«, sagte er. »Sehr schön sogar. Ich kann es kaum erwarten, dich in die Gesellschaft einzuführen. Alle werden mich um meine Entdeckung beneiden«, fügte er hinzu und trat näher, »und um meine Liebe.«

Ich strahlte vor Stolz. Michael half mir in den Mantel und küßte mich auf die Wange.

»Unser Taxi steht schon unten«, sagte er, und wir verließen die Wohnung.

Es war eine lange Fahrt durch die Stadt. Michael hatte nicht übertrieben, als er von einem abgelegenen Restaurant gesprochen hatte. Der Fahrer fuhr uns durch ein Gewirr kleiner Seitenstraßen, bis wir schließlich vor einem italienischen Restaurant an einer Kreuzung anhielten. Das Restaurant hieß schlicht »Bei Mama«. Es war alles andere als schick – ein kleiner Raum mit einer winzigen Bar und etwa einem Dutzend Tischen, aber in meinen Augen war es das romantischste und tollste Restaurant, in dem ich je gewesen war.

Michael setzte sich mit mir an einen Tisch im dunkelsten Eck des kleinen Raumes. Er hatte recht, daß wir hier keine Aufmerksamkeit auf uns ziehen würden. Niemand schien uns zur Kenntnis zu nehmen oder sich für uns zu interessieren, sobald wir eingetreten waren und uns gesetzt hatten. Aber alles, was wir bestellten und aßen, war selbstgemacht und köstlich. Michael bestellte den teuersten Wein, und wir tranken fast zwei Flaschen. Durch seine Reisen kannte er sich gut mit Wein und fremdländischen Gerichten aus. Er schilderte mir einige der berühmtesten Restaurants auf der ganzen Welt, in denen er gewesen war.

Das einzige, was ich zu diesem Thema erzählen konnte, war, wie gut das Essen im Cutler's Cove Hotel schmeckte. Ich beschrieb ihm Nußbaum, den Küchenchef, und den Aufwand, der im Hotel täglich mit dem Abendessen betrieben wurde.

»Großmutter Cutler begrüßt ihre Gäste, manchmal in Begleitung meiner Mutter, an der Tür und stattet ihnen dann an ihren Tischen Besuche ab, damit sie sich alle dort wie zu Hause fühlen.«

»Sie mag zwar eine Tyrannin sein«, sagte Michael, »aber es scheint, als wüßte sie, wie man ein Hotel erfolgreich leitet. Es klingt, als sei sie eine sehr geschickte Geschäftsfrau. Ich hätte gar nichts dagegen, sie eines Tages kennenzulernen«, sagte er.

»Du würdest sie hassen. Sie gäbe dir das Gefühl, etwas Geringeres als eine Ameise zu sein, weil du nur ein Bühnenstar bist. Sie hat nur Respekt vor reinem Blut, vor reichem, reinem Blut«, sagte ich, und meine Worte trieften vor Wut.

Ich erzählte Michael, wie sie versucht hatte, mir den Besuch der Bernhardt-Schule von Anfang an zu vergällen, indem sie diesen Brief voller Lügen an Agnes geschrieben hatte.

»Bald wirst du all das abgeschüttelt haben«, sagte er. Er legte seine Hand auf meine und drückte liebevoll meine Finger zusammen. »Und Leute wie sie können dir dann nichts mehr anhaben.«

»O Michael«, sagte ich, »ich kann diesen Tag kaum erwarten.«

»Tja«, sagte er und schmunzelte verschmitzt, »vielleicht kommt dieser Tag schneller, als du glaubst.«

»Michael«, rief ich aus und sprang fast von meinem Stuhl hoch. »Wie meinst du das?«

»Ich sollte es dir noch nicht sagen«, erwiderte er mit einem Lächeln auf den Lippen, »aber es sieht ganz danach aus, als könnte ich dir in der neuen Broadway-Show eine kleine Rolle beschaffen.«

»Michael!« Ich glaubte, ich würde auf der Stelle ohnmächtig. Ich spürte, wie mein Herz vor Aufregung heftig schlug und das Atmen mir so schwerfiel, daß meine Brust schmerzte. Ich, am Broadway? Jetzt schon?

»Es ist noch nicht endgültig entschieden«, warnte er mich. »Es besteht nur die Möglichkeit. Wir müssen noch viel härter an deinem Gesang arbeiten. Es ist etwas ganz anderes, in einem Musical auf der Bühne zu stehen, als bei einem Schulkonzert aufzutreten und ein oder zwei Lieder zu singen.«

»Ja, das verstehe ich. Natürlich. Aber ich werde hart arbeiten, sehr hart, Michael. Wirklich.«

»Ich weiß, daß du das tun wirst«, sagte er und tätschelte wieder meine Hand. »Es liegt dir im Blut. Habe ich dir das nicht von Anfang an gesagt?«

Nachdem Michael die Rechnung bezahlt hatte und wir das kleine Restaurant verlassen hatten, machte mir die lange Heimfahrt zu seiner Wohnung gar nichts aus. Ich verbrachte sie in seinen Armen und träumte vom Broadway und davon, wie ich einen phantastischen Moment nach dem nächsten mit ihm gemeinsam erleben würde. Wer hätte gedacht, daß das einmal wahr werden würde, was Momma Longchamp mir vor vielen, vielen Jahren prophezeit hatte!

Ich wußte jetzt, daß sie versucht hatte, die tragischen Ereignisse zu vergessen, die zu meiner Entführung geführt hatten. Es war, als sei ich in eine Lüge hineingeboren worden. Sie konnte damit nicht leben und nicht mit ihrem eigenen Schuldbewußtsein, und mit der Zeit hatte sie sich dazu gebracht, an die Geschichte zu glauben, die sie selbst erfunden hatte – ich sei bei Tagesanbruch geboren worden, und die Vögel hätten gesungen.

»Sie haben dir für alle Zeiten eine Melodie auf die Lippen gezaubert«, hatte sie mir gesagt. »Eines Tages werden die Leute dich singen hören, und sie werden von dem Wunder erfahren, das sich ereignet hat, als dieser schöne Singvogel dir seine Stimme verliehen hat, um deine Geburt zu feiern.«

Dieser Tag rückte jetzt näher, und zwar schneller, als du es dir hättest vorstellen können, Momma, dachte ich, und mit Liebe im Herzen würde meine Stimme noch schöner klingen, als ich es mir selbst vorstellen könnte.

Die Zeit, die Michael und mir noch blieb, verging wie im Flug, schneller, als ich es haben wollte. Als der Morgen des letzten Tages anbrach, schlug ich widerstrebend die Augen auf. Trisha und ich hatten alles genau geplant. Ich sollte ein Taxi zum Busbahnhof nehmen und sie dort treffen, wenn sie mit dem Bus zurückkam. Dann würden wir gemeinsam ein Taxi zu unserer Pension nehmen, damit Agnes glaubte, ich hätte die gesamten Ferien mit Trisha verbracht.

Nachdem ich mich angezogen und meine Sachen gepackt hatte, stand ich mit meinem Koffer da und schaute mich traurig in Michaels Wohnung um. Helle Sonnenstrahlen fielen an diesem klaren, frischen Tag durch die Fenster auf unseren kleinen Weihnachtsbaum und ließen seinen Schmuck funkeln und die Nadeln fast so grün wie Klee wirken. Sogar das festliche Einwickelpapier der Geschenke, die sich türmten, glitzerte in dem warmen Licht, das hereinströmte.

»Es war einfach wunderbar«, sagte Michael an der Tür zu mir. »Jeder einzelne Augenblick. Aber sieh darin nicht das Ende«, schalt er mich, als sich meine Augen bei unserer Trennung mit Tränen füllten. »Betrachte es als Anfang.« Er küßte mich und drückte mich an sich. Meine Kehle war so fest zugeschnürt, daß ich kein Wort herausbrachte.

»Und jetzt ruh dich aus, meine kleine Diva«, warnte er mich. »Wir haben eine Menge Arbeit vor uns.«

»Ja, das werde ich tun. Ich liebe dich, Michael«, flüsterte ich. Seine Augen glänzten vor Freude, und wir trennten uns.

Ich war zu früh am Busbahnhof, und daher setzte ich mich auf eine Bank und las eine Zeitschrift, bis Trishas Bus ankam. Sie sprang die Stufen herunter, und ihr langer roter Schal flatterte hinter ihr her.

»Erzähl mir alles«, drängte sie, nachdem wir einander umarmt hatten. »Was habt ihr getan? Wo wart ihr? Ich wette, er hat dich täglich ausgeführt, in Nobelrestaurants und zu Veranstaltungen.«

»Nein, wir sind die meiste Zeit bei ihm geblieben«, sagte ich und schilderte ihr, wie ich das Festmahl zum Erntedankfest zubereitet hatte. Sie wirkte sehr enttäuscht, bis ich ihr mein Medaillon zeigte.

»Es ist wunderschön«, sagte sie und betrachtete es neiderfüllt. »Und es ist so nett von ihm, daß er etwas, was mit Musik zu tun hat, eingravieren ließ. Was sind das für Noten?«

»Ach«, sagte ich, denn mir wurde klar, daß sie Michaels Lied kennen könnte, »nur Noten. Nichts Besonderes.«

Wir fanden ein Taxi vor dem Bahnhof und unterhielten uns über die Ferien, bis wir vor dem Haus ankamen. Trisha wollte mir alles erzählen, was sie unternommen hatte, damit ich nicht bei irgendwelchen Widersprüchen ertappt werden konnte.

»Wenn Agnes fragt«, sagte Trisha, »dann merk dir, daß wir zum Erntedankfest zehn Gäste hatten und daß es sowohl Ente, als auch Truthahn gegeben hat.«

»Es klingt, als sei es ein wunderbares Essen gewesen«, sagte ich. Jetzt war ich an der Reihe, neidisch zu sein, sie um eine glückliche, liebevolle Familie zu beneiden, die sich an den Feiertagen zum Essen an einem Tisch versammelte.

Zu unserem Erstaunen fanden wir Agnes im Korridor am Fuß der Treppe vor, als wir das Haus betraten. Offensichtlich hatte sie uns erwartet und ihren Posten bezogen, sobald sie uns gehört hatte, doch ein Blick in ihr Gesicht genügte, um mein Herz vor Kälte erschauern zu lassen. Sie war ganz in Schwarz gekleidet, und ihr Gesicht war bleich und ungeschminkt, kein Rouge, kein Lippenstift, rein gar nichts. Das Haar hatte sie sich zurückgekämmt und zu einem Knoten geschlungen. Es war immer schwer zu sagen, ob Agnes gerade eine ihrer Rollen spielte oder nicht. Im Moment hatte ich den Eindruck, sie spielte die Trauernde.

»Du hast mich belogen«, fauchte sie mich an, noch bevor ich

sie begrüßen konnte. Ich sah Trisha überrascht an, und dann schaute ich Agnes an.

»Belogen?«

»Deine Mutter hat vor zwei Tagen hier angerufen und wollte dich sprechen. Sie hatte keine Ahnung, daß du mit Trisha nach Hause fährst. Hast du deine Familie etwa nicht um Erlaubnis gefragt? Ich bin mir so blöd vorgekommen«, fügte Agnes hinzu, ehe ich etwas darauf erwidern konnte. Sie zerknüllte ihr weißes seidenes Taschentuch mit den Händen. »Ich bin verantwortlich, ja, aber ich habe mich auf dich verlassen, habe dir vertraut. Als du mir gesagt hast, du hättest die Erlaubnis deiner Familie, habe ich dir geglaubt. Ich hätte wissen müssen, daß ich dir nicht trauen kann, ich hätte damit rechnen müssen«, lamentierte sie.

»Ich rechne jetzt jeden Augenblick mit einem Anruf von deiner Großmutter«, sagte sie. Ihr schien es vor diesem Anruf furchtbar zu grauen.

»Sie wird nicht anrufen«, versicherte ich ihr. »Meine Mutter hat es ganz einfach vergessen«, behauptete ich. »Sie muß irgendwelche Medikamente genommen haben, als wir das letzte Mal miteinander geredet haben, und dann konnte sie sich an nichts mehr erinnern. Das passiert oft«, sagte ich und sah Agnes fest an. Es überraschte mich, wie leicht mir die Lügen über die Lippen gingen. Ich sah ihr an, daß sie diese Möglichkeit in Erwägung zog.

»Ach, du meine Güte«, stöhnte sie; sie liebte große Tragödien. »Ich weiß selbst nicht mehr, was ich glauben soll. Dann erwartest du also keine Probleme?«

»Nein.« Ich zuckte die Achseln. »Das ist schon öfter passiert. Großmutter Cutler ist auch daran gewöhnt.«

»Ach, was für eine traurige Geschichte«, stöhnte Agnes. »Deine Mutter ist eine so hübsche Frau. Ich kann einfach nicht glauben, daß sie so krank ist.«

»Das kann niemand«, sagte ich trocken, doch mein Sarkasmus entging Agnes.

»Habt ihr beide die Feiertage denn angenehm verbracht?« fragte sie und wandte den Blick von mir ab und Trisha zu.

»Oh, ja, es war sehr schön«, sagte Trisha.

»Mrs. Liddy hat zur Rückkehr aller etwas ganz Besonderes vorbereitet. Ach, du meine Güte«, sagte sie und knüllte wieder das Taschentuch in ihren Händen. »Ich habe mir ja solche Sorgen gemacht«, murmelte sie und ging.

»Es wird immer schlimmer mit ihr«, bemerkte Trisha, als wir hinter ihr her schauten. »Sie hat sich doch wirklich in dieses alte Kostüm geworfen, um auf eine furchtbare Szene vorbereitet zu sein. Jedesmal, wenn ihr ein Gedanken durch den Kopf geht oder eine Stimmung sie befällt, gräbt sie in ihrer Truhe mit den alten Kostümen herum und findet etwas, was ihrer Gemütslage entspricht.«

»Sie tut mir leid, aber sie war ja nicht gezwungen, für Großmutter Cutler zu spionieren. Ich lüge nicht gern, aber ich hatte keine andere Wahl«, sagte ich.

Trisha nickte, und wir stiegen die Treppe zu unserem Zimmer hinauf, um unsere Sachen zu verstauen. Natürlich wollte Trisha unbedingt wissen, wie es für mich gewesen war, so viele Tage mit einem Mann in seiner Wohnung zu leben. Sie stellte mir alle möglichen Fragen, und mindestens zweimal hätte ich fast etwas gesagt, womit ich Michael verraten hätte.

»Meine Mutter sagt immer, die Nächte sind für die Phantasie und die Romantik da, aber wenn man am Morgen aufwacht und der Mann neben einem noch schnarcht, bricht die Wirklichkeit über einen herein, und die Seifenblase platzt«, sagte Trisha. »Ist dir das auch passiert?«

»Oh, nein. Die Vormittage waren genauso schön wie die Nächte. Ich habe uns ein üppiges Frühstück zubereitet, und wir haben genauso angeregt miteinander geredet wie am Abend. Er hat soviel zu erzählen. Er hat die ganze Welt gesehen.«

»Warum reist er soviel?« fragte sie schnell.

»Ach, das ist... geschäftlich.«

»Was tut er geschäftlich?«

»Es hat irgend etwas mit Import zu tun«, sagte ich schnell.

»Du hast solches Glück«, sagte sie. »Du bist begabt und

hübsch, und jetzt hast du auch noch eine richtige Affäre, wie die Erwachsenen.«

»Du bist auch begabt und hübsch, Trisha, und ich bin sicher, daß du dich auch sehr bald verlieben wirst«, tröstete ich sie. Sie dachte darüber nach und zuckte dann die Achseln. Ein seliges Lächeln stand auf ihrem Gesicht.

»Erik Richards hat mich während der Feiertage dreimal angerufen.«

»Ach, wirklich?«

»Wir gehen am kommenden Wochenende zusammen aus. Wir werden im Plaza zu Abend essen! Ich glaube, er wird mich auffordern, fest mit ihm zu gehen«, sagte sie.

»Was wirst du tun?«

Fest mit jemandem zu gehen, das klang in meinen Ohren jetzt so kindisch, aber ich wollte nichts sagen, was Trisha traurig gemacht hätte. Michael und ich redeten über ein gemeinsames Leben, ein Leben für die Kunst und die Liebe. Mit einem Jungen zu gehen, erschien mir wie etwas, was Mädchen tun, die viele Jahre jünger als ich sind. Aber Trisha war nicht jünger als ich.

»Er sieht sehr gut aus«, sagte sie. »Ich glaube, ich sage einfach ja dazu«, schloß sie, und ihre Augen funkelten schelmisch. Wir lachten und fielen einander in die Arme, und dann gingen wir zum Abendessen nach unten.

Mrs. Liddy hatte uns ein Essen zubereitet, das es mit meinem Festmahl am Erntedankfest aufnehmen konnte. Agnes, die jetzt ein sehr jugendliches weißes Kleid mit Puffärmeln und Stickereien am Saum und auf dem Kragen trug und eine Perlenkette angelegt hatte, mit der man ein Pferd hätte erwürgen können, hielt eine ihrer kurzen dramatischen Reden und teilte uns mit, wie froh sie sei, daß wir alle gesund und unbeschadet aus den Ferien zurückgekehrt waren.

»Und wir sind wieder zusammen, eine vereinte Familie, die bereit ist, es mit allem aufzunehmen, was die harte, grausame Welt für uns parat hält.«

Wir alle sahen einander an. Es war ganz entschieden ein Zitat aus einem Melodram, das sie in jüngeren Jahren aufgeführt hatte. Trisha war sicher, daß es sich bei dem Kleid um ein Kostüm aus eben jenem Schauspiel handelte.

Aber mich störte es nicht. Jetzt konnte nichts mehr meine Tage voller Glück und Sonnenschein beeinträchtigen, nicht Agnes' Überspanntheit, nicht Madame Steichens aufbrausende Art und sogar Großmutter Cutlers abscheuliche Taten nicht. Ich fühlte mich in Sicherheit. Mich hatte die Liebe zwischen Michael und mir unbesiegbar gemacht. Es war die Festung, die mich vor dem beschützen würde, was Agnes »die Fallstricke und Pfeile eines unerhörten Schicksals« nannte, in Anlehnung an ein Zitat von Shakespeare, wie sie uns immer wieder ins Gedächtnis rief.

Doch es gab »Fallstricke und Pfeile«, die ich nicht vorhergesehen hatte, und sie fielen in der Form auf meine Seifenblase aus Glück und verklärter Seligkeit, die Trishas Mutter beschrieben hatte. Das Gewicht der Realität war viel zu schwer, um von Phantasien aufgefangen und getragen zu werden.

Es begann an dem Morgen des dritten Tages nach unserer Rückkehr aus den Ferien. Beim Aufwachen war mir entsetzlich übel, und ich übergab mich zwanzig Minuten lang. Trisha fürchtete, ich hätte die Darmgrippe erwischt, und sie wollte Agnes schon informieren und sie bitten, für eine ärztliche Behandlung zu sorgen, als sie mir die Frage stellte, bei der ich zu erstarren schien.

»Deine Periode ist doch nicht ausgeblieben, oder?« Ich brauchte ihr keine Antwort zu geben. Sie konnte sie in meinem Gesicht lesen. »O Dawn, wie lange ist es her?«

»Es sind fast sechs Wochen«, antwortete ich unwillig. »Ich habe mir gar nichts dabei gedacht. Sie ist fast immer unregelmäßig gekommen.«

»Und das ist ein Grund mehr, sich Sorgen zu machen und aufzupassen«, sagte Trisha. »Hat deine Mutter denn nie mit dir über diese Dinge geredet?«

Welche Mutter, dachte ich. Momma Longchamp hielt mich immer für zu jung, um mich aufzuklären, und als ich alt genug war und es hätte wissen wollen, war sie zu krank und hatte andere Sorgen. Ich war sicher, daß meine leibliche Mutter blau angelaufen und in Ohnmacht gefallen wäre, wenn ich dieses Thema auch noch so behutsam angesprochen hätte. Und mit ihr konnte man ohnehin nicht reden, dachte ich.

Ich schüttelte den Kopf, und Tränen liefen über meine Wangen.

»O Trisha, ich kann nicht schwanger sein. Es darf einfach nicht sein. Nicht jetzt. Ich bin nicht schwanger«, sagte ich nachdrücklich. »Es ist nur eine Darmgrippe. Du wirst es ja sehen.« Ich nickte und zwang mich, selbst daran zu glauben.

Trisha drückte mir die Hand und lächelte.

»Vielleicht hast du recht. Vielleicht ist es doch nur eine Darmgrippe«, sagte sie. »Laß uns nicht gleich in Panik geraten.«

Ich nickte und kämpfte gegen meine Gefühle an. Beim Frühstück hatte ich wenig Appetit, aber das hätte auch an meiner Nervosität liegen können, wie auch meine Übelkeit darauf zurückzuführen sein konnte. Den ganzen Tag über lastete das Gewicht der Sorge drückend auf meinen Schultern. Ich hatte keinen Gesangsunterricht, und daher sah ich Michael nicht, und ich wollte auch nicht, daß er mich sah, wenn ich mich schlecht fühlte.

Am Abend war ich sehr müde und legte mich bald schlafen. Am nächsten Morgen erwachte ich wieder mit dieser Übelkeit und übergab mich. Ich sah, daß Trisha sich zunehmend mehr Sorgen machte und Angst um mich hatte, und daher tat ich so, als sei es nicht so schlimm wie am Vortag.

»Ich glaube, es ist die Grippe«, sagte ich zu ihr. »Und es wird schon wieder besser.«

Als Michael mich im Gruppenunterricht sah, meinte er jedoch, ich sähe kränklich und matt aus, doch ich sagte ihm nur, ich hätte nicht gut geschlafen. Ehe er mich nach den Gründen fragen konnte, waren wir von anderen Schülern umgeben, und das erschwerte uns jedes Gespräch.

Später am Nachmittag ging ich in die Bibliothek und las über die Schwangerschaft nach, damit ich wußte, worauf ich achten mußte, wenn ich nach Hause kam. Ich zog meinen Pullover und den BH aus und sah mir meine Brüste im Spiegel an. Schnell erkannte ich, daß das, was ich für ein Zeichen meines Heranreifens gehalten hatte, aus anderen Gründen geschah. Meine Brüste waren größer, und meine Brustwarzen hatten sich nicht nur ausgedehnt, sondern sie waren auch dunkler gefärbt. Winzige neue Blutgefäße waren direkt unter der Haut zu sehen. Diese Bestätigung der Symptome ließ mein Blut gefrieren. Das, was ich sah und was es bedeutete, war unbestreitbar.

Ich ließ niedergeschlagen den Kopf hängen. Die Liebe hatte mich dumm und unvorsichtig gemacht. Warum hatte ich nicht nachgedacht? Michaels Liebe zu mir und meine Liebe zu ihm hatten mich sehr schnell zur Frau gemacht. Ich hatte die Leidenschaft einer Frau empfunden; ich hatte ihn geküßt und mit ihm geschlafen wie eine Erwachsene, und ich hatte sein Herz gewonnen, wie nur eine reife Frau es hätte für sich gewinnen können. Warum war mir nicht klar gewesen, daß ich wie jede andere Frau auch die möglichen Folgen erleiden könnte, als ich mich hingebungsvoll in Michaels Arme warf?

»Was wirst du jetzt tun?« fragte mich Trisha, nachdem ich in unser Schlafzimmer zurückgekommen war und ihr all meine Symptome beschrieben hatte, die gewiß nur eines bedeuten konnten. »Vielleicht solltest du deine Mutter anrufen.«

»Meine Mutter? Zu ihr bin ich gegangen, als Großmutter Cutler darauf beharrt hat, ich sollte mich in Eugenia umbenennen, da sie mir ursprünglich einmal diesen Namen gegeben hatten, wie sie behauptete.«

»Eugenia?«

»Es war der Name einer der Schwestern von Großmutter Cutler, von derjenigen, die an Pocken gestorben ist. Als ich mich bei meiner Mutter darüber beklagt habe, ist sie fast in ein Koma versunken. Bei der leisesten Spannung gerät sie in Panik. Sie ist unbrauchbar. Natürlich«, fügte ich erbittert hinzu, »ist das nur aufgesetzt, damit alle sie in Ruhe lassen und sie bemitleiden.«

»Aber du wirst es Allan doch sagen, oder nicht? Man sollte glauben, ein reifer Mann wäre vorsichtiger und würde sich genauso viele Gedanken machen, wie du es hättest tun sollen. Schließlich war er verheiratet und so weiter.«

Ich sagte kein Wort. Ich hatte Angst, es Michael zu erzählen, Angst davor, was jetzt aus all unseren großartigen Plänen werden sollte... aus meinem Auftritt am Broadway und aus unserem Zusammensein für immer und ewig.

»Vielleicht war er vollkommen gedankenlos«, sagte Trisha, doch ihr harter Gesichtsausdruck wurde sofort wieder sanfter. »Es tut mir leid, wenn das grob klingt, Dawn«, fügte sie eilig hinzu.

»Nein, nein«, sagte ich. »Es ist nicht so, daß er gedankenlos handeln würde. Er ist nur zu sehr in mich verliebt, und eine so strahlende Liebe kann die Menschen blindmachen«, sagte ich. »Man denkt nicht mehr. Man verliert sich ganz in der Ekstase. Du hast doch gehört, wie manche dieser Mädchen im Umkleideraum miteinander reden, wie sie erzählen, welche Schwierigkeiten es ihnen macht, ihre Freunde davon abzuhalten, daß sie zu weit gehen, und dabei sind das doch nur... nur jugendliche Schwärmereien.«

»Jedenfalls hast du keine andere Wahl. Du mußt es ihm sagen«, meinte sie.

»Ja, sicher, natürlich werde ich es ihm sagen. Ich fürchte nur, er wird außer sich sein.«

»Er muß die Verantwortung gemeinsam mit dir tragen«, fauchte Trisha. »Meine Mutter sagt immer: ›Zu einem Tango gehören zwei.‹«

»Ja«, sagte ich und spielte nervös mit meinem Medaillon. »Ich weiß.«

Ich sprach es nicht aus, aber das war ein Tanz, den ich lieber ausgelassen hätte.

10

Bittere Früchte

Ich blieb auf dem unteren Treppenabsatz stehen, als wir uns auf den Weg zum Essen machten.

»Trisha, sag Agnes, daß ich gleich komme«, sagte ich. Sie wußte, wohin ich wollte: ins Wohnzimmer, denn dort stand ein Telefon.

»Du rufst Allan jetzt an und sagst es ihm?« fragte sie mit weitaufgerissenen Augen.

»Ja. Du hast recht gehabt. Er muß es augenblicklich erfahren.« Trisha folgte mir und blieb in der Tür stehen. Ich wußte, daß sie sich danach verzehrte, mitanzuhören, was ich sagen würde, aber ich konnte unmöglich zulassen, daß sie es hörte, denn dann hätte sie gewußt, daß ich mit Michael sprach.

»Es tut mir leid«, sagte ich. »Ich bin so nervös, daß ich niemanden in meiner Nähe haben kann, wenn ich mit ihm rede.«

Enttäuscht ließ sie mich allein.

Ich nahm langsam den Hörer ab. Erst, als ich anfing, Michaels Nummer zu wählen, wurde mir klar, daß ich es ihm niemals am Telefon sagen konnte. Ich mußte sein Gesicht sehen und mich von ihm umarmen lassen, und wollte von ihm hören, daß alles in Ordnung war und daß wir immer noch einen Weg finden würden, all die Dinge zu tun, die wir uns vorgenommen hatten. Sein Telefon läutete und läutete. Ich wollte gerade den Hörer wieder auflegen, als er abnahm. Seine Stimme klang atemlos.

»Michael, ich bin es«, sagte ich schnell.

»Dawn?«

»Ist alles in Ordnung mit dir? Du keuchst ja so.«

»Oh, nein, nein, mir geht es prächtig. Ich habe das Telefon läuten gehört, als ich gerade zur Tür reingekommen bin, und ich bin gelaufen, um den Hörer abzuheben. Ist mit dir alles in Ordnung?«

»Michael«, sagte ich, »ich... ich muß rüberkommen. Ich muß dich heute abend noch sehen.«

»Heute abend? Das ist sehr ungünstig, Dawn. Ich habe wieder eine Essensverabredung mit den Produzenten des Broadway-Stücks, und du weißt ja, daß sich solche Termine endlos hinziehen können«, sagte er und lachte trällernd.

»Nein, Michael. Ich muß dich sehen«, beharrte ich. »Wann gehst du aus dem Haus?«

»In etwa einer Stunde. Was ist? Warum kann das nicht warten? Kannst du es mir nicht in der Schule erzählen?«

»Ich komme jetzt sofort rüber«, sagte ich. »Bitte, warte auf mich«, flehte ich ihn an.

»Dawn, was ist denn los? Erzähl es mir doch einfach am Telefon. Es ist nicht nötig...«

»Doch, es ist nötig. Ich muß dich sehen. Es muß sein, Michael. Bitte«, sagte ich flehentlich.

Er schwieg einen Moment lang.

»Also, gut«, sagte er. »Komm rüber, aber in einer Stunde muß ich wirklich aus dem Haus gehen«, fügte er hinzu. »Diese Treffen sind von größter Wichtigkeit. Eine Menge Menschen sind auf mich angewiesen.«

Ich hätte am liebsten gesagt: Ich bin auch auf dich angewiesen, Michael, aber ich legte eilig den Hörer auf die Gabel und rannte nach oben, um meinen Mantel zu holen. Dann eilte ich aus dem Haus, ohne jemandem ein Wort zu sagen, und rannte an die verkehrsreichere Kreuzung, denn dort standen meine Chancen besser, ein Taxi zu bekommen. Es war bitterkalt, ein leichter Regen hatte eingesetzt, und die Tropfen schlugen wie Hagelkörner in mein Gesicht. Dieses Wetter und der Berufsverkehr führten dazu, daß es fast eine Viertelstunde dauerte, bis ich ein Taxi bekam. Der Verkehr war so furchtbar, daß wir längere Zeit nur im Schneckentempo vorankamen. Ich hatte Angst, Michael könnte schon aus dem Haus gegangen sein, wenn ich eintraf.

»Gibt es nicht irgendeinen schnelleren Weg?« rief ich dem Fahrer zu. Er benahm sich, als verstünde er kein Englisch. Er brummte nur. Endlich ließ die Verkehrsdichte nach, und wir kamen zügiger voran, aber als er mich vor Michaels Wohnung absetzte, waren seit meinem Anruf fast fünfundvierzig Minuten vergangen.

Der Portier hatte den Aufzug schon für mich geholt. Ich bedankte mich bei ihm und drückte wie besessen auf den Knopf, bis sich die Türen endlich schlossen und ich auf dem Weg zu Michaels Etage war. Ich keuchte und war selbst atemlos, als er die Tür öffnete. Mein Haar war klatschnaß und wirr, und Strähnen klebten auf meiner Stirn und meinen Wangen.

»Was ist los?« fragte Michael, der zurücktrat und offensichtlich über meinen Anblick erstaunt war. »Was könnte so wichtig sein, daß es dich bei diesem Wetter vor die Tür treibt?«

»O Michael.« Ich fing an zu weinen.

Er wollte mich in seine Arme ziehen, doch dann merkte er, daß mein Mantel naß war und seine Jacke Schaden nehmen könnte.

»Zieh diesen Mantel aus. Du bist ja klatschnaß. Ich hole dir ein Handtuch«, sagte er und eilte ins Bad. Ich zog langsam meinen Mantel aus und schaute mich in dem Raum um, in dem wir den Trugbildern unserer Träume erlegen waren. Der kleine Weihnachtsbaum, dessen Lichter nicht brannten, sah niedergeschlagen und traurig aus, trotz der Geschenke, die schön verpackt darunter lagen. Mein Herz bebte. Ich hielt die Tränen zurück und unterdrückte die Schreie, die aus meiner Kehle aufsteigen wollten.

Michael kam mit einem Handtuch zurück, und ich trocknete mir das Gesicht und das Haar. Er sah auf seine Armbanduhr.

»Bei dem Wetter und bei diesem Verkehr komme ich jetzt schon zu spät. Also gut«, sagte er, als er sah, wie meine Lippen und mein Kinn zitterten. Er führte mich zum Sofa. »Setz dich hin, sei ganz ruhig, und erzähl mir, worin das Problem besteht. Was es auch sein mag, wir werden es gemeinsam lösen. Hat es etwas mit dieser fürchterlichen Großmutter zu tun?«

»Nein, Michael.« Ich schüttelte den Kopf. »Ich wünschte, es wäre so.« Ich mußte mir die Lippen anfeuchten, die ausgetrocknet waren. Meine Beine verrieten mich und begannen zu zittern. Ich konnte die Tränen nicht länger zurückhalten. Ich fing an, unbeherrscht zu schluchzen. Michael setzte sich neben mich und nahm meine Hände in seine. Er küßte mir die Tränen von den Wangen und legte den Arm um meine Schultern.

»Na, na, es wird schon alles wieder gut werden. Ich verspreche es dir. So schlimm kann es gar nicht sein; nichts ist so schlimm, wie es dir im Moment vorkommt. Wie kann ich dir helfen? Was ist schiefgegangen?«

»Michael...« Ich schluckte. »Ich bin schwanger.«

Er zuckte mit keiner Wimper und wandte sich auch nicht ab, aber ein seltsam glasiger Ausdruck trat in seine Augen.

»Bist du sicher?« fragte er. Sein gepreßtes Lächeln wurde breiter, und es sah ganz so aus, als würde er gleich lachen. »Mädchen behaupten doch immer, daß sie glauben, sie seien schwanger.«

»Ja. Ich bin ganz sicher«, sagte ich mit fester Stimme. Seine Reaktion erstaunte mich. Er schien weder wütend, noch außer sich zu sein. Er wirkte versonnen und lehnte sich zurück, um mich in aller Ruhe zu betrachten.

»Woher willst du es mit Sicherheit wissen?« fragte er und verschränkte die Arme vor der Brust.

»Ich habe meine Periode seit mehr als sechs Wochen nicht mehr gehabt, und ich habe auch einige der anderen Symptome.«

»Dann bist du also noch nicht beim Arzt gewesen?«

»Nein, aber ich bin sicher. Es hat keinen Sinn, sich vorzumachen, es sei nicht so. Mir ist jetzt schon seit Tagen morgens übel, und... und mein Körper weist andere Veränderungen auf.«

»Ich verstehe. Jedenfalls bleibt uns noch ein Weilchen Zeit, ehe du es jemandem sagen mußt. Man sieht dir deine Schwangerschaft absolut nicht an. Ich wette, daß man bei dir in den nächsten zwei bis drei Monaten noch nichts sehen wird. Bis dahin«, sagte er, »ist mein Semester als berühmter Gastdozent schon abgelaufen. Weiß sonst jemand etwas davon?«

»Meine Zimmergenossin«, sagte ich.

»Oh.« Sein Gesicht verfinsterte sich.

»Aber sie weiß nichts von dir. Sie glaubt, daß der Mann, mit dem ich mich treffe, Allan heißt und Geschäftsmann ist.«

»Sehr gut«, sagte er und strahlte schon wieder. »Dabei wollen wir es auch belassen.«

»Aber, Michael, und was tun wir danach?« fragte ich.

»Danach? Ach, danach. Ich fliege von hier aus direkt nach Miami. Ich mache eine kurze Tournee durch Florida, aber ich brauche nicht vor dem Sommer zu den Proben für das Musical wieder in New York zu sein. Also wirst du das Baby in Florida kriegen«, sagte er.

»In Florida? Heißt das, daß ich dich begleite?«

»Natürlich. Du kannst ja wohl schlecht hierbleiben, wenn die Katze erst aus dem Sack ist.« Er lächelte. »Du glaubst doch nicht etwa, ich würde dich im Stich lassen, oder? Nicht nachdem ich all die Zeit und Energie daran gesetzt habe, einen Star aus dir zu machen.«

»O Michael!« Ich schlang ihm die Arme um den Hals, und er lachte.

»Na, na, ganz ruhig. Du bist eine schwangere Frau, verstehst du. Du mußt jetzt aufpassen und darfst nicht mehr rumtollen wie vorher.« Er küßte mich auf die Nasenspitze. Ein Prickeln zog durch meine Finger, die mit seinen verschlungen waren.

»Aber, Michael«, rief ich aus, »dann bin ich Mutter. Ich wollte doch singen und mit dir auf der Bühne stehen, wie wir es uns erträumt haben...«

»Und das wirst du auch tun«, sagte er. »Glaubst du etwa, ein Baby würde deine Karriere behindern? Absolut nicht. Wir können uns das beste Kindermädchen in der ganzen Stadt leisten. Für meine Gemahlin und mein Kind ist mir ohnehin nur das Beste gut genug«, fügte er hinzu.

Allein schon, als ich ihn »Gemahlin« sagen hörte, wurde mir warm ums Herz, und all die Traurigkeit und die Tränen waren verschwunden. Diese grauen Wolken, die mir zu folgen schienen, wohin ich auch ging, wurden fortgeweht und verschwanden am Horizont.

»Wir werden das Baby überallhin mitnehmen. Ich habe eine Reihe von Freunden, die auftreten und es auch so machen«, versicherte er mir.

Doch mir fielen die Dinge wieder ein, die mir Agnes über die Ehe, eine Familie und das Showbusineß erzählt hatte.

»Michael, ist es nicht viel, viel schwerer, eine Familie zu haben, wenn man im Showbusineß ist?«

»Schwerer ist es, aber es ist keineswegs unmöglich. Schon gar nicht, wenn zwei Menschen einander so sehr lieben wie du und ich. Also«, sagte er und schlug die Hände zusammen und stand auf. »Schluß mit den Tränen. Komm jetzt.« Er hielt mir seine Hand hin, und ich griff danach. »Ich lasse dich auf dem Weg zu meiner Besprechung bei dir zuhause absetzen.«

Er half mir in den Mantel und zog sich selbst einen Mantel an.

»Und denk an eines«, sagte er, nachdem er mich auf die Wange geküßt hatte, »du mußt es geheimhalten, bis ich das Semester an der Bernhardt-Schule abgeschlossen habe. Dort gibt es ein paar Lehrer, die mich liebend gern verjagen und einen riesigen Skandal entfesseln würden. Das könnte sogar meiner Karriere als Sänger abträglich sein.«

»O Michael, mach dir keine Sorgen. Niemand wird etwas erfahren. Lieber sterbe ich, als jemandem etwas zu erzählen.«

»Aber du hast es schon getan ... du hast es deiner Zimmergenossin erzählt«, rief er mir ins Gedächtnis zurück.

»Ja, aber Trisha wird auch niemandem gegenüber ein Wort darüber verlieren. Sie ist meine beste Freundin. Ich kann ihr vertrauen.«

»Ich würde ihr an deiner Stelle trotzdem nichts über mich erzählen. Laß alles so bleiben, wie es ist. So ist es perfekt. Du bist wirklich genial, das weißt du doch«, sagte er, und ich strahlte vor Stolz, als er seinen Arm um meine Schultern legte und mich aus dem Haus führte.

Als ich in die Pension zurückkehrte, war das Abendessen schon abgeräumt. Trisha war noch dabei, den Tisch abzudekken, denn sie war diese Woche an der Reihe, mitzuhelfen. Außer ihr war niemand im Eßzimmer.

»Was ist passiert?« fragte sie. Sie senkte die Stimme und warf einen Blick auf Agnes' Zimmertür. »Agnes ist außer sich. Nachdem sie sich auf die Suche nach dir gemacht und dich nirgends gefunden hat, ist sie in Panik geraten. Du hast vergessen, dich auszutragen. Jedesmal, wenn jemand nicht da ist, wo er zu sein hätte, glaubt sie zugleich, derjenige könnte wie Bones davongelaufen sein. Wo warst du?«

»Ich war in seiner Wohnung und habe es ihm gesagt«, antwortete ich.

»Und?«

»Er ist weder wütend, noch außer sich. Er freut sich eigentlich sogar sehr darüber. O Trisha, wir werden heiraten.«

»Was? Wann?«

»In etwa zwei Monaten.«

»Aber was ist mit der Schule, mit deiner Karriere?«

»Daran wird sich nichts ändern. Er findet für alles eine Lösung. Er hat sich ganz wunderbar verhalten, und die Unkosten, die für ein Kindermädchen auf ihn zukommen, damit ich weiterhin studieren kann, stören ihn überhaupt nicht. Er hat sich schon immer ein Kind gewünscht«, fuhr ich fort und schmückte mein Märchen aus, ein Märchen, das für mich zu einem romantischen Traum geworden war. »Ihm hat es sehr leid getan, daß er und seine erste Frau nie Kinder gehabt haben.

Aber ich muß das alles noch eine Zeitlang geheimhalten, Trisha. Erzähle bitte keiner Seele etwas. Versprichst du mir das?«

»Natürlich verspreche ich es dir, aber du kannst es nicht ewig verbergen«, erinnerte sie mich. Sie starrte mich einen Moment lang an und schüttelte dann lächelnd den Kopf. »Bist du ganz sicher, daß du es so haben willst?«

»Oh, ja«, sagte ich. »Mehr als ich es je geglaubt hätte. Ich werde endlich eine Familie haben, meine eigene Familie, und selbst, wenn wir ein Kindermädchen haben werden, das uns hilft, werde ich mein Kind niemals vernachlässigen oder ihm das Gefühl geben, ungeliebt zu sein.«

»Dann freut es mich für dich«, sagte Trisha und nahm meine Hand.

»Danke.«

Wir umarmten uns.

»Aber jetzt solltest du lieber zu Agnes in ihr Zimmer gehen und ihr sagen, daß du wieder da bist«, meinte Trisha. »Wahrscheinlich wühlt sie im Moment gerade in ihrer Kostümtruhe herum und bemüht sich, das angemessene Kostüm für eine neue Tragödie zu finden.«

Ich ließ sie stehen und ging zu Agnes' Zimmer. Als ich gerade anklopfen wollte, hörte ich jedoch Stimmen aus dem Raum dringen. Agnes war nicht allein in ihrem Zimmer.

»So ist es schon immer mit dir gewesen«, sagte die andere Frau. »Du tust etwas, um sie zu vertreiben. Du solltest es dir wirklich überlegen – du wirst als alte Jungfer sterben, und daran trifft nur dich selbst die Schuld.«

»Das ist ungerecht«, sagte Agnes. »Ich habe nicht dazu beigetragen, ihn zu vertreiben. Du hast ihn vertrieben; schuld warst du mit deiner Eifersucht.«

»Ich?«

Wer hielt sich dort auf, fragte ich mich. Worüber redeten sie bloß? Über mich jedenfalls nicht. Ich wollte mich gerade abwenden und wieder gehen, als Mrs. Liddy aus ihrem Zimmer kam.

»Oh, meine Liebe, wo bist du gewesen? Agnes hat sich solche Sorgen gemacht. Du wolltest ihr gerade sagen, daß du wieder da bist, stimmt's?«

»Ich ... ja, aber sie ist beschäftigt. Sie ist nicht allein«, sagte ich.

»Nicht allein?« Mrs. Liddy zog die Augenbrauen hoch. Dann lächelte sie. »Ach, so. Nein, klopf ruhig an«, riet sie mir. »Nun mach schon.«

Ich tat, was sie gesagt hatte, und Agnes öffnete mir die Tür. Sie trug ein dunkelrotes Negligé und hatte das Haar gelöst. Ihre Wangen schienen tränenfeucht zu sein. Als ich ihr über die Schulter schaute, sah ich, daß niemand sonst im Zimmer war. Ich drehte mich zu Mrs. Liddy um, die mit geschlossenen Augen kurz nickte. Dann wurde es mir klar: die andere Stimme – das war auch Agnes gewesen, die einen Dialog mit sich selbst führte, eine Szene aus einem Stück probte, in dem sie einst mitgespielt hatte.

»So, und wo bist du gewesen, junge Dame?« sagte sie. Sie verschränkte die Arme vor der Brust und zog die Schultern abrupt zurück. »Du hast dich nicht ausgetragen und auch niemandem gesagt, daß du aus dem Haus gehst.

Also, wo warst du, Dawn? Warum bist du nicht zum Abendessen erschienen, obwohl du gesagt hast, du kämst zum Essen?« Ihre Augen starrten glasig, und ihre bleichen Hände zitterten, als sie sich voneinander lösten, um sich auf ihre Brust zu legen. »Nur Mrs. Liddy hat mich davon abgehalten, deine Großmutter anzurufen.«

»Es tut mir leid, Agnes. Ich war gerade auf dem Weg zum Abendessen, als mir eingefallen ist, daß ich noch eine Freundin anrufen muß, die furchtbare private Schwierigkeiten hat. Sie war so überspannt, daß ich sofort aus dem Haus stürzen und zu ihr fahren mußte, ehe sie sich etwas Schreckliches antut«, erklärte ich mit weitaufgerissenen Augen.

»Ach, du meine Güte«, sagte Agnes und preßte sich die gefalteten Hände gegen die Brust. Ich hatte zurecht angenommen, daß ein solches Drama ganz nach ihrem Geschmack war, doch Mrs. Liddy wirkte äußerst skeptisch und legte den Kopf zur Seite, als sie sich auf die Lippen biß.

»Es tut mir leid«, wiederholte ich und wandte mich eilig wieder zu Agnes um.

»Ja. Ist jetzt alles in Ordnung?«

»Oh, ja, ja«, sagte ich und dachte jetzt an mich selbst. »Es ist alles ... bestens.«

Und was mich betraf, war es das auch. Im Lauf der Wochen, die zwischen dem Erntedankfest und den Weihnachtsferien vergingen, ließ meine morgendliche Übelkeit allmählich nach, bis nichts mehr davon zu spüren war. Ich fing sogar tatsächlich an, mich außerordentlich wohl zu fühlen und stellte fest, daß ich mehr Energie denn je besaß. Wenn ich mich im Spiegel anschaute, fand ich, daß ich nie schöner ausgesehen hatte. Meine Augen strahlten so hell wie nie zuvor. Auch anderen Menschen fielen diese Veränderungen an mir auf, vor allem Madame Steichen.

»Jetzt spielst du mit Leidenschaft«, sagte sie eines Nachmittags zu mir. »Deine Finger gleiten nicht achtlos über die Tasten. Du bist eins mit dem Klavier geworden, und das Klavier«, sagte sie und legte den Kopf stolz zurück, um darauf hinzuweisen, daß es ihr zuzuschreiben war, »spielt dich.«

Ich schwebte auf einer weichen weißen Wolke. Ich glitt durch die Korridore. Junge Männer, die mich nur mit flüchtigen Blikken oder kurzen Begrüßungen bedacht hatten, lächelten jetzt strahlend und suchten nach einem Vorwand, um mich im Flur aufzuhalten und mit mir zu sprechen. Ich bekam mindestens ein halbes Dutzend Einladungen von einem halben Dutzend verschiedener Jungen, mit ihnen auszugehen. Natürlich mußte ich allen einen Korb geben. Ich fürchtete, sie könnten mich alle für hochnäsig halten, und daher strengte ich mich sehr an, mir einleuchtende Ausreden einfallen zu lassen und nett und freundlich zu ihnen zu sein.

Ich fragte mich, ob Michael diese Veränderungen an mir aufgefallen waren, denn er erwähnte sie mit keinem Wort. Abgesehen von seinen gelegentlichen Erkundigungen nach meinem Befinden, sprachen wir das Thema Schwangerschaft nie an. Wenn überhaupt, dann benahm sich Michael seit jenem kalten, regnerischen Tag, an dem ich ihn in seiner Wohnung aufgesucht hatte, eher wie mein Lehrer und weniger wie mein Geliebter. Seit diesem Tag hatte er an den Wochenenden immer sehr viel für sein geplantes Broadway-Musical tun müssen, und an einem Wochenende hatte er mit den Produzenten nach Washington fliegen müssen, um dort Geldgeber zu treffen. Ich vermißte ihn und sagte es ihm. Er versprach mir, wir würden jeden freien Augenblick miteinander verbringen, der ihm zur Verfügung stand, sobald es ging, aber es war schon so lange her, seit er das letzte Mal Zeit gehabt hatte, daß ich anfing, mir Sorgen zu machen.

»Ist alles in Ordnung?« fragte ich ihn eines Nachmittags, sowie Richard Taylor uns allein gelassen hatte.

»Ja, klar«, sagte er schnell. »Wieso?«

»Du kommst mir in letzter Zeit so distanziert vor. Ich hatte nur Angst, du hättest noch einmal nachgedacht, und jetzt täte es dir leid.«

»Oh, nein, ganz bestimmt nicht. Uns bleibt nur noch so wenig Zeit, um das zu erreichen, was ich mir erhofft habe, und ich will ganz sicher sein, daß du den großen Aufgaben gewachsen bist. Es tut mir leid, wenn ich dich im Unterricht zu streng behandelt habe.«

»Du hast mich nicht zu streng behandelt. Und außerdem arbeite ich gern hart für meine Musik. Mache ich schon Fortschritte?«

»Beträchtliche Fortschritte. Wir werden keinen Tag länger als nötig warten und dich sofort zum Vorsingen schicken, sobald du das Kind geboren hast. Jetzt allerdings«, betonte er, »heißt es arbeiten, arbeiten und nochmal arbeiten, und zwar für uns beide. Ich muß jetzt augenblicklich gehen, um mich zu einer Vorbesprechung mit Mitgliedern des Ensembles zu treffen. Aber glaube bitte nicht, daß ich dich vernachlässige. Kein Moment vergeht, ohne daß ich an dich denke und mir ausmale, wie wunderbar alles für uns werden wird.«

»O Michael«, sagte ich, »mir geht es ganz genauso.« Ich wollte ihn gerade schon die Arme um seinen Hals legen, als er mich daran erinnerte, daß wir uns in der Schule aufhielten und daß jeden

Moment jemand in den Musiksaal kommen könnte. Wir trennten uns wie üblich mit einem schnellen Kuß voneinander, und dann ging ich vor ihm weg, wie sonst auch.

Ich kostete sogar die kalten Tage aus, wenn ich nach Hause lief. Je kälter es war, desto lebendiger fühlte ich mich, wenn ich über die Bürgersteige schlenderte und mein Atem wie kleine Rauchwölkchen vor mir her wehte.

Trisha hielt ihr Wort: Sie hatte niemandem gegenüber auch nur eine Silbe über meine Schwangerschaft verlauten lassen, doch die körperlichen Veränderungen, die sich an mir vollzogen, faszinierten sie. Fast jeden Abend holten wir das Maßband heraus und maßen meine Taille. Als sich der Umfang um sieben Zentimeter vergrößert hatte, kaufte ich mir ein Stützkorsett, damit man meinen Bauch nicht sah. Trisha ging in die städtische Bücherei und lieh ein Buch über Schwangerschaft aus, und abends saßen wir da und lasen es gemeinsam und redeten über das Baby – in welchem Entwicklungsstadium es wohl sein mochte und was als nächstes passieren würde. Unvermeidlich kam es dazu, daß wir mögliche Namen diskutierten.

»Wenn es ein Junge wird, werde ich ihn wohl Andrew nennen. Das klingt so stark und männlich.«

»Und wenn es ein Mädchen ist?« fragte Trisha.

»Das ist ganz einfach. Sally, nach Momma Longchamp«, sagte ich.

»Ich kann keine Babys kriegen, solange ich nicht mindestens vierzig bin«, behauptete Trisha. »Ich kann nicht riskieren, daß irgend etwas meine Fähigkeit zu tanzen einschränkt. Mit vierzig ist die Karriere einer Tänzerin ohnehin vorbei.«

»Dann wirst du einen sehr verständnisvollen Mann heiraten müssen«, sagte ich zu ihr.

»Wenn er nicht verständnisvoll ist, dann lohnt es ohnehin nicht, ihn zu heiraten«, erwiderte sie. »Und außerdem ist es nicht ausgeschlossen. Schließlich hast du doch auch so jemanden gefunden, oder nicht?«

»Ja«, sagte ich. »Wahrhaftig.«

Sie beharrte darauf, ich sollte ihr noch viel mehr über Allan erzählen. Ich spann mein Märchen weiter und vergaß oft die eine oder die andere Einzelheit. Trisha dagegen vergaß nichts und machte mich immer auf meine Widersprüche aufmerksam. Ich wußte, daß sie zusehends argwöhnischer wurde. Mehrfach war ich versucht, ihr die Wahrheit zu sagen. So gut, wie meine Geheimnisse bisher bei ihr aufgehoben waren, hätte ich ihr doch die Wahrheit anvertrauen können, oder nicht, sagte ich mir. Aber ich fürchtete mich, fürchtete mich vor allem, was passieren könnte und für Michael und mich alles zerstören würde; und schließlich hatte ich Michael versprochen, es ihr nicht zu sagen.

Trisha und ich amüsierten uns beide über das nächste Stadium meiner Schwangerschaft: meine Essensgelüste. Manchmal konnte ich es nachmittags kaum erwarten, wieder nach Hause zu kommen und mir eine Banane mit Erdnußbutter zu bestreichen. Ich schlich mich immer heimlich in die Küche, wenn Mrs. Liddy außer Haus war und etwas zu erledigen hatte oder wenn sie sich in einen anderen Raum aufhielt, und dann stillte ich meine Gelüste mit merkwürdigen Speisen.

Eines Nachmittags sah ich jedoch, als ich den Kühlschrank aufmachte, daß Mrs. Liddy uns zum Nachtisch nach dem Abendessen Götterspeise zubereitet hatte. Plötzlich stieg das Verlangen nach Götterspeise mit Cornflakes in mir auf. Ich füllte mir so schnell wie möglich eine Schale mit Cornflakes und schöpfte ein paar Löffel Götterspeise darauf. Ich konnte es kaum erwarten, die Schale heimlich in mein Zimmer zu schmuggeln und sofort alles aufzuessen, als Mrs. Liddy mich ertappte.

»Oh, es tut mir leid, Mrs. Liddy«, sagte ich und versuchte, die Schale vor ihr zu verstecken. »Ich wollte Ihre Götterspeise nicht vor dem Abendessen anrühren, aber ich konnte einfach nicht widerstehen.«

Sie starrte mich weiterhin an, und ihr Blick war prüfend und äußerst interessiert. Ihr Blick glitt von mir zur Anrichte, auf der ich die Packung mit den Cornflakes hatte stehen lassen, und dann wieder zu mir zurück.

»Was ißt du da ... Götterspeise mit Cornflakes?«

Ich lächelte matt und zuckte die Achseln, und dann hielt ich ihr die Schale hin, schaute aber zu Boden. Ich mußte vorsichtig sein, dachte ich, damit meine Augen nichts verrieten.

»Ja, Mrs. Liddy.«

»Und du bist auch diejenige, die jeden Tag an die Erdnußbutter geht, stimmt's?« Ich nickte. »Ißt du denn in der Schule nicht zu Mittag, meine Liebe?«

»Manchmal habe ich einfach zuviel zu tun, Mrs. Liddy.«

Sie sah mich wieder forschend an, und in ihren Augen standen viele Fragen.

»Fühlst du dich auch gesund, meine Liebe?« fragte sie.

»Oh, ja, ich fühle mich prächtig.«

»Hm«, brummte sie und nickte. Ich wandte eilig den Blick ab, schlang ein paar Löffel Cornflakes mit Götterspeise in mich hinein und zog mich dann mit pochendem Herzen in mein Zimmer zurück. O Michael, dachte ich, ich kann die Folgen unserer Leidenschaft und Liebe nicht mehr lange geheimhalten. Bald sollte ich erfahren, daß er es ähnlich empfand.

Ich war oben in unserem Zimmer und machte meine Mathematikhausaufgaben, als ich Trisha laut und schnell die Treppe heraufrennen hörte. Uns blieben nur noch zwei Tage vor den Weihnachtsferien, und all unsere Lehrer luden uns Berge von Arbeit auf, vor allem die Lehrer der Darstellenden Künste, die wollten, daß ihre Tänzer und Sänger noch gewisse Hochleistungen vor der langen Pause vollbrachen, die unsere Weihnachtsferien bedeuteten. Trisha hatte in dieser letzten Schulwoche drei Tage lang Tanzkurse am späten Nachmittag, statt ihren üblichen zwei Unterrichtsstunden.

Sie riß die Tür auf und platzte herein, als würde sie von den kalten Winden des Winters hereingeblasen.

»Was ist passiert?« fragte ich schnell. Ich lag im Bett und hatte die Decke über meinen dicken Bauch gezogen. Ich nutzte jede sich bietende Gelegenheit, das enge Korsett nicht zu tragen.

»Was passiert ist? Ich dachte, ich fände dich fassungslos vor. Erzähle mir bloß nicht, daß du es nicht weißt oder es noch nicht gewußt hast«, sagte sie. Sie schloß die Tür hinter sich und kam auf mich zu. Die Bücher, die sie im Arm hielt, ließ sie auf das Bett fallen.

»Was sollte ich wissen, Trisha?« rief ich lächelnd aus. »Wovon redest du überhaupt?«

»Von Michael Sutton«, erklärte sie und stemmte sich die Hände in die Hüften.

»Michael Sutton?« Oh, nein, dachte ich, hatte die Schulverwaltung etwas über uns herausgefunden? Hatten diese neidischen Lehrer sich über ihn beschwert und erreicht, daß er gefeuert worden war? »Was ist mit Michael Sutton?« Ich klappte langsam mein Buch zu.

»Er geht weg! Er ist fort!« sagte sie und hob die Hände.

»Fort? Ist er gefeuert worden?«

»Nein. Warum hätte er gefeuert werden sollen? Ich kann einfach nicht glauben, daß du nichts davon gehört hast, ehe du heute nach Hause gegangen bist. Die ganze Schule ist in Aufruhr. Die Mitteilung muß ausgehängt worden sein, nachdem du bereits gegangen warst«, schloß sie.

»Die Mitteilung? Was für eine Mitteilung?«

»Seine Mitteilung, in der er seine Studenten davon unterrichtet.« Sie setzte sich zu meinen Füßen.

»Anscheinend«, begann sie, »ist ihm die Hauptrolle in einer bedeutenden Produktion in London angeboten worden. Es war etwas, was nicht warten konnte. Es wird gemunkelt, daß er schon seit Wochen die Verhandlungen führt, und endlich ist die Zusage gekommen. Er hat diesen Brief an der Tür des Musiksaals ausgehängt, und er entschuldigt sich bei der Schulleitung und bei seinen Schülern und erklärt, warum er ohne jede Vorankündigung gehen mußte.

Natürlich hat die Schulleitung Verständnis dafür. Schließlich ist es eine Schule für Darstellende Künste. So geht es im Showbusineß nun mal zu«, sagte sie und riß die Arme in die Höhe. »Aber seine Schüler sind nicht allzu glücklich darüber. Du solltest Ellie Parker sehen. Sie behauptet, er hätte ihr versprochen, sie dieses Jahr am Broadway vorsingen zu lassen. Ich bin sofort nach Hause gerannt, weil ich wußte, daß du außer dir sein wirst, und in deiner Verfassung ...«

Irgendwo im hintersten Winkel meines Kopfes hörte ich Donnergrollen. Als ich die Augen schloß, sah ich diese häßlichen, zerquetschten und wütenden finsteren Wolken, die vor dem Wind hertrieben und einen Vorhang der Dunkelheit vor den hellblauen Himmel zogen und auf alles Schatten warfen, was unter ihnen grün und freundlich leuchtete. Mein Herz kam mir wie ein Backstein in meiner Brust vor.

»Ist alles in Ordnung mit dir?« fragte Trisha und beugte sich vor, um meine Hand zu nehmen. »Deine Finger fühlen sich eisig an.«

Ich nickte, hielt die Augen immer noch geschlossen und spürte, daß meine Kehle zugeschnürt war und ich kein Wort herausbrachte.

Gerate jetzt nur nicht in Panik, sagte ich mir. Bleib ganz ruhig. Das ist alles ein Bestandteil des Plans, den Michael für uns geschmiedet hat. Bald würde er anrufen, um mir Bescheid zu geben, warum er die Dinge überstürzen mußte, ohne mich vorzuwarnen. Aber er hatte gesagt, er ginge nach Florida, dachte ich, nicht nach London. Vielleicht sagt er ihnen einfach nur, er müsse nach London gehen, damit sie nicht Jagd auf uns machen. Es muß für all das einen logischen Grund geben, sagte ich mir. Jetzt nur keine Panik.

Ich öffnete die Augen und holte tief Luft.

»Hat jemand ihn gesehen oder mit ihm gesprochen,« fragte ich und kämpfte mühsam gegen die Hysterie an, die sich in meine Stimme einschleichen wollte.

»Nein. Richard Taylor sagt, er sei schon weg.«

»Weg?« Ich schüttelte den Kopf, als verstünde ich dieses Wort nicht.

»Er hat das Land verlassen«, erklärte Trisha. »Mann, Richard

Taylor ist vielleicht sauer. Er sagt, der Mann hätte ihn mit keiner Silbe vorgewarnt, nicht die geringste Andeutung gemacht. Er kommt sich wie ein Dummkopf vor, weil er derjenige ist, an dem es jetzt hängenbleibt, die Erklärungen abzugeben.

Natürlich«, fuhr sie fort, »wird die Schule einen neuen Lehrer organisiert haben, bis wir alle aus den Weihnachtsferien zurückkommen, aber...«

Sie unterbrach sich, als sie aufblickte und feststellte, wie heftig ich zitterte. Ich konnte nichts dagegen tun. Es war fast, als zuckte ich in Krämpfen. Kalte Tränen strömten über meine Wangen. Der Schmerz in meiner Brust wurde so übermächtig, daß ich glaubte, zerspringen zu müssen, und in meinen Schläfen hatte ein Glühen eingesetzt, das sich auf meine Stirn ausdehnte. Ich fühlte mich, als hätte ich mir eine Krone aus heißem Stahl aufgesetzt.

»O Dawn, ich wußte doch, wie enttäuscht du sein wirst. Du hast dich unter seiner Anleitung so gut entwickelt, stimmt's? Und ich bin sicher, daß er dir auch Termine zum Vorsingen versprochen hat. Aber du darfst dich jetzt darüber nicht aufregen. Ich bin sicher, daß Allan sehr besorgt wäre, wenn er wüßte, wie sehr du dich aufregst.«

Anfangs weigerte sich meine Zunge, Worte zu bilden, doch als sich die Stille immer länger hinzog und unerträglich wurde, schluckte ich die Tränen und schrie auf.

»*Nein*!«

Ich begrub das Gesicht in den Händen und schüttelte den Kopf.

»Dawn.«

Ich ließ die Hände langsam sinken und schaute in ihr mitfühlendes Gesicht.

»Es gibt keinen Allan«, sagte ich. Es kam als krächzendes Flüstern heraus.

»Was?« Sie fing an zu lächeln. »Was soll das heißen? Natürlich gibt es einen Allan. Du kannst mir nicht einreden, du seist nicht schwanger.«

»Nein, nein«, sagte ich bedächtig und sprach wie jemand, der einen Schlag auf den Kopf bekommen hatte und etwas benommen war. »Es hat nie einen Allan gegeben. Es war Michael«, sagte ich. »Ich bekomme ein Kind von Michael.«

»Michael? Michael Sutton?« Ihr Mund blieb offen. »Aber...« Schockiert riß sie die Augen auf. »Aber der ist weg.«

»Nein«, sagte ich langsam. Ich lächelte. »Das gehört alles zu dem Plan, zu seinem Plan für uns beide. Es hätte erst zu Semesterende soweit sein sollen, aber offensichtlich hat er einiges beschleunigen müssen. Ich werde zu ihm fahren müssen«, sagte ich und schwang die Beine über die Bettkante, um in meine Schuhe zu schlüpfen. »Ich bin ganz sicher, daß er mich erwartet.«

Trisha starrte mich wortlos an, als ich vor den Kleiderschrank trat und mich für eines meiner losefallenden Wollkleider entschied. Ich zog es mir schnell über den Kopf und setzte mich hin, um mir das Haar zu bürsten.

»Ich wollte dir die Wahrheit sagen, Trisha«, sagte ich, »aber ich hatte Michael versprochen, es nicht zu tun. Er hat sich Sorgen um seine Stellung gemacht, verstehst du. Du verstehst es doch, oder nicht?« fragte ich sie. Sie nickte schnell, sah mich aber weiterhin tief verwirrt an. »Es laufen so viele neidische Menschen herum, die ihm liebend gern schaden würden, weil er derart begabt ist.

Im nächsten Jahr wird er am Broadway auftreten, verstehst du«, redete ich weiter. »Und meine Chancen stehen immer noch sehr gut, gemeinsam mit ihm aufzutreten. Schau nicht so finster, Trisha«, sagte ich und wandte mich zu ihr um. »Ich bin sicher, daß alles in Ordnung ist.«

Sie lächelte, obwohl Tränen in ihren Augen standen.

»Wirklich«, beharrte ich. »Es wird schon alles gutwerden. Jetzt gehe ich zu ihm, und er wird mir die Einzelheiten berichten. Weißt du, wir werden die Weihnachtsfeiertage zusammen verbringen.« Ich sah mich im Spiegel an und kämmte mir beim Reden immer noch das Haar, während ich meinen Erinnerungen nachhing. »Er hat ein ganz entzückendes Bäumchen gekauft, nur für uns beide, und du müßtest den Berg von Geschenken sehen, die er für mich gekauft hat. Alles nur für mich. Er hat soviel Geld für mich ausgegeben, daß es schon ungehörig ist.

Stell dir vor«, sagte ich und drehte mich wieder zu ihr um, »an Silvester werde ich schon Mrs. Michael Sutton sein. Klingt das nicht wundervoll? Du mußt mir Bescheid geben, wo du das Neue Jahr feiern wirst, damit ich dich genau um Mitternacht von unserer Wohnung aus anrufen und dir alles Gute wünschen kann. Wir werden einander vor dem Kamin in den Armen liegen.

Du siehst also«, sagte ich und schaute wieder mich selbst im Spiegel an, »daß wir alles vorausgeplant haben.«

Ich stand auf, um mir ein Paar Schuhe auszusuchen.

»Warum hat er sich noch nicht bei dir gemeldet?« fragte mich Trisha.

»Er erwartet eben, daß ich zu ihm komme«, sagte ich. »Welchen Grund könnte er sonst haben?«

»Soll ich mit dir kommen? Laß mich doch mitkommen«, sagte sie schnell.

»Nein, sei nicht albern. Und wie sähe das denn aus, wenn ich zusammen mit dir dort auftauchen würde? Ich habe ihm versprochen, niemandem etwas über uns zu erzählen, solange er nicht sagt, es sei jetzt an der Zeit, und dann tauche ich mit dir bei ihm auf. Nein, nein, ich komme schon allein zurecht.«

»Es fängt an, zu schneien«, erwiderte sie. »Ein Sturm zieht auf.«

»Ich habe nicht vor, den ganzen Weg zu seiner Wohnung zu Fuß zu laufen, Trisha. Du benimmst dich wie eine nervöse Mutter. Ich komme glänzend zurecht, wirklich.«

Ich schlüpfte in meinen Mantel.

»Sag Agnes ... sag ihr ...«

»Was?« fragte Trisha.

»Sag ihr, daß ich mit meinem Geliebten ausgerissen bin», sagte ich und ließ ein plätscherndes Lachen hören, das ganz nach ihrem Lachen klang.

»Dawn«, sagte Trisha und stand auf.

»Es ist alles in Ordnung. Wenn zwei Menschen so verliebt sind wie wir, dann zählt nichts anderes. Du solltest hören, wie wir zusammen singen. Was sage ich da? Es dauert nicht mehr lange, und du wirst uns hören«, fügte ich hinzu und lachte wieder.

Dann eilte ich aus der Tür und sprang die Stufen hinunter. Trisha rief mir etwas nach, aber ich blieb nicht stehen. Ich eilte aus dem Haus, ehe mich jemand gesehen hatte. Trisha hatte recht: Der Schneesturm setzte gerade ein. Riesengroße Flocken fielen so dicht, daß ich kaum eineinhalb Meter weit sehen konnte. Ich lief zur Kreuzung und winkte jedem Taxi zu, da ich nicht erkennen konnte, ob Fahrgäste darin saßen oder nicht. Endlich fuhr ein Taxi an den Randstein, und ich stürzte mit einem Satz auf den Rücksitz. Ich nannte dem Fahrer Michaels Adresse, lehnte mich zurück und dachte an die Dinge, die er sagen würde, sobald er seine Tür öffnete und mich umarmte.

Es würde wie ein wunderbares Musical sein, wenn die beiden Hauptdarsteller plötzlich alle Hindernisse überwinden, die zwischen ihnen stehen, und sich auf der Bühne treffen, um einander in die Arme zu fallen und zu singen.

»Ich bin da, Michael«, flüsterte ich. »Ich bin gekommen, mein Liebling, um für immer und ewig bei dir zu sein.« Keine Heimlichkeiten mehr, kein Versteckspiel, keine verstohlenen Rendezvous, keine flüchtigen, geraubten Küsse. Jetzt würden wir Hand in Hand in der Öffentlichkeit herumlaufen, und alle Welt würde sehen, wie sehr wir ineinander verliebt waren und daß unsere Talente uns zu etwas ganz Besonderem machten.

»Sieht ganz so aus, als hätte es uns erwischt«, sagte der Taxifahrer. »Wenn zehn Zentimeter Schnee fallen, bricht in der Stadt die Hölle los, und alles kommt zum Stillstand. Was für ein Mist«, schimpfte er.

Oh, nein, dachte ich, als ich aus dem Fenster sah. Es ist kein Mist. Der Schnee sieht wunderschön aus. Ich freue mich darüber, daß es schneit. Vielleicht heißt das, daß wir weiße Weihnachten haben werden. Ich konnte schon das Läuten der Glokken und die Weihnachtslieder hören. Ich konnte Michael und mich am Fenster stehen und auf die Feiernden hinunterschauen sehen, Michaels Arm um mich geschlungen und beide innerlich von unseren Eiflips gewärmt. Vielleicht hatten wir uns auch gerade erst geliebt.

»Fröhliche Weihnachten, Michael.«

»Was soll das heißen?« fragte der Taxifahrer.

»Nichts«, sagte ich lächelnd. »Ich habe nur laut vor mich hin geträumt.«

Er sah mich in seinem Rückspiegel an und schüttelte dann den Kopf. Das ist schon gut so, dachte ich. Wie hätte ich erwarten können, daß ein anderer verstand, wie auserlesen ich mir vorkam und wie glücklich ich war.

Als wir ankamen, wäre ich in meiner Aufregung fast losgerannt, ohne den Taxifahrer zu bezahlen. Nachdem er mir etwas nachgerufen hatte, kehrte ich zu ihm zurück und warf ihm all mein Geld zu, gab ihm fast das Doppelte des Fahrpreises.

»Fröhliche Weihnachten«, zwitscherte ich, als er überrascht aufblickte. »Sollen alle anderen auch so glücklich sein wie ich.«

Er zuckte die Achseln und fuhr los. Als ich das Foyer betrat, sah mich der Portier, der mich nur zu gut kannte, merkwürdig an, während ich zum Aufzug ging. Ich lächelte ihn an und betrat den Aufzug, sowie sich die Türen geöffnet hatten. In dem Moment, in dem sie wieder aufgingen, eilte ich auf Michaels Wohnungstür zu und drückte auf die Klingel. Einen Moment lang glaubte ich, er sei nicht zu Hause. Ich hörte keinen Laut aus der Wohnung dringen, und niemand war an die Tür gekommen. Ich drückte noch einmal auf die Klingel, und dann hörte ich Schritte.

Mein Geliebter, dachte ich.

Die Tür ging auf, aber dort stand nicht Michael. Es war ein wesentlich älterer Mann mit lockigem grauem Haar und einem runden Gesicht. Er hatte rosige Wangen und buschige Augenbrauen und trug einen schweren wollenen Bademantel, und er hatte sich ein Handtuch um den Hals geschlungen.

»Hallo«, sagte er. »Ich wollte mich gerade unter die Dusche stellen.«

Ich schaute ihm über die Schulter, sah jedoch niemanden.

»Ich wollte zu Michael«, sagte ich.

»Michael? Ach so, Michael Sutton?« Ich nickte, er schüttelte dann den Kopf. »Tja, der ist weg. Inzwischen muß er irgendwo über dem Atlantik sein, kann ich mir vorstellen. Hat er Sie heute erwartet, Miss...«

»Nein«, sagte ich, »er kann nicht fort sein. All seine Sachen sind noch hier«, betonte ich. »Die Bilder, die Möbel...«

»Das sind nicht Michaels Sachen, Miss. Michael hatte diese Wohnung vorübergehend von mir gemietet. Ich bin sicher, daß hier ein Irrtum vorliegt. Ich habe seine Nachsendeadresse in London, wenn Sie sie haben wollen, aber...«

»Nein, er muß hier sein«, beharrte ich und lief an dem Mann vorbei. Er hielt mich nicht zurück, als ich die Wohnung betrat. Ich rannte durch alle Zimmer. »*Michael, Michael*!«

Ein Blick ins Schlafzimmer sagte mir, daß er tatsächlich fort war. Die Dinge, von denen ich wußte, daß sie ihm gehörten, fehlten, und im Kleiderschrank hingen andere Kleidungsstücke. Sogar eine andere Bettdecke lag auf dem Bett. Der Gentleman, der mich eingelassen hatte, stand hinter mir, und jetzt stand ein verärgerter Ausdruck auf seinem Gesicht.

»Hören Sie, Miss, ich habe es Ihnen doch schon gesagt. Michael Sutton ist fort. Wollen Sie jetzt seine Nachsendeadresse haben oder nicht?«

»Er kann nicht fort sein«, wiederholte ich kaum hörbar. Ich machte mich wieder auf den Weg zur Wohnungstür und blieb noch einmal stehen, um unseren kleinen Weihnachtsbaum zu betrachten.

»Das sind alles Geschenke für mich«, sagte ich leise. Der Gentleman hörte mich und lachte.

»Ach, wirklich? Na, allzu kostspielige Geschenke sind es jedenfalls nicht. Diese Päckchen sind alle leer. Er hat sie nur als Dekoration hingelegt«, sagte er. »Tut mir leid. Wie ich sehe, sind Sie reichlich verstört, aber...«

»Nein. Er wird mich woanders erwarten. So muß es sein.

Vielleicht hat er mich angerufen. Gott«, sagte ich. »Er ruft mich an, und ich bin nicht da.«

»Falls er Sie anruft, dann von einem Flugzeug aus, das gerade über das Meer fliegt«, sagte der Herr trocken. »Glauben Sie mir, ich weiß es. Ich habe ihn selbst zum Flughafen gefahren.«

Einen Moment lang starrte ich ihn an, und dann schüttelte ich den Kopf.

»Nein, er erwartet mich irgendwo anders. So muß es sein. Ich danke Ihnen. Vielen Dank noch mal. Ach«, sagte ich und blieb in der Tür stehen. »Und noch etwas: Fröhliche Weihnachten.«

»Vielen Dank. Ihnen auch«, sagte er und schloß die Tür hinter mir, sowie ich ins Treppenhaus getreten war.

Ich ging langsam auf den Aufzug zu. Es schien mir, als könnte ich Michael irgendwo singen hören. Er sang dieses Liebeslied, das er gesungen hatte, als er mir meine erste Privatstunde gegeben hatte. Ich fing an, leise mitzusummen. Ich trat in den Aufzug und fuhr hinunter ins Foyer, und dort hörte ich Michaels Singen noch lauter. Der Portier hielt mir die Tür auf und trat zur Seite.

»Hören Sie ihn?« fragte ich. »Ist es nicht wunderschön?«

»Hm? Ob ich was höre?«

Er sah mir nach, als ich in das Schneetreiben hinauslief. Die Flocken fielen auf meine Wangen und Augen, doch mir war die Kühle willkommen, die für mein Empfinden so sanft wie Michaels Küsse war. Er war gleich dort an der Kreuzung und sang. Wie romantisch. Ich lief lächelnd weiter, denn seine Stimme lockte mich, und die Verheißungen seiner Liebe wurden stärker und immer stärker. Während ich weiterlief. Doch als ich die Kreuzung erreicht hatte, stellte ich fest, daß er an einer anderen Kreuzung singen mußte, gleich an der nächsten.

Hupen ertönten schrill, als ich weiterlief und alles außer Michael mißachtete.

»Ich komme, mein Geliebter«, flüsterte ich, und dann fing ich an, sein Lied mitzusingen, wie ich es an jenem ersten Tag getan hatte. Bald würde ich in seinen Armen liegen, wie damals, und er würde mich wieder küssen.

Der Schnee machte mich blind, aber ich brauchte nicht zu sehen, wohin ich ging. Michaels Stimme ließ mich die richtige Richtung einschlagen. Ich konnte die Ampeln kaum noch erkennen. Waren sie rot oder grün? Es spielte keine Rolle. Alle Welt beobachtete uns jetzt, wartete ab und sah zu. Die Welt war unser Publikum. In wenigen Augenblicken würde gewaltiger Applaus anbrechen, genauso, wie ich es mir immer erträumt hatte.

Ich sang jetzt lauter, aus voller Kehle. Er war nur noch wenige Meter von mir entfernt. Ich konnte ihn schon dort stehen sehen, die Arme zu mir ausgestreckt.

»O Michael«, rief ich laut.

Und dann hörte ich das Geräusch einer Hupe. Es schien direkt über mir zu ertönen.

Dann quietschten Bremsen, und etwas streifte mein rechtes Bein. Ich wurde durch die Luft gewirbelt, doch ich fühlte mich, als erhöbe ich mich, schwebte hinauf in den Schneesturm, wirbelte immer wieder im Kreis herum und stieg höher und höher hinauf.

Bis alles schwarz wurde.

11

Kein Entkommen

Ich fiel durch einen großen weißen Tunnel, und beim Fallen drehte ich mich immer wieder im Kreis. Jedesmal, wenn ich mich umdrehte, sah ich ein anderes vertrautes Gesicht. Dort war Momma Longchamp, die so traurig und müde aussah; und dort war Daddy Longchamp, der mit gesenkten Augen dasaß und sich zu schämen schien; dort war Jimmy, der wütend seine Tränen zurückhielt, und dann war dort das Baby Fern, das lächelte und seine Ärmchen nach mir ausstreckte.

Ich fiel tiefer und immer tiefer in den Tunnel hinein und glitt an Großmutter Cutler vorbei, die mich böse anblickte. Ich sah Randolph, der abgelenkt und beschäftigt wirkte, und ich sah meine Mutter mit rosigem Gesicht, wie ihr Kopf bequem auf einem weißen Seidenkissen ruhte. Direkt unter ihr kam Clara Sue, die höhnisch über mein hilfloses Hinabgleiten lächelte. Dann tauchte Philip auf, mit lüsternem Blick.

Endlich kam Michael, der erst lächelte, und dann schwand sein Lächeln, und er wurde kleiner und noch kleiner und immer noch kleiner, als er unter mir versank und verschwand.

»Michael!« schrie ich. »Michael, verlaß mich nicht. Michael!«

Ich hörte Stimmen um mich herum.

»Schau auf den Monitor. Es tut sich etwas.«

»Sie kommt wieder zu sich.«

»Hol Doktor Stevens.«

»Dawn«, hörte ich jemanden sagen. »Dawn, mach die Augen auf. Komm schon, Dawn. Mach die Augen auf.«

Meine Lider flatterten.

»Dawn.«

Langsam begann das Weiß um mich herum Gestalt anzunehmen. Ich bemerkte eine milchige weiße Wand und ein großes Fenster, vor dem der hellbraune Vorhang zugezogen war. Meine Augen bewegten sich zu den Gegenständen, an der eine Infusionsflasche hing. Ich folgte dem Schlauch mit den Augen bis zu meinem Arm. Als ich den Kopf drehte, sah ich eine Krankenschwester, die auf mich herunterschaute. Sie lächelte, sie hatte sanfte blaue Augen und hellbraunes Haar, und sie sah aus, als sei sie nicht älter als fünfundzwanzig.

»Hallo«, sagte sie. »Wie fühlst du dich?«

»Wo bin ich?« fragte ich. »Wie bin ich hierhergekommen?«

»Du bist im Krankenhaus, Dawn. Du hattest einen Unfall«, sagte sie ruhig.

»Einen Unfall? Ich kann mich an keinen Unfall erinnern«, antwortete ich. Ich versuchte, mich zu bewegen, aber ich fühlte mich völlig steif.

»Geh alles ganz gelassen an«, sagte sie. »Der Arzt wird jeden Moment hier sein. Er kann dir mehr erzählen.« Sie strich mir mit der Hand das Haar aus dem Gesicht und schüttelte mein Kissen auf, damit ich es mir bequem machen konnte.

»Aber was für ein Unfall war das?« fragte ich.

»Du bist von einem Wagen angefahren worden. Zum Glück ist der Wagen zu dem Zeitpunkt nicht allzu schnell gefahren und hat dich eigentlich nur gestreift, aber du bist auf den Rükken gefallen und hast dir bei dem Sturz den Kopf angeschlagen, und daher bist du ohnmächtig gewesen. Du hast im Koma gelegen.«

»Im Koma?« Ich sah mich wieder um. Ich konnte die anderen Krankenschwestern und die Ärzte im Gang vor meiner Tür reden hören. »Wie lange bin ich schon hier?«

»Heute ist der vierte Tag«, sagte sie.

»Vier Tage!« Ich versuchte, mich aufzusetzen, aber mir wurde sofort schwindlig und ich sank wieder auf das Kissen zurück.

»So, so«, sagte der Arzt, der mit einer anderen Krankenschwester eintrat, die älter und nicht so freundlich wirkte. »Willkommen zurück auf Erden«, sagte er und trat ans Bett. »Ich bin Doktor Stevens.«

»Hallo«, sagte ich mit leiser Stimme.

»Selber hallo«, erwiderte er. Er sah wie ein Mann Ende Fünfzig aus. Er hatte dunkelbraunes Haar und graue Schläfen, die sehr distinguiert wirkten. Aber seine hellbraunen Augen glänzten wie die eines wesentlich jüngeren Mannes. Er hatte ein rundes Gesicht, fast pausbäckig. Im Kinn war ein Grübchen. Er war stämmig und untersetzt und hatte einen Nacken wie ein Ringkämpfer, und wahrscheinlich war er nicht größer als einen Meter fünfundsiebzig, vielleicht auch weniger, aber er berührte mich sanft und lächelte mich freundlich an.

»Was ist mir passiert?« fragte ich.

»Ich habe ihr schon von dem Unfall erzählt«, sagte die jüngere Krankenschwester.

»Genau das ist dir passiert«, sagte der Arzt. »Du bist in einen Schneesturm geraten und von einem Wagen angefahren worden, gerade so schlimm, daß du dich im Kreis gedreht hast und auf den Hinterkopf gefallen bist. Du mußt dir den Kopf auf festgetretenem Schnee angeschlagen haben, fest genug, um bewußtlos zu werden, und von da an hattest du es nicht gerade eilig, das Bewußtsein wiederzuerlangen«, erklärte er, und als er jetzt auf mich herabsah, waren seine Blicke prüfender und fragender. »Alle notwendigen Funktionen sind zufriedenstellend, und du hast dir nichts gebrochen.

Allerdings«, sagte er und senkte die Stimme, die jetzt noch sanfter wurde, als er sein Gesicht näher vor meines brachte und meine Hand in seine nahm, »bin ich sicher, daß du dir über deine Schwangerschaft im klaren bist.«

Bei diesen Worten traten Tränen in meine Augen, denn ich erinnerte mich schnell wieder an Michael und daran, daß er mich verlassen hatte. Ich hielt die Tränen zurück und nickte.

»Du hast versucht, es geheimzuhalten?« fragte er. »Hat deine Familie deshalb nichts davon gewußt?«

»Ja«, sagte ich kaum hörbar. Ich erwartete eine strafende Miene und einen Vorwurf, doch er schloß nur kurz die Augen und öffnete sie wieder, und dann lächelte er mich sanft an.

»Das Baby ist robust, soviel steht fest«, sagte er. »Normalerweise besteht für eine Mutter nach so einem Unfall die Gefahr, ihr Kind zu verlieren, aber in der Hinsicht ist alles bestens.«

Ein Kloß steckte in meiner Kehle und erstickte mich fast, und Tränen traten in meine Augen.

»Wir werden anfangen, dir wieder normale Kost zu geben, und dir weitere Infusionen ersparen. Vielleicht noch ein Tag, und dann wirst du wieder munter herumlaufen können. Dann hatten wir dich lange genug zur Beobachtung hier, und du kannst gehen. Ich rechne mit keinen weiteren Komplikationen«, fügte er lächelnd hinzu. »Noch irgendwelche Fragen?«

»Weiß jemand, daß ich hier bin?« fragte ich leise.

»Oh, ja. Wenn du es genau wissen willst«, sagte er, »wartet eine junge Dame im Korridor auf dich. Sie wartet schon seit vielen Stunden, und sie ist täglich wiedergekommen, um zu sehen, wie es dir geht. Sie ist eine sehr gute Freundin, und sie hat sich große Sorgen gemacht. Bist du schon soweit, daß du einen Moment lang Gesellschaft haben möchtest?« fragte er.

»Oh, ja, bitte. Das muß Trisha sein«, sagte ich.

»In Ordnung. Wir werden dich von der Infusion abhängen, und ich lasse dir weiche, flüssige Nahrung bringen. Dir wird noch ein Weilchen schwindlig sein, bis du das Gleichgewicht wieder gefunden hast und kräftiger bist, aber das geht vorüber. Und dein rechter Oberschenkel wird noch eine gute Woche, wenn nicht länger, weh tun. Da hat dich der Wagen gestreift. Die Hauptsache ist jetzt, daß du alles ißt, was man dir vorsetzt, und daß du nicht versuchst, gleich zuviel auf einmal zu tun. In Ordnung?« sagte er und tätschelte meine Hand.

»Ja. Danke.«

Er nickte der Krankenschwester zu, und sie fing an, den Schlauch zu entfernen. Er machte ein paar Eintragungen auf meiner Karte am Fußende des Bettes. Dann lächelte er mich wieder an und ging mit der älteren Krankenschwester hinaus. Die junge Krankenschwester bewegte einen Hebel und hob das Kopfende des Bettes an, bis ich mehr oder weniger saß. Schon von dieser kleinen Bewegung wurde mir einen Moment lang schwindlig, und ich mußte die Augen schließen, bis es vorüber war.

»Ich komme gleich wieder und bringe dir etwas zu essen und zu trinken«, sagte sie. »Und ich schicke deine Freundin herein.«

»Danke«, sagte ich. Ich holte tief Atem und versuchte, mich daran zu erinnern, was passiert war, aber es war alles verschwommen. Ich konnte mich nicht einmal mehr daran erinnern, mich auf den Weg zu Michaels Wohnung gemacht zu haben. Alles, was mir noch in Erinnerung war, waren zusammenhanglose Bilder – das Gesicht eines älteren Mannes, die Veränderungen in Michaels Schlafzimmer, der kleine Weihnachtsbaum in der Ecke des Wohnzimmers. Als ich daran dachte, traten mir wieder die Tränen in die Augen.

»Hallo«, sagte Trisha, als sie zur Tür hereinkam. Sie hatte ihre dunkelblaue Wolljacke aufgeknöpft und trug einen weißen Schal. Sie hatte ein kleines Päckchen in der linken Hand, das in Geschenkpapier eingewickelt war. Ihr Haar war zurückgebürstet und zu einem Pferdeschwanz zusammengebunden. Ihre Wangen waren von der Kälte draußen noch gerötet, aber sie wirkte so frisch und so fröhlich, daß es eine Freude war, sie in diesem weißen schmucklosen Krankenhaus auch nur anzusehen.

»Hallo«, erwiderte ich und hielt ihr die Hand hin. Sie ergriff sie liebevoll.

»Wie fühlst du dich?« fragte sie.

»Müde, verwirrt und ausgelaugt. Jedesmal, wenn ich den Kopf vom Kissen hebe, wird mir schwindlig, aber der Arzt hat mir gerade gesagt, das würde schnell vergehen, wenn ich etwas esse und wieder zu Kräften komme.«

»Ich habe dir Pralinen mitgebracht«, sagte sie und legte das Päckchen auf den Tisch neben meinem Bett. »Damit du fett und häßlich werden kannst.«

»Danke.« Mein Lächeln verblaßte, als wir einander anstarrten.

»Du weißt, was mir passiert ist?« fragte ich. Sie nickte und senkte die Lider, hielt aber immer noch meine Hand. »Ich bin in seine Wohnung gegangen, aber er war fort. Er hat mich sitzenlassen«, sagte ich.

Sie sah abrupt auf.

»Er ist ein schrecklicher Mensch, wenn er so etwas tut, einfach schrecklich. Ich wünschte, ich hätte von Anfang an gewußt, daß es Michael Sutton war. Ich hätte dich gewarnt, dich bloß von ihm fernzuhalten. Aber ich glaube, du hättest ja doch nicht auf mich gehört«, fügte sie hinzu.

»Vielleicht hat er einfach nur Angst um seine Karriere«, sagte ich.

»Nein. Er ist einfach egoistisch.« Sie sah zur Tür und beugte sich dann zu mir. »Ist das Baby in Ordnung?«

»Ja.« Ich benutzte die Worte des Arztes und sagte: »In der Hinsicht steht alles bestens.«

»Und was wirst du jetzt tun?« fragte sie.

»Ich weiß es nicht. Es ist zu spät, um noch etwas dagegen zu tun. Und außerdem möchte ich es sowieso haben«, sagte ich entschieden.

»Wirklich?«

»Mir ist es gleich, wie Michael heute ist. Ich habe ihn geliebt, und ein wenig muß er auch mich geliebt haben. Das Baby ist das Resultat der guten Seiten, der schönen Seiten«, fügte ich hinzu und versank wieder in meinen Erinnerungen. »Der kleine Weihnachtsbaum steht noch da. Wir wollten gemeinsam ein wunderbares Weihnachtsfest und Neujahr verbringen«, stöhnte ich.

»Laß das«, sagte Trisha streng. »Sonst machst du dich ganz krank und mußt noch länger hierbleiben.«

Ich biß mir auf die Unterlippe und nickte. Die Krankenschwester kam mit einem Tablett mit Saft und Götterspeise zurück.

»Für den Anfang«, sagte sie und stellte mir das Tablett auf den Schoß. Sie steckte den Strohhalm in die Saftpackung. Meine Finger zitterten, als ich ihn an die Lippen führte.

»Ich helfe ihr«, erbot sich Trisha.

»Danke«, sagte die Krankenschwester lächelnd und ließ uns allein. Trisha hielt mir den Strohhalm, während ich trank. Es schien mir Ewigkeiten herzusein, daß mein Mund und meine Kehle Nahrung aufgenommen hatten, nicht nur drei Tage oder so. Ich hätte nie geglaubt, daß es so anstrengend sein könnte, Saft zu trinken.

»Was tut sich in der Pension?« fragte ich, nachdem ich Atem geholt hatte. »Agnes muß kurz vor der Zwangsjacke stehen.«

»Oh, frag mich nicht. Als die Polizei gekommen ist und ihr erzählt hat, was passiert ist, ist sie händeringend durchs Haus gelaufen und hat jedem erzählt, sie glaubte, wir seien auf einem sinkenden Schiff. Mrs. Liddy hatte alle Hände voll damit zu tun, sie wieder zu beruhigen. Sie hat nur immer wieder runtergeleiert: ›Etwas dergleichen ist noch nie vorgekommen. Es ist nicht meine Schuld.‹ Schließlich hat sie sich dann in eines ihrer Trauergewänder geworfen und ist wie eine Hinterbliebene herumstolziert. Mir ist es auf die Nerven gegangen, weil es war, als seist du gestorben. Wenn sie über dich geredet hat, dann immer nur in der Vergangenheitsform, und sie hat uns erzählt, was für ein Jammer es sei. Du hattest soviel Talent, und du warst solch ein hübsches Mächen, aber du warst einfach zu verwöhnt.

Schließlich bin ich dann wütend geworden und habe sie angeschrien. ›Sie ist nicht tot, Agnes. Hören Sie auf, so über sie zu reden!‹ habe ich geschrien. Aber das hat nicht viel genutzt. Sie hat mich traurig angesehen und den Kopf geschüttelt, als sei ich hier diejenige, die verrückt geworden ist, nicht sie. Mir ist nichts anderes übriggeblieben, als wegzugehen. Ich bin in jeder freien Minute, die ich hatte, hier gewesen und habe darauf gewartet, daß du aufwachst.«

»Ich weiß. Sie haben es mir gesagt, Trisha. Ich danke dir dafür, daß du dich so sehr um mich kümmerst«, sagte ich.

»Dafür brauchst du dich doch nicht zu bedanken, du dummes Mädchen. Schau doch nur, wie du daliegst. Sieh zu, daß es dir schnell wieder bessergeht und daß du kräftiger wirst, damit du hier raus kommst. Ich kann Krankenhäuser nicht leiden. Da liegen mir zu viele Kranke rum«, sagte sie, und wir lachten. Das Lachen war schmerzhaft. Meine Bauchmuskulatur tat weh, aber ich störte mich nicht daran.

»Ich bin sicher, daß sie meine Familie angerufen hat«, sagte ich. »Da kannst du sehen, wieviel die sich aus mir machen. Niemand ist hier.«

Trisha nickte.

»Mir macht das ohnehin nichts aus«, sagte ich.

»Du solltest jetzt lieber deine Götterspeise essen«, riet mir Trisha und fütterte mich mit dem Löffel.

Allein schon dazusitzen und diese kleinen Portionen zu essen, erschöpfte mich. Ich konnte die Augen kaum noch offenhalten und Trishas Bericht über die Dinge lauschen, die sich in der Schule getan hatten. Schließlich kam die Krankenschwester wieder, um das Tablett zu holen, und sie riet Trisha zu gehen.

»Wenn du das nächste Mal kommst, wird sie schon munterer sein«, versprach sie ihr. »Sie braucht jetzt Ruhe. Das ist das Beste.«

»Ich komme morgen wieder«, sagte Trisha. Sie drückte meine Hand. »Ich werde Agnes berichten, wie gut es dir geht, und vielleicht wird sie ihr schwarzes Kleid gegen ein blaues austauschen und sich wieder ein wenig schminken.«

Ich war zu matt und zu erschöpft, um zu lachen. Ich lächelte kaum. Trisha küßte mich auf die Wange, aber ich hörte und sah sie nicht gehen. Ich lag bereits im Tiefschlaf.

Als ich am Abend wieder wach wurde, setzte man mir Haferschleim und Tee vor. Ich bemühte mich, so lange wie möglich wach zu bleiben, und ich lauschte auf die Geräusche, die vom Gang hereindrangen, während die Schwestern und die Ärzte ihre Arbeit machten und sich um andere Patienten kümmerten. Aber ich schlief immer wieder ein.

Am nächsten Morgen fühlte ich mich wirklich kräftiger und viel hungriger. Man gab mir weichgekochte Eier und Toast.

Doktor Stevens kam vorbei und kontrollierte meinen Puls, horchte mich ab und sah meine Augen an.

»Jetzt wirst du schnell wieder gesund«, sagte er. »Vielleicht noch einen Tag, viel länger brauchst du nicht mehr zu bleiben.«

Ich aß ein kräftiges Mittagessen und öffnete sogar die Pralinenschachtel, die Trisha mir mitgebracht hatte. Zwei Pralinen aß ich selbst, und den Krankenschwestern bot ich auch welche an. Eine Schwesternhelferin brachte mir ein paar Zeitschriften, und ich war in der Lage, fast eine Stunde zu lesen. Am späten Nachmittag kam Trisha mit Neuigkeiten aus der Schule und einer Schilderung dessen, was sich im Haus abspielte.

»Es ist verrückt«, sagte sie. »Ich habe Agnes erzählt, wie gut es dir geht, aber sie schien kein Wort zu hören. Sie redet von dir, als seist du fort, als seist du eine ihrer Erinnerungen. Wenigstens schminkt sie sich wieder und zieht kräftige Farben an und spielt wieder ihre alten dramatischen Rollen.«

»Ich werde versuchen, die Schule abzuschließen«, sagte ich. »Das ist mir immer noch sehr wichtig.«

Sie nickte und erzählte mir von Michaels Nachfolger.

»Er ist groß und dünn und trägt so eine Zweistärkenbrille, die ihm immer auf dem Nasenrücken runterrutscht. Die Mädchen sagen, er ginge schablonenmäßig vor. Sie laufen jetzt schon in der Schule herum und ahmen ihn nach: ›Eins und zwei, und eins und zwei ...«

Ich fing an zu lachen.

»Ein ganz schönes Kontrastprogramm nach dem Star Michael Sutton, was?« sagte ich.

»Star«, wiederholte sie, und aus ihrem Mund klang es anzüglich und abwertend. »Ich muß los. Ich habe einen Tanzkurs. Oh, fast hätte ich es vergessen«, sagte sie und griff in ihre Manteltasche, um einen Brief rauszuziehen. »Der ist gestern für dich gekommen, und ich habe ihn abgefangen, ehe Agnes ihn gesehen hat. Sie schickt deine gesamte Post zurück.«

»Warum das denn?«

Trisha zuckte die Achseln.

»Was Agnes tut, das läßt sich nicht erklären. Ich dachte, diesen Brief hättest du gern. Er ist von Jimmy.«

»Jimmy!« Ich nahm ihn ihr eilig ab. »Oh, ich danke dir so sehr, Trisha.«

»Nicht der Rede wert. Also, ich hoffe, der Arzt entläßt dich morgen, aber wenn nicht, dann schaue ich am Nachmittag nochmal vorbei.« Sie küßte mich auf die Wange.

»Danke, Trisha. Du bist meine beste Freundin auf der Welt«, sagte ich, und die Tränen drängten sich in meine Augen.

»Mach dir keine Sorgen«, erwiderte sie. »Irgendwie wirst du mir das noch büßen. Vielleicht wirst du für den Rest des Semesters beim Küchendienst für mich einspringen müssen.«

»Mit Vergnügen«, lachte ich.

»Bis bald«, rief sie und war fort. Ich saß noch einen Moment lang da und starrte hinter ihr her. Es war wunderbar, in diesen furchtbaren und nervenaufreibenden Zeiten eine Freundin wie Trisha zu haben. Aber gerade in solchen Zeiten stellte sich ja heraus, wer die wahren Freunde waren. Unter all den schönen Dingen, die mir in New York City widerfahren waren – meine Arbeit mit Madame Steichen, meine Aufnahme in Michaels Unterricht, die Komplimente, die ich von den anderen Lehrern bekommen hatte, die Bühnenaufführungen und die Ausflüge und all meine aufregenden Erlebnisse –, war nichts wichtiger als meine Freundschaft mit Trisha. Das wurde mir jetzt klar, und ich hoffte und betete, wir würden uns immer so gut verstehen.

Mit meinen kleinen Fäusten wischte ich mir die Tränen aus dem Gesicht und wandte meine Aufmerksamkeit Jimmys Brief zu. Wie schön, daß er mir geschrieben hatte, dachte ich, auch wenn ich es nicht verdient hatte. Nicht, nachdem ich ihn und seine Liebe derart verraten hatte. Jetzt würde ich es ihm bald sagen müssen, dachte ich, und das würde so schwer werden wie kaum etwas, was ich je getan hatte.

Ich riß den Umschlag vorsichtig auf und zog seinen Brief heraus. Dann lehnte ich mich zurück und fing an zu lesen.

Liebe Dawn,
wir hatten hier einen sehr harten Winter. Ein Schneesturm kam nach dem anderen, aber das Militär richtet sich kaum nach dem Wetter. Ganz gleich, was geschieht, wir müssen tun, was von uns verlangt wird.
Es freut Dich sicher, zu hören, daß ich zum Obergefreiten befördert worden bin. Ich gehöre zu den Automechanikern, die die Panzer warten. Ganz schön beeindruckend, was?
Jedenfalls ist mir zwangsläufig aufgefallen, daß Deine Briefe immer kürzer werden und in immer längeren Abständen kommen. Ich nehme an, das heißt, daß Du sehr viel an Deiner Karriere arbeitest, und daher freut es mich für Dich. Ich erzähle allen, daß ich eine Freundin habe, die Gesang studiert, um ein Star zu werden.
Eine kleine Neuigkeit kann ich Dir noch aus der Heimat berichten. Daddys neue Frau ist schwanger. Ich habe gewisse Schwierigkeiten damit, mich an die Vorstellung zu gewöhnen, daß ich ein Brüderchen oder Schwesterchen bekommen werde, vor allem, da Momma nicht mehr lebt. Es kommt mir alles so seltsam vor.
Aber er scheint glücklich darüber zu sein. Ich glaube, er hofft auf eine neue Tochter, eine, die so wie Du ist.
Ich habe es ihm nicht gesagt, aber Dich kann es nur einmal geben.

Alles Liebe,
Jimmy

Ich legte den Brief hin und schloß die Augen. Wie sehr mir das Herz doch schmerzte! Der arme Jimmy, dachte ich, er ist so weit weg und so voller Vertrauen und Liebe. Wie sollte ich ihm bloß beibringen, was ich getan hatte und was mir zugestoßen war?

Als die Krankenschwester kam, bat ich sie um Papier und einen Stift, um einen Brief zu schreiben, doch ehe ich Gelegenheit dazu hatte, hörte ich im Korridor vor meinem Zimmer das Geräusch energischer Schritte, das vom Klopfen eines Gehstocks begleitet wurde. Ich schaute neugierig zur Tür, und wenige Momente später tauchte Großmutter Cutler auf.

Mein Herz schien sich zu überschlagen. Einen Moment lang stand sie nur da, stützte sich auf ihren Gehstock und sah mich aus ihren granitgrauen Augen böse an. Sie wirkte älter und dünner. Ihr stahlgraues Haar war immer noch perfekt frisiert. Wie immer war sie elegant und makellos gekleidet. Unter ihrer Nerzstola trug sie eine dunkelblaue Jacke und eine weiße Bluse mit einem Rüschenkragen und dazu einen passenden, knöchellangen blauen Rock und dunkelblaue Stiefel. Goldene tropfenförmige Ohrringe baumelten an ihren Ohrläppchen und auf jedem Ohrring funkelte ein kleiner Diamant. Sie hatte wie immer einen Hauch roten Lippenstift aufgetragen, doch das Rouge auf ihren Wangen hatte ich weniger auffällig und grell in Erinnerung. Auf diese Art versuchte sie wohl, die teigige, wächserne Blässe ihres Teints auszugleichen.

Ihr Mund wirkte nicht mehr so fest. Die Unterlippe bebte entweder vor Zorn oder weil sie unter einer leichten Schüttellähmung litt. Aber der Stolz und die Arroganz, die ihr Rückgrat gestählt und ihre Schultern gestrafft hatten, waren noch da. Trotz den Spuren des Alters wirkte sie noch genauso furchteinflößend wie früher.

Ich hatte sie so lange nicht mehr gesehen, daß ich vergessen hatte, wie sehr ich sie verabscheute und wie schnell mein Blut in Wallung geriet, wenn sie mich mit diesen Augen wie Feuersteine ansah. Mein Herz schlug heftig. Sie schüttelte langsam den Kopf, und ihr Mund verzog sich zu einem angewiderten und verächtlichen Lächeln. Ich hätte mich am liebsten aufgesetzt und laut geschrien, daß ich sie noch viel mehr verabscheute, als sie mich, aber ich bewegte mich nicht; ich gab keinen Laut von mir, weil ich Angst hatte, meine Stimme könnte beben.

»Es überrascht mich kein bißchen«, sagte sie, während sie die Tür hinter sich schloß und in mein Zimmer trat, »dich unter diesen Umständen an einem solchen Ort vorzufinden.

Erst vor wenigen Wochen habe ich deiner Mutter gesagt, daß ihr beide aus demselben Holz geschnitzt seid, du und sie, und daß deine Selbstsucht und deine Lüsternheit die Oberhand über dich gewinnen werden und daß du unserer Familie noch Schande machen wirst, ganz gleich, wohin wir dich schicken oder was wir für dich tun, ohne Kosten zu scheuen.«

Ihr Lächeln war jetzt bitter und sarkastisch.

»Agnes Morris hat mich über dein Benehmen auf dem laufenden gehalten. Ich wußte, daß es nur immer schlimmer werden kann, bis etwas Derartiges passiert. Und jetzt ist es soweit gekommen«, schloß sie, ohne ihre Selbstzufriedenheit zu verhehlen.

»Mir ist völlig gleichgültig, was du denkst«, erwiderte ich, doch ich mußte den Blick von ihr abwenden, weil ihre Augen mich zu durchbohren schienen.

Sie bedachte mich mit einem vernichtenden Blick und lachte dann, als sie sich in meinem Krankenzimmer umsah.

»Du hast dein Bestes getan, um mir das zu zeigen«, erwiderte sie.

Sie hob ihren Gehstock und klopfte gegen das Fußende des Bettes.

»Sieh mich an, wenn ich mit dir rede«, fuhr sie mich an. Ich hob den Kopf und versuchte, sie ebenfalls anzuschreien, aber die Grausamkeit in ihren Augen erschreckte mich so sehr, daß mir die Stimme versagte.

Ein winziges Lächeln huschte über ihre Lippen, Lippen, die anscheinend vergessen hatten, wie man lächelt.

»Mach dir keine Sorgen, ich habe nicht von dir erwartet, daß du hier etwas Wunderbares vollbringst, auch wenn wir häufig Berichte über dein angebliches Talent im Gesang und in der Musik erhalten haben. Ich weiß, wie du aufgewachsen bist und was aus dir werden mußte. Ich habe von vornherein die Möglichkeit in Betracht gezogen, daß du uns noch mehr Probleme machen wirst. Ich hätte nur nicht geglaubt, daß es schon so schnell soweit ist. In dieser Hinsicht ist es dir gelungen, mich zu überraschen.«

Ich schlug mir die Hände vor das Gesicht. Ich fühlte mich, als schien das Schicksal mich wieder einmal zu erdrücken. Ich zitterte und hatte Schwierigkeiten damit, meine Gedanken zu formulieren. Es war, als hätte ich die Stimme verloren und alles würde für immer in mir gefangen bleiben, sogar meine Tränen.

»Es ist zwecklos, deine Schande verbergen zu wollen. Schon bald wird sie dir deutlich anzusehen sein. Erfreulicherweise«, fügte sie hinzu, »hattest du das Glück, in diesen Unfall verwikkelt zu werden.«

»Was?« Ich nahm die Hände vom Gesicht. »Wie kannst du es als ein Glück bezeichnen, daß ich von einem Wagen angefahren worden bin?« fragte ich. Ein kaltes, verkniffenes Lächeln war die Antwort auf meine Frage. Nein, es war kein Lächeln, es war eher ein hämisches Grinsen.

»Der Unfall liefert uns einen guten Vorwand, dich von der Schule zu nehmen«, erwiderte sie, und ihr Grinsen wurde zu einem siegesbewußten Lächeln. Wenn sie mich ansah, sah sie immer nur einen Teil von mir an. Sie sah mich nicht als eine Person, sondern sie zerlegte mich in Bestandteile, die ihren Zorn zu erregen schienen... und was sie wütend machte, das würde sie zerstören.

»Mich von der Schule nehmen!«

»Selbstverständlich.« Sie sah mich wieder mit diesem verkniffenen, entschlossenen, haßerfüllten Blick an, und ihre Augen glänzten wie Vogelaugen. »Hast du etwa geglaubt, ich würde dich in dieser Verfassung weiterhin finanziell unterstützen? Hast du geglaubt, ich würde es dulden, daß du mit deinem dicken Bauch durch die Schule läufst und Kurse besuchst? Du bist als eine Cutler hier. Alles, was du tust, ob es dir paßt oder nicht, wirft ein Licht auf den Namen Cutler. Ich habe gute Freunde in der Schulverwaltung. Ich habe einen Ruf zu wahren«.

Sie fixierte mich mit kaltem Blick, diese abscheuliche alte Frau, als könnte sie alles spüren, was ich empfand. Ich funkelte sie trotzig an und hoffte, sie könne mir ansehen, wie sehr ich die Vorstellung verabscheute, auch nur als entfernt verwandt mit ihr zu gelten. Vielleicht waren meine Augen nur Glas, durch das sich die Rache zeigte, die ich hegte und eines Tages auszuleben gelobte. Wenn ja, dann sah sie darüber hinweg. Nichts konnte ihr Angst einjagen.

»Wer ist der Vater des Kindes?« fragte sie. Ich wandte den Blick ab. Sie klopfte fest mit ihrem Gehstock auf den Boden. »Wer ist es?« wiederholte sie.

»Was ändert das jetzt noch?« fragte ich sie, und aufsteigende Tränen brannten in meinen Augen, aber ich bemühte mich mit aller Kraft, sie zurückzuhalten. Ich wollte ihr die Genugtuung nicht gönnen, mich weinen zu sehen.

Sie ließ die Schultern sinken und nickte.

»Du hast recht. Was ändert das schon? Wahrscheinlich weißt du überhaupt nicht, welcher von ihnen in Wirklichkeit der Vater ist.«

»Das ist nicht wahr«, rief ich. »Ich bin kein Mädchen von dieser Art.«

»Nein«, sagte sie und zog ihre Oberlippe hoch, und ihre blaßweißen Zähne zeigten sich in voller Größe, »du bist kein Mädchen von dieser Art. Du liegst schwanger hier in diesem Krankenhaus, weil du ein braves Mädchen bist, auf das sich seine Familie etwas zugute halten kann.«

Ich schlug mir wieder die Hände vors Gesicht. Lange Zeit blieb sie stumm. Ich hoffte schon, sie würde sich einfach abwenden und mich in Ruhe lassen, aber sie war gekommen, um wieder über mein Leben zu bestimmen. Ich war sicher, daß es ihr großes Vergnügen bereitete, in derselben Form über meine Zukunft zu bestimmen, in der sie über das Leben aller anderen Familienmitglieder bestimmt hatte, obwohl sie mich verabscheute und mich nicht als eine Angehörige ansehen wollte.

»Du kannst die Schule nicht mehr besuchen«, setzte sie an, »und du kannst nicht zu Agnes Morris zurückkehren. Im Hotel will ich dich ganz gewiß nicht haben. Kannst du dir die Peinlichkeiten vorstellen, die es für uns bedeuten würde, wenn du mit einem Bauch durch das Haus und über das Anwesen stolzierst, der eine Meile absteht?«

»Was willst du?« fragte ich schließlich und senkte ergeben die Hände.

»Was ich will, das kriege ich nicht, und daher werde ich mich mit dem begnügen, was sein muß. Wir werden die Geschichte verbreiten, du seist wesentlich schlimmer verletzt worden, als es tatsächlich der Fall ist. Du wirst in ein Rehabilitationszentrum gebracht. Das klingt dramatisch genug, um die Neugierigen in deiner Schule zufriedenzustellen.

In Wirklichkeit wirst du morgen die Stadt verlassen und zu meinen Schwestern Emily und Charlotte Booth gebracht werden, und bei ihnen wirst du leben, bis du das Kind geboren hast. Anschließend werden wir weitersehen«, sagte sie.

»Wo leben deine Schwestern?« fragte ich.

»Nicht, daß das für dich etwas ändert, aber sie leben in Virginia, etwa zwanzig Meilen östlich von Lynchburg, im früheren Haus meines Vaters, einer alten Farm, die The Meadows heißt. Meine Schwestern sind bereits von deiner Ankunft und über deine Verfassung informiert. Ich habe einen Wagen bestellt, der dich zum Flughafen bringt. Wenn du in Lynchburg ankommst, wird dich dort ein Fahrer erwarten, der dich zur Plantage bringt.«

»Aber was ist mit meinen Sachen, die ich noch in Agnes' Haus habe?« rief ich aus.

»Sie wird deine Sachen zusammenpacken und dafür sorgen, daß sie dir geschickt werden. Du kannst dir gar nicht vorstellen, wie eilig sie es hat, jede Spur von dir zu verwischen.«

»Kein Wunder, wenn man bedenkt, wie du mit deinem Brief voller Lügen gegen mich intrigiert hast«, erwiderte ich erbittert.

»Anscheinend war dieser Brief voller Lügen, wie du es nennst, eine Voraussage, die eingetroffen ist«, erwiderte sie stolz. »Jedenfalls hast du dich hier lange genug ausgetobt, und jetzt ist Schluß damit.«

»Aber es gibt Menschen, von denen ich mich verabschieden möchte... Mrs. Liddy...«

»Wir sind bemüht, mit einer gewissen Würde aus dieser Situation herauszukommen«, fauchte sie. »Ich will nicht, daß man dich fröhlich herumlaufen sieht, wenn du angeblich so schwer verletzt bist, daß du in ein Rehabilitationszentrum kommst.«

»Die Leute werden wissen, daß es nicht wahr ist!« stöhnte ich.

»Anständige Menschen werden die Geschichte, die ich in Umlauf setze, nicht in Zweifel ziehen«, erwiderte sie mit eisiger Selbstsicherheit. »Die Schulverwaltung ist bereits informiert«, fügte sie hinzu, um zu zeigen, wie schnell und gründlich sie die Herrschaft über mein Leben an sich reißen konnte.

Aber was sollte ich tun? Wohin konnte ich gehen? Ich war schwanger und hatte keinen Penny. Bei Daddy Longchamp konnte ich bestimmt nicht unterschlüpfen, nicht jetzt, nachdem er eine neue Frau hatte, von der er ein weiteres Kind erwartete.

»Deine Mutter«, sagte sie und sprach »Mutter« so aus, als sei es ein Schimpfwort, »ist über deine Glanzleistungen informiert worden. Natürlich hat sie das wieder einmal in Hysterie versetzt.« Sie lachte. »Sie hat ihren Arzt, den zehnten oder elften, ich komme mit dem Zählen nicht mehr mit, sogar dazu gebracht, sie an so ein Ding zu hängen«, sagte sie und deutete auf den Infusionsständer, der in der Ecke meines Zimmers stand. »Sie behauptet, sie könnte nichts essen, sie könnte nicht schlucken. Sie braucht rund um die Uhr eine Pflegerin.

Und all das deinetwegen. Ich würde mir also nicht erst die Mühe machen, sie anzurufen und um Hilfe zu bitten. Sie kann sich selbst nicht helfen. Aber«, fügte Großmutter Cutler hinzu, »das ist ja nun wirklich nichts Neues.«

Ich sah das selbstzufriedene Lächeln, das um ihre grauen Augen spielte.

»Warum haßt du sie so sehr?« fragte ich. Irgendwie glaubte ich, daß mehr als nur die Affäre mit dem fahrenden Sänger dahintersteckte. Das lag schon lange zurück, und meine Mutter war immer noch mit Großmutter Cutlers Sohn verheiratet und hatte zwei ihrer Enkel geboren.

»Ich hasse jeden, der schwach ist und sich derart gehenläßt«, sagte sie langsam und hämisch. »Sie ist trotz ihrer Schönheit nie etwas anderes als ein Klotz am Bein gewesen.

Ihre Schönheit ist im Grunde genommen eine Täuschung. Mein dummer Sohn konnte sie, wie alle anderen Männer auch, nicht rechtzeitig durchschauen, um seine Haut zu retten, und er durchschaut sie bis heute nicht.

Ich bin sicher«, fügte sie hinzu, »daß du eines Tages einen vernarrten Dummkopf finden wirst, der sich um dich kümmert, wie auch Randolph für deine Mutter sorgt, aber bis dahin wirst du tun müssen, was ich sage.

Der Arzt wird dich morgen nach dem Frühstück entlassen. Ich habe bereits mit ihm gesprochen. Triff die Vorbereitungen für deinen Aufbruch. Alles ist geregelt, und es soll niemand auf dich warten müssen. Hast du verstanden?«

»Ich habe verstanden, wer du bist«, sagte ich und sah ihr endlich fest in die Augen, »und wie unglücklich du sein mußt und auch den größten Teil deines Lebens gewesen bist.«

Ihre Augen sprühten Funken, und sie richtete sich zu ihrer gewohnten majestätischen Haltung auf.

»Wie kannst du … wie kannst du es wagen, dir einzubilden, dir könnte jemand leid tun, und dann auch noch ich?«

»Aber du tust mir leid«, sagte ich ruhig, so ruhig, daß ich sogar mich selbst damit überraschte. »Ich hasse dich weniger, als ich dich bemitleide und die Dinge hasse, die dich zu dem gemacht haben, was du bist.«

»Spar dir dein Mitleid für dich selbst«, fauchte sie mich an. »Du wirst es noch brauchen«, fügte sie hinzu und machte so schnell auf dem Absatz kehrt, daß sie fast das Gleichgewicht verlor. Dann stolzierte sie aus meinem Krankenzimmer, und ihr Gehstock klopfte wie ein winziger Hammer auf die Fliesen.

Ich ließ mich auf mein Kissen zurücksinken und war jetzt zu schwach und zu niedergeschlagen für Tränen. Was änderte das denn noch, dachte ich. Michael war fort; Jimmy würde mich bestimmt hassen, sowie er die Wahrheit erfahren würde; Daddy Longchamp hatte ein neues Leben begonnen und erwartete sogar ein weiteres Kind. Alle Menschen, die ich liebte und die mir teuer waren, lebten weit entfernt. Großmutter Cutler konnte mit mir anfangen, was sie wollte, und ich konnte niemand anderem als mir selbst die Schuld daran geben.

Vorbei der Traum, zu singen und ein Bühnenstar zu werden. Vorbei der Zauber der Liebe. Und Schluß mit der Romantik und dem Glauben, Märchen würden manchmal wahr. Leb wohl, Jugend, leb wohl, Unbeschwertheit, leb wohl, Hoffnung und Freude.

Ich konnte sehen, wie die Wolken vor die Sonne zogen und Schatten warfen, die drohend über die Stadt fielen. Eine trostlose Finsternis schlich sich in mein Krankenzimmer und ließ mich frösteln. Ich zog die Decke fest um mich und versuchte, keine Wärme entkommen zu lassen. Morgen würde ich aus der Stadt meiner Träume vertrieben werden. Ich würde verschwinden, als hätte es mich nie gegeben. Die arme Madame Steichen, dachte ich. Wie sehr ich sie enttäuschen mußte! All ihre harte Arbeit und ihr Vertrauen in mich warf ich achtlos weg.

Als wir uns das erste Mal getroffen und miteinander geredet hatten, hatte Michael zu mir gesagt, daß die Leidenschaft uns in die Verzweiflung treibt, doch er hatte mir nie gesagt, daß sie uns einsam und leer zurücklassen konnte. Er wollte nicht, daß ich die Gefahren kannte, die meine Liebe zu ihm barg.

War es meiner Mutter etwa genauso ergangen? War es das, was sie zu dem schwachen Menschen gemacht hatte, der sie heute war? Hatte Großmutter Cutler recht, wenn sie behauptete, ich sei genauso wie sie? Würde ich irgendwann auch zu einem solchen Menschen werden?

Schon allein das Nachdenken über diese Dinge erschöpfte mich. Ich konnte die Augen nicht länger offen halten und wollte es auch gar nicht, denn nur im Schlaf fand ich Erlösung von der Katastrophe, die über mich hereingebrochen war. Jetzt war ich wieder einmal eine Gefangene des Schicksals, und Großmutter Cutler war wahrhaft einmal mehr mein Wärter.

Doktor Stevens erschien früh am Morgen zu einer Abschlußuntersuchung, und er befand mich für gesund genug für eine Entlassung. Die Krankenschwester kam, um mir beim Anziehen und bei den Vorbereitungen zu helfen, nachdem ich gefrühstückt hatte. Mir wurde klar, daß ich bereits weg sein würde, wenn Trisha kam, und daher bat ich darum, das Telefon benutzen zu dürfen. Agnes nahm am anderen Ende ab.

»Agnes«, rief ich, »ich bin es, Dawn.«

»Dawn?« Es herrschte Stille.

»Ja. Ich rufe vom Krankenhaus aus an.«

»Dawn? Ich fürchte, Sie müssen die falsche Nummer gewählt haben«, sagte sie kühl. »Ich kenne niemanden, der Dawn heißt.«

»Agnes, bitte«, flehte ich sie an, »tun Sie das nicht. Ich muß Trisha dringend sprechen.«

»Trisha ist zur Schule gegangen«, erwiderte sie, aber ich kannte Trishas Stundenplan. Sie konnte noch nicht aus dem Haus gegangen sein.

»Agnes, bitte«, flehte ich. »Ich bin nur noch kurz hier, und ich habe sonst keine Gelegenheit mehr, mit Trisha zu reden. Sie wird umsonst ins Krankenhaus kommen, denn ich werde fort sein. Wollen Sie ihr denn nicht sagen, daß ich am Telefon bin? Bitte.«

»Ach, du meine Güte«, sagte sie plötzlich mit schriller Stimme, »ich wünschte wirklich, ich könnte die Rolle in Erwägung ziehen, aber ich habe bereits eine andere angenommen.«

»Agnes!«

»Vielleicht könnten Sie in Betracht ziehen, den Produktionstermin zu verschieben.« Sie lachte. »Andere Produzenten haben das auch schon getan, um mir entgegenzukommen.«

Ich sah ein, daß es zwecklos war. Sie tat das entweder, weil Trisha in der Nähe war, oder sie lebte wirklich in einer ihrer Erinnerungen und war ganz woanders.

»Agnes«, sagte ich durch meine Tränen, »lassen Sie mich doch bitte mit Trisha reden.«

»Es tut mir leid, aber ich bin sehr beschäftigt«, erwiderte sie und legte auf.

»Agnes!« schrie ich in die tote Leitung. Ich legte den Hörer auf und fing an zu weinen. Wie sollte Trisha je erfahren, wo ich hinfuhr und was mir zugestoßen war?

Die Krankenschwester fragte mich, was passiert sei, und ich erklärte ihr, im Lauf des Tages käme eine Freundin, aber bis dahin sei ich schon weg, und jetzt sei sie nicht erreichbar.

»Laß doch einfach eine Nachricht für sie da«, sagte sie, »und dann sorge ich dafür, daß sie sie bekommt.«

»Oh, täten Sie das für mich? Vielen Dank.«

Ich holte das Blatt Papier heraus, um das ich ursprünglich gebeten hatte, weil ich einen Brief an Jimmy schreiben wollte, und dann schrieb ich meine Nachricht an Trisha.

Liebe Trisha,

wenn Du das liest, werde ich schon lange fort sein. Großmutter Cutler ist gekommen und hat mein Leben in die Hand genommen. Ich soll bei ihren Schwestern in Virginia leben, bis das Baby geboren ist. Auf die Art sieht mich niemand, und ich bin aus den Augen, aus dem Sinn, und der hochgeschätzte Name Cutler leidet keinen Schaden. Ich kenne noch nicht einmal die genaue Adresse. Eigentlich ist es mir auch egal. Ich weiß, daß Du der einzige Mensch bist, den ich vermissen werde. Ich werde Dir schreiben, so oft ich Gelegenheit dazu habe. Bitte grüße Mrs. Liddy und die Zwillinge von mir und sogar den verrückten Donald.

Und ich danke Dir, ich danke Dir von ganzem Herzen, daß Du meine einzige wirkliche Freundin auf Erden bist.

Alles Liebe,

Dawn

Ich faltete den Zettel zusammen und gab ihn der Krankenschwester.

Kurz darauf erschien ein Chauffeur. Es war irgend jemand von einer Firma in der Stadt, die Großmutter Cutler beauftragt hatte, mich zum Flughafen zu bringen. Ich konnte erkennen, daß ich für ihn so etwas wie ein Päckchen war, das er überbringen mußte. Da ich bereits entlassen war und Großmutter Cutler alles andere in die Hand genommen hatte, blieb mir nichts anderes übrig, als mit ihm zu gehen. Die Krankenschwestern verabschiedeten sich von mir und wünschten mir viel Glück.

Ich hatte nichts bei mir, außer den Kleidungsstücken, die ich am Tag meines Unfalls getragen hatte. Der Chauffeur war überrascht.

»Kein Gepäck?« fragte er und blieb in der Tür stehen.

»Nein, Sir. Es wird alles nachgeschickt«, sagte ich.

»Gut«, sagte er und freute sich offensichtlich darüber, daß man es ihm einfacher gemacht hatte.

Es war eine luxuriöse Limousine. Es wunderte mich, daß Großmutter Cutler diese Kosten nicht gescheut hatte, aber dann dachte ich mir, daß sie wahrscheinlich versuchte, alle damit zu beeindrucken, wie gut sie für ihre eigene Familie sorgte. Ich saß in einer Ecke auf dem Rücksitz, der mit schwarzem Leder bezogen war, und starrte aus dem Fenster, als wir die Stadt verließen und zum Flughafen hinausfuhren. Die Erinnerungen an meine Ankunft kamen wieder.

Wie gespannt und voller Hoffnung ich doch gewesen war! Ja, ich hatte mich auch gefürchtet, aber als ich diese hohen Häuser zum ersten Mal erblickt und all die Leute gesehen hatte, die vorbeieilten, hatte ich geglaubt, ich könnte vielleicht doch eine berühmte Sängerin werden und in einem Penthouse leben. Jetzt eilten die Leute durch die Straßen, um nicht zu frieren, und der Verkehr bewegte sich langsam durch den Schneematsch, und jeder Glanz war verloren gegangen. Die Leute wirkten besorgt, hektisch und sogar gelangweilt auf mich. Und die Stadt kam mir braun und schmutzig vor.

Nur die weihnachtliche Dekoration in den Schaufenstern vermittelte mir ein Gefühl von Wärme und Glück. Es wäre wunderbar gewesen, mit Michael durch die Fifth Avenue zu schlendern und meine Hände dabei in einen Pelzmuff zu stecken. Wir hätten die Weihnachtslieder gehört und die erleuchteten Auslagen betrachtet, und er hätte mich fest an sich gepreßt. Später hätten wir dann gemeinsam vor unserem kleinen Weihnachtsbaum gelegen und Pläne für unsere Zukunft geschmiedet.

Als die Limousine durch die breite Allee fuhr, sah ich ein glückliches Paar, das Hand in Hand über die Straße schlenderte, genauso, wie ich es mir mit Michael erträumt hatte. Die junge Frau wirkte so glücklich und so lebendig, ihre Wangen waren rosig und ihre Augen so verheißungsvoll. Der junge Mann an ihrer Seite gestikulierte überschwenglich und sagte Dinge, die sie zum Lachen brachten.

Die Limousine bog ab. Ich schaute den beiden nach, solange ich sie sehen konnte. Dann beschleunigte die Limousine, und ich verlor sie aus den Augen, wie all meine Träume.

12

Die Plantage »The Meadows«

Sowie ich das Flugzeug bestiegen hatte, schlief ich ein und erwachte erst kurz bevor die Stewardessen ankündigten, wir würden zur Landung ansetzen. Auf dem Flughafen war nicht viel los, als ich ausstieg, und daher rechnete ich nicht damit, daß es mir Probleme machen würde, den Fahrer zu finden, der mich zu The Meadows bringen sollte, dem Zuhause von Großmutter Cutlers Schwestern. Doch als ich mich umschaute, sah ich niemanden, der ein Schild mit meinem Namen hochhielt. Wenig später waren die Leute, die gekommen waren, um eintreffende Fluggäste abzuholen, gegangen, und ich befand mich fast allein in der Halle. Ich setzte mich und wartete.

Ich war nicht sicher, was ich tun sollte, nachdem die erste Stunde vergangen war. Leute eilten durch die Halle, aber niemand schien nach mir Ausschau zu halten. Ich verschränkte die Arme und lehnte mich mit geschlossenen Augen zurück. Ich war immer noch sehr müde. Es war anstrengend, so kurz nach meiner Entlassung aus dem Krankenhaus schon zu reisen, und noch schlimmer war diese Warterei. Ich zog die Beine unter mir an und lehnte mich auf dem Stuhl zurück, und ehe ich mich versah, war ich wieder eingeschlafen. Ich träumte, ich schliefe auf dem Rücksitz von Daddy Longchamps Wagen und mein Kopf läge auf Jimmys Schulter. Ich fühlte mich behaglich und geborgen und war außer mir, als ich spürte, wie mir jemand einen Finger in die Schulter bohrte.

Meine Lider öffneten sich flatternd, und ich sah zu einem großen, schlanken Mann mit schmutzigem braunem Haar auf, das ihm über seine tiefgefurchte Stirn ins Gesicht hing. Er hatte eine lange Nase mit einem Knick und tiefliegende, stumpfe braune Augen mit kleinen Faltengeflechten an den Augenwinkeln. Er hätte sich dringend wieder einmal rasieren müssen. Die borstigen graubraunen Stoppeln wuchsen ungleichmäßig auf seinem bleichen weißen Gesicht. Überall war er behaart – auf dem Hals um den Adamsapfel herum, und sogar aus seinen Ohren schauten Haarbüschel heraus. Mir fiel auf, daß seine Unterlippe herunterhing und Zähne entblößte, die vom Kautabak verfärbt waren. Eine eingetrocknete braune Schmutzspur führte von einem Mundwinkel zu seinem Kinn. Dort mußte ihm Tabaksaft heruntergelaufen sein. Er trug einen ausgeblichenen blauen Overall und darunter ein zerrissenes Flanellhemd. Seine Stiefel waren schmutzig und rochen schlecht. Ich wollte mir gar nicht vorstellen, wohin er kurz vor seiner Ankunft auf dem Flughafen getreten war.

»Bist du das Mädchen?« fragte er.

»Entschuldigen Sie bitte?«

»Ob du das Mädchen bist?« wiederholte er mürrisch. Es klang, als sei seine Kehle mit Sand gefüllt.

»Mein Name ist Dawn«, erwiderte ich. »Sind Sie hergekommen, um mich zur Farm The Meadows zu bringen?«

»Komm schon«, sagte er und wandte sich abrupt ab. Er setzte sich bereits in Bewegung, ehe ich auch nur aufgestanden war, und ich mußte mich beeilen, um ihn einzuholen.

»Ich habe sehr lange gewartet«, sagte ich, als ich neben ihm herlief. Er sah mich nicht an. Er machte große Schritte und starrte finster vor sich hin, und die Daumen hatte er in die Gürtelschnallen seines Overalls gehakt. Ich sah, daß seine Hände von Schmutz verkrustet und seine Fingernägel lang und ungepflegt waren.

»Erst lassen sie mich den ganzen Morgen Säue schlachten, und dann erwarten sie von mir, daß ich den langen Weg bis zum Flughafen fahre«, murrte er.

»Wissen Sie, ob meine Sachen schon eingetroffen sind?« fragte ich, als wir auf den Ausgang zugingen. »Meine gesamte Kleidung ist von New York City hergeschickt worden«, fügte ich hinzu. Ich hatte nicht den Eindruck, als würde er antworten. Er lief weiter, brummte vor sich hin und streckte dann die Hand nach dem Türgriff aus.

»Weiß ich nicht«, sagte er schließlich. Ich folgte ihm ins Freie und rannte beinahe, um mit ihm schritthalten zu können, als er die Straße überquerte und auf den Parkplatz zulief. Er schenkte dem Verkehr keine Beachtung, und Autos mußten scharf bremsen, und die Fahrer schrien uns an. Doch das störte ihn nicht weiter. Er sah starr vor sich hin, hielt den Kopf leicht gesenkt und eilte mit großen, schnellen Schritten weiter.

Als wir den Parkplatz erreicht hatten, drehte er sich abrupt um und führte mich zu einem zerbeulten, rostigen schwarzen Kleintransporter. Noch ehe wir den Wagen erreicht hatten, roch ich ihn, und der Gestank war so schlimm, daß mein Magen rebellierte. Ich hielt mir die Hand vor den Mund und wandte den Blick einen Moment lang ab. Er blieb stehen, nachdem er seine Tür geöffnet hatte, und schaute sich nach mir um.

»Steig ein«, befahl er. »Ich muß zurück und Kuhmist schaufeln und einen Platten am Traktor reparieren.«

Ich hielt den Atem an und ging auf den kleinen Lastwagen zu. Als ich die Tür aufmachte, sah ich ein zerrissenes Sitzpolster, durch das die Federn drangen. Wohin sollte ich mich bloß setzen? Er stieg ein und sah mich an. Dann wurde ihm klar, warum ich zögerte, und er griff hinter den Sitz und zog eine schäbige, dreckige braune Decke hervor. Er ließ sie auf den Sitz fallen, damit ich mich draufsetzen konnte. Ich stieg langsam ein und ließ mich behutsam auf den Sitz sinken, um es mir so bequem wie möglich zu machen. Augenblicklich ließ er den Motor an. Der Lastwagen spuckte und stotterte, und dann legte der Mann den Rückwärtsgang ein und fuhr aus der Parklücke hinaus.

Ich versuchte, die schmutzige Fensterscheibe runterzukurbeln, um zu lüften, doch die Kurbel drehte sich nur, und nichts geschah.

»Die funktioniert nicht mehr«, sagte er, ohne den Blick von der Straße abzuwenden. »Ich komme nicht dazu, sie zu richten.

Nicht, wenn Emily ständig hinter mir her ist, ich soll dies und jenes tun.«

»Wie weit müssen wir fahren?« fragte ich, denn mir gefiel es gar nicht, in diesem stickigen und stinkenden Fahrzeug eine lange Strecke zurückzulegen. Mir wurde von Sekunde zu Sekunde übler, und ich mußte schwer schlucken, um meinen Mageninhalt bei mir zu behalten.

»Paarundfünfzig Meilen«, sagte er. »Nicht gerade ein Spaß, die Fahrt«, fügte er noch hinzu. Er schaltete in einen höheren Gang, damit der Wagen schneller fuhr, und endlich bogen wir auf eine Schnellstraße mit gutem Straßenbelag ein.

»Wer sind Sie?« fragte ich schließlich, da er es mir nicht von sich aus sagte.

»Luther heiß' ich.«

»Arbeiten Sie schon lange auf der Farm?« fragte ich. Ich dachte, wenn ich mich unterhalten würde, könnte ich mich vielleicht von der gräßlichen Fahrt ablenken.

»Seit ich einen Heuballen heben und ihn auf einen Laster hieven kann«, erwiderte er. »Hab' nie woanders gearbeitet.« Endlich drehte er sich zu mir her und schaute mich an. »Du bist mit Lillian verwandt, nicht'?«

»Ja«, sagte ich widerstrebend.

»Hab' sie seit ewigen Jahren nich' mehr gesehen. Sie kommt nie her. Aber ich hab' gehört, daß sie jetzt 'ne elegante reiche Dame ist. Sie war schon immer die Gescheiteste. Natürlich gehört nicht viel dazu, gescheiter als Charlotte zu sein. Zum Teufel, ich hab' Hunde, die wissen mehr als sie«, sagte er und schien zum ersten Mal zu lächeln.

»Erzählen Sie mir von der Farm«, sagte ich.

»Da sieht's aus wie auf den meisten alten Farmen. Ist auch nicht mehr, was es mal war, das kann man wohl sagen, verdammt noch mal. Aber«, sagte er und wandte sich mir zu, »nichts ist mehr so wie früher – die Leute nicht, die Regierung nicht, das Land nicht, die Häuser nicht, gar nichts.«

»Wie sind meine Tanten?« fragte ich.

Er sah mich lange an und drehte sich dann wieder der Straße zu.

»Das weißt du nicht?« erwiderte er.

»Nein«, sagte ich.

»Dann findest du es wohl am besten selbst raus. Ja«, sagte er und nickte, »das ist das Beste.«

Die restliche Zeit über war er still und murrte nur ab und zu wegen einem anderen Fahrer vor sich hin, oder er schimpfte über Dinge, die er sah und die ihn aus mir unverständlichen Gründen ärgerten. Ich versuchte, mir die Landschaft anzusehen, doch die Scheibe war so verschmiert, daß alles grau und unfreundlich wirkte, obwohl die Sonne schien. Eine gute halbe Stunde nachdem wir den Flughafen verlassen hatten, zog sich der Himmel zu. Felder und Häuser wurden in rötliche Schatten getaucht.

Bald lagen die kleinen Bauernhöfe und die winzigen Ortschaften immer weiter auseinander. Wir fuhren an langgestreckten, graubraunen kargen Feldern vorbei, und wenn wir wirklich einmal an einem Haus vorbeikamen, sah es heruntergekommen aus; die Schindeln gebleicht, die Stufen und die Veranda nach unten gesackt, das Geländer zerbrochen oder es fehlte völlig. Ich sah vor vielen dieser Häuser schwarze Kinder spielen, und auf den Wiesen lagen Autoteile oder zerbrochene Holzstühle herum. Die Kinder unterbrachen ihr Spiel und starrten uns aus Augen an, in denen nicht einmal ein Anflug von Neugier zu erkennen war.

Endlich sah ich ein Straßenschild am Ortsanfang von Upland Station. Ich konnte mich erinnern, daß Großmutter Cutler mir gesagt hatte, das sei der Ort, der der Farm am nächsten war. Als wir in die Ortschaft fuhren, merkte ich, wie wenig es hier gab – einen Krämerladen, der gleichzeitig als Postamt diente, eine Tankstelle, ein kleines Restaurant, das zur Tankstelle zu gehören schien, ein Friseursalon und ein großes Haus aus Stein und Holz mit einem Schild davor, das es als Leichenhalle auswies. Ganz hinten lag ein Bahnhof, der aussah, als sei er schon seit Ewigkeiten stillgelegt. Sämtliche Fenster waren mit Brettern vernagelt, und überall klebte die Warnung: ZUTRITT VERBOTEN. In Upland Station gab es keine Bürgersteige, und niemand lief auf den Straßen umher; nur zwei Hunde lagen im Staub. Es war einer der deprimierendsten Orte, die ich je gesehen hatte, und ich war in vielen heruntergekommenen Dörfern und Kleinstädten gewesen, da Daddy und Momma Longchamp mit uns von einem Ort zum anderen gezogen waren.

Luther bog von der Straße ab, sowie wir an dem alten Bahnhofsgebäude vorbeigefahren waren. Er fuhr auf eine schmalere Straße, an der nur gelegentlich ein Haus stand, und jedes dieser Häuser sah aus wie ein armseliger Bauernhof, der seinen Bewohnern kaum das Notwendigste zum Leben einbrachte. Die Straße wurde immer schlechter, und der Belag wies Risse und Sprünge auf. Der Lastwagen holperte und schwankte, obwohl Luther sich bemühte, den Schlaglöchern auszuweichen. Er fuhr langsamer und bog nach rechts auf einen Feldweg ein. Der Lastwagen schwankte so sehr, daß mir wieder übel wurde.

»Das ganze Land gehört noch zur Farm«, sagte er, als wir einen kaputten Holzzaun erreichten. Ich sah, daß es sich beidseits des Weges weit nach links und nach rechts hinzog. Die Felder waren von Sträuchern und dürrem Gras überwuchert; es sah aus, als müßten es viele Morgen Land sein.

»All das gehört ihnen?« sagte ich beeindruckt. Luther murrte unwillig.

»Was nutzt denen das heute noch?« erwiderte er.

Aber wie konnte einem ein so großer Grundbesitz nichts einbringen, fragte ich mich. Sie mußten sehr, sehr reiche Leute sein. Ich lehnte mich zurück und freute mich schon darauf, auf eine prächtige Plantage zu kommen. Vielleicht war es gar nicht so schlecht hier, dachte ich, und ich würde mich endlich ausruhen können, das Essen würde kräftig sein, und ich würde frische Landluft atmen. Bestimmt war das gut für das Baby.

Luther fuhr jetzt noch langsamer. Ich beugte mich vor. Über den Baumwipfeln konnte ich die gemauerten Kamine und das lange Giebeldach des Hauses erkennen. Es wirkte gewaltig. Vor der Auffahrt standen zwei Steinsäulen, auf denen jeweils eine Granitkugel lag, doch die Auffahrt selbst bestand nur noch aus Lehm und Steinbrocken. Als Luther in sie einbog, erkannte ich, daß es sich bei dem Haus eher um ein Skelett handelte, die Überreste dessen, was einst eine Perle des Südens gewesen sein mußte.

Ich sah die leeren, gesprungenen Marmorbrunnen, die abgestorbenen und struppigen Hecken, die pockennarbigen Blumenbeete mit ihren klaffenden Lücken, die zerbröselten und zertrampelten Steinplatten der Gehwege und den großen, aber häßlichen Rasen, den nur noch stellenweise gelbes dürres Gras sprenkelte. Die Schatten, die im Zwielicht entstanden, schienen auf das riesige zweistöckige Holzhaus aufgeklebt zu sein.

An den großen runden Säulen der Veranda, die sich das ganze Haus entlangzog, rankten sich blattlose Reben hinauf, die eher wie morsche Seile wirkten. Vor manchen der großen Sprossenfenster, die nach vorn herausführten, befanden sich schwarze Läden, die mit dekorativen Malereien verziert waren; vor anderen Fenstern fehlten die Läden, und sie wirkten nackt. Hinter den unteren Fenstern war ein matter Lichtschein zu sehen.

Luther fuhr rechts neben das Haus, und ich konnte sehen, daß hinter dem Haus eine Scheune und Ställe standen, doch alle Gebäude waren baufällig, und die Farbe blätterte ab. Überall lag rostiges und kaputtes Ackergerät herum, und Hühner liefen ungehindert über die Einfahrt. Manche stolzierten sogar arrogant zwischen den Säulen der Veranda herum. Ich glaubte, ein Hausschwein direkt ums Haupthaus herumlaufen zu sehen.

Luther hielt abrupt an.

»Du könntest eigentlich hier gleich aussteigen«, sagte er. »Ich muß wieder in die Scheune.«

Ich öffnete die Tür und stieg langsam aus. Als er wieder losfuhr, wirbelte eine Staubwolke hoch, die mir den Atem nahm. Ich wedelte mit der Hand durch die Luft, und als der Staub sich etwas gelegt hatte, sah ich zu dem großen Haus der Farm auf. Die Fenster in den Dachgauben waren wie Spiegel, die den von dichten Wolken überzogenen Himmel reflektierten, der jetzt schnell dunkel wurde. Im Moment wirkten sie auf mich wie schwarze Augen, die wütend auf mich herunterschauten. Über ihnen schien der Dachfirst den Himmel zu berühren. Der Wind, der ums Haus pfiff, war eisig, und meine Wangen röteten sich.

Ich eilte die brüchige Haupttreppe zu dem imposanten Eingang hinauf. Meine Stiefel klapperten über die losen Bodenplatten der Veranda, und Amseln, die sich in den Windschutz der Säulen gekauert hatten, flogen wie ebenholzschwarze Fontänen in die Nacht hinaus; dabei klagten sie lautstark über die Störung.

Ich entdeckte den Messingklopfer an der hohen, verkleideten Holztür und schlug ihn gegen die Metallplatte. Ein tiefes, hallendes Echo ertönte hohl auf der anderen Seite der Tür. Ich wartete, aber nichts geschah, und daher betätigte ich den Klopfer noch einmal. Plötzlich wurde die Tür aufgerissen, und ihre rostigen Angeln knarrten. Erst sah ich niemanden. In dem langen Korridor, der zu einer Wendeltreppe führte, war so gut wie kein Licht. Dann trat eine große dunkle Gestalt, die mehr wie ein Schatten wirkte, von der Seite her vor mich hin. Sie hielt eine Kerosinlampe in der Hand. Sie tauchte so lautlos und unerwartet auf, daß ich mir vorkam, als sei ich in diesem sterbenden Haus von einem Geist begrüßt worden. Unwillkürlich schnappte ich nach Luft und trat zurück.

»Hast du denn keine Geduld?« fauchte sie. Als sie auf mich zukam, konnte ich ihr Gesicht im matten Schein der Lampe erkennen. Das Licht warf einen bernsteinfarbenen Schimmer auf ein langes, aschfahles Gesicht und ließ die Augen zu tiefen, dunklen Höhlen werden. Der Mund war eine krumme Linie, die wie ein Bleistiftstrich auf das hagere Gesicht gezeichnet war. Die Frau hatte das lange dünne, graue Haar im Nacken zu einem Knoten zusammengesteckt.

»Entschuldigung«, sagte ich. »Ich dachte, niemand hätte mich gehört.«

»Komm rein, damit ich die Tür zumachen kann«, befahl sie. Ich gehorchte. Dann hielt sie die Lampe in die Höhe und ließ den

Schein über mich gleiten. »Hm«, sagte sie, als hätte sich ihre Erwartung bestätigt. Als sie die Lampe wieder in Augenhöhe hielt, konnte ich ihr Gesicht besser erkennen.

Ich stellte Ähnlichkeiten mit Großmutter Cutler fest, vor allem in den stahlgrauen Augen, die mich vergleichbar kalt anstarrten. Das Gesicht von Großmutter Cutler war jetzt genauso schmal, und die Backenknochen zeichneten sich ebenso deutlich ab. Vielleicht war diese Frau etwas größer und hatte breitere Schultern. Mit Sicherheit stand sie so aufrecht da wie Großmutter Cutler und nahm ihre Schultern auch mit demselben herablassenden Stolz zurück, als sie mich ansah.

»Ich bin Miss Emily«, sagte sie. »Du wirst mich immer mit Miss Emily anreden, ist das klar?«

»Ja, Ma'am«, sagte ich.

»Nicht Ma'am, Miss Emily«, gab sie zurück.

»Ja, Miss Emily.«

»Du kommst zu spät zum Essen«, sagte sie. »Wir essen früh zu Abend, und wer den Essensgong verpaßt, der kriegt nichts.«

»Ich habe ohnehin keinen großen Hunger«, sagte ich. Auf der Fahrt in dem stinkenden Lastwagen war mir der Appetit gründlich vergangen.

»Sehr gut. Und jetzt setz dich in Bewegung. Komm rauf, damit ich dir zeigen kann, wo du untergebracht wirst.« Sie ging voraus und hielt die Kerosinlampe hoch, um uns zu leuchten. Bis auf ein Porträt von einem Gentleman aus dem Süden, der schlohweißes Haar hatte und sauertöpfisch dreinschaute, waren die Wände nackt und leer. Ich erhaschte nur einen flüchtigen Blick auf den Herrn, als das Licht die Schatten auflöste, doch ich glaubte, eine Ähnlichkeit mit Großmutter Cutler und Miss Emily zu erkennen, vor allem bei der Stirn und in den Augen. Ich stellte mir vor, daß es wohl ein Porträt ihres Vaters oder ihres Großvaters sein mußte. Hellere Stellen an beiden Wänden verrieten, daß dort einst andere Bilder gehangen hatten.

»Sind meine Sachen schon aus New York gekommen, Miss Emily?« fragte ich.

»Nein«, sagte sie mit scharfer Stimme, ohne sich umzudrehen. In dem langen, leeren Korridor hallte ihre Stimme wider, und so klang es wie ein Chor von Verneinungen.

»Nein? Aber warum nicht? Was soll ich jetzt tun? Ich habe nichts anderes als das, was ich anhabe«, rief ich aus. Sie blieb stehen und drehte sich zu mir um.

»Na und?« sagte sie. »Was macht das schon? Du bist nicht hier, um deinen Spaß zu haben. Du bist hier, um dein Kind zu kriegen, und nach der Geburt wirst du sofort wieder verschwinden.«

»Aber...«

»Mach dir keine Sorgen, ich habe etwas zum Anziehen für dich. Du bekommst sauberes Bettzeug und saubere Handtücher. Vorausgesetzt, du sorgst dafür, daß die Sachen sauber bleiben«, fügte sie hinzu.

»Aber vielleicht sollten wir anrufen und uns erkundigen, was mit meinen Sachen passiert ist«, beharrte ich.

»Anrufen? Wir haben kein Telefon«, sagte sie gelassen.

»Kein Telefon?« So weit ab von allem in einem so großen Haus und kein Telefon, dachte ich. »Aber... wie werden Ihnen wichtige Nachrichten übermittelt?«

»Jeder, der etwas von uns will, ruft im Krämerladen in Upland an, und wenn Mr. Nelson einen Augenblick Zeit findet oder in unsere Richtung fährt, überbringt er uns die Nachricht. Wir selbst brauchen niemanden anzurufen. Es gibt niemanden mehr, den wir anrufen könnten«, sagte sie trocken.

»Aber es gibt Leute, die mich anrufen wollen, und...«

»Jetzt hör mir mal zu«, sagte sie und blieb ein paar Schritte vor mir stehen. »Du bist nicht hier, um Ferien zu machen, junge Frau. Du bist hier, weil du Schande über dich gebracht hast und weil meine Schwester wollte, daß du herkommst. Du hast Glück, daß ich Erfahrung als Hebamme habe«, sagte sie und ging wieder auf die Treppe zu.

»Als Hebamme? Soll das etwa heißen, daß ich keinen Arzt haben werde?« fragte ich.

»Ärzte kosten Geld und sind überflüssig, wenn es darum geht, ein Kind zur Welt zu bringen«, sagte sie. »Würdest du jetzt bitte kommen. Ich habe noch genug anderes zu tun und kann mir nicht ewig Zeit für dich nehmen.«

Ich schaute mich zur Tür um. Da Miss Emily mit der Kerosinlampe in der Hand vor mir herlief, sah ich nichts weiter als einen tiefen dunklen Schatten. Ich kam mir vor, als sei ich gerade in einen Tunnel gekrochen, und der Eingang sei hinter mir geschlossen worden. Am liebsten hätte ich mich umgedreht und wäre aus dem Haus gerannt, aber wohin hätte ich schon gehen können? Wir waren meilenweit entfernt von jeder Ansiedlung, und es wurde von Minute zu Minute dunkler.

Vielleicht würde bei Tag alles freundlicher aussehen, dachte ich. Wahrscheinlich konnte ich Luther dazu bringen, mich zum Krämerladen zu fahren, wenn ich Trisha anrufen wollte. Und dann gab es ja immer noch die Post.

»Sie bekommen doch Post hier, oder?«

»Wir bekommen Post«, sagte sie. »Aber nicht viel.«

»Ich werde öfter Post bekommen«, erwiderte ich.

»Hm«, sagte sie wieder und hielt die Lampe hoch, damit ihr Schein auf die Stufen der Wendeltreppe fiel.

»Gibt es in diesem Haus denn keine Elektrizität?« fragte ich, als ich hinter ihr herlief und mir die Arme um die Schultern schlang. Es war gräßlich kalt hier ... kein Feuer brannte, weder Holz noch Kohle konnte ich riechen, und nichts als der feuchte Modergeruch drang in meine Nase.

»Wir gehen sparsam damit um«, sagte sie. »Es ist zu teuer.«

»Zu teuer?« Wie merkwürdig, dachte ich, vor allem, wenn man an Großmutter Cutlers enormen persönlichen Besitz und an ihren Reichtum dachte. Warum konnte sie diesen Schwestern nicht ein bißchen Geld schicken, um ihnen zu helfen? Wo war die andere Schwester, fragte ich mich. Ich wollte mich schon erkundigen, als ich von oben ein seltsam perlendes Gelächter hörte. Es klang eher nach einem kleinen Mädchen als nach einer älteren Dame.

»Sei still, du Närrin«, fauchte Miss Emily. Als das Licht auf den

Treppenabsatz im ersten Stock fiel, sah ich eine wesentlich kleinere und viel rundlichere alte Dame, die sich über das Geländer beugte. Das graue Haar hatte sie sich zu zwei dicken Zöpfen geflochten, die mit gelben Schleifen geschmückt waren. Dazu trug sie ein ausgeblichenes rosa Kleid, das in der Taille lose geschnürt war. Sie wirkte wie eine Erwachsene, die sich zu einem Kind verkleidet hat. Sie klatschte in die Hände und fuhr sich dann schnell mit den Handflächen über den üppigen Busen, um sich das weite Kleid zu glätten.

»Hallo«, sagte sie, als wir auf den Treppenabsatz traten.

»Hallo«, sagte ich und sah Miss Emily an, weil ich erwartete, sie würde uns einander vorstellen. Nur widerstrebend und mit verkniffenen Mundwinkeln tat sie es.

»Das ist meine Schwester Charlotte«, sagte sie. »Du kannst einfach Charlotte zu ihr sagen. Ich habe dir doch gesagt, du sollst in deinem Zimmer bleiben, Charlotte, oder etwa nicht?« schalt Miss Emily sie.

»Aber ich wollte unsere Nichte doch begrüßen«, jammerte Charlotte. Als sie näherkam, sah ich, daß sie ein wesentlich zarteres Gesicht und bläuliche Augen hatte. Sie hatte zwar Falten auf der Stirn und an den Augenwinkeln, aber sie sah beträchtlich jünger aus als Miss Emily und Großmutter Cutler. Ihr Lächeln war viel freundlicher und ganz direkt, das Lächeln eines aufgeregten Schulmädchens.

Ich bemerkte, daß der Saum ihres Kleides zerrissen und ausgefranst war. An den Füßen trug sie etwas, was wie Herrenpantoffeln aussah, und sie hatte keine Strümpfe oder Socken an. Ihre Knöchel waren dick, wenn nicht gar geschwollen, und sie waren von kleinen Beulen umgeben.

»Jetzt hast du sie kennengelernt. Geh wieder in dein Zimmer, und mach dich an deine Handarbeiten«, befahl Miss Emily.

»Ich mache Handarbeiten«, sagte Charlotte stolz. »Ich habe all die schönen Handtücher und Waschlappen gemacht, und Emily hat ein paar Sachen von mir gerahmt und in Daddys Büro aufgehängt, stimmt's Emily?«

»Um Gottes willen, blamiere dich doch nicht gleich bei der ersten Gelegenheit, die sich bietet, Charlotte. Wir haben jetzt keine Zeit, uns über deine Handarbeiten zu unterhalten. Geh schon, und mach weiter.«

»Ich sehe mir sehr gern bei Gelegenheit Ihre Sachen an«, sagte ich zu Charlotte. Ihre Augen leuchteten, und sie lächelte mich strahlend an. Dann klatschte sie wieder in die Hände.

»Laßt uns einen Pfefferminztee trinken«, rief sie aufgeregt.

»Nicht heute«, sagte Emily, die inzwischen fast schrie. »Dafür ist es heute abend schon zu spät. Ich zeige Eugenia ihr Zimmer, damit sie sich schlafen legen kann. Sie ist müde.«

»Eugenia! Ich heiße nicht Eugenia«, rief ich. »Ich heiße Dawn.«

»Meine Schwester hat mir gesagt, du hießest Eugenia. Was macht das hier schon für einen Unterschied?« brummte sie und lief nach rechts.

»Für mich macht es einen großen Unterschied«, sagte ich. Solange ich im Hotel gewesen war, hatte Großmutter Cutler immer wieder versucht, mir den Namen Eugenia aufzuzwingen, den Namen einer ihrer Schwestern, die an Pocken gestorben war. Sie war sogar so weit gegangen, mir jegliche Nahrung zu verweigern, bis ich den Namen akzeptierte, aber ich weigerte mich. Sie gab auf, als ich herausfand, daß sie meine Entführung selbst organisiert hatte.

Jetzt war ich verzweifelt und in Schwierigkeiten, und wieder versuchte sie, nach Belieben mit mir umzuspringen.

»Komm mit«, befahl Miss Emily.

»Gute Nacht, Charlotte«, sagte ich. »Ich nehme an, wir sehen uns dann morgen früh.«

»Ja, das denke ich auch«, antwortete sie und lachte wieder. Sie schürzte den Rock und drehte sich im Kreis. »Ich trage Daddys Pantoffeln«, rief sie fröhlich.

»Charlotte!« kreischte Miss Emily.

Charlotte ließ ihren Rock fallen und sah mit verängstigten Augen in Miss Emilys Richtung. Dann drehte sie sich um und lief eilig in die andere Richtung, das perlende, kindliche Gelächter wehte hinter ihr her.

»Komm jetzt«, wiederholte Miss Emily und schaute einen Moment lang wütend hinter Charlotte her. Dann wandte sie sich abrupt ab, und wir gingen nach rechts durch einen langen Korridor und bogen um die Ecke in einen weiteren Flur, der zur Rückfront des Hauses führte. Es war wirklich ein riesiges Haus. Da die langen, breiten Gänge jedoch im Dunkeln lagen, konnte ich die alten Kunstgegenstände und die antiken Spiegel und Tischchen nicht betrachten. Über uns hing ein Kronleuchter nach dem anderen, doch da keiner brannte, wirkten die Kristallkugeln im matten Schein der Kerosinlampe eher wie Eis. Im Vorbeigehen fiel mir auf, daß die Türen zu sämtlichen Zimmern, und es schien unendlich viele zu geben, geschlossen waren. Ich dachte, daß viele schon seit langer Zeit geschlossen waren, weil Spinnennetze Tür und Türstock überzogen.

Endlich blieb Miss Emily vor einer offenen Tür stehen und wartete, bis ich an ihrer Seite stand.

»Hier wirst du wohnen«, sagte sie und hielt die Lampe hoch, damit ich ins Zimmer sehen konnte.

Es mußte eines der kleineren Zimmer sein, dachte ich. Ein schmales Bett stand an der linken Wand. Es hatte keine Kopfstütze. Es war nichts weiter als eine Matratze auf einem Metallgestell. Daneben stand ein schmuckloser Nachttisch mit einer Kerosinlampe. Auf den hölzernen Bodendielen lag ein kleiner, ovaler dunkelblauer Teppich am Fußende des Bettes. Ansonsten war die Einrichtung spärlich – eine schlichte Kommode und ein kleiner Tisch mit zwei Stühlen. Es gab nirgends einen Spiegel. Ich sah an der rechten Wand einen Schrank, in dem zwei leere Kleiderbügel hingen, und daneben führte noch eine Tür nach rechts.

»Das ist dein Bad«, sagte Miss Emily und richtete den Schein der Kerosinlampe auf die Tür. »Los, geh rein«, befahl sie mir.

Ich lief langsam vor ihr her. Selbst mein kleines Zimmer im Cutler's Cove Hotel war im Vergleich hierzu ein Palast gewesen, dachte ich. Und dann erkannte ich, woran es lag, daß dieses Zimmer derart bedrückend war. Es gab kein Fenster. Wie konnte es ein Zimmer ohne Fenster geben?

»Warum ist hier nirgends ein Fenster?« fragte ich. Sie antwortete nicht darauf. Statt dessen ging sie zur Kommode, stellte ihre Lampe darauf und zog die oberste Schublade auf. Sie streckte die Hand hinein und zog ein schlichtes graues Baumwollkleid heraus. Es erinnerte mich an die Nachthemden im Krankenhaus. Sie warf es auf das Bett.

»Zieh das an, wenn du fertig bist«, sagte sie.

»Fertig?«

»Dort hast du Licht«, sagte sie und deutete auf die kleine Lampe auf dem Nachttisch. »Hier liegen die Streichhölzer.« Sie nahm sie in die Hand und legte sie dann wieder hin. »Das Kerosin muß eine Woche reichen, also teil es dir gut ein.«

»Gibt es denn hier kein schöneres Zimmer?« fragte ich. »Das hier hat kein Fenster.«

»Glaub bloß nicht, du könntest dir dein Zimmer aussuchen«, sagte sie mit scharfer Stimme. »Das ist doch kein Hotel.«

»Aber warum baut man überhaupt ein Zimmer ohne Fenster?« bohrte ich beharrlich weiter. Sie stemmte die Hände in die Hüften und funkelte mich wütend an.

»Wenn du es unbedingt wissen mußt – dieses Zimmer ist gebaut worden, nachdem das Haus schon lange fertig war. Es ist eigens für Kranke gebaut worden, um sie von den anderen zu isolieren«, sagte sie. »Vor allem während der furchtbaren Pockenepidemie und damals, als die Influenza um sich gegriffen hat.«

»Aber ich bin nicht krank; ich bin schwanger. Schwangere sind doch nicht krank«, protestierte ich, und die Tränen brannten in meinen Augen.

»Wenn jemand wie du schwanger ist und keinen Mann hat, dann ist das dasselbe, als wäre man krank«, erwiderte sie. »Es gibt alle möglichen Krankheiten, nicht nur körperliche Erkrankungen, sondern auch seelische. Die Schande kann einen Menschen ebenso schnell schwächen und umbringen wie jede Krankheit. Und jetzt zieh dich aus, damit ich sehen kann, wie weit deine Schwangerschaft schon fortgeschritten ist.«

»Was?« Ich trat zurück.

»Ich habe es dir doch schon gesagt: Ich war früher Hebamme. Hier ruft jeder im Umkreis von Meilen nach mir, und nicht nach einem Arzt. Ich habe Dutzende von Babys entbunden, und sie sind alle gesund und wohlbehalten, abgesehen von denen, die bereits im Bauch der Mutter krank waren. Mach schnell«, drängte sie. »Ich habe heute noch etwas anderes zu tun.«

»Aber es ist so kalt hier«, beklagte ich mich. »Wie wird hier geheizt?«

»Du hast eine weitere Decke unter dem Bett liegen, falls du sie brauchst. Ehe du schlafen gehst«, fügte sie in einem gnädigeren Tonfall hinzu, »bringe ich dir eine Wärmflasche. So schlafen wir hier alle, und so haben wir hier immer geschlafen. Wir sparen uns das Holz und die Kohle für den Herd in der Küche. Ich habe jetzt nur noch Luther, und ich kann ihn nicht den ganzen Tag lang Holz hacken lassen, damit wir das Haus heizen können, und Kohlen kosten Geld.«

Sie zündete die Kerosinlampe auf dem Nachttisch an und drehte sich erwartungsvoll zu mir um.

»Ich dachte, ich bekäme einen Arzt«, sagte ich, »und würde rechtzeitig ins Krankenhaus gebracht. Ich bin kürzlich in einen Unfall verwickelt gewesen. Ich bin von einem Wagen angefahren worden und gerade erst aus dem Krankenhaus entlassen worden«, fügte ich hinzu, aber sie starrte mich nur an, als hätte ich kein Wort gesagt, starrte und wartete und hatte ihren Blick aus den gleichen kalten, glasigen Augen auf mich gerichtet, die auch Großmutter Cutler hatte.

»Ich kann nicht für dich tun, was getan werden muß, wenn ich nicht weiß, was du brauchst«, sagte sie schließlich.

»Was wollen Sie?« fragte ich.

»Zieh deine Kleider aus, und stell dich zu mir ins Licht«, befahl sie. Sie verschränkte die Arme vor ihrem Busen und zog die Schultern zusammen. Den Kopf reckte sie jetzt wieder arrogant in die Höhe.

Langsam und widerwillig zog ich meinen Mantel aus und fing an, mir die Bluse aufzuknöpfen.

»Ich habe dir doch schon gesagt, daß ich heute noch mehr zu tun habe«, fauchte sie. »Kannst du dich nicht ein bißchen beeilen?«

»Meine Finger sind zu kalt«, sagte ich.

»Hm.« Sie trat vor und zog grob meine Hände weg. Dann fing sie selbst an, mich auszukleiden. Sie zog mir fast die Haut von den Armen, als sie den Verschluß meines BHs öffnete und die Träger von meinen Schultern und bis über meine Ellbogen schob. Nachdem sie meinen Rock aufgeknöpft hatte, gab sie mir einen kleinen Schubs, damit ich zur Seite trat, nachdem der Rock auf meine Knöchel gerutscht war. Im bleichen Schein der Kerosinlampe stand ich zitternd vor ihr und hatte die Arme über meinen nackten Brüsten verschränkt. Ich trug jetzt nur noch meinen Schlüpfer, die Stiefel und die Socken.

Miss Emily lief langsam um mich herum und hielt ihr spitzes Kinn dabei zwischen Daumen und Zeigefinger fest. Als sie näherkam, sah ich die Pockennarben auf ihren Wangen und auf ihrer Stirn. Es sah aus, als hätte jemand ihre Haut mit Schmirgelpapier abgeschliffen, so trocken war sie. Ihre Augenbrauen waren dicht und struppig, und über der Oberlippe wuchsen ihr ungehindert dunkle Haare.

Plötzlich, als sie hinter mir stand, spürte ich ihre eisigen, schwieligen Finger auf meinen Seiten. Ich wollte einen Schritt nach vorn ausweichen, doch sie drückte fester zu, damit ich stehenblieb. Ich stöhnte vor Schmerz.

»Steh still«, befahl sie. Sie spreizte die Finger und ließ ihre Hände bis zu meinem Nabel gleiten. Die kalten, knochigen Finger fühlten sich eher wie Drähte an. Sie drückte und quetschte an mir herum, und davon wurde mir übel. Ich vermutete, daß sie meinen Bauchumfang maß. Dann zog sie ihre Hände zurück und stellte sich vor mich hin.

Ohne ein Wort zu sagen, griff sie nach meinen Handgelenken und zog mir die Arme vom Busen. Sie hielt sie hoch und betrachtete ungehindert meine Brüste. Ich sah, daß ihre stahlgrauen Augen kleiner wurden, als sie sich näher zu mir vorbeugte. Sie nickte und ließ meine Handgelenke los. Ich starrte in Miss Emilys unerbittliches Gesicht.

Aus der Nähe wirkten ihre Züge, als seien sie in Stein gemeißelt; die Nase war scharf geschnitten, und ihre dünnen Lippen lagen in einem Gesicht aus Granit. Ein eisiger Schauder zog über mein Rückgrat, und am liebsten wäre ich weggelaufen und hätte mich versteckt.

»Zieh diese lächerliche Unterhose aus«, befahl sie. Ich wußte, daß sie von dem Spitzenbesatz sprach.

»Ich friere«, klagte ich.

»Je länger du es hinauszögerst, desto länger dauert es, und desto länger stehst du nackt da.«

Widerstrebend tat ich, was sie befohlen hatte, denn ich war zu matt und zu schwach, um mich zu widersetzen. Sie sagte mir, ich sollte mich auf den Rücken legen, und dann kam sie mit der Kerosinlampe ans Fußende des Bettes. Das Licht fiel auf meinen nackten Körper. Sie nahm meine Knöchel fest in ihre starken Hände und zog meine Beine auseinander. Ich schloß die Augen und betete, die Untersuchung möge schnell vorübergehen.

»Wie ich schon erwartet hatte, wird es eine schwere Geburt werden«, behauptete sie. »Die erste Geburt ist immer die schwerste, aber wenn man jung ist, ist es noch schwerer.

Weißt du, woher das kommt?« fragte sie. Sie ließ meine Füße fallen und trat neben das Bett, damit sie auf mich herunterschauen konnte. Ich schüttelte den Kopf. »Das kommt daher, daß Eva im Paradies gesündigt hat. Deshalb ist allen Frauen der Fluch der Wehen auferlegt worden. Du wirst für deine flüchtigen Momente frevelhafter Lust teuer bezahlen.«

Sie hob die Kerosinlampe hoch und hielt sie über mich. Als ihr Gesicht jetzt ganz ins Licht getaucht war, sah es aus, als stünde es ebenfalls in Flammen. Ihre Augen schauten lodernd auf mich herab.

»Und wenn man ein uneheliches Kind bekommt«, fuhr sie fort, »dann sind die Schmerzen und die Wehen noch gräßlicher.«

»Das macht mir nichts aus«, rief ich. »Ich fürchte mich nicht.«

Sie nickte, und dann zogen sich diese dünnen Lippen an den Mundwinkeln hoch, als sie die Lampe langsam sinken ließ.

»Wir werden ja sehen, wie tapfer du bist, wenn es erst soweit ist, Eugenia«, fauchte sie gehässig.

»Nennen Sie mich nicht Eugenia. Ich heiße Dawn.«

Ihr Lächeln verflog.

»Zieh dein Hemd an, und geh ins Bett«, befahl sie. »Wir verschwenden Kerosin. Ich komme noch einmal und bringe dir die Wärmflasche.«

Sie hob eilig meine Kleider auf.

»Was tun Sie da mit meinen Kleidern? Das ist alles, was ich im Moment habe.«

»Die Sachen müssen gewaschen werden. Ich muß sie reinwaschen. Mach dir keine Sorgen. Ich hebe sie gut für dich auf«, sagte sie und rollte alles zu einem Knäuel zusammen.

»Aber ... ich will meine Sachen haben. Wir müssen dahinterkommen, was aus meinen anderen Sachen geworden ist«, verlangte ich.

»Hör bloß auf zu jammern«, befahl sie und schaute mich aus wutentbrannten Augen an. »Du bist genauso wie alle anderen jungen Mädchen heute ... *ich will, ich will, ich will*! Sieh dir doch selbst an, was dir dein *Ich will* eingebracht hat«, zischte sie. »Zieh dir das Hemd an«, wiederholte sie. Dann drehte sie sich um und ging.

Es war so kalt, daß mir gar nichts anderes übrigblieb, als mir den häßlichen Sack schnell über den Kopf zu ziehen. Er roch nach Mottenkugeln und scheuerte auf meiner Haut. Ich kniete mich hin und suchte unter dem Bett nach der Decke, von der sie mir erzählt hatte. Ich zerrte sie heraus und schüttelte sie aus. Staubflocken stoben in alle Richtungen. Dann zog ich das Bettzeug auf der schmalen Pritsche zurück. Das Laken schien sauber zu sein, aber es war kalt und faßte sich rauh an. Ich zitterte zu sehr, um mich daran zu stören, und ich schlüpfte eilig ins Bett und zog die Decke über mich.

Es schien ewig zu dauern, bis Miss Emily wiederkam. Ich glaubte allmählich schon, sie käme gar nicht mehr, als sie endlich mit einer Wärmflasche eintrat, die in ein weißes Handtuch eingewickelt war. Sie warf sie mir hin, und ich nahm sie dankbar entgegen und preßte sie an meinen eisigen Körper. Die Wärme kam mir vor wie ein Paar sanfte Hände, die die Kälte von mir nahmen.

»Es ist so kalt hier«, sagte ich. »Wenn ich bei der Kälte nicht krank werde!«

»Du wirst ganz bestimmt nicht krank. Wenn überhaupt, dann wirst du kräftiger. Not und Schwierigkeiten härten uns nur ab und erlauben es uns, gegen den Teufel und sein Gefolge zu kämpfen. Für dich war das Leben zu leicht und zu einfach; deshalb hast du dich doch in Schwierigkeiten gebracht«, erklärte sie.

»Mein Leben war alles andere als leicht. Sie wissen nicht das geringste über mich«, widersprach ich, aber ich war zu matt und zu schwach von der Reise, der Kälte und dieser ganzen fürchterlichen Prozedur. Meine Worte waren nicht überzeugend. Sie klangen rührselig, sogar in meinen eigenen Ohren.

»Ich weiß genug über dich«, sagte sie. »Wenn du dich benimmst und dich fügst, werden wir es schaffen, und du wirst noch eine zweite Chance bekommen, aber wenn du darauf bestehst, eine verwöhnte junge Dame zu sein, dann machst du es uns beiden nur noch schwerer und dir mit der Zeit ganz unmöglich. Habe ich mich klar genug ausgedrückt?« Sie wartete auf eine Antwort. »Na, was ist?«

»Ja«, sagte ich, »aber morgen früh will ich in den Krämerladen fahren und einen Anruf machen, um herauszufinden, wo meine Sachen sind. Ich brauche meine Sachen«, beharrte ich. »Luther wird mich hinfahren.«

»Luther kann seine Zeit nicht mit solchem Unsinn vergeuden. Er hat seine Aufgaben. Es war schon schwer genug für ihn, daß er fortfahren und dich holen mußte. Deshalb wird er bis spät in die Nacht hinein arbeiten müssen, um die Zeit wieder reinzuholen. Und noch ein letzter Punkt«, sagte sie und kam auf das Bett zu. Ich konnte nur zusammengerollt liegen, um mich an der Wärmflasche zu wärmen.

»Ich will nicht, daß du dich mehr als nötig mit Charlotte abgibst oder sie ermutigst, albernes Zeug zu reden oder Albernheiten zu begehen. Du wirst ihr keinerlei Beachtung schenken«, warnte sie mich. »Hör nicht auf den Blödsinn, den sie erzählt.«

»Was fehlt ihr?« fragte ich.

»Dasselbe, was wahrscheinlich auch deinem Säugling fehlen wird«, erwiderte sie.

»Wieso?«

»Auch sie ist unehelich geboren, die Folge einer sexuellen Taktlosigkeit meines Vaters. Und demzufolge ist sie eine Idiotin«, zischte Miss Emily. »Ich behalte sie nur bei mir, weil sie sonst nirgends hingehen könnte. Und außerdem wäre es entwürdigend, sie woanders hinzuschicken, denn sie trägt immer noch den Namen Booth.

Wie dem auch sei«, fuhr sie fort, und ihr Gesicht verzog sich hämisch, »jetzt weißt du wenigstens, worauf du gefaßt sein mußt.« Und ehe ich etwas antworten konnte, beugte sie sich vor und blies die Kerosinlampe neben meinem Bett aus. Dann machte sie sich mit ihrer eigenen Lampe auf den Weg, schloß die Tür und ließ mich in dem pechschwarzen Raum zurück.

Ich fing an zu schluchzen.

Vielleicht hatte Miss Emily recht, dachte ich; vielleicht war ich eine abscheuliche Sünderin.

Fest stand jedenfalls, daß ich der Hölle auf Erden nicht näher hätte sein können.

13

Abscheuliche Wahrheiten

»Steh auf, raus aus dem Bett, 's ist aus mit der Ruh', du alberne, alberne Schlafmütze, du«, hörte ich jemanden singen.

Ich streckte mich vorsichtig. Ich hatte zusammengerollt und mit verkrampftem Körper geschlafen und mir die Wärmflasche gegen den Bauch gepreßt. Meine Muskeln schmerzten, als ich sie bewegte. Ich schaute zur Tür. Sie stand offen, aber niemand war da. Hatte ich es nur geträumt?

Jemand kicherte.

»Wer ist da?« fragte ich. Ich setzte mich auf. Ohne Morgenlicht, das durch ein Fenster fiel, war es dunkel im Zimmer, aber durch ein Fenster im Korridor fiel ein wenig Licht in die Kammer.

»Wer ist da?« fragte ich. Als sie wieder kicherte, erkannte ich die kindliche Stimmlage. »Charlotte?«

Sie trat an die Tür. Das Haar hatte sie immer noch zu zwei dicken Zöpfen geflochten, und sie trug noch dasselbe ausgeblichene rosa Kleidchen mit dem gelben Gürtel. Ich stellte fest, daß sie auch die alten Hausschuhe ihres Vaters wieder anhatte.

»Emily hat mich geschickt, damit ich dich hole. Sie sagt, du solltest schon auf sein und unten beim Frühstück sitzen«, erklärte sie und bemühte sich um ein möglichst ernstes Gesicht. »Außerdem«, sagte sie und lächelte schnell wieder, »habe ich heute Geburtstag.«

»Ach, wirklich? Das freut mich sehr. Alles Gute zum Geburtstag«, sagte ich gähnend. Ich hatte selten in meinem Leben so schlecht geschlafen. Mein Körper tat überall weh, vom Genick bis zu den Knöcheln. Ich war so steif wie eine nasse Bluse, die im Winter an einer Wäscheleine festgefroren ist.

Ich schwang die Beine über die Bettkante und suchte meine Stiefel. Sie waren so kalt, daß es sich anfühlte, als stiege ich in eine Pfütze aus Eiswasser. Ich konnte einfach nicht aufhören, mir die Arme zu reiben. Charlotte stand da, starrte mich an und lächelte.

»Wie alt werden Sie heute?« fragte ich. Ihr Lächeln verflog.

»Oh, das ist aber gar nicht nett. Eine Dame darf man doch nicht nach ihrem Alter fragen«, schalt sie mich und klang Miss Emily plötzlich auffallend ähnlich. »Das ist kein gutes Benehmen«, sagte sie mechanisch.

»Entschuldigung.«

»Aber wir werden einen Kuchen essen, und du kannst ›Happy Birthday‹ für mich singen. Wir werden auch Gäste haben«, fügte sie hinzu. »Alle Nachbarn und Cousinen und Leute aus Hadleyville. Von so weit weg kommen sie. Sogar aus Lynchburg.«

»Das ist wirklich sehr schön. Ich freue mich schon«, sagte ich. Ich zündete die Kerosinlampe an, um etwas Licht zu haben, und nahm sie mit ins Badezimmer. »Ich komme gleich runter«, sagte ich.

Die Tür war nicht leicht zu öffnen. Ich zog und zerrte daran. Als sie endlich aufging und ich hineinschaute, dachte ich, es wäre besser gewesen, wenn ich es nicht fertiggebracht hätte, die Tür aufzumachen. Das Bad bestand aus einem kleinen Waschbecken mit Rostflecken und einer Toilette mit einem gesprungenen Sitz. Ein Brocken talgige Seife lag auf dem Waschbeckenrand. Auf einer hölzernen Ablage über dem Waschbecken lagen ein dunkelgraues Handtuch und ein dunkelgrauer Waschlappen, aber es gab keinen Spiegel, keine Badewanne, keine Dusche. Der Fußboden war mit gelblichem Linoleum bedeckt, das brüchig war und in den Ecken und um die Toilette herum Risse hatte.

Ich schloß die Tür hinter mir und ging ins Bad. Dann drehte ich den Hahn für heißes Wasser auf, doch es kam nichts. Nur aus dem Kaltwasserhahn kam bräunlich verfärbtes Wasser. Ich ließ es laufen, aber es wurde nicht klarer. Da mir nichts anderes übrigblieb, feuchtete ich den Waschlappen schließlich an und wusch mir mit der scheußlichen Seife das Gesicht.

Mir wurde klar, daß ich keine Haarbürste hatte. Ich hatte einen Kamm in meiner Handtasche gehabt, aber Miss Emily hatte gestern abend alles mitgenommen. Ich fuhr mir mit den Fingern durch das Haar, das sich jetzt schon schmutzig und strähnig anfühlte, und dann kam ich aus dem Bad.

Charlotte saß auf dem Bett und hatte die Hände im Schoß gefaltet. Sie sah lächelnd zu mir auf. Ihr Teint war viel zarter als Miss Emilys Gesichtshaut, und ihre prallen Wangen waren sogar ein wenig rosig.

»Du solltest dein Kerosin nicht so leichtfertig verschwenden«, sagte sie, »weil Emily sonst schreit. Sie gibt dir nicht mehr, als du hast«, warnte sie mich.

»Das ist ja furchtbar«, rief ich. »Man zwingt mich, in einem fensterlosen Zimmer zu wohnen, und bis auf diese kleine Kerosinlampe gibt es kein Licht, und das Kerosin wird rationiert.«

Charlotte hörte sich meinen Ausbruch an, und ihre Augen waren vor Erstaunen und Verwirrung weit aufgerissen. Dann biß sie sich auf die Unterlippe und schüttelte heftig den Kopf.

»Emily sagt, es wird zuviel verschwendet. Es ist Teufelswerk, wenn wir etwas vergeuden, statt sparsam mit dem umzugehen, was wir haben. Emily sagt, man darf nichts verschwenden und man darf nichts wollen. Genau das sagt Emily immer«, schloß sie.

»Dann hat Emily eben nicht recht. Ich meine, Miss Emily«, verbesserte ich mich eilig.

Wieder starrte Charlotte mich an. Ich konnte ihr an den Augen ablesen, daß sie meine Wut entweder nicht verstand oder es nicht verstehen wollte. Plötzlich veränderte sich ihr Gesichtsausdruck, und sie sah aus wie ein kleines Mädchen, das einem jeden Moment ein Geheimnis ins Ohr flüstern wird. Sie beugte sich zu mir vor, warf aber vorher noch einen Blick zur Tür, um sicherzugehen, daß niemand da war.

»Hat dich das Baby die ganze Nacht lang wachgehalten?« fragte sie.

»Das Baby? Welches Baby?«

»Das Baby«, sagte sie lächelnd. »Das Baby hat geweint, und ich bin hingegangen, um ihm seine Milch zu geben, aber als ich hinkam, war es nicht mehr da«, sagte sie und hielt die Hände mit den Handflächen nach oben vor sich hin.

»Nicht mehr da? Wessen Baby? Ich habe kein Baby gehört.«

»Wir gehen lieber nach unten«, sagte sie schnell und stand auf. »Emily hat Hafergrütze für uns gemacht, und wenn sie kalt wird, sind wir selbst schuld.«

Sie ging zur Tür. Ich seufzte und schaltete die Kerosinlampe aus. Es hätte eine kleine Tragödie nach sich gezogen, wenn ich sie versehentlich brennen gelassen hätte, dachte ich.

Ich folgte Charlotte aus dem Zimmer. Sie lief mit kurzen, schnellen Schritten, und ihre Pantoffeln schlappten auf den Boden. Die Hände hielt sie an den Körper gepreßt, und den Kopf hatte sie wie eine Geisha gesenkt. Da jetzt ab und zu etwas Licht durch ein Fenster fiel, konnte ich mehr von dem Haus sehen. Als ich in der Dämmerung angekommen war, war mir nicht klargeworden, wie sehr das Haus auch innen heruntergekommen war. Dieser Flügel, mein Flügel, wirkte, als sei er seit Jahren nicht mehr benutzt worden. Große Spinnweben hingen zwischen den Decken und den Wänden und in den Kronleuchtern. Die Wände selbst schienen von einer dicken Staubschicht überzogen zu sein.

Vereinzelte Möbelstücke standen im Korridor: eine dunkle Eichentruhe, Bänke aus Hartholz, die sehr unbequem aussahen, und Polstersessel, die wie prächtige Staubfänger wirkten. In Abständen von jeweils etwa fünfzehn Metern hingen alte Gemälde an den Wänden, von denen die meisten typische Szenen aus dem Süden zeigten: Sklaven, die Baumwolle pflückten, ein Plantagenbesitzer, der auf einem prachtvollen weißen Pferd saß und über seine vielen Morgen von bestellten Feldern blickte, und Bilder von jungen Frauen, die Sonnenschirme in den Händen hielten und auf großen grünen Rasenflächen oder vor Lauben mit gutaussehenden jungen Männern plauderten.

Als wir in den Korridor einbogen, der zur Treppe führte,

hingen nur noch Ahnenporträts an den Wänden – Frauen mit verkniffenen Gesichtern in schwarzer Kleidung und mit streng zurückgestecktem Haar, kalt blickende Männer und ab und zu das Porträt eines Kindes, das man offensichtlich gezwungen hatte, Modell zu stehen und stillzuhalten. Am Ende dieses Korridors, gleich vor der Treppe, stand eine zerbrochene Standuhr, deren Minutenzeiger fehlte.

Als wir die Treppe erreicht hatten, warf ich einen Blick in den gegenüberliegenden Korridor, der zum Westflügel führte, in dem Emily und Charlotte sich eingerichtet hatten. Die Flure waren dort sauberer und heller, und es hingen auch mehr Bilder an den Wänden. Das war die Seite mit dem meisten Sonnenschein, dachte ich. Warum konnte sie nicht dort ein Zimmer für mich finden?

Charlotte schaute sich auf der Treppe nach mir um, weil sie sichergehen wollte, daß ich ihr folgte, und dann lief sie eilig weiter. In meinen Stiefeln und einem Hemd, das wie aus einem Krankenhaus aussah, kam ich mir albern vor, aber was hätte ich tun sollen? Miss Emily hatte meine Kleider mitgenommen. Ich beeilte mich, um Charlotte einzuholen, und am unteren Ende der Treppe folgte ich ihr durch einen breiten Gang.

Der erste Raum war ein großes Eßzimmer mit einem langen, dunklen Eichentisch und zehn Stühlen. Auf dem Boden lag ein hellbrauner Teppich, und das Zimmer hatte eine Fensterwand, die es zu einem der hellsten Räume machte, die ich gesehen hatte. Über dem Tisch hing ein großer Kronleuchter. In einer Ecke stand ein kleiner Geschirrschrank aus dunklem Eichenholz, und darin konnte ich außer dem Geschirr auch Keramikfigürchen erkennen. Sie hatten also vereinzelt doch noch hübsche Dinge hier, dachte ich.

»Komm. Beeile dich«, sagte Charlotte, die schon an der Tür am anderen Ende stand. Ich folgte ihr in die Küche.

Sie sah aus, als sei kaum etwas verändert worden, seit das Haus erbaut worden war. Es gab sogar eine Handpumpe neben dem Spülbecken anstelle eines Wasserhahns. Ein gußeiserner

Ofen spendete Wärme und diente zum Kochen. In einer Ecke standen ein heller Eichentisch und sechs Stühle, und neben dem Spülbecken war eine Anrichte mit gußeisernen Töpfen und Pfannen, die an Haken baumelten. Vor den Fenstern hingen dünne weiße Baumwollgardinen, und ansonsten gab es noch einen sehr altmodischen Kühlschrank.

Auf dem Tisch standen drei Schalen mit heißer Haferflockensuppe, und neben jeder lagen ein Stück Brot und eine Orange. Sonst waren für jeden nur ein Suppenlöffel und eine Serviette gedeckt.

Miss Emily kam aus der Speisekammer hinter der Küche. Durch das Fenster in der Tür daneben konnte ich einen Teil der Rückfront des Hauses sehen. Vor dem Fenster lag ein ödes Feld, auf dem ein leerer Wagen stand. Sonst sah ich nur die Eckwand einer Scheune.

»Das war aber auch Zeit«, fauchte Miss Emily. Sie trug ein dunkelgraues Hemd mit einem hohen weißen Kragen und Halbschuhe aus schwarzem Leder. Bei Tageslicht sah ihr Gesicht noch teigiger und fahler aus. Ihre dünnen Lippen waren derart farblos, daß sie mich an lange, dünne tote Würmer erinnerten. Sie hatte Großmutter Cutlers graue Augen, das stimmte, aber in ihrem langen, hageren Gesicht wirkten sie verschlagen, böse und gerissen. Die Behaarung über ihrer Oberlippe fiel bei Licht noch mehr auf, und ich sah, daß ihr auch am Kinn vereinzelte graue Haare wuchsen.

»Ohne Fenster wußte ich nicht, daß es Morgen ist«, erwiderte ich.

Sie zog die Schultern zurück, als hätte ich ihr eine Ohrfeige gegeben.

»Hm«, brummte sie und nickte. »Ich werde dir eine Uhr ins Zimmer stellen, damit du dich nicht mit der Ausrede vor deinen Pflichten drücken kannst, du hättest nicht gewußt, wie spät es ist.«

»Pflichten?«

»Natürlich Pflichten. Hast du etwa geglaubt, du bekämst hier etwas umsonst? Hast du geglaubt, wir seien alle nur dazu geboren, dich zu bedienen?«

»Ich habe nichts gegen Hausarbeiten«, sagte ich. »Ich...«

»Setzt euch und eßt, ehe die Suppe kalt wird«, unterbrach sie mich.

Charlotte begab sich sofort zu ihrem Platz und senkte den Kopf. Ich setzte mich ihr gegenüber, und Miss Emily nahm ihren Platz ein.

»Ich...«

»Ruhe!« fauchte sie. Sie faltete die Hände und senkte den Blick auf den Tisch. »Dafür und für all unsere anderen Segnungen. Lieber Gott, wir danken Dir. Amen.«

»Amen«, sagte Charlotte und sah mich an.

»Amen«, sagte ich.

»Essen«, befahl Miss Emily. Charlotte fing an, ihre Hafergrütze zu löffeln, und dabei hielt sie den Suppenlöffel ungeschickt in ihren dicken Fingern. Sie wirkte wie ein kleines Mädchen, das gerade lernt, allein zu essen.

Als ich mir den ersten Löffel Haferschleim in den Mund steckte, würgte ich fast. Er war nicht nur fad; er schmeckte bitter. Ich hatte noch nie eine so schlechte Hafergrütze gegessen. Weder Charlotte noch Miss Emily schienen es zu merken oder sich daran zu stören. Ich schaute mich nach einem Glas Honig oder einer Dose Zucker um, doch nichts war da.

»Was ist los?« fragte Miss Emily schnell.

Da ich oft für meine Familie gekocht und gebacken hatte, als ich noch bei Daddy und Momma Longchamp gelebt hatte, kannte ich mich mit dem Würzen und mit Zutaten aus. Es schmeckte, als hätte sie Essig hineingeschüttet.

»Ist das mit Essig gewürzt?« fragte ich.

»Ja«, sagte sie. »Ich schütte Essig in alles, was ich koche.«

»Warum?« fragte ich verwundert.

»Um uns an die Bitterkeit zu erinnern, die wir für die Sünden unserer Väter auf uns nehmen müssen«, erwiderte sie. »Dir wird es guttun, daran erinnert zu werden.«

»Aber ...«

»Etwas anderes gibt es nicht zu essen«, sagte sie lächelnd. »Wenn du nichts ißt, dann bekommst du nichts anderes, und du brauchst Nahrung, wenn du ein gesundes Kind gebären willst. Möge Gott uns beistehen«, fügte sie hinzu und richtete den Blick zur Decke.

Ich holte tief Atem und schloß die Augen und setzte meinen Willen daran, mir die Hafergrütze schmecken zu lassen. Eine alte Dame auf ihrem Totenbett hätte mehr Appetit als ich gehabt.

»Wann kann ich meine Sachen wiederhaben?« fragte ich. »Ich habe keine Haarbürste, aber ich habe einen Kamm in meiner Handtasche.«

»Du wirst keinerlei Grund haben, dich hier hübsch zu machen«, sagte sie laut, kalt und ausdruckslos, und ihre Augen sahen mich herausfordernd an. Ich schluckte und spürte, wie sich die Haare in meinem Nacken aufstellten.

»Aber warum haben Sie mir meine Handtasche weggenommen?« fragte ich leise.

»Alles muß reingewaschen werden«, erwiderte sie und aß ihren Haferbrei, als sei er die größte Köstlichkeit auf Erden.

»Reingewaschen? Das verstehe ich nicht.«

Sie hörte zu essen auf, schloß die Augen, um mir zu bedeuten, ich sei sehr dumm und sehr lästig, und wandte sich dann an mich.

»Das Böse ist eine Krankheit; sie haftet uns und allem, was mit uns in Berührung kommt, an. Du hast sie in dieses Haus eingeschleppt, und ich muß sichergehen, daß sie verbannt wird. Und jetzt iß, und hör auf, so viele Fragen zu stellen.«

Ich sah Charlotte an, die dasaß und dämlich lächelte.

»Aber Charlotte hat mir erzählt, sie hätte heute Geburtstag, und es gäbe ein Fest für sie«, sagte ich. »Ich muß meine Kleider wiederhaben, wenn ich irgend jemanden sehen soll.«

Miss Emily warf den Kopf zurück und lachte das widerwärtigste schrille Lachen, das ich je gehört hatte. Dann sah sie mich an, und ihre Augen waren wieder kalt und schmal.

»Habe ich dir nicht gesagt, du sollst nie auf das hören, was sie sagt? Sie hat täglich ihren blöden Geburtstag«, fügte sie hinzu und sah Charlotte über den Tisch hinweg böse an. »Sie erinnert sich nicht einmal mehr daran, wann sie wirklich Geburtstag hat. Sie hat keinerlei Zeitgefühl. Frag sie einmal, welches Jahr wir haben oder wie der Monat heißt. Frag sie, welchen Tag wir heute haben. Sag es ihr, Charlotte«, drängte sie sie grausam. »Ist heute Montag oder Samstag? Welchen Tag haben wir heute?«

»Sonntag nicht«, sagte sie. »Weil wir keinen Gottesdienst in der Kapelle hatten«, fügte sie hinzu und lächelte voller Stolz auf diese Leistung.

»Siehst du«, sagte Miss Emily. »Das einzige, was sie dir sagen kann, ist, daß heute nicht Sonntag ist.«

Ich konnte nicht glauben, wie brutal sie mit ihrer Schwester umging, aber ich schluckte diesen Gedanken mit dem Rest der fürchterlichen Hafergrütze hinunter. Wenigstens schmeckte das Brot gut, und die Orange war eben eine Orange.

»Da du jetzt gefrühstückt hast«, sagte Miss Emily, die die Ellbogen auf den Tisch gestützt und die Hände gefaltet hatte, »werde ich dir einige der Vorschriften aufzählen.

Erstens ist es dir strikt untersagt, je den Westflügel des Hauses zu betreten, in dem Charlotte und ich wohnen. Zu diesem Teil des Hauses ist dir der Zutritt verboten, hast du verstanden?« Sie gab mir keine Gelegenheit zu einer Antwort.

»Genaugenommen darfst du dich nur in deinem Zimmer, in der Bibliothek, im Eßzimmer und in der Küche aufhalten.

Zweitens ist es dir untersagt, Luther zu belästigen. Du wirst nicht zu den Scheunen, den Pferchen oder den Ställen laufen und ihm mit dummen Fragen zusetzen. Er mag das nicht, und es hält ihn von der Arbeit ab. Die Zeit ist unser kostbarster Besitz, der nicht einfach leichtsinnig vergeudet werden darf.

Drittens hast du von heute an, nachdem ich eine Uhr in dein Zimmer stellen werde, um sechs Uhr morgens nach unten zu kommen, natürlich nachdem du dein Bett gemacht hast, und du wirst im Ofen das Feuer anzünden. Nimm nur fünf Holzscheite. Luther bewahrt das Holz in der Speisekammer auf. Anschließend wirst du den Tisch für unser Frühstück decken, eine Schale für die Hafergrütze, einen Löffel und eine Serviette, genauso, wie ich es heute getan habe. Am Sonntag gibt es außerdem noch ein Ei, und daher wirst du zusätzlich noch einen kleinen Teller hinstellen. Ich werde dir zeigen, wo alles ist und wohin alles gehört, nachdem du es abgespült hast.

Was mich auf Punkt vier bringt. Deine erste Pflicht besteht darin, das gesamte Geschirr zu spülen und das Silber zu putzen, und zwar täglich. Ich will, daß alle Töpfe und Pfannen geschrubbt werden, selbst die, die wir nicht benutzen, weil sich sonst Staub sammelt.

Fünftens: Wenn du das Frühstücksgeschirr gespült, das Silber geputzt und alle Töpfe und Pfannen geschrubbt hast, wirst du den Fußboden scheuern. In der Speisekammer befinden sich ein Eimer und ein Schrubber und Seife. Fang an der Tür an und arbeite dich zur Speisekammer vor. Schütte das schmutzige Wasser die Stufen hinter dem Haus hinunter, und stell den Eimer dann wieder dahin, wo du ihn herhast. Ich will, daß alles an seinem Platz ist.

Sechstens wirst du jeden dritten Tag die Bettwäsche, die ich am Eingang des Westflügels hinlege, gemeinsam mit deinem eigenen Bettzeug waschen und draußen zum Trocknen aufhängen. Alles muß mit der Hand in dem Waschzuber auf der Veranda hinter dem Haus gewaschen und dann in die Schleuder gesteckt werden. Du wirst den Zuber und das Waschbrett auf der Veranda finden. Einmal in der Woche werden Kleidungsstücke gewaschen, und du findest sie am selben Ort gestapelt. In der obersten Schublade deiner Kommode hast du ein zweites Hemd.«

»Aber was ist mit meinen Sachen?« rief ich.

»Von deinen eigenen Sachen weiß ich nichts. Ich weiß nur, was ist und was getan werden muß«, antwortete sie schnell.

»Siebtens wirst du heute nachmittag damit anfangen, deinen

Flügel zu putzen. Da er deinetwegen benutzt wird, solltest du diejenige sein, die dafür verantwortlich ist, wie es dort aussieht. Ich will, daß in den Fluren die Böden geschrubbt und die Wände abgewaschen werden. Nimm dafür denselben Eimer und Schrubber, den du auch für den Küchenboden benutzt, aber denk daran, ihn anschließend wieder an seinen Platz zu bringen«, wiederholte sie. »Ich will, daß alle Möbel abgestaubt werden, und auch von den Gemälden wirst du den Staub entfernen. Sei außerordentlich vorsichtig, wenn du die Gemälde anrührst; manche von ihnen sind schon hundert Jahre alt.

Achtens werden wir sonntags die Fenster im Erdgeschoß putzen. Da das jeden Sonntag fast den ganzen Tag in Anspruch nimmt, wirst du sofort damit anfangen, nachdem du nach dem Frühstück die Küche geputzt hast.

Das Abstauben der Möbel und die anderen Dinge sind fast täglich am Nachmittag zu erledigen. Ich werde dir zum Mittagessen einen Apfel auf den Tisch legen.

Hast du das alles verstanden?« fragte sie.

Ich verstand sehr wohl; ich verstand, daß sie mich zur Sklavin machte. Angesichts der jämmerlichen und mageren Kost, die mir vorgesetzt wurde, und angesichts meiner abscheulichen Lebensumstände verstand ich auch, daß ich weit mehr tat, als mir nur den Unterhalt zu verdienen.

»Wann habe ich Zeit für etwas anderes als Arbeit?« fragte ich unschuldig. Ihre Augen funkelten wütend.

»Es gibt nichts anderes, wofür uns unsere Zeit zugedacht ist«, verkündete sie. »Müßiggang führt zum Fall. Und außerdem ist für dich in deinem Zustand harte Arbeit das beste. Es kräftigt dich, und daher wirst du den Qualen gewachsen sein, wenn es soweit ist«, fügte sie hinzu und tat so, als täte sie mir einen Gefallen damit, daß sie mich zu ihrer Sklavin machte.

»Wenn du je Zeit für dich selbst hast, solltest du sie mit vernünftigen Beschäftigungen ausfüllen. Daher erlaube ich es dir, die Bibliothek zu betreten und dir ein oder zwei Bücher zum Lesen auszusuchen. Du solltest jedoch einkalkulieren, daß du das Tageslicht dafür nutzt, damit du dein Kerosin nicht verschwendest. Ich will nicht erleben, daß du die ganze Nacht dasitzt und irgendeinen Liebesroman liest und das Öl verbrennst«, warnte sie mich.

»Wann kann sie sich meine Handarbeiten anschauen?« warf Charlotte ein. Einen Moment lang sah Miss Emily sie finster an, und ihre dünnen Lippen waren so fest zusammengekniffen, daß sie um die Mundwinkel herum weiß wurden.

»Was habe ich dir gestern abend gesagt, Charlotte? Habe ich dir nicht gesagt, daß Eugenia zuviel zu tun hat, um dir nachzulaufen und den ganzen Tag lang Unsinn mit dir zu reden? Was habe ich dir gesagt?«

Charlotte wandte sich an mich, als glaubte sie, ich würde die Antwort geben können.

»Du hast mir gesagt, ich soll mir die Haare waschen«, sagte sie.

»O Herr, gib mir Kraft«, sagte Miss Emily. »Das war letzte Woche, Charlotte. Letzte Woche.« Sie drehte sich abrupt zu mir um. »Siehst du, welche Last mir aufgebürdet worden ist? Meine reiche und elegante Schwester braucht sich ja mit nichts von alledem abzugeben, oder? Nicht ein einziges Mal hat sie vorgeschlagen, Charlotte sollte zu ihr zu Besuch kommen. Oh, nein. Statt dessen schickt sie mir dich ... eine weitere Last.«

»Ich falle Ihnen nicht zur Last«, sagte ich trotzig. »Und ihr ebensowenig.«

Miss Emily starrte mich an. Dann legte sie die Hände flach auf den Tisch, schob sich hoch und richtete sich zu ihrer vollen Größe auf.

»Ich erwarte nicht von dir, daß du dankbar bist. Dein Schlag ist das selten, aber ich erwarte allerdings von dir, daß du deine Pflichten übernimmst, solange du hier unter meinem Dach lebst und meiner Obhut anvertraut bist. Ist das klar?« fragte sie unfreundlich. »Verstanden?« beharrte sie.

»Ja«, sagte ich, nachdem ich tief Atem geholt hatte. »Ich habe allerdings verstanden.«

»Gut. Mach dich an deine Arbeit«, befahl sie. »Charlotte, geh nach oben, und putz dein Zimmer.«

»Aber ich habe doch heute Geburtstag«, protestierte Charlotte.

»Dann putz es, damit es hübsch aussieht, wenn all deine Gäste kommen«, sagte Miss Emily mit einem gepreßten Lächeln auf den Lippen. Das schien Charlotte zu gefallen. Sie stand auf und machte sich auf den Weg. In der Tür wandte sie sich noch einmal zu mir um.

»Danke für das hübsche Geschenk«, sagte sie und ging.

»Idiotin«, murmelte Miss Emily. Dann folgte sie ihr aus der Küche und überließ mich meiner Arbeit.

Es gab noch nicht einmal heißes Wasser in der Küche. Alles mußte mit kaltem Wasser gespült werden, und es war eiskalt, Wasser aus einem tiefen Brunnen. Meine Finger wurden gefühllos, so daß ich sie regelmäßig schütteln und mit einem Geschirrtuch reiben mußte. Miss Emily hatte die Silberpolitur hingestellt und die Stücke, die ich putzen sollte, auf der Anrichte ausgebreitet. Sie waren alt und fleckig. Silberputzen gehörte offensichtlich zu den Dingen, die sie nicht oft tat, aber jetzt, da sie mich hatte, jemanden, den sie ausnutzen konnte, entschloß sie sich dazu. Ich brauchte fast eine Stunde, bis die Hälfte der Sachen einigermaßen anständig aussah.

Plötzlich wurde die Hintertür aufgerissen, und Luther kam mit einem Armvoll Feuerholz herein. Er würdigte mich kaum eines Blickes.

»Guten Morgen«, sagte ich, als er in die Speisekammer lief, aber er antwortete nicht darauf. Ich hörte, wie er das Holz stapelte, und ich stellte mich in die Tür der Speisekammer. »Luther.«

»Was willst du?« fragte er.

»Ich habe mich nur gefragt, ob Sie heute irgendwann nach Upland Station fahren. Ich muß einen Anruf machen. Ich muß mich darum kümmern, daß meine Sachen geschickt werden.«

Er brummte und arbeitete mit dem Holz weiter, ohne etwas zu erwidern. Ich blieb an der Tür stehen und wartete. Endlich war er fertig damit, das Holz ordentlich zu stapeln, und richtete sich auf.

»Ich fahre heute nicht nach Upland Station«, sagte er mürrisch.

»Fahren Sie morgen hin?« bohrte ich weiter.

»Das kann ich nicht sagen. Heute ist nicht morgen«, erwiderte er und kam so schnell aus der Kammer, daß ich ausweichen mußte. Ich hatte blitzschnell begriffen, daß er mich andernfalls einfach umgerannt hätte. Ich faßte den Entschluß, zu Fuß nach Upland Station zu laufen, sowie ich meine Kleider zurückbekommen hatte. Wo steckten meine Kleider bloß, fragte ich mich.

Ich polierte das restliche Silber und spülte und scheuerte die Töpfe und Pfannen. Nachdem ich alles wieder ordentlich aufgeräumt hatte, ging ich in die Speisekammer und holte mir den Eimer, den Schrubber und die Seife. Ich kniete mich hin, um den Boden zu scheuern, aber das tat ich ja schließlich nicht zum erstenmal. Mein Rücken fing ziemlich schnell an zu schmerzen, und ich mußte mich immer wieder hinsetzen und ihn reiben.

Nicht nur das Polieren des Silbers, sondern auch das Schrubben des Fußbodens gehörte entschieden zu den Dingen, die Miss Emily bisher nicht oft getan hatte. Der Boden war schmierig und schmutzverkrustet. Etwa nach der Hälfte mußte ich eine Pause machen und aus dem Haus gehen, um das dunkle Wasser im Eimer auszuschütten. Als ich die Tür öffnete, schlug mir die Eiseskälte des rauhen Dezembertages entgegen, und meine Zähne klapperten, denn der Winterwind konnte mühelos durch den dünnen Stoff meines Hemdchens dringen, und ich hatte darunter nichts an und trug auch keine Socken. Ich lief eilig ans Ende der kleinen Veranda hinter dem Haus, um das Schmutzwasser auszukippen, und in dem Augenblick sah ich es.

Rechts von mir, gleich hinter dem Gebäude, hing über einem Feuer, das in einem Kreis aus Steinen aufgeschichtet war, ein Kessel. Das Wasser im Kessel sprudelte, aber ich konnte deutlich meine Kleider erkennen. Ich stellte den Eimer hin und rannte die quietschenden Holzstufen hinunter. Meine Kleider sahen aus, als seien sie gekocht worden, seit man sie mir am Vorabend abgenommen hatte. Ich sah mich verzweifelt nach etwas um, womit ich meine Kleider aus dem kochenden Wasser ziehen konnte, doch aus dem großen schwarzen Topf stieg Dampf auf, und das Feuer brannte lodernd, und daher kam ich nicht nah genug hin, um meine Sachen zu retten.

»Was hast du hier draußen zu suchen?« fragte Miss Emily von der Hintertür aus.

»Was haben Sie mit meinen Sachen gemacht?« schrie ich sie an. »Sie haben alles kaputt gemacht.«

»Ich erklärte dir doch schon«, sagte sie und verschränkte die Arme, »daß ich die Sachen reinwasche. Und jetzt mach dich wieder an deine Arbeit.«

»Ich will meine Sachen haben!« rief ich.

»Dir steht es nicht zu, Forderungen an mich zu stellen«, fuhr sie mich an. »Wenn die Sachen reingewaschen sind – falls sie sich überhaupt noch reinwaschen lassen –, dann wirst du sie wieder bekommen. Und jetzt mach dich an die Arbeit«, sagte sie und drehte sich um, um ins Haus zu gehen. Ich starrte ihr nach und starrte dann hilflos meine Kleider an. Meine Handtasche war nirgends zu sehen.

Was für eine Gemeinheit, dachte ich. Ich ging wieder auf die Veranda und holte den Eimer mit dem Schmutzwasser. Dann schüttete ich es ins Feuer. Die feuchten Scheite glühten und zischten, und Dampf stieg nach allen Seiten auf. Ich trat zurück und wartete. Das Wasser sprudelte immer noch. Es würde eine Weile dauern, bis es sich abgekühlt hatte, dachte ich, doch sobald es soweit war, würde ich meine Sachen rausfischen.

Ich ging zurück in die Küche und schrubbte den Boden. Ich wußte, daß ich stundenlang in der Küche gearbeitet hatte, denn als ich wieder ins Freie trat, stand die Sonne fast direkt über mir. Ich schüttete das Schmutzwasser weg und wollte mir meine Sachen aus dem Kessel holen.

Aber der Kessel war verschwunden! Nur die schwelende Glut des erlöschenden Feuers war noch da. Ich rannte die Stufen hinunter und sah mich nach allen Richtungen um, doch außer Luther, der um die hintere Ecke der Scheune bog und eine Schaufel über der Schulter trug, wie ein Soldat ein Gewehr, war nichts zu sehen. Ich rief ihm etwas zu, aber er ging in die Scheune und zog die Tür fest hinter sich zu.

In meiner Wut stürzte ich wieder ins Haus und rannte durch die Küche und das Eßzimmer, doch ich sah und hörte nirgends jemanden.

»Miss Emily!« rief ich vom unteren Treppenabsatz. Ich lauschte. Sie antwortete nicht. Ich rief noch einmal ihren Namen und warf dann einen Blick in die Bibliothek, die sich direkt gegenüber befand.

Die Gardinen vor den hohen Fenstern waren zurückgezogen, und daher konnte ich die Bücherregale, den großen Schreibtisch und die Holzschränke für die Akten sehen, einen langen Tisch und Stühle. An den Wänden hingen Gemälde, eines davon hinter dem Schreibtisch. Es war ein Porträt vom Vater von Emily, Charlotte und Großmutter Cutler. Ich erkannte die Ähnlichkeit der Augen und der Stirn. Er starrte mit derselben Arroganz auf mich herunter, und er hatte herablassend die Schultern zurückgedrückt und den Kopf hocherhoben und leicht zur Seite geneigt. Er schien mir hart und brutal zu sein. Ich wich rückwärts durch die Tür zurück und lief der lautlos wartenden Miss Emily direkt in die Arme. Ich zuckte zusammen und stieß einen Schrei aus, ehe mir klar wurde, daß sie es war.

»Was tust du hier? Warum schreist du so? Du solltest mit deinem Flügel des Hauses angefangen haben, statt umherzuschlendern«, schalt sie mich.

»Was haben Sie mit meinen Kleidern gemacht?« fragte ich. »Der Kessel ist verschwunden.«

»Muß ich mich denn ständig wiederholen? Ich sagte dir doch schon, daß alles reingewaschen wird. Jetzt ist der zweite Schritt vorgenommen worden.«

»Der zweite Schritt? Was soll das heißen?«

»Die Sachen sind vergraben worden«, erwiderte sie kalt.

»Vergraben!« Deshalb hatte Luther also eine Schaufel geholt, dachte ich. »Sie haben meine Sachen eingegraben? Wo? Warum? Das ist doch Wahnsinn!«

»Wie kannst du es wagen?« empörte sie sich und zog die Schultern hoch. Trotz ihres hageren Körpers wirkte sie angsteinflößend, so bösartig wie ein Geier. Ich wich zurück. »Du maßt dir an, mich zu kritisieren«, sagte sie. Sie hob den langen Arm und deutete mit dem gekrümmten Finger einer Hexe auf mein Gesicht. »Du wagst es, mir Vorhaltungen und Vorwürfe zu machen. Du, die Schande über sich gebracht hat. Du mit deinem Bauch, der deine Sünde herausschreit. Weißt du denn nicht, daß nur derjenige, der frei von jeder Sünde ist, den ersten Stein werfen kann?«

»Ich sage ja nicht, daß ich rein und gut bin«, rief ich, »aber das heißt noch lange nicht, daß es Ihr Recht ist, mich zu quälen.«

»Dich quälen?« Sie sah aus, als würde sie jeden Moment in lautes Gelächter ausbrechen. »Du bist hier doch diejenige, die mich und die anderen Familienmitglieder quält. Ich war gewillt, dir in dieser schlimmen Zeit zu helfen. Ich habe dich in mein Haus aufgenommen und meiner Schwester versichert, daß ich für dich sorgen werde, und du beschuldigst mich, dich zu quälen.«

»Sie sorgen keineswegs für mich. Ich will meine Sachen wiederhaben«, heulte ich. Ich schluchzte laut und war machtlos dagegen.

»Du weißt nicht, wie lächerlich du dastehst«, sagte sie. »Also, gut«, fügte sie nach einer langen Pause hinzu. »Nachdem die Erde das Gift des Übels aufgesogen hat, werde ich dafür sorgen, daß Luther dir diese Kleidungsstücke zurückgibt. Und jetzt mach dich an die Arbeit. Du mußt arbeiten, damit deine Entschlußkraft gestärkt wird; die Wälle der Rechtschaffenheit müssen gefestigt werden, damit du weiteren Angriffen des Teufels standhalten kannst.«

Sie wollte sich abwenden.

»Aber meine anderen Sachen... ich muß anrufen und mich darum kümmern, was aus ihnen geworden ist. Ich habe nicht einmal mehr einen Kamm für mein Haar«, sagte ich und hielt die verfilzten Strähnen hoch.

»Es ist zwecklos anzurufen«, erwiderte sie mit einer erschrekkenden Ruhe in der Stimme.

»Und warum?«

»Weil ich die Anweisung erteilt habe, die Dinge nicht herzuschicken, solange du nicht entbunden hast und von hier fortgehst. Ich hatte schon genug Arbeit mit den Sachen, die du am Leib hattest.«

»Aber... wie konnten Sie mich anlügen? Alle haben mich belogen«, fügte ich hinzu, als mir die Wahrheit klarwurde.

»Alle haben dich belogen?« Sie fing an zu lachen. »Und als was bezeichnest du das, was du getan hast? Jetzt hör auf zu wimmern und tu, was getan werden muß. Du mußt jetzt Haltung zeigen. Du hast doch bestimmt Mut. Nach allem, was meine Schwester mir erzählt hat, sind die Cutlers ausnahmslos ein starker Menschenschlag.«

»Ich habe keinen Cutler in mir«, murmelte ich, doch sobald die Worte über meine Lippen kamen, wußte ich, daß ich einen furchtbaren Fehler gemacht hatte. Sie riß die Augen weit auf.

»Was? Was hast du da gesagt?« fragte sie und kam wieder auf mich zu.

Ich spürte, wie ich zu zittern begann. Ich hatte noch nie ein Gesicht gesehen, in dem gleichzeitig soviel Feuer und Eis stand. Ihre Augen waren sengend, doch ihr Gesichtsausdruck war unbeschreiblich kalt. Wer konnte wissen, welche Schrecken sie sich für mich ausgedacht hätte, wenn sie die Wahrheit über meine Geburt erfuhr, dachte ich.

»Nichts«, sagte ich schnell.

Sie sah mich fest an, und ihr Blick war so durchdringend, daß ich mich abwenden mußte. Die Sekunden wurden von Donnerschlägen angezeigt. Mein Herz pochte gegen meine Rippen.

»Sieh zu, daß du deine Pflichten erledigst«, befahl sie schließlich und wandte sich ab, um davonzustolzieren. Ich dachte daran, mich umzudrehen und rauszulaufen. Aber ohne einen Penny und mit keiner Habe, außer diesem häßlichen Hemd, wußte ich nicht, wohin ich hätte gehen können. Mir blieb nichts anderes übrig, als eine Gelegenheit abzuwarten und zu verschwinden, dachte ich. Sobald sie mir meine Sachen wiedergab, würde ich mich auf den Weg nach Upland Station machen und versuchen, Daddy Longchamp anzurufen. Ihm würde gewiß etwas einfallen, wie er mir helfen konnte.

Verzagt und niedergeschlagen kehrte ich in die Küche zurück, um den Wassereimer, die Seife und den Schrubber zu holen, und dann stieg ich die Stufen hinauf, um mich in dem verschmutzten und verstaubten Flügel des großen Hauses an die Arbeit zu machen.

Als ich die Möbelstücke an der Treppe abstaubte und säuberte, kam es mir unwillkürlich so vor, als schauten all die verdrossen wirkenden Vorfahren mit ihrem unfreundlichen und finsteren Gesichtsausdruck haßerfüllt auf mich herab. Miss Emilys Porträt würde an diesen Wänden seinen rechtmäßigen Platz einnehmen, dachte ich. Was für eine unglückliche Familie, mit ihrem Mißtrauen und ihrer Angst vor der Gegenwart des Teufels in allen und jedem. Jetzt fiel es mir leicht, zu verstehen, warum Großmutter Cutler so war, wie sie war. Eine der griesgrämigen Frauen sah sogar tatsächlich aus wie sie.

In Abständen von etwa fünfzehn Minuten mußte ich das Schmutzwasser im Eimer in mein Bad bringen, um es wegzuschütten und den Eimer mit frischem Wasser zu füllen. Er schien jedesmal mehr zu wiegen, und der Schmerz, der an einem Punkt tief unten an meinem Rücken eingesetzt hatte, wurde stärker. Ich mußte mich immer öfter ausruhen und durchatmen. Bei dieser harten Arbeit kam mein Bauch mir wie ein schweres Gewicht vor, das mir umgebunden worden war.

Ich war gerade dabei, eine der Bänke abzuwischen, als ich

Schritte hinter mir hörte, und als ich mich umdrehte, stand Charlotte hinter mir und hielt einen Apfel in der Hand.

»Du hast dein Mittagessen vergessen«, sagte sie und hielt mir den Apfel hin. Ich machte eine Pause und lehnte mich erschöpft gegen die Wand.

»Danke«, sagte ich und nahm den Apfel. Sie stand mit einem strahlenden Lächeln auf dem Gesicht da und sah zu, wie ich in den Apfel biß.

»Ein Apfel am Tag, und man braucht keinen Arzt, sagt Emily immer«, flötete sie.

»Ich bin sicher, daß hier ohnehin kein Arzt freiwillig herkäme«, murmelte ich. »Charlotte«, sagte ich, als mir plötzlich eine Möglichkeit einfiel, »fahren Sie manchmal nach Upland Station?«

»Manchmal nimmt Emily mich mit in den Krämerladen und kauft mir saure Drops«, erwiderte sie.

»Dann verlassen Sie also nicht oft das Haus, oder?« fragte ich.

»Ich gehe zur Laube, wenn es draußen schön ist, und füttere die Vögel. Möchtest du die Vögel füttern?«

»An meinem ersten freien Tag«, sagte ich zynisch, aber sie verstand mich nicht. Sie lächelte selig. Ich biß noch einmal in den Apfel und wollte aufstehen, aber ein stechender Schmerz zuckte so schnell und heftig durch meinen Unterleib, daß ich keine Luft mehr bekam und mich noch einen Moment hinsetzen mußte.

»Du trägst ein Baby aus«, sagte Charlotte, »und es könnte spitze Ohren haben.«

»Es hat keine spitzen Ohren«, fauchte ich, während ich noch ächzend nach Luft schnappte. »Wie können Sie nur so etwas Furchtbares sagen. Hat Emily Ihnen das eingeredet?«

»Emily weiß es«, beharrte Charlotte und nickte. »Sie kann mit ihren Fingern in deinen Bauch sehen, und sie weiß es.«

»Das ist doch albern, Charlotte. Niemand kann mit seinen Fingern in den Bauch eines anderen sehen. Glaub ihr nicht.«

»Sie hat in meinen Bauch gesehen«, sagte sie. »Und sie hat die spitzen Ohren gesehen.«

»Was?«

Im Westkorridor schlug eine Tür zu, und das Klappern von Emilys Schritten hallte wie ein Schuß nach dem anderen durch das Haus. Bei diesen Geräuschen trat ein Ausdruck des Entsetzens auf Charlottes Gesicht.

»Emily sagt, ich soll dich nicht stören, wenn du arbeitest«, erklärte sie und wich schnell zurück.

»Charlotte, warten Sie...« Ich zog mich mühsam von der Bank hoch.

»Ich muß ein Muster fertig sticken«, sagte sie, drehte sich um und schlurfte schnell davon.

Wenige Augenblicke später tauchte Miss Emily auf. Sie blickte böse in meine Richtung. Dann inspizierte sie ein paar Möbelstücke und einige der Porträts, die ich gereinigt und abgestaubt hatte. Anscheinend war sie zufrieden.

»Ich habe dir eine Uhr ins Zimmer gestellt«, sagte sie. »Sorg dafür, daß sie immer aufgezogen ist, damit sie nicht mitten in der Nacht stehenbleibt und du am Morgen nicht weißt, wie spät es ist.

Um Punkt fünf Uhr gibt es Abendessen«, fügte sie hinzu. »Ich erwarte von dir, daß du sauber und ordentlich aussiehst, wenn du zu Tisch kommst.«

»Aber wo soll ich mich waschen? In meinem Bad läuft nur das kalte Wasser, und es gibt keine Möglichkeit, sich zu duschen oder zu baden«, klagte ich.

»Wir duschen nicht«, sagte sie. »Einmal in der Woche nehmen wir ein Bad in der Speisekammer. Luther bringt die Wanne rein und füllt sie mit Wasser, das er auf dem Feuer erhitzt.«

»Einmal in der Woche? In der Speisekammer? So lebt doch heute niemand mehr«, protestierte ich. »Heute hat man fließend warmes und kaltes Wasser, und es gibt wohlriechende Seifen und man badet öfter als einmal in der Woche.«

»Oh, ich weiß sehr wohl, wie die Leute heute leben«, sagte sie mit diesem kalten Lächeln auf den Lippen, »vor allem Frauen mit ihren Parfüms, die ausgefallen riechen, und mit ihrer verführerischen Kleidung. Weißt du denn nicht, daß der Teufel Evas Vertrauen gewonnen hat, indem er an ihre Eitelkeit appelliert hat, und daß seit jenem abscheulichen Tag unsere Eitelkeit dem Teufel die Pforte zu unserer Seele öffnet? Lippenstift und Schminke und hübsche Kämme, Kleider mit Spitze und Schmuck... alles nur erdacht, um die Versuchung anzufachen und die Männer zum Gipfel der Lust zu treiben. Sie fallen«, sagte sie monoton, »oh, und wie sie fallen, und sie reißen uns mit sich hinab in die Feuer der Hölle und in die Verdammung. Dich hat der Teufel versengt. Ich kann den schwarzen Rauch riechen. Je eher du zu dieser Erkenntnis gelangst, desto schneller wirst du Erlösung finden.«

»Das ist nicht wahr«, rief ich. »Ich rieche nach nichts Bösem, und mein Baby wird keine spitzen Ohren haben.«

Sie starrte mich einen Moment lang an und nickte.

»Bete zu Gott, daß es nicht so kommen wird«, sagte sie. »Bete, daß Gott sich nicht an einem unschuldigen Säugling rächen wird, aber du hast Ihn zornig gemacht, und dieser Zorn ist so gewaltig, daß er wogend über den Himmel zieht.«

Sie holte tief Atem und schloß die Augen und preßte die Hände auf ihren kleinen Busen.

»Arbeite«, sagte sie, »bete, und sei gehorsam, und du kannst hoffen, daß Er dir verzeihen wird.«

Sie wandte sich ab und ging. Auf dem obersten Treppenabsatz blieb sie noch einmal stehen und schaute sich um.

»Vergiß es nicht, punkt fünf, und erscheine so sauber wie möglich«, fügte sie hinzu und stieg die Stufen mit erhobenem Kopf und einem so geraden Rücken hinab, daß sie aussah wie eine Statue, die langsam an einem Seil hinuntergelassen wurde.

Ich preßte mir die Hände auf den Bauch und schluckte den Kloß in meiner Kehle. Mein Baby hatte nur Gutes in sich, sagte ich mir. Ganz gleich, wie sehr mich Michael auch getäuscht hatte, mein Baby war in mir und fühlte die Kraft meiner Liebe. Diese Kraft war etwas Kostbares und Himmlisches und kein Teufelswerk. Miss Emily hatte die Macht der Liebe nie gekannt.

In dem Moment glaubte ich, sie sei jemand, den man eher bemitleiden als verabscheuen mußte. Sie lebte in einer kalten, dunklen Welt, die von Dämonen und Teufeln bevölkert war, und in allen Winkeln ihres Hauses und ihres Lebens sah sie nur Übel und Gefahren. Ich konnte mir vorstellen, daß sie selten lachte, selten auch nur lächelte.

Sie wußte es nicht, dachte ich, aber der Teufel hatte sie bereits besiegt.

Ich wusch mir die Hände, die Arme und das Gesicht, so gut es eben ging. Ohne Spiegel konnte ich mir nur ausmalen, wie schmutzig und strähnig mein Haar wohl wirkte, aber Miss Emily legte keinen Wert auf das Äußere. Je unattraktiver ich war, desto lieber war es ihr. Ich mußte das schmutzige Hemd gegen das andere in der Schublade auswechseln. Diese beiden Kleidungsstücke waren alles, was ich hatte. Daran erinnerte sie mich noch einmal, als ich zum Abendessen nach unten kam.

»Merk dir gut, was ich dir über die Kleidung gesagt habe – wir waschen sie nur einmal in der Woche, und wenn du deine Kleider beide schmutzig machst, wirst du diese Sachen anziehen müssen, bis wir wieder waschen.«

»Warum waschen wir Kleider nicht öfter als einmal in der Woche?« fragte ich.

»Wir brauchen einen solchen Luxus nicht. Paß gut auf das auf, was du hast, und du brauchst die Sachen nicht öfter als einmal in der Woche zu waschen«, betonte sie.

»Aber ich habe doch gar nichts – nur zwei häßliche Hemden«, erwiderte ich.

»Schlichte Dinge sind noch lange nicht häßlich«, fauchte sie. »Weil du schicke Kleider gewöhnt bist, heißt das noch nicht, daß alles andere häßlich ist.«

»Ich bin keine schicken Kleider gewöhnt. Aber ich brauche Sachen, die mir passen, und ich brauche meine Unterwäsche und Socken und ...«

»Ich brauche, ich brauche, ich brauche. Sind das die einzigen Worte, die junge Menschen in deinem Alter heutzutage kennen?« fragte sie. Sie nahm den Deckel von dem Topf mit Kartoffeln und Mischgemüse. Das, ein Glas Wasser und eine weitere Scheibe Brot sollten uns als Mahlzeit genügen. Ich hatte besser gegessen, als ich noch mit Momma und Daddy Longchamp gelebt hatte. Aber Miss Emily war der Meinung, einfache Gerichte seien gut für die Seele, und Hühner oder Eier sollte man nur sonntags essen.

Nach dem Tischgebet sprach sie kein Wort mehr, und Charlotte wirkte verändert, verängstigt. Ich überlegte, daß Miss Emily sie wegen der Dinge, die sie am Nachmittag gesagt hatte, grob geschimpft hatte, und wahrscheinlich hatte sie ihr das Reden verboten. Ab und zu hob sie den Blick von ihrem Teller und sah mich wie eine Komplizin an. Es war seltsam, aber ich verstand nicht, was all das zu bedeuten hatte, bis wir gegessen und ich das gesamte Geschirr, das Besteck und die Töpfe gespült hatte. Sie erwartete mich im dunklen Gang direkt vor dem Eßzimmer. Anscheinend hatte sie sich die ganze Zeit über dort versteckt und nur darauf gewartet, daß ich vorbeikommen würde.

Sie machte einen Schritt nach vorn und stürzte sich fast auf mich, als ich durch die Tür kam. Ich hatte nicht gedacht, daß ich gern so früh schlafen gehen würde, aber ich war vollkommen erschöpft von meiner Arbeit, und mir tat alles so weh, daß mir sogar das dunkle, schäbige Zimmer vielversprechend erschien. Ich hatte meine Wärmflasche in ein Geschirrtuch gewickelt und trug sie unter dem Arm.

»Charlotte!« rief ich erschrocken und wich zurück. »Was ist?« Ich schaute mich um, aber Miss Emily war nirgends zu sehen.

»Ich habe dir ein Geschenk gemacht«, flüsterte sie. »Es liegt auf deinem Bett«, fügte sie hinzu. Dann drehte sie sich um und schlurfte schnell davon, ehe ich etwas erwidern konnte.

Ich wußte nicht, was ich davon halten sollte. Was hätte sie mir schenken können? Wahrscheinlich eine ihrer Handarbeiten, dachte ich. Vielleicht tat ich ihr aber auch leid, und sie gab mir etwas von ihren Sachen zum Anziehen. Langsam stieg ich die Treppe hinauf, jede Stufe kostete mich große Anstrengung, und dann lief ich durch den dunklen Korridor zu meinem gräßlichen Zimmer. Ich nahm die Kerosinlampe und zündete sie schnell an. Das Licht verscheuchte die Dunkelheit und fiel auf etwas, was auf meinem Bett lag.

Langsam hob ich es auf und drehte es in den Händen. Es war eine Spielzeugrassel für ein Baby, und sie schien so gut wie neu zu sein. Miss Emily hatte mich ausgelacht, als ich sie gefragt hatte, ob heute nicht Charlottes Geburtstag sei, und sie hatte mich noch einmal daran erinnert, Charlotte dürfe man nichts glauben. Daher hatte ich sie auch nicht gefragt, warum Charlotte sich erkundigt hatte, ob mich das Baby wachgehalten hätte, und ich hatte sie auch nicht gefragt, was Charlotte meinte, wenn sie behauptete, Miss Emily hätte in ihren Bauch geschaut und ein Baby mit spitzen Ohren gesehen.

Aber woher sollte sie eine Rassel für ein Baby haben, und noch dazu eine, die aussah, als sei sie neu? Charlotte war mit Sicherheit zu alt, um vor einiger Zeit ein Kind bekommen zu haben.

Miss Emily hatte mir verboten, ihren Flügel des Hauses zu betreten, dachte ich, aber vielleicht bestand darin meine einzige Möglichkeit, irgendwann herauszufinden, was all das zu bedeuten hatte.

Im Moment war ich zu müde und zu sehr durcheinander, um mir ernsthaft Gedanken darüber zu machen. Ich zog die Decke zurück und kroch darunter, legte mir die Wärmflasche auf den Bauch und stellte mir vor, daß sie auch mein Baby warmhielt.

Es schien heute abend weniger kalt zu sein, und dafür war ich dankbar. Zu den wenigen Dingen, die Miss Emily beim Abendessen gesagt hatte, gehörte, die Warmluft bedeutete einen Wetterumschlag, und wahrscheinlich würde Schnee fallen.

Schnee, dachte ich. Was für ein Datum hatten wir? Ich zählte die Tage, die ich im Krankenhaus verbracht hatte, zu dem letzten Tag dazu, an den ich mich erinnerte, und dann fügte ich noch die beiden Tage hinzu, die ich schon hier verbracht hatte. Als mir klar wurde, was für ein Tag heute war, setzte ich mich bekümmert und voller Entsetzen im Bett auf.

Es war Heiligabend! Und niemand hatte das auch nur mit einem Wort erwähnt oder es gar wichtiggenommen. Ich dachte an Jimmy in Europa, der wahrscheinlich mit den anderen Soldaten feierte und Weihnachtslieder sang; ich dachte an Trisha zu Hause bei ihrer Familie, wie sie in ihrem warmen Haus um den Weihnachtsbaum herum saßen; ich dachte sogar an Daddy Longchamp mit seiner neuen Frau und der Erwartung eines Kindes.

Die Tränen strömten über meine Wangen, als mir Michaels liebevolle Worte wieder einfielen. Wir hatten vorgehabt, einen ganz wunderbaren und romantischen Heiligabend gemeinsam zu verbringen. Wir hatten vor einem warmen Feuer sitzen und unsere Weihnachtsgeschenke, die wir einander machten, auspacken wollen, während wunderbare feierliche Musik erklang. Danach hatten wir dann, mit zarten Küssen auf den Lippen, jeder in den Armen des anderen einschlafen wollen.

Ich erinnerte mich wieder an den Tag, an dem er den hübschen kleinen Baum gekauft hatte.

Ob er wohl noch dort stand und ob er sich wohl genauso allein und verlassen fühlte wie ich?

14

Ein Brief an Trisha

Wenn die Arbeit, die ich auf der Farm zu tun hatte, auch schwierig und mühselig war, so stellte ich doch fest, daß sie mir willkommen war, denn nur, wenn ich schrubbte und abstaubte, spülte und putzte, konnte ich vergessen, wie lang der Tag war und wie endlos die Zeit sich hinzog. Es war so, als müßte ich eine Gefängnisstrafe absitzen, und Miss Emily zögerte auch nicht, mich wie eine Verbrecherin zu behandeln. Da meine Hausarbeiten mich in dem großen Haus gefangenhielten, über das dieses abscheuliche, kranke Ungeheuer herrschte, ging für mich ein Tag unmerklich in den nächsten über, und jeder Morgen, Nachmittag und Abend war so belanglos wie der vorherige und unterschied sich nicht von ihm. Wie die einfältige Charlotte begann ich, jegliches Zeitgefühl zu verlieren, und ich konnte mich nicht mehr erinnern, ob es Montag oder Dienstag war. Genau wie für sie war auch für mich der Sonntag jetzt der einzige Anhaltspunkt.

Die Booth-Schwestern besuchten zum Sonntagsgottesdienst nicht wirklich eine Kirche. Ich hatte gehofft, das böte mir die Möglichkeit, an ein Telefon zu kommen oder einen Brief aufgeben zu können, aber Miss Emily sagte, daß die Kirchen Zufluchtsorte für den Teufel geworden waren.

»Die Leute gehen nicht hin, um zu beten und zu beichten; sie gehen hin, um andere zu treffen und gesehen zu werden. Stellt euch das nur vor, daß man sich herausputzt, um zu beten. Als ob man den lieben Gott mit teurer Kleidung, der neuesten Mode und prächtigem Schmuck für sich einnehmen könnte! Aber wenn man sich erst ansieht, wie manche Frauen sich zum Kirchgang schminken! Das ist Frevel und nichts anderes. Das ist der

Teufel in ihnen, und er lacht den ganzen Tag, weil er sich erfolgreich ins Haus Gottes eingeschlichen hat.

Deshalb beten wir sonntags zu Hause«, schloß sie.

Den Schwestern Booth diente ein kleiner Raum, der neben der Bibliothek lag, als Kapelle. Miss Emily hatte sogar eine lange und sehr unbequeme Bank dort aufstellen lassen, deren Lehne nach vorn geneigt war, damit wir kaum sitzen konnten, denn wenn man entspannt und zufrieden gewesen wäre, hätte man den Grund vergessen, weshalb man dort war.

Der Bank gegenüber hing ein großes Holzkreuz. Sonst befand sich nichts an den Wänden. Auf einem Tisch vor uns brannten hohe Kerzen, und auf jedem der kleinen Tische um uns herum leuchteten die Kerosinlampen. Als der Gottesdienst beendet war, lief Miss Emily eilig durch den Raum und löschte die Kerzen, um Wachs zu sparen.

Selbstverständlich mußte ich den Gottesdienst ebenfalls besuchen, der so ablief, daß Miss Emily laut aus der Bibel vorlas und uns dann gemeinsam das Gebet zum Lob des Herrn sprechen ließ. Sogar Luther erschien, doch er stand mit gefalteten Händen hinten an der Tür. Miss Emily las mehr als eine halbe Stunde. Charlotte wurde unruhig und zappelig, aber Miss Emily brauchte sie nur einen Moment strafend anzuschauen, schon schien sie reuevoll zu erstarren. Miss Emily warf einen Blick in meine Richtung, ob ich alles verstanden hatte. Es war, als schüttete jemand einen Kübel Eiswürfel über mich; so kalt und stechend wirkten ihre Blicke.

Unsere Belohnung für anständiges Benehmen bestand in einem Spezialfrühstück: Wir konnten uns aussuchen, wie wir die Eier zubereitet haben wollten, und es gab Hafergrütze, Brot und Butter und Blaubeerküchlein. Sie waren das einzige Nahrungsmittel, für das in diesem Haushalt Zucker verwendet wurde, wenn auch nur sehr wenig. In Miss Emilys Augen war Zucker dasselbe wie Alkohol oder Rauschgift, etwas, was uns in Versuchung führen und uns empfänglich für das Böse machen konnte. Selbstverleugnung gab uns Kraft und Festigkeit.

Ein weiteres Ereignis am Sonntag war das Baden. Es war so, wie Miss Emily es mir beschrieben hatte – Luther trug einen großen Holzzuber ins Haus und stellte ihn mitten in der Speisekammer auf den Fußboden. Wir badeten in der Speisekammer, weil sie der Hintertür des Hauses, durch die der Kessel mit dem heißen Wasser gebracht wurde, am nächsten lag. Gleich nach dem Gottesdienst am Sonntag fing Luther an, das Wasser zu erhitzen, und nach dem Frühstück brachte er es eimerweise ins Haus. Das heiße Wasser wurde dann in dem Verhältnis mit kaltem Wasser aufgefüllt, daß es lauwarm war.

Miss Emily badete als erste. Charlotte und ich mußten vor der Speisekammer warten, bis sie fertig war. Dann wurde Luther angewiesen, noch ein halbes Dutzend Eimer mit heißem Wasser ins Haus zu bringen. Dann kam Charlotte an die Reihe. Ganz gräßlich fand ich es, daß wir alle im selben Wasser baden mußten und daß Miss Emily die einzige war, die in sauberem Wasser badete. Sie behauptete, die Sauberste von uns dreien zu sein und daher am wenigsten Schmutz im Wasser zurückzulassen.

Als ich an der Reihe war, mußte Luther ein paar Eimer Wasser abschöpfen und ein weiteres halbes Dutzend Eimer mit heißem Wasser dazugießen. Als ich das erste Mal ein solches Bad nahm, kam Miss Emily in die Speisekammer, als ich bereits in der Wanne saß, und tauchte ihre Finger ins Wasser, um die Temperatur zu überprüfen. Sie beschloß, das Wasser sei nicht heiß genug, und sie ordnete an, Luther solle noch ein oder zwei Eimer heißes Wasser bringen.

»Es ist warm genug«, protestierte ich.

»Unsinn«, erwiderte sie. »Wenn das Wasser nicht warm genug ist, geht der Schmutz nicht ab, der tief in deiner Haut sitzt«, beharrte sie.

Ich mußte nackt in der Wanne sitzenbleiben, während Luther mit dem Wasser kam und es um mich herum in die Wanne schüttete. Ich bedeckte meine Blöße, so gut es eben ging, aber ich sah Luthers Augen interessiert über meinen Körper gleiten, obwohl ihm nichts anzumerken war.

Ich hegte den Verdacht, daß Luther ab und zu ein oder zwei Gläschen trank, vor allem an den kälteren Tagen im Januar und Februar. Wenn ich in der Küche alles aufräumte, kam er manchmal mit Holz auf dem Arm herein oder brachte heißes Wasser, und dann konnte ich den Whisky riechen. Falls Miss Emily etwas roch, dann sagte sie es nicht. Sie hatte keine Angst vor Luther, denn sie schimpfte mit ihm, ohne zu zögern, oder sie kommandierte ihn in einem scharfen Tonfall herum, aber sie schien genau zu spüren, wie weit sie bei ihm gehen konnte.

Warum Luther so hart für sie und Charlotte arbeitete, war mir ein Rätsel, ich war sicher, daß er kaum mehr als sein eigenes Zimmer und sein Essen dafür bekam. Er schlief irgendwo ganz hinten im Erdgeschoß des Hauses, und natürlich war mir auch zu jenem Teil des Gebäudes der Zutritt untersagt, aber ich konnte es nicht lassen, mir Gedanken über ihn zu machen, und bei jeder sich bietenden Gelegenheit stellte ich ihm Fragen. Das hieß, nur wenn er und ich miteinander allein waren, denn wenn Miss Emily dabei war, schaute er mich nicht an.

»Seit wann ist die Plantage derart verwahrlost?« fragte ich ihn eines Morgens, nachdem er das Holz ins Haus gebracht hatte. Ich ahnte, daß die Plantage sein Lieblingsthema war und daß er darüber wesentlich bereitwilliger als über irgend etwas anderes reden würde.

»Seit Mr. Booth gestorben ist«, antwortete er. »Es gab Schulden zu bezahlen, und der größte Teil des Viehs und ein paar Ackergeräte mußten verkauft werden.«

»Was ist mit Mrs. Booth?«

»Sie ist schon Jahre vor ihm gestorben... ein Magenleiden«, sagte er.

»Sie arbeiten sehr hart, Luther. Ich bin sicher, daß Sie alles getan haben, um die Plantage zu erhalten«, sagte ich. Ich sah an seinen funkelnden Augen, daß meine Worte ihn freuten.

»Ich habe es ihr gesagt; ich habe ihr erklärt, was getan werden muß, damit es ordentlich aussieht, aber Äußerlichkeiten sind ihr nicht wichtig. Schöne Dinge locken den Teufel an, das ist alles, was sie dazu zu sagen hat. Ich wollte etwas Farbe kaufen, aber dazu sagt sie nein. Also sieht es hier so aus, wie es aussieht. Ich sorge, so gut es eben geht, dafür, daß die Maschinen funktionieren, und das Haus ist noch recht stabil.«

»Mit dem wenigen, was Sie haben, bewirken Sie Wunder«, sagte ich. Er brummte wohlwollend.

Eines Tages war ich so kühn, ihn zu fragen, warum er hierblieb und für die Damen arbeitete.

»Es gibt alle möglichen Formen von Eigentum«, sagte er. »Eigentum, das ein beglaubigtes Stück Papier einem sichert, und Eigentum, das daher stammt, daß man jahrelang irgendwo arbeitet und lebt. Ich gehöre genauso zur Farm, wie irgend jemand sonst«, fügte er stolz hinzu.

»Die Wahrheit ist«, sagte er, und auf sein Gesicht trat etwas, was fast nach einem Lächeln aussah, »daß ich der Plantage gehöre. Ich kenne nichts anderes.«

Ich hätte ihn gern dazu gebracht, mir mehr über Miss Emily und die Familie zu erzählen, aber wenn ich etwas ansprach, was auch nur im entferntesten mit diesem Thema zu tun hatte, tat er meistens so, als hörte er kein Wort mehr. Ich glaubte nicht, daß er Respekt vor Miss Emily hatte oder sie auch nur mochte, aber sie hatte etwas an sich, was ihm Gehorsam abverlangte. Jedesmal, wenn ich ihn bat, mich nach Upland mitzunehmen, fand er immer einen Vorwand, warum er es nicht tun konnte. Meistens fuhr er los, ohne mir ein Wort davon zu sagen.

Mitte Januar war ich zu dem Schluß gekommen, daß Miss Emily ihm verboten haben mußte, mich mitzunehmen, und daher wartete ich, bis wir miteinander allein waren, und dann bat ich ihn, einen Brief an Trisha für mich aufzugeben. Er sagte weder, er täte es, noch, er täte es nicht, aber er wollte keinen Brief von mir entgegennehmen.

»Ich lasse ihn hier in der Küche auf der Anrichte liegen, und wenn Sie das nächste Mal hinfahren, wären Sie dann so gut, ihn für mich mitzunehmen?« fragte ich. Er sah sich an, wo ich den Brief hinlegen würde, doch er reagierte nicht darauf. Am nächsten Tag war der Brief verschwunden. Wochenlang wartete ich auf eine Antwort von Trisha. Ich wußte, daß sie mir schreiben würde, sowie sie meinen Brief bekommen hatte, aber wenn Luther Post mitbrachte, war nie etwas für mich dabei.

Eines Morgens, als Luther Holz ins Haus trug, fragte ich ihn danach.

»Was für ein Brief?« meinte er.

»Der, den ich auf die Anrichte gelegt habe. Sie haben mir damals zugesehen, als ich den Brief hingelegt habe«, beharrte ich.

»Ich habe ihn gesehen«, sagte er, »aber als ich später danach geschaut habe, war der Brief nicht mehr dort.«

»Er war nicht mehr dort?« Er sagte kein Wort mehr dazu, aber das war schließlich auch nicht nötig. Ich wußte, wohin mein Brief geraten war. Er war bei Miss Emily. Wütend machte ich auf dem Absatz kehrt und stolzierte hinaus, um ihr gegenüberzutreten.

Miss Emily verbrachte den größten Teil des Tages damit, in der Bibel zu lesen, unsere armseligen Mahlzeiten zuzubereiten, Luthers Arbeit zu überwachen und über jeden Penny Buch zu führen. Ihre Buchhaltung erledigte sie im Büro an dem großen, dunklen Eichenschreibtisch, über dem das riesige Porträt ihres Vaters hing, der ihr finster über die Schulter blickte. Ich hatte das Gefühl, daß er ihr durch den Kopf spukte und daß sie glaubte, wenn sie nicht alles so machte, wie er es früher von ihr verlangt hatte, würde er einschreiten und sie bestrafen.

Sie saß zusammengekauert über den Rechnungen und schrieb. In der Ecke tickte eine Standuhr. Miss Emily hatte eine Kerosinlampe angezündet, denn draußen war es bedeckt. Die Lampe warf einen gelblichen Schein über ihr Gesicht und ihre Hände. Als sie mich eintreten hörte, hob sie den Kopf und lehnte sich zurück, und damit versanken ihre Stirn und ihre Augen in tiefem Schatten. Der dünne Strich ihres Mundes verzog sich zu einem hämischen Grinsen. Ihre Lippen öffneten sich kaum, als sie sprach.

»Was willst du? Siehst du denn nicht, daß ich beschäftigt bin?« zischte sie.

»Ich will lediglich wissen, warum Sie meinen Brief an meine Freundin Trisha an sich genommen haben«, sagte ich tapfer.

»Was für einen Brief?« fragte sie, ohne den Kopf zu bewegen. Ich glaubte, einer Schaufensterpuppe gegenüberzustehen, weil sie so steif dasaß. Einen Moment lang hob ich den Blick zu den Augen ihres Vaters auf dem Porträt. Er schaute finster auf mich herunter.

»Der Brief, den ich vor etwa einem Monat auf der Anrichte in der Küche liegenlassen habe. Luther wollte ihn für mich aufgeben«, erwiderte ich, ohne einen Zentimeter zu weichen. Ich glaubte schon, sie würde mir nicht antworten. Endlich beugte sie sich vor, bis sich ihre Augen in dem Lichtkegel befanden.

»Alles, was auf der Anrichte liegen bleibt, ist Abfall«, sagte sie, »und genau darum handelt es sich auch bei einem Brief von dir an eine deiner Freundinnen in der Stadt, die ganz bestimmt ebenso verrucht ist, wie du es warst.«

Einen Moment lang stockte mir der Atem. Wie konnte sie zugeben, was sie frecherweise getan hatte? Und welches Recht hatte sie, etwas so Furchtbares über Trisha zu sagen, jemanden, den sie nie kennengelernt hatte? Glaubte Emily vielleicht, sie sei der einzige gute Mensch auf Erden?

»Wie können Sie es wagen, das zu sagen? Sie kennen meine Freundinnen doch gar nicht. Sie hatten nicht das Recht, meinen Brief wegzuwerfen«, rief ich aus.

»Ich hatte nicht das Recht?« fragte sie und ließ ein schrilles Lachen ertönen. »Natürlich stand es mir zu, und es steht mir auch immer noch zu«, sagte sie streng. »Es ist mein uneingeschränktes Recht, jedes Übel von diesem Haus fernzuhalten. Und ich lasse nicht zu, daß Luther seine Zeit mit deiner Korrespondenz vergeudet«, beharrte sie.

»Aber es war doch nur ein Brief!«

»Ein Wort reicht schon, um den Teufel in dein Herz einzulassen. Hast du denn gar nicht beachtet, was ich dir gesagt habe?

Und jetzt laß mich in Ruhe. Ich habe wichtige Arbeit zu erledigen, und du hast selbst deine Pflichten.«

»Sie behandeln mich wie eine Gefangene, wie eine Verbrecherin«, rief ich wütend.

»Das liegt daran, daß du nichts weiter als eine Verbrecherin bist«, sagte sie ruhig. »Du hast das gewöhnlichste aller Verbrechen begangen, als du dich der Lust schuldig gemacht hast, und dafür büßt du jetzt.« Sie faltete die Hände und beugte sich noch etwas vor, so daß jetzt ihr ganzes Gesicht beleuchtet war. »Und warum bist du hergeschickt worden, damit ich mich deiner annehme, sag? Weil du nirgends sonst hingehen kannst; niemand will dich haben. Du bist eine Peinlichkeit, eine Last.

Meine Schwester hat das deutlich klargestellt, und sie hat außerdem darum gebeten, dich wie eine Sünderin und die Schande der Familie zu behandeln, die du bist, aber das hätte sie mir nicht erst zu sagen brauchen«, sagte sie eisig. Dann lehnte sie sich so weit zurück, daß ihr Gesicht wieder im Dunkeln lag.

»Solange du unter meinem Dach lebst, mein Brot ißt und meiner Obhut anvertraut bist, wirst du tun, was ich sage«, brüllte sie mit einer Stimme, die so tief und laut war, daß ich dachte, sie hätte ebenso gut von dem Porträt über ihr kommen können. Ich spürte, wie mir das Blut aus dem Gesicht wich; ein stechender Schmerz setzte hinter meinen Ohren ein, und meine Kraft verließ mich. Ich legte meine Hände auf meinen gewölbten Bauch und wich durch die Tür zurück. Augenblicklich senkte sie den Kopf und wandte sich wieder ihren Berechnungen zu, um sich zu vergewissern, daß jeder Penny sinnvoll ausgegeben worden war und daß sie Rechenschaft darüber abgeben konnte.

Neben der Tür eines der Wohnzimmer blieb ich stehen. Obwohl ich schon seit Monaten hier war, war mir nur zu einem kleinen Teil des Hauses der Zutritt gestattet, und daher hatte ich die anderen Räume noch nicht gesehen, auch nicht den verbotenen Westflügel, in dem Miss Emily und Charlotte ihre Zimmer hatten. Aber ich wußte, daß es in diesem speziellen Wohnzimmer einen ovalen Spiegel gab. Es war das einzige Zimmer im Erdgeschoß, in dem ein Spiegel hing. Miss Emily fand, Spiegel verleiteten zur Eitelkeit.

»Es ist nicht nötig, daß man sich selbst betrachtet«, hatte sie gesagt, als ich um einen Spiegel für mein Zimmer gebeten hatte. »Sorg nur dafür, daß du dich einigermaßen sauberhältst.«

Es war schon sehr lange her, daß ich mir Gedanken über mein Aussehen gemacht hatte, aber Miss Emily hatte mich in der Bibliothek so übel behandelt, daß ich jetzt einfach neugierig auf mein Aussehen war. Wie sah ich wirklich aus? Viel Zeit war vergangen, und ich hatte ohne eine Bürste gelebt, ohne einen Kamm, ohne Gesichtscreme und Make-up. Da ich nirgends hingehen konnte und niemanden sah, hatte ich mir keine Gedanken darüber gemacht, aber ich wollte mich so gern wieder wie eine junge Frau und nicht wie eine abgearbeitete Putzfrau fühlen.

Langsam und mit der Angst im Herzen, meine Befürchtungen könnten sich bewahrheiten, betrat ich das Wohnzimmer. Die Vorhänge waren aufgezogen, aber das Licht war so schwach wie in der Bibliothek. Ich fand die Kerosinlampe auf einem kleinen Tischchen und zündete sie an. Dann hielt ich sie vor mich hin und ging auf den Spiegel zu. Meine Silhouette zeigte sich als erstes, und dann hob ich die Lampe hoch und schaute mich an.

Mein früher so schönes Haar war ein schmutziger, verfilzter Schopf aus wirren Strähnen. Meine Stirn und meine Wangen wurden von Schmutzspuren verunziert. Meine blauen Augen wirkten stumpf und matt, als sei jedes Licht und jedes Leben aus ihnen herausgesickert. Ich war blaß, sah sogar fast so bleich und kränklich aus wie Miss Emily. Als ich mein jämmerliches Spiegelbild betrachtete, drehte sich mir der Magen um. Es war, als sähe ich einer Fremden ins Gesicht.

Ich konnte mich nicht erinnern, wann ich das letzte Mal Lippenstift benutzt oder mir das Haar gebürstet hatte. Ich konnte mich nicht mehr erinnern, wann ich mich das letzte Mal mit Parfüm eingesprüht hatte. Und all meine hübschen Kleider ... meine Ohrringe und Armreifen, sogar das Medaillon, das Michael mir geschenkt hatte ... all das war irgendwo anders.

Vielleicht hatte Agnes Morris die Sachen ins Hotel geschickt, und Großmutter Cutler hatte sich das meiste schon vom Hals geschafft, wie sie sich ja auch mich vom Hals geschafft hatte.

Schaut mich nur an, dachte ich. Seht nur, was Großmutter Cutler und Miss Emily mir angetan haben. Mein Gesicht schien aufgeschwemmt zu sein, schon fast entstellt. Ich stand in diesem häßlichen Hemd da, das wie ein Sack von meinen Schultern hing. Ich konnte mich nicht mehr länger ansehen und löschte schnell die Kerosinlampe aus. Ich war dankbar für die langen Schatten, die augenblicklich über mein Gesicht fielen. Solange ich hier war, würde ich nicht noch einmal in einen Spiegel schauen, das gelobte ich mir.

Ich lief eilig aus dem Wohnzimmer und stieg so schnell ich konnte die Stufen hinauf, von denen mich jetzt jede einzelne große Mühe kostete, denn ich war weit im fünften Monat und hatte schwer zu tragen. Atemlos brach ich in dem dunklen Zimmer auf meinem Bett zusammen und schluchzte. Ich war hier wirklich eine Gefangene, dachte ich, ein gemarterter Sträfling.

»Was fehlt dir?« hörte ich Charlotte fragen. Ich setzte mich hin und wischte mir die Tränen aus den Augen. Sie stand an meiner Tür und hielt eine ihrer Handarbeiten, an denen sie noch zu tun hatte, in den Händen. Sie schaute nach rechts in den Korridor, und dann beugte sie sich vor und sprach in einem verschwörerischen Flüstern mit mir.

»Hat Emily dir gesagt, daß dein Baby spitze Ohren hat?« fragte sie.

»Mir ist egal, was Emily glaubt«, sagte ich. »Und was sie über mein Baby denkt, das interessiert mich ausgesprochen wenig.« Charlotte starrte mich einen Moment lang an, denn die Vorstellung, jemand könnte Emily trotzen, war ihr anscheinend zuviel. Dann lächelte sie und kam auf mich zu.

»Sieh, was ich gemacht habe«, sagte sie stolz. Ich holte tief Atem und beugte mich vor, um meine Kerosinlampe anzuzünden. Dann sah ich mir ihre Handarbeit an.

Es war eine sehr hübsche Stickerei mit rosa und blauen Fäden.

Sie stickte nach einer Vorlage, die eindeutig wie ein Baby in einer Wiege aussah, die unter einem Baum schaukelte.

»Woher haben Sie dieses Stickmuster?« fragte ich.

»Welches Stickmuster?« Sie sah sich ihre Arbeit näher an, als ließe sich die Antwort daraus entnehmen.

»Das Bild, das Sie nachsticken. Hat Miss Emily die Vorlage irgendwo für Sie gekauft?«

»Oh, nein, das Bild habe ich gemalt«, sagte sie und lächelte stolz. »Ich zeichne alle meine Bilder selbst.«

»Das ist sehr, sehr gut gelungen, Charlotte. Sie haben Talent. Sie sollten Ihre Arbeiten mehr Leuten zeigen«, sagte ich.

»Mehr Leuten? Ich zeige sie nur Emily. Sie will, daß ich immer neue Handarbeiten mache, damit ich ihr nicht im Weg bin.« Charlotte fing wieder an, Emily zu zitieren. »Sie sagt, wer die Hände in den Schoß legt...«

»Ich weiß, ich weiß. Man richtet damit Unheil an. Nun, was ist mit dem Unheil, das sie anrichtet?« gab ich zurück. Charlotte strahlte jetzt über das ganze Gesicht. Ich sah, daß die Vorstellung, Miss Emily könnte schlecht sein, für sie so ungeheuerlich war, daß sie es sich beim besten Willen nicht vorstellen konnte. Ihre Schwester hatte sie einer Gehirnwäsche unterzogen. »Emily ist kein Engel, verstehen Sie. Nicht alles, was sie sagt und tut, ist gut und richtig. Sie ist gemein, obwohl es nicht nötig ist, insbesondere Ihnen gegenüber«, fuhr ich fort. »Sie redet mit Ihnen, als seien Sie eine Art unwürdiges Tier, und sie sperrt Sie hier ein, genauso, wie sie mich auch einsperrt.«

»Oh, nein«, sagte sie. »Emily versucht nur, mir zu helfen. Ich bin die Brut des Teufels, und ich habe eine Teufelsbrut als Kind zur Welt gebracht«, leierte sie auf eine Weise herunter, die mich begreifen ließ, daß sie gezwungen worden war, es so lange immer wieder zu wiederholen, bis es ihr fast zur zweiten Natur geworden war, diese Dinge zu sagen.

»Was für eine abscheuliche Lüge. Warten Sie, was soll das heißen, Sie hätten eine Teufelsbrut zur Welt gebracht? Ein Kind geboren? Was für ein Kind?« fragte ich.

»Ich soll nicht darüber reden«, sagte sie und wich einen Schritt zurück.

»Sie wird nichts davon erfahren«, sagte ich einschmeichelnd. »Ich werde ihr nichts davon erzählen. Können wir nicht ein Geheimnis miteinander haben?«

Sie dachte darüber nach und kam dann wieder näher.

»Das habe ich für das Baby gemacht«, gestand sie und hielt die Handarbeit hoch, »weil das Baby nämlich manchmal zurückkommt.«

»Zurückkommt? Woher kommt es zurück?«

»Aus der Hölle«, sagte sie. »Es ist hingeschickt worden, um dort zu leben, denn dort gehört es hin.«

»Niemand gehört in die Hölle, Charlotte.«

»Der Teufel schon«, erwiderte sie schnell und nickte.

»Vielleicht nur er ... und Miss Emily«, murmelte ich vor mich hin. »Erzählen Sie mir von dem Baby«, bat ich und hob den Kopf. »Hat es ein echtes Baby gegeben?« Sie starrte mich an, ohne etwas darauf zu antworten. »Charlotte«, sagte ich und griff unter das Bett, um die Rassel rauszuholen, die sie mir auf mein Bett gelegt hatte. »Wem hat dieses Spielzeug gehört? Woher haben Sie diese Rassel?«

Der Wind ließ einen offenen Fensterladen klappern, und das Geräusch hallte im Gang wider. Charlotte schloß schnell die Augen und wich dann zurück. Etwas Furchtbares mußte ihr eingefallen sein, denn in ihren Augen spiegelte sich Entsetzen.

»Ich muß jetzt wieder in mein Zimmer gehen«, sagte sie. »Emily wird wütend, wenn sie weiß, daß ich hier bin und dich störe.«

»Sie stören mich nicht. Gehen Sie nicht fort«, bat ich. Wieder klapperte der Laden. Sie wandte sich eilig ab und lief aus meinem Zimmer. »Charlotte!« rief ich, aber sie kam nicht zurück.

Charlotte war hier die einzige, mit der ich reden konnte, und Miss Emily hatte dafür gesorgt, daß sie furchtbare Angst davor hatte, sich mit mir zu unterhalten. Ich hätte ebensogut in irgendeinem Gefängnis sitzen können, dachte ich. Einen grausameren

Wärter als Miss Emily hätte ich nirgendwo haben können, und warum das alles? Weil ich mich verliebt hatte und zu vertrauensselig gewesen war. Meine Sünde bestand darin, daß ich jemandem geglaubt hatte. Nun, ich würde ihr trotzen; ich würde einen Brief an Trisha schreiben, und er würde sie erreichen, selbst wenn ich ihn persönlich aufgeben mußte.

Ich stand mit neugewonnener Entschlossenheit von meinem Bett auf, versteckte die Rassel wieder und ging in die Küche zurück, und dort setzte ich mich hin und schrieb meinen Brief an Trisha noch einmal. Aber diesmal berichtete ich ihr von all den abscheulichen Kleinigkeiten. Tränen tropften auf das Papier, während ich schrieb.

Liebe Trisha,
seit Monaten versuche ich schon, den Kontakt zu Dir aufzunehmen, aber Großmutter Cutlers furchtbare Schwester Emily hat mich daran gehindert. Hier gibt es kein Telefon, und daher kann ich nicht anrufen, und Briefe müssen meilenweit von hier an einen Ort gebracht werden, der Upland Station heißt. Emily hat mir außerdem verboten, mir meine Sachen herschicken zu lassen. Sie hat mir meine Kleider an dem Tag, an dem ich angekommen bin, weggenommen und sie einem Reinwaschungsprozeß unterzogen, bei dem sie zuerst gekocht und dann im Boden vergraben worden sind, und seitdem habe ich weder meine Kleidungsstücke noch meine Handtasche gesehen. Ich bin gezwungen, ein häßliches Sackkleid zu tragen und sonst gar nichts, noch nicht einmal Unterwäsche! Nachts schlafe ich mit einer Wärmflasche, um in einem kalten, dunklen, fensterlosen Zimmer nicht allzu sehr zu frieren. Mein einziges Licht ist eine Kerosinlampe, aber man teilt mir nur eine winzige Kerosinmenge zu, die eine ganze Woche ausreichen muß, und daher kann ich sie oft nicht anzünden, weil ich fürchten muß, sonst tagelang im Dunkeln zu sitzen.
Ich arbeite den ganzen Tag nur im Haus. Ich muß putzen, waschen, abstauben und spülen. Ich habe nicht einmal die

Zeit, etwas zu lesen, und wenn ich sie hätte, wäre ich ohnehin zu erschöpft. Ich bin immer dicker geworden, und mein Rükken macht mir immer mehr Schwierigkeiten, aber Miss Emily interessiert das nicht. Ich glaube, es macht ihr Spaß, mich leiden zu sehen; sie glaubt, je mehr ich leide, desto reumütiger sei ich.

Ich konnte Dir die genaue Adresse nicht geben, als ich New York verlassen habe, weil ich keine korrekte Anschrift wußte. Du mußt mir einen Gefallen tun. Ich lege Dir Daddy Longchamps Adresse bei. Er ist der einzige Mensch, an den ich mich jetzt wenden kann, da Jimmy, glaube ich, noch in Europa ist und ohnehin keine Ahnung hat, wo ich stecke. Nimm bitte Kontakt zu ihm auf, und berichte ihm, wie verzweifelt meine Lage ist. Ich muß hier rauskommen. Miss Emily ist eine religiöse Fanatikerin, und ihre Schwester ist eine einfältige Natur und genauso hilflos wie ich.

Du weißt nicht, wie sehr Du mir fehlst. Ich vermisse unsere wunderbaren Gespräche unendlich. Mir ist jetzt klarer denn je, was für eine gute Freundin Du mir warst und wie gern ich Dich habe. Die Schule fehlt mir auch, und am allermeisten fehlt mir das Singen und das Musizieren. Es gibt keine Musik in diesem Haus, außer Kirchenmusik. Nach Aussagen von Miss Emily ist alles andere Teufelswerk. Sie sieht ihn überall, nur nicht da, wo sie ihn sehen sollte – im Spiegel.

Ich bin jetzt so weit, daß ich mit Freuden wieder bei Agnes leben würde. Ganz gleich, wie verrückt sie sich manchmal auch benommen hat, sie war doch zumindest menschlich.

Ein letztes Mal: Du fehlst mir sehr.

Liebste Grüße,
Dawn

Ich steckte den Brief in einen der Umschläge, die ich in der Bibliothek gefunden hatte. Anschließend adressierte ich ihn, ging leise wieder nach oben und faltete meine eine Decke so fest wie möglich zusammen, um sie unter meinem Kleid zu verbergen. Sie sollte mir als Mantel dienen, da mein Mantel zu den Kleidungsstücken gehörte, die gekocht und vergraben worden waren. Dann machte ich mich auf den Weg und schlich mich auf Zehenspitzen die Treppe hinunter. Miss Emily war immer noch in ihre Arbeit in der Bibliothek vertieft. Ich sah den matten Schimmer ihrer Kerosinlampe durch die Tür fallen. Ich blieb stehen und wartete, um auch ganz sicher zu sein, daß sie mich nicht gehört hatte, und dann lief ich eilig zur Haustür. Sie quietschte furchtbar, als ich sie öffnen wollte, und daher machte ich sie ganz langsam auf, Zentimeter für Zentimeter. Sobald der Spalt breit genug war, schlüpfte ich hinaus, faltete schnell die Decke auseinander und hüllte mich in sie ein.

Es war ein später Februartag, und die Luft war immer noch sehr kalt, vor allem dann, wenn die Sonne hinter einem Meer von dicken schmutziggrauen Wolken verborgen war. Außerdem war es schon spät am Tag. Als ich die lange Auffahrt hinunterschaute und in die Richtung des Lehmwegs sah, spürte ich, wie mich eine tiefe Mutlosigkeit befiel. Die Welt sah so unfreundlich aus. Die Bäume waren noch kahl, das Gras und die Sträucher noch braun und gelb. Ich sah keine anderen Vögel als die schwarzen Amseln, die auf kahlen Ästen saßen und mißtrauisch auf mich heruntersahen.

Ich mußte weit laufen, und das nur, um einen Brief aufzugeben, dachte ich. Aber ich war entschlossen, es zu tun.

Ich zog die Decke fest um mich und lief los. Als ich das Ende der langen Auffahrt erreicht hatte, begann es zu schneien. Erst nur in winzigen Flocken, die aber immer größer wurden. Der Weg war teilweise aufgeweicht und an anderen Stellen so hart gefroren und steinig, daß meine Füße in den Stiefeln, die ich ohne Socken trug, hin und her rutschten. Die kalte Luft drang mühelos durch die Decke und durch mein schlichtes Kleid. Ich erschauerte und versuchte, schneller zu laufen, um mich warm zu halten.

Wenn doch bloß jemand vorbeikommen würde, dachte ich. Ich betete darum, obwohl ich wußte, daß diese Straße in erster

Linie als Zufahrt zur Farm angelegt war. Der Himmel wurde dunkler und dunkler, aber die Schneeflocken wurden weißer und größer. Ein rauher Wind kam auf und trieb die Schneeflokken um mich herum, wehte sie mir ins Gesicht. Das Schneetreiben wurde so heftig, daß ich die meiste Zeit mit geschlossenen Augen laufen mußte.

Da mir der Weg nicht vertraut war, stolperte ich und fiel über eine Erhebung. Ich schrie und streckte die Arme aus, um den Sturz abzufangen. Ich landete auf Schotter und schürfte mir die Handflächen schmerzhaft auf. Außerdem wurde ich bei dem Aufprall furchtbar durchgeschüttelt, und einen Moment lang glaubte ich, ich könnte mich nicht mehr aufrichten. Ich spürte einen entsetzlichen Schmerz, der durch meinen Unterleib fuhr.

Oh, nein, dachte ich, das Baby. Ich rappelte mich mühsam auf die Knie und atmete tief durch. Da die Decke fast ganz von mir herabgerutscht war, war ich dem Wind und dem Schnee ausgesetzt. Die eisigen Flocken fielen mir in den Nacken. Ich merkte, daß ich den Brief an Trisha verloren hatte und ihn suchen mußte. Nachdem ich ihn gefunden hatte, stand ich auf und atmete erneut tief durch, während ich die Decke fest um meinen Körper wickelte. Der Schmerz in meinem Unterleib ließ nach, aber jetzt brannten meine Handflächen, als hätte man mit Nadeln hineingestochen.

Ich fing an zu schluchzen. Ich hatte mich nur in eine noch schlimmere Lage gebracht, dachte ich. Als ich wieder weiterlief, spürte ich den Schmerz tief unten in meinem Rücken. Er breitete sich von Sekunde zu Sekunde mehr aus und wurde immer stärker. Ich mußte stehenbleiben, um Luft zu holen, trotzdem ließ der Schmerz nicht nach. Er strahlte nach allen Seiten aus, bis er auch meinen Bauch erfaßt hatte. Ich fühlte mich, als hätten Finger aus Stahl mich gepackt und würden zudrücken. Ich geriet in Panik und fing an zu rennen. Der Schnee fiel so dicht, daß ich kaum noch etwas sehen konnte. Ich fiel wieder hin, und wieder schürfte ich mir die Hände auf.

Als ich diesmal aufstand, drehte ich mich verwirrt im Kreis. Es war sehr schnell dunkel geworden, dachte ich. Lief ich überhaupt in die richtige Richtung? Hätte ich nach links oder nach rechts abbiegen müssen? Meine Panik nahm zu. Ich lief in eine Richtung, blieb dann stehen und lief in die andere. Mir graute davor, daß ich mich verlaufen haben könnte und in der Kälte sterben würde, und daher fiel ich in einen Dauerlauf, bei dem mein Bauch so heftig durchgeschüttelt wurde, daß ich ihn mit den Händen halten mußte, und folglich rutschte mir die Decke von den Schultern. Aber ich blieb nicht stehen, um sie aufzuheben. Ich rannte und rannte und rannte. Mein Fuß blieb in einer weichen Stelle im Boden stecken. Es schien, als versuchte der Erdboden, mich zu verschlingen. Ich war außer mir vor Entsetzen, und in meiner Panik merkte ich nicht, daß ich am rechten Fuß keinen Schuh mehr trug, als ich weiterlief. Ich rannte und rannte, bis ich keuchend und nach Luft ringend stehenbleiben mußte. Mein Körper schmerzte so gräßlich, daß ich auf die Knie sank und hemmungslos schluchzte.

Plötzlich hörte ich ein Motorengeräusch und schaute auf. Ich schrie in dem Moment, in dem Luthers Lastwagen direkt vor mir zum Stehen kam. Die Stoßstange berührte fast mein Gesicht. Er stieg aus und half mir auf die Füße. Ich war ziemlich benommen, und meine Hände und Füße waren taub vor Kälte. Er hob mich hoch und trug mich zum Wagen. Mein Kopf fiel gegen das Fenster zurück. Meine Zähne schlugen aufeinander, so daß ich glaubte, sie würden zerbrechen. Luther warf die alte braune Decke über mich und fuhr ein paar hundert Meter rückwärts. Dann bog er wieder in die Einfahrt ein. Anscheinend war ich nicht allzuweit gekommen; ich war im Kreis gelaufen.

Luther fuhr um das Haus herum und trug mich durch die Hintertür. Miss Emily stand wie ein Wächter da und hatte die Arme vor ihrem kleinen Busen verschränkt. Charlotte stand mit entsetztem Gesicht an ihrer Seite.

»Du kleiner Dummkopf«, sagte sie. »Du dämlicher kleiner Dummkopf. Du hast Glück gehabt, daß Luther zufällig in der Nähe war und dich gesehen hat, als du wie ein kopfloses Huhn den Weg hinuntergerannt bist. Dafür sollte man *dir* wirklich den Kopf abschlagen.«

Sie nickte Luther zu, und er brachte mich in die Speisekammer und setzte mich in die Wanne. Dann ging er, und Miss Emily trat vor, um mir das nasse, schmutzige Kleid auszuziehen. Ich zitterte unentwegt; meine Zähne schlugen immer noch aufeinander. Luther brachte eimerweise warmes Wasser. Als der Wasserspiegel stieg und mein Körper allmählich bedeckt war, spürte ich eine enorme Mattigkeit in meinen Gliedmaßen. Ich störte mich jetzt nicht mehr an meiner Blöße und ließ mich zurücksinken und mir von Luther warmes Wasser über die Brüste und die Schultern schütten. Schließlich erklärte Miss Emily, es sei jetzt genug.

»Raus mit dir«, befahl sie und hielt ein Handtuch hoch. Ich stand langsam auf und stieg mit Charlottes Hilfe aus der Wanne. Miss Emily hüllte mich eilig in das Handtuch ein.

»Wie ich sehe, hast du einen Schuh verloren«, sagte sie. »Du wirst ohne ihn auskommen müssen und in Zukunft barfuß laufen. Ich mache es Dummköpfen und Sündern nicht leicht. Und jetzt ab in dein Zimmer«, befahl sie.

Meine Beine trugen mich kaum noch. Der kalte Boden unter meinen nackten Füßen gab mir das Gefühl, als liefe ich über einen gefrorenen Teich. Charlotte hielt mich am Arm, als ich durch die Küche schwankte, aber Miss Emily bot mir keinen Beistand. Ich mühte mich ab, die Treppe hinaufzusteigen, aber zwischendurch wurde mir so schwindlig, daß ich glaubte, ich würde ohnmächtig und könnte die Treppe runterfallen. Ich streckte entsetzt die Hand aus und umklammerte das Geländer.

»Geh weiter«, sagte Miss Emily, und ihre Worte waren wie Peitschenschläge, die auf meine nackten Schultern trafen. Ich holte tief Atem und lief weiter. Als ich in meinem abscheulichen Zimmer angekommen war, fiel mir wieder ein, daß ich keine Decke mehr hatte. Als Miss Emily die Kerosinlampe angezündet hatte, bemerkte sie es sofort.

»Du hast deine Decke draußen verloren, stimmt's? Ich sollte

dich ohne eine Decke schlafen lassen, um dir eine Lektion zu erteilen«, sagte sie.

Ich hatte nicht die Kraft, etwas zu sagen. Ich kroch unter das Laken, zog es mir bis an den Mund und wünschte, ich könnte es mir über den Kopf ziehen und sterben.

»Geh, und hol ihr eine andere Decke«, forderte sie Charlotte auf. Sie schimpfte über meine Undankbarkeit und warf mir vor, daß ich eine ohnehin schon scheußliche Situation nur noch schlimmer machte. Ich hielt die Augen geschlossen, bis Charlotte mit der Decke zurückkam und mich damit zudeckte.

»Danke, Charlotte«, sagte ich mit einer Stimme, die kaum kräftiger als ein Flüstern war. Sie lächelte.

»Laß sie allein«, sagte Miss Emily. Als Charlotte das Zimmer verließ, trat sie an mein Bett. »Wohin wolltest du überhaupt bei diesem Wetter?« fragte sie.

»Ich wollte meinen Brief aufgeben«, sagte ich.

»Ja, deinen Brief.«

Ich blickte auf und sah, daß sie den Umschlag geöffnet und den Brief rausgeholt hatte.

»Sie haben nicht das Recht, den Umschlag aufzureißen und den Brief zu lesen«, sagte ich.

»Du willst mir schon wieder erzählen, was mein Recht ist und was nicht? Wie kannst du es wagen, jemandem gegenüber zu äußern, ich sollte in den Spiegel schauen, damit ich den Teufel sehe? Wie kannst du es wagen, mich als eine religiöse Fanatikerin zu bezeichnen und zu behaupten, ich sei nicht menschlich? Wie kannst du es wagen, jemanden zu beschimpfen, ausgerechnet du, die du das Mal der Sünde trägst? Und wer ist dieser... dieser Daddy Longchamp? Ist das der Mann, der dich entführt hat, als du noch ein Baby warst? Wieso solltest du den Kontakt zu einem solchen Menschen aufnehmen wollen?« fragte sie.

»Weil er im Gegensatz zu Ihnen und Großmutter Cutler ein guter Mensch ist«, sagte ich.

»Ein guter Mensch? Ein Mann, der Babys raubt, soll ein

guter Mensch sein? Es steht außer Frage, daß du den Teufel in dir trägst. Die Frage ist nur, ob du ihn je aus dir vertreiben kannst.«

»Sie haben den Teufel in sich, nicht ich«, murmelte ich. Ich konnte die Augen nicht mehr offen halten. »Er ist in Ihnen...« Meine Stimme verklang.

Miss Emily redete weiter und weiter, und sie verwob ihr Gerede über den Teufel und die Hölle und meine Undankbarkeit zu einer Decke aus Gehässigkeit und Wut, die sie über mich warf. Nach einer Weile hörte ich keine Worte mehr, nur noch ein Surren, und ich schlief fest ein.

Stunden später erwachte ich im Dunkeln, und einen Moment lang wußte ich nicht, wo ich war. Aber die Schmerzen in meinen Armen und Beinen und Schultern trugen schnell dazu bei, meine Erinnerung wiederzubeleben. Ich stöhnte und wälzte mich im Bett herum. Und dann hörte ich das Geräusch, mit dem ein Streichholz angezündet wurde, und ich sah, daß eine einzige Kerze brannte. Das gespenstische bernsteinfarbene Licht fiel auf Miss Emilys Gesicht. Sie hatte im Dunkeln neben mir gesessen und nur darauf gewartet, daß ich mich rührte und wach wurde. Sie beugte sich über mich. Mein Herz fing an zu pochen, als ihr Gesicht dem meinen immer näher kam.

»Ich habe für dich gebetet«, sagte sie in einem heiseren Flüstern. »Und ich habe über dich gewacht, aber solange du keine Reue zeigst, wird der Teufel nicht lockerlassen. Ich will, daß du jetzt und jeden Abend das Vaterunser sagst, hast du verstanden? Du mußt deinen Körper als ein Gefäß ansehen, in dem du dem Teufel das Wohnen unwirtlich machst.

Bete!« befahl sie, und ihre Augen waren wie glühende Kohlen.

»Ich bin müde«, sagte ich. »Ich bin so müde...«

»Bete«, wiederholte sie. »Treib den Teufel in die Hölle zurück. Bete, bete, bete«, leierte sie herunter.

»Vater unser«, setzte ich mit bebenden Lippen an, »der Du bist im Himmel...«

Ich konnte mich nicht mehr an die Worte erinnern, und sie behauptete, der Teufel sei es, der mich den Text hätte vergessen lassen. Sie ließ mich das Gebet wiederholen, bis ich es perfekt aufsagte, und dann blies sie die Kerze aus und schlich sich durch das Dunkel hinaus, wie jemand, der mit der Nacht und den Schatten und all den düsteren Gedanken, die uns in den bedrükkendsten Augenblicken durch den Kopf gingen, bestens vertraut ist.

Ich schlief wieder ein und war nicht sicher, ob das, was sich abgespielt hatte, ein Alptraum gewesen war oder nicht.

15

Alpträume ohne Ende

In den folgenden Tagen und Wochen spürte ich, wie ich langsam, aber sicher immer mehr abstumpfte. Benommen und wie betäubt lief ich wie ein Roboter auf der Farm herum, ohne etwas zu empfinden, und ich sah und hörte kaum noch etwas um mich herum, nahm nichts und niemanden mehr wahr. Es war, als hätte die entsetzliche Kälte, die mich an jenem Spätnachmittag so heftig umschlungen hatte, mich immer noch im Griff. Ich gewöhnte mich an das dunkle Haus, die langen Schatten und die tiefe Stille. Ich funkelte Miss Emily nicht mehr trotzig an, und ich stellte ihre Autorität und ihre Befehle nicht mehr in Frage. Ich tat alles, was sie mir vorschrieb, und ich ging dorthin, wo sie mich hinschickte.

Eines Tages ließ sie mich in der Bibliothek alle Bände aus den Regalen holen und die Buchdeckel abstauben und die Bücher wieder in die geputzten Regale einräumen. Es waren Hunderte von Büchern, von denen manche seit Jahren nicht mehr berührt worden waren, und ihre Seiten waren so gelb und spröde, daß sie mir zwischen den Fingern zerbröselten, wenn ich sie nicht vorsichtig genug anfaßte. Ich verbrachte den ganzen Nachmittag dort und war immer noch nicht fertig, als die Sonne bereits hinter den Bäumen vor dem Fenster versank. Miss Emily befahl mir weiterzumachen, nachdem ich das Essensgeschirr gespült hatte. Ich mußte im Licht einer Kerosinlampe arbeiten und war erst kurz vor Mitternacht fertig.

Erschöpft schleppte ich mich die Treppe hinauf und war sogar für mein erbärmliches Zimmer und mein unbequemes Bett dankbar. Aber am nächsten Morgen verschlief ich, und da ich nicht rechtzeitig unten war, kam Miss Emily heraus und goß mir ein Glas eiskaltes Wasser über den Kopf. Ich schrie auf und fuhr zusammen, als ich abrupt aus einem totenähnlichen Schlaf gerissen wurde. Ich spürte ein Ziehen in meiner Brust. Der Schmerz war unerträglich, aber Miss Emily interessierte sich nicht dafür.

»Faulheit gehört zu den sieben Todsünden«, erklärte sie, als sie sich über mich beugte. »Wer früh aufsteht und sich pünktlich an seine Aufgaben macht, liefert dem Teufel kein sündiges Fleisch zum Nagen. Und jetzt trockne dich ab, und komm sofort in die Küche«, befahl sie mir.

Selbst diese Ungeheuerlichkeit entlockte mir keine Reaktion. Ich wurde von einer Aufgabe zur anderen, von einem Zimmer ins nächste geschleift. Ich ließ zu, daß ich verspottet und zum beispielhaften Fall erklärt wurde, wenn Miss Emily beschloß, uns am Eßtisch eine Predigt zu halten. Eines Sonntags machte sie mich zum Gegenstand des Gottesdienstes in der behelfsmäßigen Kapelle. Ich glaubte, in Luthers und in Charlottes Augen einen Ausdruck des Mitleids mit mir zu erkennen.

Aber ich fühlte mich hilflos und verloren. Meine Mutter hatte sich nie nach mir erkundigt, und es war mir unmöglich gewesen, den Kontakt zu Trisha oder Jimmy oder Daddy Longchamp aufzunehmen. Jetzt zählte nur noch, daß ich die verbleibende Zeit durchhielt und ein gesundes und schönes Kind gebar, Michaels Kind.

Die einzigen schönen Momente erlebte ich, wenn ich an das Baby dachte. Manchmal unterbrach ich meine Arbeit und legte beide Hände auf den Bauch. Ich schloß die Augen und stellte mir das kleine Gesicht des Babys vor. In meiner Phantasie sah ich ein Mädchen. Sie hatte mein blondes Haar, aber Michaels dunkle Saphiraugen. Sie hatte eine gesunde Gesichtsfarbe und ein fröhliches Wesen. Ich konnte den Moment kaum erwarten, sie endlich in meinen Armen zu halten.

Das kleine Mädchen würde bewirken, daß mein Leben sich änderte. Irgendwie würde ich dafür sorgen, daß wir gemeinsam ein schönes Leben hatten, und sie würde zu einer schönen Frau und einem guten Menschen heranwachsen. Ich konnte stundenlang den Tagträumen nachhängen, in denen wir beide Hand in Hand im Sonnenschein über einen wunderschönen Strand schlenderten.

Natürlich fing ich an, mir Gedanken über ihren Namen zu machen. Ich hatte in Erwägung gezogen, sie nach Momma Longchamp zu benennen, aber jetzt entschied ich, sie sollte eine Identität haben, die an niemand anderen gebunden war, eine Identität, die nur ihr ganz allein gehörte. Bei jeder sich bietenden Gelegenheit blätterte ich in der Bibliothek die verstaubten, alten Bände auf der Suche nach einzigartigen Namen durch. Eines Nachmittags ertappte mich Miss Emily dabei.

»Wonach suchst du in diesen Büchern?« fragte sie, und ihre Augen wurden klein und argwöhnisch. »In meinen Büchern gibt es keine erotischen oder provozierenden Sätze.«

»Danach suche ich auch gar nicht«, sagte ich. »Wenn Sie es unbedingt wissen wollen, ich denke über Namen für mein Baby nach.«

Sie verzog hämisch das Gesicht.

»Wenn es ein Mädchen ist, solltest du es Keuschheit oder Tugend nennen. Es wird ohnehin schon genug zu überwinden haben. Wenn es ein Junge ist, solltest du ihn nach einem der Jünger nennen.«

Ich antwortete nichts darauf. Es stand außer Frage, daß ich jeden von ihr vorgeschlagenen Namen ablehnen würde. Mir gefiel der Name Christie für ein Mädchen, aber ich war nicht mehr sicher, wie ich das Baby nennen sollte, wenn es ein Junge war. Während ich mir Gedanken darüber machte, fiel mir auf, daß Michael nie über Namen mit mir geredet hatte. Ich hätte Verdacht schöpfen müssen, da er nicht von Anfang an das Interesse eines stolzen Vaters gezeigt hatte. Ich konnte nichts dagegen tun, daß ich mir immer noch Gedanken über ihn machte. Ich war sicher, daß er inzwischen in einer neuen Frühjahrsproduktion die Hauptrolle sang.

Nach Luthers Angaben kam der Frühling dieses Jahr zu spät für den Süden, und daher verschoben sich die Zeiten für das

Anpflanzen. Erst Anfang April wurden die Tage endlich wärmer, obwohl sich an den Bäumen schon Knospen gebildet hatten und das Gras wieder grün geworden war. Ich hatte ohnehin nicht viel Gelegenheit, mich über das schöne Wetter, die Vögel und die blühenden Blumen zu freuen. Miss Emilys Hausarbeiten beschäftigten mich gewöhnlich den ganzen Tag. Und wenn die Tage und Nächte auch wärmer wurden, erschien mir das große Haus noch genauso kalt. Es war, als verliere der Sonnenschein, der durch die Fenster fiel, in dem Moment die Kraft, in dem er in dieses dunkle, trostlose Haus drang.

Als ich in den siebten Monat kam, war mein Bauch ziemlich dick, und ich wurde bei körperlichen Anstrengungen schnell kurzatmig. Miss Emily behauptete zwar ständig, sie sei eine erfahrene Hebamme, doch sie verringerte mein Arbeitspensum nicht. Sie bestand weiterhin darauf, daß ich auf allen vieren die Fußböden schrubbte und schwere Möbelstücke zur Seite schob, um sie abzustauben und zu polieren. Wenn überhaupt, dann vergrößerte sie meine Arbeitslast eher noch.

Eines Morgens, als ich gerade das Geschirr gespült hatte, die Töpfe und Pfannen geschrubbt und den Küchenboden gescheuert hatte, kam sie, um meine Arbeit zu inspizieren. Ich war derart erschöpft von der Anstrengung, daß ich immer noch auf dem Boden saß, mir den Bauch hielt und tief durchatmete. Sie stellte sich neben mich und sah auf mich und auf das, was ich bereits erledigt hatte, herunter.

»Hast du den Eimer nicht zwischendurch ausgeleert und mit frischem Wasser nachgefüllt?« erkundigte sie sich.

»Doch, Miss Emily«, sagte ich. »Ich habe es gemacht wie immer und dreimal frisches Wasser nachgefüllt.«

»Hm«, sagte sie und lief langsam über den Küchenboden. »Dieser Fußboden sieht nicht so aus, als hätte ihn jemand geputzt.«

»Es ist ein sehr alter und abgetretener Fußboden, Miss Emily«, sagte ich.

»Versuch bloß nicht, deine Unfähigkeit auf den Boden zu

schieben«, schimpfte sie zur Antwort. »Von hier an«, sagte sie und zog mit ihrem Fuß eine unsichtbare Linie, »bis zur Speisekammer muß der Boden noch einmal geschrubbt werden.«

»Noch einmal? Aber warum denn?«

»Weil du schmutziges Wasser benutzt hast. Deshalb hast du beim Putzen nur noch mehr Dreck in den Boden gerieben. Wie kannst du erwarten, daß wir hier essen, wenn der Fußboden derart dreckig ist?« sagte sie, ihr Mund war verzerrt und ihre Augen glühten. Wie wütend und häßlich sie doch sein konnte, dachte ich.

»Aber ich muß noch Möbel polieren, und Sie haben gesagt, ich soll die Fenster in der Bibliothek heute noch putzen und...«

»Mich interessiert nicht, was du sonst noch zu tun hast. Wozu tust du überhaupt etwas, wenn du derart mangelhaft arbeitest? Du wirst diesen Fußboden auf der Stelle noch einmal putzen«, beharrte sie.

»Miss Emily«, sagte ich flehentlich, »meine Schwangerschaft ist schon ziemlich weit fortgeschritten. Es fällt mir immer schwerer. Ist es nicht gefährlich, wenn ich jetzt noch so hart arbeite?«

»Natürlich nicht. Das sieht jemandem wie dir mal wieder ähnlich, jemandem, der derart verwöhnt und verweichlicht ist. Je härter du arbeitest, desto kräftiger wirst du bei der Entbindung sein«, sagte sie.

»Aber ich bin müde. Das Schlafen fällt mir immer schwerer, und...«

»Putz auf der Stelle diesen Boden!« schrie sie und deutete darauf. »Oder ich werde dafür sorgen, daß Luther dich im Stall unterbringt, wenn es soweit ist, damit du dein Kind bei den Schweinen gebärst.«

»Ich sollte zum Arzt gehen«, murmelte ich, hielt die Augen aber gesenkt. Ich hätte gern noch mehr gesagt, doch ich fürchtete, sie könnte genau das tun, was sie gerade angedroht hatte, und das einzige, was ich damit erreichte, war der Tod meines Babys.

Ich zog mich mühsam auf die Füße und füllte den Eimer mit frischem Wasser. Dann tat ich Seife hinein und kehrte zu der Stelle zurück, die sie auf dem Fußboden gekennzeichnet hatte. Sie stand in der Tür und beobachtete mich bei der Arbeit.

»Drück fester auf«, befahl sie, »und mach beim Schrubben ausholendere Bewegungen. Ich dachte, du hättest behauptet, daß du einmal als Zimmermädchen im Hotel meiner Schwester gearbeitet hast.«

»Das stimmt auch, aber so was brauchten wir nie zu tun!«

»Dann muß dieses Hotel verdreckt sein. Aber meine Schwester weiß es ja nicht besser. Sie war immer der Liebling, der Augapfel meines Vaters, und sie hat nie ihren Teil gearbeitet. Sie hat es immer geschafft, daß ich oder die arme, dumme Charlotte ihre Arbeit für sie erledigt haben. Sie macht es also immer noch so«, sagte Miss Emily. »Du bist jetzt hier. Fester. Und ausholender«, wiederholte sie und verschwand.

Ich tat mein Bestes, und als ich fertig war, stellte ich fest, daß ich nicht sofort aufstehen konnte. Mein Rücken war so steif, daß ich mich gegen die Wand lehnen und einige Male durchatmen mußte. Ich wartete, bis der Schmerz nachließ.

Im Lauf der Zeit beanspruchten mich meine Pflichten, die ich gewöhnlich bis zum späten Nachmittag erfüllt hatte, bis in den Abend hinein. Wenn ich fertig mit der Arbeit war, mußte ich mir allein mit einer Kerze in der Hand einen Weg durch das dunkle Haus suchen. Allmählich fiel mir das Treppensteigen immer schwerer, und ich brauchte dafür immer länger. Ich hatte furchtbare Angst davor, ohnmächtig zu werden und auf der Treppe zu stürzen, denn ich war sicher, daß ich das Baby dann verloren hätte.

Eines Abends, gegen Ende des siebten Monats, schleppte ich mich, nachdem ich meine Arbeiten erledigt hatte, die Treppe zu meinem armseligen Zimmer hinauf. Kaum hatte ich es betreten, kam Miss Emily zur Tür hereinstolziert. Es war, als hätte sie draußen im dunklen Korridor gewartet, denn sie trat direkt nach mir ins Zimmer ein, und ich konnte ihren Atem in meinem

Nacken fühlen. Sie hielt ihre Kerosinlampe in der Hand und hatte etwas mitgebracht, was in einer großen Papiertüte steckte.

»Es ist an der Zeit, eine Bestandsaufnahme zu machen«, sagte sie, als ich mich überrascht umdrehte.

»Was soll das heißen?« fragte ich. Ich war so müde, daß ich die Augen kaum noch offen halten konnte. Ich hoffte, daß sie nicht eine Art von Inventur vornehmen wollte.

»Wir müssen dich untersuchen«, sagte sie.

»Aber warum denn jetzt?« stöhnte ich. »Ich bin müde, und es ist Schlafenszeit.«

»Was willst du von mir? Etwa, daß ich meinen Zeitplan nach deinen Wünschen gestalte? Zieh dieses Kleid aus«, befahl sie.

Widerstrebend zog ich mir das Kleidungsstück über den Kopf, aber sie war ungeduldig, griff selbst danach und riß so fest daran, daß ich fast hingefallen wäre. Ich bedeckte meinen prallen Busen mit meinen Armen. Dann funkelte ich sie böse an. Sie legte ihre rechte Hand grob auf meinen Unterleib und drückte so fest zu, daß ich unwillkürlich aufschrie.

»Wie ich es mir schon dachte: Du hast Verstopfung«, erklärte sie.

»Nein, ganz bestimmt nicht«, entgegnete ich. »Ich ...«

»Was soll das heißen: Nein? Glaubst du, nach all den Jahren und den Dutzenden von Babys, die ich entbunden habe, wüßte ich nicht, wann eine schwangere Frau Verstopfung hat und wann diese Verstopfung auf den Uterus und auf den Fötus drückt?«

»Aber ...« Ich schüttelte den Kopf. Hatte sie recht? Bereitete mir das Atmen deshalb solche Schwierigkeiten?

»Kein Aber. Du willst doch das tun, was gut für das Baby ist, oder nicht?«

»Ja«, sagte ich. »Natürlich.«

»Gut.« Sie griff in die Papiertüte und holte eine große Flasche Rizinusöl und ein riesiges Glas heraus. Sie öffnete die Flasche und füllte das Glas bis zum Rand. »Trink das«, sagte sie und hielt mir das Glas hin. Ich nahm es zögernd entgegen.

»Das ganze Glas?«

»Natürlich das ganze Glas. Ich glaube, ich weiß, wieviel du brauchst. Trink es.«

Ich führte das Glas an meine Lippen, schloß die Augen und schluckte und schluckte. Die Flüssigkeit mit ihrem scheußlichen Geschmack blubberte, als sie sich in meinem Magen befand. Zu meinem Erstaunen füllte sie das Glas noch einmal nach.

»Das Ganze noch mal«, sagte sie und reichte es mir wieder. Sie hielt mir das Glas an den Mund. »Trink das!« befahl sie.

Ich nahm es ihr zögernd ab und leerte das Glas, so schnell ich konnte.

»Gut. Das wird dich ordentlich durchspülen und den Druck von deinem Bauch nehmen«, sagte sie. Im Schein der Lampen lächelte sie fast. Vielleicht würde sie sich jetzt, da die Geburt immer näherrückte, doch noch wie die Hebamme benehmen, die sie zu sein behauptete, dachte ich. Sie steckte die fast leere Flasche Rizinusöl wieder in die Papiertüte und packte das Glas auch dazu. »Du kannst dein Kleid wieder anziehen«, sagte sie und stolzierte hinaus.

Nicht lange, nachdem sie gegangen war, zuckte ein Krampf durch meinen Unterleib, ein stechender, furchtbarer Krampf. Als der nächste kam, krümmte ich mich zusammen. Dann kamen die Schmerzen in schneller Folge. Ich stand, so schnell es ging, aus dem Bett auf und lief mit einem Satz zur Badtür, ohne vorher die Kerosinlampe anzuzünden. Ich zog fest an dem Türknopf, weil die Tür immer klemmte. Aber diesmal brach der Knopf ab, ich hielt ihn in den Händen und taumelte rückwärts. Ich konnte nichts dagegen tun, daß ich wankte und hart auf den Boden fiel. Bei dem Aufprall passierte mir sofort ein Unglück.

»Oh, nein!« rief ich verzweifelt, als meine Eingeweide wüteten. Mir blieb nichts anderes übrig, als liegen zu bleiben und abzuwarten, bis es vorbei war. Dann schlüpfte ich so vorsichtig wie möglich aus dem beschmutzten Kleid. Ich rollte das Kleid schnell zusammen und ging wieder zur Badtür und zog daran, bis die Tür aufging. Dann ging ich ins Bad, um mich zu waschen.

Ich tastete im Dunkeln herum und ging dann wieder zurück ins Schlafzimmer und beschloß, Miss Emily zu rufen. Doch ehe ich den Mund auch nur öffnen konnte, fing mein Bauch wieder an zu rumoren. Diesmal schaffte ich es ins Bad. Meine Därme gebärdeten sich jedoch wüst, und als ich es endlich hinter mir hatte, war ich so matt und schwach, daß ich kaum noch stehen konnte. Mein Unterleib schmerzte. Das Atmen fiel mir schwer. Mein Herz pochte so heftig, daß ich glaubte, es würde meine Brust sprengen.

»Miss Emily!« schrie ich in der Hoffnung, sie könnte mich hören und mir zu Hilfe kommen. *»Miss Emily!«* Ich lauschte, aber es kam keine Antwort, und ich hörte auch keine Schritte in dem Korridor vor meinem Zimmer. Sie würde mich niemals hören, wenn ich von hier aus nach ihr rief, dachte ich.

Mir graute davor, was passieren könnte, und ich zog mich auf die Füße und tastete mich verzweifelt zu meinem Bett. Die Schmerzen in meinem Bauch breiteten sich bis zu meinem Rükken aus und wurden stechender und heftiger. Mir wurde klar, daß ich noch einmal ins Bad gehen mußte, und zwar schnell. Ich rutschte vom Bett und kroch auf allen vieren, und ich erreichte die Toilette gerade noch rechtzeitig, aber nachdem es vorbei war, fühlte ich mich wie ein nasser Waschlappen. Ich konnte nicht einmal mehr zu meinem Bett zurückkriechen. Ich brach auf dem Fußboden zusammen und stöhnte, und ich war zu schwach, um zu schreien. Mir wurde klar, daß ich in großer Gefahr schwebte, das Baby zu verlieren, aber ich hatte nicht mehr die Kraft, etwas zu tun.

Zum Glück ließen die Krämpfe nach. Ich schloß die Augen und hielt mir den Bauch. Am Morgen lag ich immer noch dort, als Miss Emily mich vorfand. Ich war auf dem Fußboden eingeschlafen.

»Das ist ja widerwärtig!« schrie sie. *»Sieh dich nur um. Du bist schlimmer als jedes meiner Schweine!«*

»Miss Emily«, stöhnte ich und mühte mich ab, um auf die Füße zu kommen, »ich habe es nicht mehr bis zum Bad geschafft.

Sie haben mir zuviel Rizinusöl eingeflößt«, schluchzte ich, und die Tränen liefen über meine Wangen.

»Wie kannst du es wagen, mir vorzuwerfen, ich hätte einen Fehler gemacht? Bloß weil du zu dumm bist, um allein zurecht zu kommen?«

»Ich bin nicht zu dumm. Ich hätte fast das Baby verloren.« Sie fing an zu lächeln. »Sie wollen, daß ich das Baby verliere! Deshalb haben Sie es getan, und deshalb lassen Sie mich so hart arbeiten.«

»Du undankbares, bösartiges Geschöpf... so etwas täte ich nie.« Ihre Augen wurden schmal. »Glaubst du etwa, ich würde ein Baby für die Sünden seiner Eltern strafen? Reiß dich zusammen, bevor ich dich doch noch in den Stall stecke. Du benimmst dich kein bißchen besser als die Tiere im Stall.« Sie zog die Schultern hoch.

»Ich werde Charlotte mit einem frischen Handtuch und einem Waschlappen und mit einem sauberen Kleid zu dir schicken«, sagte sie. »Ich will, daß du dich säuberst und den Vormittag damit verbringst, dieses Zimmer zu putzen. Dann, und nicht eher, kannst du runterkommen und etwas essen. Hast du verstanden? Einfach ekelerregend«, fügte sie hinzu und stolzierte hinaus.

Ich blieb auf dem Boden liegen, wo ich lag, bis Charlotte mit meinen Sachen kam. Konnte es sein, daß ich so durcheinander gewesen war, sie unten liegen zu lassen, fragte ich mich. Die letzten Tage waren sehr schlimm gewesen, und ich hatte so schwer gearbeitet und eine solche Müdigkeit verspürt, daß es vielleicht sogar möglich war. Aber mir schien es wahrscheinlicher zu sein, daß Miss Emily mir all das absichtlich angetan hatte.

»Igitt«, sagte Charlotte und hielt sich die Nase zu.

»Es tut mir leid, Charlotte. Danke«, sagte ich und nahm ihr meine Sachen ab. »Wenn mein Zimmer ein Fenster hätte, könnte ich es aufmachen«, fügte ich erbost hinzu. Sie blieb an der Tür stehen und sah mir zu, als ich mich gründlich wusch. Ich fühlte mich, als hätte ich wider Willen einen Krieg mitgemacht. Ich war froh, wieder sauber zu sein, und ich war sogar froh, das häßliche Sackkleid anziehen zu können, denn es war wenigstens auch sauber.

»Dasselbe ist mir auch passiert«, gestand Charlotte und schüttelte traurig den Kopf, als ich anfing, das Zimmer zu putzen.

»Dasselbe?« Ich machte eine Pause und sah sie an. »Sie meinen, Sie hatten so schlimmen Durchfall?«

»Ja, aber Emily hat gesagt, es läge nur daran, daß das Baby spitze Ohren hat und eine Teufelsbrut ist.«

Ich starrte sie an. Was hatte all das zu bedeuten – die Rassel, die Handarbeiten für ein Baby, die Anspielungen auf eine eigene Schwangerschaft? War all das wahr, oder existierte es nur in ihrer eigenen Einbildung?

»Charlotte, wann bekamen Sie dieses Baby?« fragte ich.

»*Charlotte!*« hörten wir Miss Emily vom anderen Ende des Ganges her schreien. »*Ich habe dir doch gesagt, du sollst ihr die Sachen geben und sie dann in Ruhe lassen, damit sie putzen kann.*«

Charlotte wollte sich abwenden, doch dann zögerte sie und sah mich noch einmal an. Auf ihrem Gesicht stand ein verschmitzter und trotziger Ausdruck.

»Gestern«, sagte sie und lief davon.

Gestern, dachte ich. Ich hätte fast auch gelacht. Charlotte hat wirklich kein Zeitgefühl. Aber hieß das zwangsläufig, daß alles, was sie mir erzählt hatte, nur Einbildung gewesen war? Und wenn sie, ebenso wie ich, unverheiratet schwanger gewesen wäre, hatte Miss Emily dann mit ihr dasselbe wie mit mir getan? Miss Emily würde es mir bestimmt nicht sagen. Ich wußte, daß Miss Emily mich ausgescholten hätte, wenn ich auch nur danach gefragt hätte, ob Charlotte je schwanger gewesen war. Sie hätte mich geschimpft, weil ich ihr zuhörte und ihre Einbildungskraft dadurch nur noch beflügelte.

Aber ich mußte die Wahrheit herausfinden, bevor es für uns beide zu spät war, für mich und mein Baby, dachte ich.

Als ich in den achten Monat kam, beschloß Miss Emily, ich sei zu schwer. Sie entschied sich, mir alles, was ich zu essen bekam, noch weiter zu rationieren. An manchen Tagen war ich so furchtbar ausgehungert, daß ich alles verschlang, was ich fand, sogar altes Brot. Ich mußte mir heimlich etwas Eßbares beschaffen, denn sie ließ nichts rumliegen. Wenn ich meine kärglichen Mahlzeiten zu mir genommen hatte, mußte ich am Tisch sitzen bleiben und ihr und Charlotte beim Essen zusehen. Ich kam an einen Punkt, wo ich alles aufaß, was Charlotte auf ihrem Teller liegen ließ, wenn sie ihn mir reichte, um ihn zu spülen.

Ich bekam zwar weniger zu essen, aber meine Arbeit wurde keineswegs eingeschränkt, und ich trug das Baby jetzt bereits wesentlich tiefer. Ich konnte mich nicht mehr bücken; ich mußte mich hinknien, um etwas aufheben zu können. Eines Morgens gegen Ende April beschloß Miss Emily, es sei an der Zeit, auszulüften. Erst verstand ich nicht, was sie damit meinte. Dann wurde mir klar, was sie wollte.

Als erstes wollte sie, daß ich jeden einzelnen Teppich im Haus ins Freie schleppte und dort den Staub herausklopfte. Dann sollte ich die Polster sämtlicher Sofas und Sessel hinaustragen und mit dem Teppichklopfer draufschlagen. Als ich anfing, Einwände zu erheben, befahl sie Charlotte, mir zu helfen, und Charlotte tat es mit Begeisterung. Sie war glücklich, wenn man ihr eine wichtige Aufgabe anvertraute. Gemeinsam fingen wir an, den Teppich in der Bibliothek zusammenzurollen. Charlotte tat es fast ganz allein, aber es war eine furchtbare Belastung, den Teppich hinauszutragen. Obwohl wir ihn zu zweit hoben, war er mir viel zu schwer. Ich spürte, wie ein Zerren und ein Reißen in meinem Bauch einsetzte. Miss Emily stand etwas abseits und beobachtete uns aus Adleraugen. Wir schafften es, den Teppich in den Säulengang zu zerren und ihn über das Geländer zu hängen. Dann fingen wir an, ihn zu klopfen, um den Staub von vielen Monaten zu entfernen. Die Schmutzwolken erstickten mich fast.

»Ich mußte heute früh aufstehen«, erzählte mir Charlotte, als wir eine Pause machten, um uns auszuruhen. »Das Baby hat mich geweckt.«

»Charlotte, wie kann es ein Baby geben, wenn du mir gesagt hast, daß das Baby zur Hölle gefahren ist?« fragte ich.

»Manchmal erlaubt Emily, daß es zu Besuch zurückkommt. Ich weiß es immer erst, wann es da ist, wenn ich es nach seiner Flasche schreien höre«, sagte sie.

»Wo ist das Baby heute, Charlotte?« verfolgte ich das Thema weiter, als ich sicher war, daß Miss Emily uns nicht belauschte.

»Im Kinderzimmer. Wo denn sonst?« sagte sie, und dann fing sie an, auf den Teppich einzuschlagen, und dabei sang sie ein Kinderlied.

Ich faßte einen Entschluß. Heute nacht, dachte ich, wenn ich ganz sicher war, daß Miss Emily schlief, würde ich tun, was mir verboten war: Ich würde mich in den Westflügel schleichen und ihn erkunden.

Das Auslüften war die schwerste Arbeit, die mir im ganzen Monat zugeteilt wurde, aber wenigstens erlaubte mir diese Beschäftigung, im Freien zu sein und den warmen Frühlingstag auszukosten. Ich hatte schon fast vergessen, wie wunderbar und glücklich man sich fühlen konnte, wenn man den blauen Himmel und die zarten, weißen Wolken sah. Eine sanfte Brise wehte und spielte behutsam mit meinem offenen Haar. Unwillkürlich fielen mir glücklichere Frühlingstage in meinem Leben wieder ein, diese leider seltenen, aber wunderbaren Tage, als Jimmy und ich noch jung waren und uns noch nicht darüber im klaren waren, wie hart unser Leben eigentlich war. Wenigstens ich nicht. Ich glaube, Jimmy wußte es immer, und unsere Armut war ihm ein Greuel.

Es war schon so lange her, seit er von mir oder ich von ihm gehört hatte. Ich fürchtete, er glaubte, ich hätte ihn vergessen und machte mir nichts mehr aus ihm. Einer der Gründe, weshalb ich es kaum erwarten konnte, bis das Baby geboren war und ich die Farm wieder verlassen konnte, war der, daß ich meine Beziehung zu Jimmy wieder aufnehmen wollte, falls es sich irgendwie ermöglichen ließ. Ich fürchtete, wenn er alles wissen würde, was ich getan hatte und was mir zugestoßen war, könnte es nur zu gut sein, daß er nichts mehr mit mir zu tun haben wollte.

»Schluß mit den Tagträumen!« schrie Miss Emily aus einem der Fenster.

Ich wandte mich den Sofakissen wieder zu und klopfte Staub aus den Polstern, der sich in ihnen eingenistet hatte.

Miss Emily war anscheinend damit zufrieden, wieviel wir gearbeitet hatten, denn nach dem Abendessen entschied sie, ich könnte lesen oder schlafen, so früh ich wollte. Ich begab mich dann auch gleich in die Bibliothek, um mir Familienfotos anzusehen, die ich entdeckt hatte, als ich die Buchumschläge gründlich gereinigt hatte. Ich blätterte die Seiten eines Albums um und sah die sepiafarbenen Fotografien an, auf denen Großmutter Cutler, Miss Emily und Charlotte als Kinder abgebildet waren.

Großmutter Cutler war mit Abstand die hübscheste. Bereits als Kind hatte Miss Emily schon dieses verkniffene Gesicht und diese kalten, harten Augen gehabt. Charlotte war schon immer rundlich gewesen und hatte bereits damals den glücklichen, unschuldigen Gesichtsausdruck eines Kindes. Ab und zu waren sogar ein paar Bilder darunter, auf denen Luther im Hintergrund zu sehen war. Er war früher ein großer, strammer und sogar gutaussehender Mann gewesen. Auf allen Bildern von Vater und Mutter Booth stand Mutter Booth hinter dem Stuhl, auf dem Vater Booth saß, und hatte die Hand auf seiner Schulter liegen. Keiner von beiden lächelte – vielleicht glaubten sie, wenn man lächelte, holte einen der Teufel. Die Bilder vom Anwesen waren jedoch schön und zeigten mir deutlich, daß die Farm früher einmal prächtig und einträglich gewesen war. Unwillkürlich fragte ich mich, welche Kräfte und welche Ereignisse alles so drastisch geändert und diese Familie so unerträglich hatten werden lassen.

Als ich über all diese Rätsel nachdachte, fiel mir wieder ein, daß ich die Absicht hatte, den Westflügel zu erkunden. Ich ging hinauf in mein Zimmer, um mich auszuruhen und zu warten, daß es später werden würde und ich sicher sein konnte, daß Miss Emily schlief. Ich kalkulierte jedoch nicht ein, wie groß meine eigene Erschöpfung nach der harten Arbeit dieses Tages war, und in dem Moment, in dem mein Kopf das Kissen berührte, schlief ich sofort ein. Es war schon fast Morgen, als ich wieder aufwachte, aber es war noch dunkel genug, um mit meinen Erkundungen zu beginnen.

Ich stand aus dem Bett auf und zündete die Kerosinlampe an, und dann schlich ich den dunklen Korridor entlang und tastete mich zum Westflügel vor. Ich war fest entschlossen, dahinterzukommen, ob auch nur ein Funke Wahrheit in den Phantasien von Charlotte Booth steckte.

Als ich das Treppenhaus erreicht hatte, zögerte ich. Es war fast so, als stünde dort wirklich eine unsichtbare Mauer, eine Grenze, die ich überschreiten mußte, und in dem Moment, in dem ich das tat, riskierte ich, daß Miss Emilys gesamter Zorn über mich hereinbrach. Es war stockdunkel im Korridor des Westflügels, und ich hatte keine Ahnung, wo ich mich befand, aber ich lief weiter und hielt mich dabei nahe an die rechte Wand.

Wie in meinem Korridor standen auch hier zur Zierde ein paar Möbel herum, und viele alte Gemälde hingen an den Wänden. Zwei große Porträts von Vater und Mutter Booth hingen nebeneinander, und wie auf allen anderen Bildern lächelte keiner von beiden, sondern sie wirkten ärgerlich und unzufrieden. Diese Bilder hingen direkt gegenüber dem ersten Zimmer. Ich blieb stehen und lauschte an der Tür. War es Miss Emilys Zimmer, oder schlief hier Charlotte? Ich drehte langsam den Knopf um und stemmte mich gegen die Tür. Zuerst bewegte sie sich nicht, aber dann öffnete sie sich so plötzlich, daß ich regelrecht ins Zimmer fiel.

Ich hielt die Lampe hoch, weil ich fürchtete, ich sei in Miss Emilys Zimmer, aber mir wurde augenblicklich klar, daß in diesem Raum seit Jahren niemand mehr gewohnt hatte, und daher drehte ich den Docht der Lampe höher und schaute mich um. Es war ein riesiges Zimmer mit einem gewaltigen Eichenbett. Die Pfosten reichten bis zur Decke, und ein enormer Halbmond bildete das Kopfteil. Auf dem Bett lagen noch alle Decken und Kissen, aber die Staubschicht ließ erkennen, daß seit Ewigkeiten hier niemand mehr geputzt hatte.

In die Wand mit den großen Fenstern war ein steinerner Kamin eingelassen, der mindestens sechs Meter breit war. Die langen Vorhänge waren zugezogen und schienen unter einer Schicht aus Staub und Schmutz erstarrt zu sein. Über dem Kamin hing ein Porträt des jungen Vaters Booth, vermutete ich, aber es hätte auch dessen Vater sein können. Er stand da und hielt eine Flinte in der einen Hand und eine Anzahl Enten in der anderen. Es war eines der wenigen Bilder im Haus, auf denen andeutungsweise gelächelt wurde.

Viele dunkle, schöne, antike Möbelstücke standen hier, und auf dem Nachttisch lag eine Bibel mit einer Lesebrille daneben.

Die Luft roch staubig und muffig, und es sah aus, als seien die Bewohner dieses Zimmers eines Tages einfach vom Erdboden verschluckt worden, denn auf dem Toilettentisch lagen noch Bürsten und Kämme, und Töpfe mit Hautcreme standen bereit. Einige Behälter waren offen, und der Inhalt war vertrocknet oder verdunstet. Kleider hingen noch in den Schränken, und neben dem Bett standen Schuhe, auf der einen Seite ein Paar Herrenschuhe, auf der anderen Seite ein Paar Damenschuhe. Ich hatte das gruselige Gefühl, an den Zufluchtsort zweier Geister vorgedrungen zu sein.

Ich zog mich aus dem Raum zurück, von dem ich annahm, daß er früher einmal das Schlafzimmer von Vater und Mutter Booth gewesen war. Dann lief ich weiter durch den Korridor. Als ich feststellte, daß die Tür zum nächsten Zimmer auf der rechten Seite ein Stück offenstand, drehte ich den Docht der Kerosinlampe wieder herunter und näherte mich so leise wie möglich. Ein schwacher Lichtschein drang aus dem Raum. Ich zögerte, ehe ich vorsichtig hineinlugte.

Dort lag Miss Emily in einem langen, schmalen Bett mit einem schlichten, eckigen Kopf- und Fußteil und schlief. Sie wirkte wie eine aufgebahrte Leiche, denn sie trug ein Nachthemd, das einem Leichentuch nicht unähnlich war, und das Licht ihrer kleinen Kerosinlampe ließ ihr Gesicht so blaß wie ausgebleichte Knochen erscheinen. Sie schlief also bei brennendem Licht, dachte ich. Wie interessant, daß sie es sich selbst gestattete, verschwenderisch zu sein. Trotz ihres verbissenen Gesichts und ihrer kalten blauen Augen wurde sie von Ängsten heimgesucht und fürchtete sich vor der Dunkelheit.

Ich lief eilig an ihrer offenen Tür vorbei und weiter durch den langen Korridor, denn die nächste Tür war weit vor mir. Auch diese Tür war offen, und als ich hineinschaute, entdeckte ich Charlotte schlafend in ihrem Bett; sie war wie ein Fötus zusammengerollt und hatte die Finger vor dem Mund. Ihre langen Zöpfe waren auseinandergeflochten, und ihr Haar lag als graue Masse um ihren Kopf herum, in der ihr kindliches Gesicht seltsam fehl am Platz wirkte.

Abgesehen davon, daß das Zimmer ihrer Eltern wie ein Gemach in einem Museum unverändert geblieben war, mußte es hier doch noch etwas geben, da Miss Emily mir verboten hatte, den Westflügel zu betreten. Ich hob die Lampe hoch und in ihrem Schein sah ich, daß es nach Charlottes Zimmer noch einen anderen Raum gab, dessen Tür wesentlich kleiner als die anderen Türen war. Ich lauschte, um ganz sicher zu sein, daß Miss Emily meine Schritte nicht gehört hatte, und dann huschte ich weiter. Die Tür zu diesem Zimmer war geschlossen. Ich drehte an dem Knopf, doch sie gab nicht nach. Klemmte sie nur, wie die meisten Türen hier? Ich stieß kräftiger dagegen, und die Tür ging auf, als hätte jemand dahinter gestanden und sich plötzlich entschlossen, keinen Widerstand zu leisten. Ich stolperte in das Zimmer, von meiner eigenen Kraft vorangetrieben.

Als ich diesmal die Lampe hochhob, um mich umzusehen, erschauderte ich. Es war ein Kinderzimmer. In dem Punkt hatte sich Charlotte nichts eingebildet. Die Wände waren mit ihren gerahmten Handarbeiten bedeckt, und es waren ausnahmslos schöne Arbeiten, Bilder von Tieren und von der Farm, aber auch einfache Landschaftsbilder – Wiesen, Bäume, Blumen. In dem Zimmer standen Kommoden und Schränke, doch den Mittelpunkt bildete eine Wiege, und es sah aus, als läge ein Baby darin.

Mein Herz fing an, schneller zu schlagen, als ich mich vorsichtig näherte. Nach all der Zeit... aber ich hatte es nie schreien hören, und warum hätte man es geheimhalten sollen? Wessen Baby konnte das bloß sein?

Ich trat an die Wiege und hob die Lampe langsam hoch. Dann griff ich hinein und zog die weiche rosa Decke vom Gesicht des Babys und erkannte... *daß es eine Puppe war!*

»Wie kannst du es wagen, hierherzukommen?« hörte ich Miss Emily schreien, und fast hätte ich die Lampe fallen lassen. Ich drehte mich eilig um und sah sie an der Tür zum Kinderzimmer stehen. Sie hatte nur ihr Nachthemd an, und ihr Haar, das offen um ihre Schultern hing, ließ sie noch mehr als sonst wie eine Hexe wirken. Sie hielt ihre eigene Lampe hoch, und der Schein fiel auf mich. *»Wie kannst du es wagen, diesen Flügel zu betreten, obwohl ich es dir ausdrücklich verboten habe!«*

»Ich wollte sehen, warum Charlotte mir immer wieder von ihrem Baby erzählt. Ich wollte...«

»Du hattest kein Recht, herzukommen!« brüllte sie und kam auf mich zu. »Das geht dich nichts an«, zischte sie, und sie kam immer näher. Glühende Wut stand in ihren Augen, und ihr Hals war so stark angeschwollen, daß es aussah, als würde sich das Schlüsselbein durch ihre Haut bohren. Der Tod selbst hätte nicht gräßlicher aussehen können als sie, als das Licht auf ihr bösartiges Gesicht fiel, ihre Haut dieselbe Farbe wie ihre Zähne annehmen ließ und ihre Augen rot färbte. Ich konnte kaum noch atmen, mich kaum noch von der Stelle rühren. Meine Kehle war wie zugeschnürt; mein Herz kam mir vor, als sei es stehengeblieben, und ein eisiger Schauder durchfuhr meinen Körper.

»Ich... wollte Sie nicht mit meinen Fragen belästigen, aber...«

»Aber du warst neugierig«, sagte sie und nickte, »so neugierig wie Eva vor dem Baum der Erkenntnis, obwohl es ihr, wie auch dir, verboten war, seine Früchte zu kosten. In all der Zeit, die du hier verbracht hast, hat nichts dich ändern können, die Arbeit nicht, die Sonntage in der Kapelle nicht, meine Predigten nicht, überhaupt nichts; du bist, was du bist und was du immer sein wirst – sündhaft.«

»Das bin ich nicht«, widersprach ich ruhig. »Ich wollte nur ...«

»... wissen, wo der Teufel vorher schon gewesen ist. Dein Interesse ist mir verständlich«, sagte sie und nickte wieder. »Also gut, dann sieh dich daran satt«, sagte sie.

»Ich verstehe nicht, was Sie meinen«, sagte ich.

»Das ist das Zimmer, in dem wir das Kind hatten, bis es gestorben und zur Hölle gefahren ist.«

»Gestorben? Welches Kind? Wessen Kind?«

»Das Kind des Teufels«, sagte sie. »Charlotte hat es geboren, aber es war das Kind des Teufels.«

»Warum sagen Sie das?« fragte ich.

»Weil kein anderer als der Teufel persönlich sie hätte schwängern können. Eines Tages war sie plötzlich schwanger, verstehst du das denn nicht?« fragte sie und hatte die Augen wie irrsinnig aufgerissen. »Ich wußte es von Anfang an, und als das Baby geboren wurde, brauchte ich es nur einmal anzusehen, und es hat sich bestätigt.«

»Sie haben ihr erzählt, es hätte spitze Ohren gehabt, oder nicht?«

»Es hatte spitze Ohren«, sagte sie. »Zum Glück hat es nicht überlebt.«

»Was haben Sie getan?« fragte ich, und mein Herz klopfte so heftig, daß ich meine eigene Stimme kaum hören konnte.

»Nichts. Ich habe nur Tag und Nacht bei ihm gesessen und über seinem Leib gebetet«, erwiderte sie, und in ihren Augen stand ein träumerischer Blick. Einen langen Moment schwieg sie, und dann fiel ihr wieder ein, wo sie war.

»Aber meine bedauernswerte Halbschwester hat das nicht verstanden, konnte es nicht verstehen. Daher habe ich ... ihr diese Einbildung gelassen.«

»Das ist grausam.« Ich schaute in ihr Gesicht, auf dem sich der Irrsinn zeigte. »Sie glauben, mein Baby sei auch böse, stimmt's? Deshalb haben Sie versucht, eine Fehlgeburt herbeizuführen. Deshalb lassen Sie mich so hart arbeiten und geben mir zuviel Rizinusöl und lassen mich fast verhungern. Sie sind verrückt«, sagte ich, ehe ich die Worte zurückhalten konnte. Sie drehte sich zu mir um.

»Und das sagst du! Verschwinde«, befahl sie mir. Ich ging auf die Tür zu. Sie kam mir drohend entgegen. *»Verschwinde von hier, und geh wieder dahin, wo du hingehörst!«*

»Das werde ich tun, ich gehöre nicht hierher«, schrie ich zurück. »Ich will fortgehen ... ich will überall anders lieber als hier sein, und Sie können mich nicht aufhalten.«

Sobald ich die Tür erreicht hatte, drehte ich mich um und fing an zu laufen, doch ich konnte die Erinnerung an ihre haßerfüllten Augen nicht abschütteln.

»Weiche, Satan!« schrie sie. Ich rannte noch schneller, doch ich machte den Fehler, mich umzusehen, als ich das Ende des Westflügels erreicht hatte, und in dem Moment stolperte ich. Ich schrie und drehte mich im Kreis, ich schlug gegen die Wand, ehe ich zu Boden fiel. Wundersamerweise sprang die Lampe nicht in Stücke, doch das Licht erlosch, und ich lag im Dunkeln und stöhnte. Diesmal wurde der Schmerz in meinem Bauch von einem unglaublichen Krampf begleitet.

Oh, nein, dachte ich. Oh, nein ... ich schrie.

Langsam kam Miss Emily durch den Korridor und hielt ihre Lampe vor sich in die Höhe. Ich preßte mir die Hände auf den Bauch.

»Helfen Sie mir!« rief ich. »Es passiert etwas ...« Ich schaute zwischen meine Beine und merkte, daß alles ganz naß war. *»Das Fruchtwasser geht ab!«* schrie ich.

Sie senkte langsam die Lampe und sah, daß es stimmte.

»Steh auf«, befahl sie. »Schnell.« Charlotte, die endlich aufgewacht war, kam auf uns zu.

»Was fehlt ihr, Emily?« fragte sie. »Warum liegt sie auf dem Boden?«

»Hilf ihr beim Aufstehen«, befahl Miss Emily, und Charlotte trat vor.

Der Rückweg zu meinem Zimmer war von viel schlimmeren Schmerzen begleitet, als ich es mir je vorgestellt hatte. Die Schmerzen wurden schlimmer, da mein Bauch sich immer wieder zusammenzog. Ich ließ mich auf den Rücken auf das Bett fallen. Miss Emily kam ruhig in mein Zimmer und stellte die Lampe auf den Tisch.

»Geh, und weck Luther auf«, sagte sie zu Charlotte, »und sag ihm, er soll uns einen Eimer heißes Wasser bringen.« Sie sah mich wütend an, und ihr Gesicht verzog sich zu einem verächtlichen Lächeln. »Sie hat dafür gesorgt, daß es vorzeitig soweit ist.« Sie wandte sich zu der erstaunten Charlotte um, die immer noch fragend schaute. »Setz dich in Bewegung«, ordnete sie an.

»O Gott«, rief ich. »Es tut so weh.«

»Je sündhafter man ist, desto mehr schmerzt es«, erwiderte Miss Emily mit größter Selbstzufriedenheit.

Sie zog mein Kleid hoch und ließ mich die Knie anziehen. Dann legte sie ihre Hand auf meinen Unterleib. »Das sind die Wehen«, erklärte sie. Dann lächelte sie. »Jetzt werden wir ja sehen, ob du kräftig genug bist, die Last deiner Schuld zu tragen.«

16

Mein Ritter in glänzender Rüstung

»Pressen!« schrie Miss Emily mir ins Gesicht. »Du drückst nicht. Drück fester!«

»Ich drücke doch«, schrie ich. Ich holte tief Atem und versuchte es wieder und immer wieder. Der Schmerz war so unerträglich, daß ich allmählich anfing, die Möglichkeit in Betracht zu ziehen, Miss Emily könnte recht gehabt haben – wenn ich schlimmere Qualen litt, dann war das Teil einer göttlichen Strafe für meine Taten. Momma Longchamp hatte mir nie erzählt, daß es derart schmerzhaft war, ein Kind zu gebären. Ich wußte, daß es kein Spaß war, aber ich kam mir vor, als quetschte jemand mit riesigen Händen meinen Bauch zusammen. Es schien, als würden mir Messer in den Körper gerammt. Ich befürchtete, noch vor der Entbindung ohnmächtig zu werden, und dann würde etwas Schreckliches passieren. Endlich spürte ich, daß das Baby sich bewegte.

»Wie ich es mir dachte«, sagte Miss Emiliy. »Das Baby kommt mit den Füßen zuerst.« Sie half ihm mit ihren langen, dünnen, knochigen Händen heraus.

Charlotte war mit einem Eimer heißem Wasser wiedergekommen, und dann hatte Miss Emily sie losgeschickt, sie sollte Handtücher und eine Schere holen. Ich sah sie mit offenem Mund an der Tür stehen, sie beobachtete das wundersame Geschehen aus weitaufgerissenen Augen.

»Was tun Sie mit der Schere?« schrie ich, als ich sah, daß Miss Emily die Hand danach ausstreckte und sie Charlotte abnahm.

»Ich schneide die Nabelschnur durch«, sagte sie und war verärgert, weil ich ihr Fragen stellte.

»Warum schreit das Baby nicht? Schreien Babys denn nicht

sofort nach der Geburt?« fragte ich. Mein Gesicht war schweißnaß, und ein paar Tropfen liefen mir in die Augen. Ich blinzelte.

»Halt den Mund und hab Geduld«, schimpfte sie. »Vergiß nicht, daß es eine Frühgeburt ist«, fügte sie noch hinzu.

»Was ist es? Ist es ein Mädchen?«

Sie antwortete nicht, aber ich sah Charlotte nicken. Ein kleines Mädchen, wie ich es mir erhofft hatte. Ich schloß die Augen und ließ mich zurücksinken, und als mein Kopf auf dem Kissen lag, ging mein Atem bald wieder regelmäßiger.

Plötzlich hörte ich den leisen Schrei, als Miss Emily das Baby wusch und es in ein Handtuch wickelte.

»Ich will die Kleine sehen«, rief ich.

Miss Emily legte sie neben mich. Ich war so müde, daß ich kaum die Augen offen halten konnte, aber als ich in dieses winzige rosa Gesicht mit der kleinen Nase und dem kleinen Mund schaute, spürte ich, wie der Schmerz und die Erschöpfung nachließen und von einer überwältigenden Freude verdrängt wurden. Die winzigen Finger waren zusammengerollt und so faltig wie die einer alten Dame, und sie hatte unglaublich kleine Ohren. Sie hatte einen blonden Haarschopf, mein Haar, wie ich es mir erhofft hatte. Ihre Augen waren fest geschlossen. Ich konnte es kaum erwarten, zu sehen, ob sie Michaels dunkle Saphiraugen hatte.

»Sie ist so vollkommen, so winzig«, sagte ich. »Ist das ein Grübchen in ihrer Wange?«

»Sie ist zu klein«, murmelte Miss Emily. Sie rollte die anderen Handtücher zusammen und ließ sie in den Eimer fallen. Dann schaute sie auf mein Baby und auf mich herunter. Sie schüttelte den Kopf und streckte die Arme nach dem Baby aus, um es mir wegzunehmen.

»Wohin bringen Sie es?« fragte ich. Ich war völlig erschöpft und konnte mich nicht widersetzen.

»Ins Kinderzimmer. Wohin sonst? Schlaf jetzt. Später werde ich Charlotte mit einem nahrhaften Getränk zu dir schicken.«

Ich fand, sie hielt das Baby zu unsanft, und ich stellte mir vor, daß diese knochigen Arme, die es trugen, für ein neugeborenes Baby unbequem sein mußten. Das Baby murrte und wandte den Kopf ab, als wolle es nicht wahrhaben, was ihm geschah.

»Warum kann sie nicht bei mir bleiben?«

»Du könntest dich zu leicht im Schlaf umdrehen und sie ersticken«, sagte Miss Emily und bedachte mich mit einem ihrer höhnischen Blicke. Dann sah sie das Baby an und schüttelte wieder den Kopf. »Sie ist zu klein«, wiederholte sie und ging.

»Aber sie ist schön, nicht wahr? Sie ist doch schön?« rief ich laut.

Miss Emily drehte den Kopf und sah mich über ihre eckige Schulter an.

»Sie ist mit den Füßen voran auf die Welt gekommen«, erwiderte sie.

»Was heißt das?« fragte ich. Sie antwortete nicht. Sie ging weiter. *»Was heißt das?«* schrie ich, doch das einzige, was ich hörte, waren Schritte, die sich entfernten. Ich wollte aufstehen und ihr nachlaufen, aber ich war derart erschöpft, daß schon allein der Gedanke daran mir zuviel war. Es war ein beunruhigendes Gefühl, hilflos dazuliegen und zu schwach zu sein, um auch nur die Hand zu heben oder den Kopf umzudrehen, so beunruhigend, daß ich die Augen schloß und einschlief.

Ich träumte von meinem Baby in meinen Armen. Es sah schon älter aus. Das Gesicht war deutlich geformt und vereinigte ganz entschieden meine Gesichtszüge und die von Michael miteinander. Plötzlich wurde es mir aus dem Arm genommen, genauso, wie Miss Emily es getan hatte. Mein Baby streckte die Arme nach mir aus, aber es entfernte sich immer weiter von mir. Das Baby schrie auf, und ich schrie nach ihm. Aus dem Schrei in meinem Traum wurde ein echter Aufschrei, von dem ich erwachte.

Ich wußte, daß es heftig regnete, denn ich hörte, wie der Regen aufs Dach und gegen die Fenster im Korridor trommelte. Dann hörte ich Donnergrollen und Blitze. Es schien, als bebte das ganze große Haus. Schon von den Geräuschen wurde mir kalt, und ich glaubte, die Nässe zu spüren. Ich konnte nichts dagegen tun, daß mir die Augen wieder zufielen, und ich schlief zum Rhythmus der Regentropfen wieder ein, die von Böen über das Haus getrieben wurden.

Als ich das nächste Mal aufwachte, waren viele Stunden vergangen. Ich spürte, daß jemand in meiner Nähe war, und als ich mich umdrehte, sah ich Charlotte. Sie hielt ein Glas, das mit Milch gefüllt zu sein schien, doch sie hatte eine bräunliche Tönung, und winzige Dinge, die wie Flocken aussahen, schwammen darin herum.

»Emily sagt, du sollst das jetzt trinken«, sagte sie.

»Was ist das?« fragte ich.

»Sie hat es nach einem Rezept angerührt, damit du schnell wieder zu Kräften kommst. Es ist etwas, was meine Großmutter jedesmal nach der Geburt ihrer Babys getrunken hat. Emily kann sich noch erinnern, wie es gemacht wird.«

»Wahrscheinlich die reinste Essigbrühe«, murrte ich und nahm ihr das Glas aus der Hand, aber als ich die Flüssigkeit kostete, schmeckte sie nicht bitter. Es schmeckte, als sei Honig eingerührt worden. Aus den Zeiten mit Momma Longchamp wußte ich, daß manche der alten Heilmittel, Kräutermischungen und dergleichen oft besser waren als die sogenannte moderne Medizin. Ich leerte das Glas in einem Zug.

»Hast du das Baby gesehen?« fragte ich Charlotte. Sie nickte. »Es ist hübsch, findest du nicht auch?«

»Emily sagt, es ist zu klein«, erwiderte Charlotte.

»Es wird schon noch größer werden. Ich werde es stillen, und es wird nicht lange dauern, und es wird gesund und schön sein. Ich wollte keine Frühgeburt riskieren«, sagte ich, und jetzt fiel mir alles wieder ein, »aber Emily war so furchtbar zu mir. Ich dachte, sie würde sich auf mich stürzen, und deshalb bin ich fortgerannt und hingefallen. Aber wenigstens ist das jetzt alles vorbei, und mein Baby und ich werden bald von hier verschwinden.«

Sie sagte nichts.

»Charlotte«, fuhr ich fort und griff nach ihrer Hand, damit sie näherkam, »ich habe das Kinderzimmer gesehen, und ich weiß, daß du mir die Wahrheit gesagt hast. Du hattest ein Baby, ein richtiges Baby.«

»Es hatte spitze Ohren«, sagte sie automatisch, als sei sie hypnotisiert worden und stünde unter dem Zwang, diese Worte jedesmal zu wiederholen, wenn von ihrem Kind die Rede war.

»Nein, Charlotte. Ich bin sicher, daß es keine spitzen Ohren hatte. Emily hat gesagt, du seist eines Tages einfach schwanger gewesen, aber Frauen werden nicht eines Morgens wach und stellen fest, daß sie schwanger sind. Es gibt immer einen Vater. Warum hast du ihr nie gesagt, wer der Vater ist, damit sie aufhört, diese gräßlichen Sachen zu sagen?«

Sie wollte mir ihre Hand entziehen, doch ich hielt sie fest.

»Geh nicht, Charlotte. Erzähl es mir. Du bist nicht so dumm, wie deine Schwester behauptet. Du hast dich geschämt, stimmt's? Und deshalb hast du es geheimgehalten. Warum hast du dich geschämt? War es jemand, gegen den Miss Emily Einwände gehabt hätte? Hast du geglaubt, daß du ihn liebst, wie ich meinen Michael geliebt habe?«

Sie riß die Augen vor Interesse weit auf, aber ich konnte ihrem Blick entnehmen, daß keine Liebe im Spiel war.

»Du kannst es mir erzählen, Charlotte. Ich werde Miss Emily nichts sagen. Du weißt, daß ich es ihr nicht sagen werde. Du und ich, wir beide stehen uns näher und kommen besser miteinander aus. Ich möchte dir helfen und deine Freundin sein, wie du meine Freundin gewesen bist. Du hast sie in dem Glauben gelassen, du wüßtest nicht, von wem du schwanger bist. Du hast nichts gegen diese scheußliche Phantasie von ihr gesagt, es sei ein Kind des Teufels, stimmt's?«

Sie antwortete nicht; sie senkte den Blick.

»Du weißt, wie Frauen schwanger werden, nicht wahr, Charlotte? Du weißt, was sie mit Männern tun müssen, obwohl ich ganz sicher bin, daß niemand sich je die Mühe gemacht hat, es dir zu sagen. Das ist ein Thema, das in diesem Haus mit Sicherheit immer tabu gewesen ist, vor allem seit Miss Emily hier herrscht. Aber du weißt es, stimmt's?«

»Vom Rumrollen«, sagte sie schnell.

»Vom Rumrollen? Das verstehe ich nicht, Charlotte. Was meinst du mit ›rumrollen‹? Wie wird man davon schwanger?«

»Nachdem er sich mit mir rumgerollt hat«, sagte sie, »hat das Baby angefangen, in meinem Bauch zu wachsen.«

»Nachdem er sich mit dir rumgerollt hat? Wer, Charlotte? Wer hat sich mit dir rumgerollt?«

»Es war im Stall«, sagte sie. »Er hat mir gezeigt, wie die Schweine sich rumrollen, und dann hat er es getan.«

»Im Stall? Es war doch nicht etwa Luther, oder? Es war Luther«, schloß ich aus ihrem Gesichtsausdruck. »Und ich glaube, Miss Emily hat es die ganze Zeit gewußt.« Natürlich, und sie hat ihn in all den Jahren dafür bestraft, ihm mit Vorwürfen zugesetzt. Deshalb läßt er sich derart von ihr mißbrauchen und lebt und arbeitet wie ein Sklave.

»O Charlotte«, sagte ich und streckte die Arme nach ihr aus, »es tut mir so leid, daß ein solcher Alptraum aus dem geworden ist, was dir damals zugestoßen ist. Aber sag mir, was aus dem Baby geworden ist?«

Wir hörten Miss Emilys Schritte im Korridor, und Charlotte zog schnell ihre Hand zurück, die ich hielt.

»Ich werde dir ein hübsches Bild sticken, das du ins Kinderzimmer hängen kannst«, sagte sie und nahm das leere Glas. Dann verließ sie in dem Moment das Zimmer, als Miss Emily reinkam. Miss Emily packte ihren Arm, um sie zurückzuhalten.

»Hat sie alles ausgetrunken?« fragte sie, und Charlotte nickte und zeigte ihr das Glas. »Gut. Geh jetzt, und spül das Glas ab«, befahl sie und schaute dann nach mir.

»Wie geht es dem Baby?« fragte ich.

»Das Baby war zu klein«, sagte sie schnell. »Ich will, daß du jetzt schläfst, damit du morgen früh aufbrechen kannst. Es wird alles für deine Abreise geregelt.« Sie wollte sich abwenden.

»Was soll das heißen?« fragte ich und schob mich auf die Ellbogen. »Was soll das heißen, mein Baby sei zu klein gewesen?«

»Wenn Babys zu klein geboren werden, dann hätten sie nicht geboren werden sollen«, erwiderte sie beiläufig und wandte sich wieder ab.

»Was ist mit ihm passiert? *Wo ist es?*« schrie ich. Ich schwang die Beine über die Bettkante, aber mir drehte sich sofort alles vor den Augen, und ich mußte mich wieder auf das Kissen zurücklegen und die Augen schließen. Ich spürte, wie sich eine Wärme in meinem Bauch ausbreitete, der zu gluckern schien. Die Wärme strömte schnell in meine Brust.

Was hatte sie mir in die Milch geschüttet, fragte ich mich. Ich hätte sie doch nicht trinken dürfen. Ich hätte nicht...

Ich fühlte mich total erschöpft, geschwächt und müde. Es kostete mich meine gesamte Kraft, meine Beine wieder aufs Bett zu ziehen, und ich konnte die Augen nicht mehr öffnen. Es war, als sei eine schwere Decke über mich gezogen worden, deren Gewicht mich nach unten drückte. Bald hatte ich den Eindruck, tiefer und immer tiefer in das Bett zu sinken. Ich versuchte, dagegen anzukämpfen, aber ich konnte die Arme nicht heben. Wenige Augenblicke später fiel ich in einen noch tieferen Schlaf als vorher.

Ich schlief mit kurzen Unterbrechungen fast den ganzen Tag über, aber jedesmal, wenn ich wach wurde und aufstehen wollte, drehte sich alles. Das einzige, was dagegen half, war, mich flach hinzulegen und die Augen geschlossen zu halten, und das führte dazu, daß ich immer wieder einschlief. Ich wußte nicht, ob es Tag oder Nacht war, denn die Tür zu meinem Zimmer war geschlossen, aber irgendwann nach langer, langer Zeit, wurde sie aufgerissen, und Miss Emily kam wieder zu mir.

Ich wollte den Kopf hochheben. Sie kam schnell auf mich zu und hielt mir die Hand unter den Kopf, um mir beim Aufsetzen behilflich zu sein. Dann führte sie ein Glas an meine Lippen. Es war mit derselben Flüssigkeit gefüllt, die Charlotte mir gebracht hatte. Ich würgte und wehrte mich, doch sie hielt meinen Nacken fest und preßte das Glas an meinen Mund.

»Trink das«, befahl sie, als ein paar Tropfen seitlich an meinem Kinn herunterliefen. »Trink, oder du wirst nicht kräftig genug für die Abreise sein.«

Ich fing an, das Zeug auszuspucken und ihre Hände von meinem Hals abzuschütteln, doch ihre Finger hafteten an mir wie altes, verfaultes Moos, und sie drückte das Glas weiter zwischen meine Lippen und schüttete es in mich hinein. Ich konnte nicht verhindern, daß ich einen Teil der Flüssigkeit schluckte. Endlich ließ sie mich los, und mein Kopf sank auf das Kissen zurück.

»Wo... ist... mein... Baby?« fragte ich, als sie gehen wollte.

»Ich habe dir doch gesagt, daß es zu klein war«, antwortete sie und schloß die Tür beim Gehen hinter sich. Ich blieb in pechschwarzer Finsternis zurück.

Ich versuchte, gegen den Schlaf anzukämpfen und wach zu bleiben, damit ich aus dem Bett aufstehen und mich auf die Suche nach dem Baby machen konnte. In der Hoffnung, es würde mich vom Einschlafen abhalten, fing ich an zu singen, aber schon bald ging mir der Atem aus. Meine Worte wurden immer leiser, bis sich nur noch meine Lippen bewegten und ich schließlich im Traum weitersang.

Als ich wieder aufwachte, wußte ich, daß es Morgen war, denn die Tür meines Zimmers stand offen, und ich sah das Licht, das durch eines der Fenster im Gang fiel. Charlotte war da, und diesmal hatte sie ein Tablett mit richtiger fester Nahrung mitgebracht: eine Schale Haferflockensuppe, eine Scheibe Toast und eine Orange, die schon geschält war. Sie stellte es auf den Nachttisch und zündete meine Kerosinlampe an.

»Guten Morgen«, flötete sie. »Emily sagt, du solltest ordentlich frühstücken und dich dann anziehen, damit Luther dich zum Bahnhof bringen kann. Du wirst mit dem Zug fahren.«

Ich wollte mich aufsetzen. Ich war ja so müde, so matt. Der Schlaf hüllte mich wie dichter Nebel ein, und alles wirkte verschwommen, unscharf und weit weg.

»Mich anziehen?« fragte ich. Charlotte nickte und bückte

sich dann, um die Kleider vom Boden aufzuheben und sie mir zu zeigen. Sie legte sie aufs Bett.

»Meine Kleider!« Sie waren zerknittert und ausgewaschen, und doch war mir bei ihrem Anblick, als sähe ich alte Freunde wieder. Sogar mein fehlender Stiefel, den ich damals verloren hatte, war wieder da.

»Danke, Charlotte«, sagte ich und nahm ihr die Kleider ab. Ich wollte das Sackkleid ausziehen. Charlotte half mir, und dann zog ich meine eigenen Sachen über und genoß es, sie auf meiner Haut zu fühlen. Ich fand sogar meine Handtasche und suchte nach dem Kamm, doch ich stellte fest, daß er geschmolzen war, als Miss Emily die Sachen gekocht hatte. Die Zinken des Kamms klebten alle zusammen. Mein Haar würde noch ein Weilchen verfilzt und struppig bleiben müssen.

Wenn mir auch alles verhaßt war, was Miss Emily für mich tat und was sie mir vorsetzte, so aß ich doch ein paar Bissen von dem Toast und die ganze Orange. Ihren gräßlichen Haferschleim rührte ich nicht an. Allein schon bei dem Gedanken daran drehte sich mir der Magen um. Doch die wenigen Bissen gaben mir neue Kraft und Energie, und ich schaffte es, auf die Füße zu kommen, obwohl ich noch sehr wacklig auf den Beinen war.

»Wo ist deine furchtbare Schwester?« fragte ich.

»Sie ist unten in der Bibliothek und arbeitet, arbeitet, arbeitet. An der Buchhaltung«, erwiderte sie. »Ich muß mich jetzt an meine Handarbeiten machen, weil ich etwas für dich habe, was fast fertig ist.«

»Wo ist mein Baby?« fragte ich sie.

»Sie haben es geholt«, sagte sie achselzuckend. »Emily hat gesagt, sie sei zu klein, und deshalb haben sie sie geholt.«

»Es geholt? Wer hat es geholt? O Gott, bitte, sag es mir«, flehte ich sie an und packte sie an den Schultern. Aber ich konnte Charlotte ansehen, daß sie nichts darüber wußte.

»Ich muß mich an die Arbeit machen, damit dein Geschenk fertig wird«, sagte sie. Sie drehte sich um und ging.

Ich richtete mich auf und versuchte meine ersten Schritte. Mir wurde wieder schwindlig, und ich mußte mich am Türrahmen festhalten und etwas warten, aber die Verzweiflung gab mir die nötige Kraft. Ich mußte herausfinden, was sie mit meinem Baby getan hatte. Ich lief langsam durch den Korridor, und jeder Schritt fiel mir schwer. Es schien, als würde ich Stunden brauchen, um auch nur die Treppe zu erreichen.

Aber als ich um die Ecke bog und in den Gang kam, der zur Treppe führte, hörte ich den Klang einer Stimme, einer vertrauten Stimme, einer Stimme, die mich mit Kraft und Entschlossenheit erfüllte. Ich hörte, wie mein Name genannt wurde, und dann hörte ich Miss Emilys scharfe, kalte Stimme.

»Sie ist fort«, hörte ich sie sagen. »Sie ist heute am frühen Morgen von hier abgereist.«

Ich lief schneller und stützte mich dabei mit beiden Händen an die Wand, bis ich den oberen Treppenabsatz erreicht hatte und in genau dem Moment nach unten schaute, in dem Jimmy die große Haustür hinter sich schloß, um zu gehen.

»Jimmy!« schrie ich mit aller Kraft. *»Jimmy!«* Diese Anstrengung erschöpfte mich. Ich spürte, wie meine Knie weich wurden, ehe ich mit dem Gesicht am Treppengeländer auf den Boden sackte. Ich fing an zu schluchzen, und selbst das Weinen war eine gewaltige Anstrengung. Jedes Schluchzen, auch ein noch so leises, tat weh.

Miss Emily drehte sich zu mir um und sah mich an, und auf diesem bleichen Gesicht stand ein gemeines, böses Lächeln.

»Jimmy«, sagte ich leise. War es ein Traum? Hatte ich ihn wirklich gehört und gesehen?

Auf eine Antwort brauchte ich nicht lange zu warten, denn die Haustür klapperte und öffnete sich wieder, und Jimmy kam ins Haus gestürzt. Er blieb in der Eingangshalle stehen. Er war es wirklich, und in seiner Uniform mit ein paar bunten Bändern auf der Brust sah er groß und stark aus! Ich bot all meine Kraft auf und rief nach ihm.

»Jimmy!«

Er blickte herauf und sah mich. Dann stürmte er an Miss

Emily vorbei, warf sie dabei fast um und nahm jeweils zwei Stufen auf einmal, als er in großen Sätzen die Treppe hinaufsprang, bis er bei mir war, mich umarmte, mich an seine Brust drückte und meine Stirn mit Küssen bedeckte.

»O Dawn, Dawn, was ist dir zugestoßen? Was haben sie dir angetan?« fragte er und hielt mich auf Armeslänge von sich, um mir ins Gesicht zu sehen. Ich lächelte, und meine Augenlider flatterten, weil es mich Mühe kostete, sie offen zu halten.

»Bist du es wirklich, Jimmy? Bist du wirklich hier, oder träume ich?«

»Ich bin hier«, sagte er. »Ich bin gekommen, sobald es mir gelungen war, dich ausfindig zu machen.«

»Wie hast du mich gefunden? Ich dachte, ich wäre in diesem Irrenhaus für immer und alle Zeiten verloren und begraben.«

»Ich bin zu deiner Pension in New York City gegangen und habe mit deiner Freundin Trisha gesprochen. All meine Briefe an dich aus Deutschland sind zurückgekommen, und sie trugen nur den Vermerk: ›Nicht mehr unter dieser Adresse erreichbar‹. Daddy hatte auch nichts mehr von dir gehört, und er hat gesagt, zwei seiner Briefe seien mit demselben Vermerk zurückgekommen. Ich konnte nicht glauben, daß du einfach verschwindest, ohne mir zu sagen, wohin du gegangen bist, und sobald ich in die Staaten zurückgekommen bin, habe ich deine Freundin aufgesucht.«

Er senkte den Kopf.

»Sie hat mir erzählt, was geschehen ist«, sagte er.

»O Jimmy, ich...«

Er legte seinen Finger auf meine Lippen.

»Es ist schon gut. Versuch nicht, es mir jetzt zu erklären. Meine größte Sorge galt dir und dem, was aus dir geworden ist. Trisha hat mir von all den Briefen erzählt, die sie an dich geschrieben hat. In einem Brief, den du für sie dagelassen hast, als du aus dem Krankenhaus entlassen worden bist, hast du ihr geschrieben, du gingst an einen Ort in Virginia, der Upland Station heißt, und du hast auch die Booth-Schwestern erwähnt.

Sie hat dir geschrieben, aber du hast ihre Briefe nie beantwortet, und sie sind auch nie zurückgekommen, und daher wußte sie nicht, ob du sie überhaupt bekommen hast.«

»O Jimmy«, stöhnte ich. »Ich habe sie nie zu sehen bekommen. Diese abscheuliche Frau hat sie mir vorenthalten, und sie hat mich daran gehindert, jemandem zu schreiben oder jemanden anzurufen. Es gibt kein Telefon in diesem Haus, und bis zum nächsten Ort sind es viele, viele Meilen.«

»Wer ist diese Frau? Warum hat sie gelogen und mir gesagt, du seist schon fort?« fragte er und schaute die Treppe hinunter. Aber Miss Emily war verschwunden.

»Sie ist Großmutter Cutlers grauenhafte Schwester, sogar noch grauenhafter als diese. Ich hätte das nicht für möglich gehalten, aber es ist so. Es gibt noch eine andere Schwester hier, die einfältig ist und Charlotte heißt, und die quält sie auf eine andere Art ebenfalls.«

Jimmy schüttelte den Kopf und schaute mich an.

»Was ist passiert ... ich meine, ich dachte, du seist hierhergeschickt worden, weil du schwanger warst.«

»Das war ich auch. Ich habe das Kind gerade erst bekommen – deshalb bin ich auch so schwach, deshalb und weil Miss Emily mir etwas zu trinken eingeflößt hat, damit ich keine Schwierigkeiten mache, bis sie soweit ist, mich abzuschieben. Ich habe keine Ahnung, wohin sie mich als nächstes schicken wollten.«

»Und wo ist das Baby?« fragte er.

»Ich weiß es nicht. Sie hat mir gesagt, es sei zu klein. Ich fürchte mich vor dem, was sie getan hat. Ihre Schwester hat mir gesagt, Leute seien gekommen und hätten es geholt. Ich hoffe und bete nur, daß es kein Leichenbestatter war.«

»Ein Leichenbestatter?«

»O Jimmy«, stöhnte ich. »Ich habe es fast einen Monat zu früh geboren. Hier sind so viele furchtbare Dinge passiert. Ich war im Kinderzimmer, und ich habe diese Puppe in der Wiege gesehen, und dann ist sie wutentbrannt hinter mir reingekommen, und deshalb bin ich fortgerannt und hingefallen und ...«

»Ganz ruhig«, sagte Jimmy und strich mir über das verfilzte Haar. »Du wirst noch jede Menge Zeit haben, mir alles ganz genau zu erzählen. Im Moment redest du etwas wirr. Du bist zu durcheinander.«

»Wirr? Ja, ja.« Ich berührte mein eigenes Gesicht. »Ich muß furchtbar aussehen. Seit Monaten habe ich keine Haarbürste mehr, und diese Kleider...«

Ich versuchte aufzustehen, aber mir wurde so schwindlig, daß ich wieder in Jimmys Arme sank.

»Was es auch war, was sie mir eingeflößt hat, es wirkt nach«, erklärte ich.

»Laß dir von mir helfen. Ich bringe dich irgendwo hin, damit du dich einen Moment hinlegen kannst. Und dann werden wir all dem auf den Grund gehen«, sagte er mit großem Nachdruck.

Als ich in seine dunklen Augen schaute, sah ich, wie stark und reif er war. Jimmy war jetzt ein erwachsener Mann. Seine Schultern waren breit, sein Gesicht markant. In seinen Armen oder in seiner Nähe hatte ich mich schon immer sicherer gefühlt als allein, aber jetzt glaubte ich wirklich, daß er die Dinge in die Hand nehmen und tun konnte, was getan werden mußte.

Er hob mich hoch, als wöge ich nicht mehr als ein Baby.

»Bring mich einfach dorthin, wo sie mich eingesperrt hat, Jimmy. Es ist das nächste Bett. Aber sowie ich wieder Luft kriege, will ich wissen, was aus dem Baby geworden ist und was...«

»Das tun wir alles«, sagte er und stützte mich. »Ganz ruhig. Niemand wird dir je wieder etwas antun«, versprach er mir voller Selbstsicherheit.

»O Jimmy, Gott sei Dank, daß du hier bist.« Ich lehnte meinen Kopf an seine starke Schulter und fing an zu schluchzen.

»Weine nicht. Ich werde mich jetzt um dich kümmern«, flüsterte er und küßte mein Haar und meine Stirn.

Als er meine erbärmliche Kammer sah, schnappte er nach Luft.

»Das ist ja höchstens eine Abstellkammer«, sagte er. »Keine

Fenster, keine frische Luft. Und eine kleine Öllampe als einzige Beleuchtung! Und hier riecht es muffig und abgestanden.«

»Ich weiß, aber ich muß mich einfach einen Moment ausruhen.«

Nachdem er mir beim Hinlegen geholfen hatte, ging er ins Bad, um einen nassen Waschlappen zu holen und mir das Gesicht abzuwischen, ehe er ihn mir auf die Stirn legte. »Ein schlimmeres Loch habe ich in ganz Europa nicht gesehen«, murmelte er, als er mir die Wangen mit dem kühlen Lappen abwischte. »Im Vergleich dazu muß man sich in Einzelhaft in einem Militärgefängnis wie in einem Palast vorkommen.«

Er legte den kühlen Lappen auf meine Stirn, setzte sich neben mich auf das Bett und hielt meine Hand.

»Jimmy«, sagte ich und drückte seine Hand. »Bist du hier? Bist du auch ganz, ganz wirklich hier?«

»Ich bin hier, und ich habe nicht die Absicht, dich je wieder lang allein zu lassen«, versprach er mir. Er beugte sich vor und küßte mich zart auf die Lippen. Ich lächelte. Jetzt, da ich mich sicher und geborgen fühlte, konnte ich mich ausruhen.

Ich schlief nicht lange, und Jimmy verließ in all der Zeit kein einziges Mal das Zimmer. Als ich die Augen flatternd wieder aufschlug, geriet ich in Panik, weil ich ihn nicht sofort sah und glaubte, das, was geschehen war, sei nur ein Traum gewesen. Doch sobald er sah, daß ich wach war, kam er sofort zu mir. Er küßte und umarmte mich.

»Fühlst du dich stark genug, um von hier fortzugehen?« fragte er.

»Ja, Jimmy, aber nicht, solange ich nicht weiß, was aus meinem Baby geworden ist«, sagte ich.

»Selbstverständlich. Ich kann einfach nicht glauben, was sie dir angetan haben«, sagte er und strich sich Haarsträhnen aus dem Gesicht. »Ich will es bis in alle Einzelheiten wissen.«

»Ich werde dir alles ganz genau erzählen, Jimmy – die schrecklichen Hausarbeiten, die sie mir aufgetragen hat, wie ich in der Kälte schlafen mußte, die kärglichen Mahlzeiten, die endlosen Gebete – sie ist eine religiöse Fanatikerin, die mich behandelt hat, als sei ich ein Kind des Teufels. Und ich bin sicher, daß Großmutter Cutler genau gewußt hat, was passiert, als sie mich hergeschickt hat. Aber erst will ich mein Baby finden.«

Er nickte, sein Mund wurde fester, und das vertraute, zornige Funkeln trat in seine dunklen Augen.

»Laß uns gehen«, sagte er im Befehlston. »Ich will nicht, daß wir einen Moment länger als nötig in dieser üblen Bruchbude bleiben.«

Er half mir auf die Füße. Ich fühlte mich kräftiger, und ich war wesentlicher klarer im Kopf. Wir verließen das Zimmer, das so viele Monate lang mein armseliges Zuhause gewesen war. Seltsamerweise hatte ich mich an diese Abstellkammer gewöhnt. Sie war selbst wie ein verstoßenes Kind, mißhandelt, vergessen und im Dunkel und im Grauen von der Farm begraben.

Sobald wir die Treppe hinunterstiegen, wußte ich, wo Miss Emily war. In der Bibliothek brannte Licht.

»Sie hofft, daß wir einfach gehen«, sagte ich. »Sie will uns ignorieren und so tun, als könnte alles, was sie angerichtet hat, ungeschehen gemacht werden.«

Jimmy nickte, und sein Blick heftete sich starr auf die Tür der Bibliothek. Ich nahm seine Hand in meine, und wir gingen auf den Raum zu.

Miss Emily saß an ihrem gewohnten Platz hinter dem großen Schreibtisch unter dem Porträt ihres Vaters, aber diesmal erschien sie mir nicht so furchteinflößend wie sonst, und das Porträt auch nicht. Ich hatte Jimmy an meiner Seite und konnte auf seine Kraft zurückgreifen.

Sobald wir eintraten, lehnte sie sich zurück, und auf ihrem Gesicht bildete sich dieses gemeine Lächeln. Ihre bleiche Gesichtshaut war so dünn, daß man darunter deutlich die Schädelknochen erkennen konnte. Es war, als sähe man dem Tod persönlich ins Gesicht.

»So«, sagte sie. »Eigentlich bin ich sogar froh, daß jemand

gekommen ist, um dich zu holen. Das spart mir die Kosten dafür, Luther zum Bahnhof von Lynchburg zu schicken, und außerdem hat Luther wichtigeres zu tun.«

»Ja, Sie haben ihn sich im Lauf der Jahre zum unterwürfigen Sklaven gemacht, ihn bestraft und ihn immer wieder bestraft, und er hat es hingenommen, aber damit müssen Sie und Luther leben. Ich werde nicht von hier fortgehen, solange ich nicht weiß, was Sie mit meinem Baby gemacht haben. Wer hat es abgeholt? Wem haben Sie sie gegeben? Warum haben Sie das getan?« fragte ich in einem schrillen Tonfall und trat näher an den Schreibtisch.

»Ich habe es dir doch schon gesagt«, erwiderte sie kühl. »Das Baby war zu klein. Du hättest ohnehin nicht für die Kleine sorgen können. Meine Schwester hat das Richtige getan«, fügte sie hinzu und machte den Eindruck, als wollte sie wieder an ihre Arbeit gehen und uns mit dieser Erklärung abspeisen.

Aber ich stürzte an den Schreibtisch und schlug mit den Händen auf ihre Papiere.

»Was soll das heißen, Ihre Schwester hätte das Richtige getan? Was hat sie getan?«

Sie schaute wütend, furchtlos und ungerührt zu mir auf, und ihre Augen waren hart. Sie würde kein Wort mehr dazu sagen. Aber dann trat Jimmy neben mich.

»Sie sollten uns lieber alles erzählen«, sagte er. »Sie hatten kein Recht, ihr Baby wegzugeben, und wenn es sein muß, werden wir zur Polizei gehen und sie herholen.«

»Wie können Sie es wagen ...«

»Sehen Sie«, sagte er und stützte sich mit den Händen auf den Schreibtisch. Er beugte sich zu ihr vor. »Ich will keine Minute länger als nötig hierbleiben, aber wir bleiben hier, bis die Hölle gefriert, wenn Sie uns Schwierigkeiten machen.«

Es heiterte mich auf, endlich jemanden so mit Miss Emily reden zu hören.

»Wir können Sie wegen Kindesentführung anzeigen, verstehen Sie? Also, was haben Sie mit dem Baby getan? Reden Sie!«

sagte er und schlug so fest und unerwartet auf den Tisch, daß Miss Emily auf ihrem Stuhl zusammenzuckte.

»Ich weiß nicht, wer das Baby hat«, winselte sie. »Meine Schwester hatte bereits alle Vorkehrungen getroffen, ehe Eugenia«, sagte sie und sah mich wütend an, »hier angekommen ist. Sie werden sie selbst fragen müssen.«

»Genau das werden wir auch tun«, sagte Jimmy. »Wenn sich herausstellt, daß Sie lügen und daß Sie es gewußt haben, dann kommen wir mit der Polizei zurück und lassen Sie wegen Beihilfe zu einem Verbrechen verhaften.«

»Ich lüge nicht«, sagte sie trotzig, und ihre Lippen, die so dünn wie ein Bleistiftstrich waren, verkrampften sich derart, daß ich glaubte, sie würden reißen wie Gummiringe. Jimmy sah sie lange an und richtete sich dann auf.

»Laß uns von hier verschwinden, Dawn«, sagte er.

»Ja, Gott sei Dank, dich wären wir los«, zischte Miss Emily.

Ich explodierte innerlich. All der Schmerz und die Wut, die ich zurückgehalten hatte, alles, was ich in meinem Herzen verschlossen hatte, brach gewaltsam heraus. Jedes böse Wort, das sie an mich gerichtet hatte, all das schlechte Essen, das sie mir aufgezwungen hatte, die Dunkelheit, in der ich leben mußte, und ihre Beleidigungen, all das stieg in mir hoch.

»Oh, nein, Miss Emily«, sagte ich langsam und lief um den Schreibtisch herum auf sie zu. »Gott sei Dank, daß ich Sie los bin. Gott sei Dank, daß ich Ihr häßliches, frustriertes und hassenswertes Gesicht nicht mehr sehen muß. Gott sei Dank, daß ich mir Ihre religiöse Scheinheiligkeit nicht mehr bieten lassen muß, Ihre Art, jeden anderen als sündhaft und abscheulich hinzustellen, während Sie selbst doch das Sündhafteste und Abscheulichste in diesem ganzen Haus sind. Gott sei Dank, daß ich ab jetzt von Ihrem Geiz verschont bin, daß ich Ihren Neid nicht mehr zu spüren brauche. Gott sei Dank, daß Sie mir nicht mehr vormachen können, Sie wollten alles um sich sauber haben, während Sie selbst im Dreck und im Dunkel dieses Sargs leben, den Sie Ihr Haus nennen.«

Ich stand direkt neben ihr und schaute auf sie herunter.

»Nie in meinem ganzen Leben habe ich mich von irgend etwas so gern verabschiedet wie von Ihnen. Und wissen Sie, Miss Emily, nachdem ich hier bei Ihnen gelebt habe und mir ansehen mußte, wie Sie sind, tut mir der Teufel leid, denn wenn Sie sterben, werden Sie mit Sicherheit in die Hölle kommen, und selbst Satan hat eine solche Abscheulichkeit wie Sie nicht verdient.«

Ich machte auf dem Absatz kehrt und ließ sie mit offenem Mund zurück. Ihre Blicke waren wie erstarrt, und sie wirkte noch mehr als sonst wie ein Leichnam. Jimmy nahm mich an der Hand und lächelte.

»Momma hätte gewiß ihre helle Freude daran gehabt, wenn sie das hätte hören und sehen dürfen«, sagte er.

»Ich bin ganz sicher, daß sie es gehört und gesehen hat«, erwiderte ich, als wir die Bibliothek verließen.

Als wir gerade aus der Haustür traten und die Stufen zu Jimmys Wagen hinunterstiegen, hörte ich, wie Charlotte meinen Namen rief, und als ich mich umdrehte, sah ich sie, wie sie aus dem Haus gelaufen kam.

»Wer ist denn das?« fragte Jimmy.

Charlotte hatte ihr Haar wie üblich zu langen Zöpfen geflochten und trug dasselbe rosa Hängekleid mit dem gelben Schnürgürtel, das sie am Tag meiner Ankunft getragen hatte. Sie hatte die Pantoffeln ihres Vaters an den Füßen und schlurfte hinter uns her.

»Das ist Charlotte«, sagte ich. »Es ist in Ordnung. Ich möchte mich von ihr verabschieden.«

»Machst du eine Spazierfahrt?« fragte Charlotte und starrte Jimmy an.

»Ich gehe fort, Charlotte. Ich muß von hier fortgehen und mein Baby suchen«, sagte ich zu ihr.

»Oh, du mußt jetzt gehen«, sagte sie und sah von mir zu Jimmy.

»Ja.«

»Tja, dann – da hast du was«, sagte sie und hielt mir ihre Hände hin. Sie schenkte mir eine ihrer Handarbeiten. Ich faltete die Stickerei auseinander und sah das Bild einer jungen Frau, die bemerkenswerte Ähnlichkeit mit mir hatte, aber ihr Haar war lang und schön, und sie trug ein wunderschönes hellblaues Kleid. In den Armen hielt sie liebevoll ein Baby.

»O Charlotte, das ist ja wunderschön. Ich kann einfach nicht glauben, daß du es gemacht hast. Du bist sehr, sehr begabt. Du mußt sehr lange daran gearbeitet haben«, sagte ich.

»Gestern«, sagte Charlotte und lachte. Alles war gestern. Vielleicht war das ihre Art, all die abscheulichen Tage, die dazwischenlagen, auszulöschen. Vielleicht war sie wirklich viel gescheiter, als Miss Emily glaubte.

»Tja, ich danke dir, Charlotte.« Ich warf noch einen Blick auf das Haus. »Laß dich nicht von ihr quälen oder dir das Gefühl geben, du seist schlecht. Du bist besser als sie, viel besser.« Ich umarmte sie. »Auf Wiedersehen, Charlotte.«

»Auf Wiedersehen. Ach, wenn du zurückkommst, könntest du mir dann saure Drops mitbringen? Ich habe schon keine sauren Drops mehr bekommen, seit...«

»Seit gestern«, sagte ich. »Ja, ich werde dafür sorgen, daß du sie tütenweise kriegst.«

Sie lächelte, blieb stehen und sah uns nach, als wir in den Wagen stiegen. Als Jimmy losfuhr und wir über die zerfurchte Ausfahrt holperten, schaute ich mich nach dem trostlosen, finsteren Haus um und sah Charlotte winken wie ein kleines Mädchen. Mir traten Tränen in die Augen.

Jimmy bog von der Ausfahrt auf die Straße ab, und das Gebäude verschwand aus meiner Sicht, aber aus meiner Erinnerung würde es sich nie mehr löschen lassen. In dem verborgenen Winkel, in dem ich meine gräßlichsten Erinnerungen aufbewahrte, würde es für immer und ewig einen Platz einnehmen. Jetzt hatte ich es hinter mir, und das ließ mich in Tränen ausbrechen. Ich schluchzte so heftig, daß Jimmy anhalten, den Arm um meine Schultern legen und mich trösten mußte.

»Es ist alles gut, Jimmy«, sagte ich. »Ich bin nur so froh, daß ich es hinter mir habe. Fahr, damit wir dieses Haus möglichst schnell, möglichst weit hinter uns lassen.«

Vor uns schien der Himmel blau zu sein. Es war, als ob die dunkelsten Wolken nur über dem Haus und der Farm hingen, dort ihren festen Platz hatten, denn je weiter wir uns entfernten, desto strahlender war der Himmel, und es schien auch wärmer zu werden. Ich hatte ganz vergessen, wie sehr ich den Anblick grüner Natur und den Geruch frischen Grases liebte. Ich kam mir vor wie jemand, der aus dem Gefängnis entlassen worden ist, wie jemand, dem alles verboten gewesen war, was auf Erden schön und gut war, und jetzt konnte ich dies alles endlich wieder genießen. Das erfüllte mich mit neuer Hoffnung und mit neuer Entschlossenheit. Ich spürte, wie ich von Sekunde zu Sekunde kräftiger wurde.

»Jimmy, bitte, fahr uns so schnell wie möglich nach Cutler's Cove. Ich will Großmutter Cutler sehen und sie dazu bringen, uns zu sagen, wohin sie mein Baby geschickt hat, ehe zuviel Zeit vergangen ist.«

»Klare Sache«, sagte er.

»Weißt du, was sie getan hat, Jimmy?« fragte ich, und jetzt wurde es mir selbst erst vollständig klar. »Sie hat mit meinem Baby dasselbe getan, was sie damals mit mir getan hat. Sie hat dafür gesorgt, daß andere Leute es aufnehmen und als ihr eigenes Kind großziehen. Sie glaubt, sie hat das Recht, über das Leben aller zu bestimmen.«

Jimmy nickte.

»Wir werden aber verhindern, daß es diesmal wieder passiert«, sagte er. »Mach dir darüber keine Sorgen.«

»Jimmy, ich habe deine Hilfe nicht verdient«, stöhnte ich. »Ich habe dir etwas versprochen, als du mich in New York besucht hast, und dann sind mir einige Dinge zu Kopf gestiegen, die Aufregungen, die Lichter, die Musik, genauso, wie du es befürchtet hast. Ich habe dir gesagt, das würde nie passieren, das könnte nie passieren, und schon nach kurzer Zeit war es soweit.

Ich habe ein paarmal versucht, es dir zu schreiben, aber ich habe es nie geschafft, dies alles in Worte zu fassen. Vielleicht wollte ich tief in meinem Innern wirklich nicht, daß es so kommt.«

»Jemand hat dich ausgenutzt«, sagte Jimmy mit einer Reife, die mich überraschte. »Ich habe solche Dinge oft erlebt – junge Mädchen, die leicht zu beeindrucken sind und sich wunderbare Dinge von älteren Männern versprechen lassen, die sich ihre Hoffnungen und Träume zunutze machen. Hinterher sitzen sie dann allein da und weinen. Manche meiner Kumpel beim Militär haben sich dasselbe zuschulden kommen lassen«, fügte er wütend hinzu. »Ich bekäme zu gern den Mann in die Finger, der dich in diese furchtbare Situation gebracht hat.« Er drehte sich zu mir her. »Oder machst du dir immer noch etwas aus ihm?«

»Nein, Jimmy, ich kann mir nichts aus jemandem machen, der das tut, was er getan hat.«

Jimmy lächelte.

»Die Hauptsache ist jetzt, daß wir zusehen müssen, daß du damit fertig wirst. Wir müssen soviel Unrecht wiedergutmachen, wie es nur irgend geht, und dann müssen wir weitermachen. Du wirst trotzdem eines Tages eine ganz große Sängerin werden. Du wirst es ja sehen«, sagte er und tätschelte meine Hand.

»Im Moment ist es für mich das wichtigste, mein Baby zu finden. In dem Moment, in dem ich ihr in das winzige, bezaubernde Gesicht gesehen habe, wußte ich, daß sie etwas Gutes ist, jemand, den man behüten und lieben muß. Durch meine Fehler ist sie zur Welt gekommen, und ich möchte ihr das Leben so schön machen, wie ich es nur irgend kann. Das verstehst du doch, oder nicht, Jimmy?«

»Natürlich, aber alles der Reihe nach, und ich möchte als erstes mit dir in ein Geschäft gehen und dir etwas Hübsches zum Anziehen kaufen. Wir besorgen dir eine Bürste und ein paar Sachen, und dann nehmen wir uns ein Motelzimmer, damit du dich frischmachen und ausruhen kannst.

Ich erinnere mich nämlich noch an Großmutter Cutler, und wenn wir nach Cutler's Cove kommen und uns auf eine Auseinandersetzung mit ihr einlassen, dann möchte ich, daß du frisch und stark wirkst, damit ihr klar wird, daß sie es mit zwei harten Brocken zu tun hat, einverstanden?«

»O Jimmy, ja, o ja.« Ich umarmte ihn und küßte seine Wange.

»He, immer mit der Ruhe«, sagte er. »Du küßt schließlich einen Meisterscharfschützen und Unteroffizier«, sagte er und strich sich stolz über die Uniform. Dann drehte er sich zu mir und drückte die Brust heraus, damit ich seine Orden sehen konnte.

»Ein Unteroffizier! Du bist schon wieder befördert worden? Das wundert mich gar nicht. Ich wußte immer, daß du Erfolg haben wirst, ganz gleich, wofür du dich entscheidest.«

»Vielleicht wußte ich schon immer, daß du das von mir erwartet hast«, sagte Jimmy. »Vielleicht ist das die Ursache meines Erfolgs.«

Ich legte meinen Kopf gegen Jimmys Schulter, während wir weiterfuhren. Wie glücklich ich doch sein konnte, ihn wieder bei mir zu haben, dachte ich. Noch vor kurzer Zeit war ich der Überzeugung gewesen, ich sei das unglücklichste Mädchen auf Erden, verdammt und für immer und ewig verloren.

Und jetzt war Jimmy zu mir gekommen wie der Regenbogen nach dem Regen, wie die ersten Sonnenstrahlen, die durch eine Lücke zwischen den Wolken fallen, und wo einst nur Bosheit und Haß gewesen war, da herrschten jetzt strahlende Helligkeit und Liebe. Ich war zuversichtlich, daß ich mein Baby bald wieder bei mir haben würde.

Meine Augen waren geschlossen, doch ich sah überall Sonnenschein.

17

Eine unerwartete Schicksalswende

Jimmy bestand darauf, mir neue Kleider und neue Schuhe zu kaufen, und er führte mich in ein Kaufhaus, sowie wir eine Stadt erreichten, in dem es alles gab. Er war sehr stolz darauf, mir diese Dinge kaufen zu können, und ich merkte, daß er außer sich geraten wäre, wenn ich angefangen hätte, Einwände zu erheben, weil etwas zu teuer war.

»Ich habe es dir doch schon gesagt«, erinnerte er mich noch einmal. »Von jetzt an werde ich mich um dich kümmern. In Deutschland haben meine Kumpel mich ›der kleine Geizhals‹ genannt, weil ich nicht jeden Penny, den ich verdient habe, sofort wieder ausgegeben habe. Ich habe gespart und gespart und war schon allein bei dem Gedanken an all die Dinge glücklich, die ich dir kaufen kann, sobald ich wieder da bin.

Und außerdem gefällt es mir, wie du in schicken, neuen Kleidern aussiehst«, fügte er hinzu.

»Jimmy, du kannst mir nichts vormachen. Ich weiß, wie furchtbar ich aussehe. Ich bin blaß und häßlich, und mein Haar ist abscheulich.«

»Alles der Reihe nach«, sagte er und kaufte mir erst einmal die Kleidung, die ich brauchte. Anschließend kaufte er mir Bürsten, Kämme und einen Lippenstift. Als wir unsere Einkäufe erledigt hatten, fuhren wir ein paar Stunden und hielten dann vor einem Motel an.

Ich konnte nicht glauben, wie wohltuend eine heiße Dusche war und was für ein wunderbares Gefühl es sein konnte, sich Shampoo und eine Spülung ins Haar zu massieren. Ich blieb so lange unter der Dusche stehen, daß Jimmy an die Tür klopfte und fragte, ob ich ertrunken sei.

Als ich endlich genug hatte, hüllte ich mich in ein Handtuch und streckte den Kopf zur Tür heraus. Er rekelte sich auf einem der Doppelbetten und las eine Zeitung. Als ich ihn so entspannt dort liegen sah, fiel mir wieder ein, wie er quer auf unserem schmalen Schlafsofa gelegen und Comics gelesen hatte; wenn etwas ihn geärgert oder belastet hatte, hatte er die dunklen Augenbrauen hochgezogen und die Stirn gerunzelt. Einen Moment lang hatte ich das Gefühl, ich könnte die Augen schließen und die Zeit zurückdrehen, und all die schrecklichen Dinge, die uns seit unserer Kindheit zugestoßen waren, würden dann nur noch Alpträume sein.

»He«, sagte er. Er ließ die Zeitung sinken und sah mich an. »Ist alles in Ordnung mit dir?«

»Ja, Jimmy. Ich fühle mich wie ein neuer Mensch.«

Gleich neben der Badtür gab es einen kleinen Frisiertisch und einen Spiegel. Ich setzte mich hin und fing an, mir das Haar zu trocknen.

»Laß dir von mir helfen«, sagte Jimmy und sprang auf. »Du erinnerst dich wahrscheinlich nicht mehr daran, wie ich dir früher das Haar trockengerieben habe, als du noch ein winziger Knirps warst«, scherzte er.

»Ich erinnere mich daran, Jimmy«, sagte ich und sah ihn lächelnd an. Er nahm das Handtuch und rieb mir das Haar, bis es trocken war. Es war ein so wohltuendes Gefühl, daß ich die Augen schloß und ihn weitermachen ließ. Als er aufhörte, drückte er mir einen Kuß aufs Haar.

»Vielleicht werde ich Friseur«, lachte er.

»Ich bin sicher, daß du alles werden kannst, was du willst, Jimmy«, sagte ich voller Zuversicht und schaute sein Gesicht im Spiegel an. »Was willst du wirklich tun, wenn du offiziell vom Militär entlassen wirst?«

»Ich weiß es nicht.« Er zuckte die Achseln. »Ich vermute, etwas mit Mechanik oder Elektrik. Ich arbeite gern mit den Händen.«

Er trat zurück und sah mir zu, wie ich mir das Haar mit

langen, gleichmäßigen Bewegungen ausbürstete. Natürlich waren die Strähnen ungleichmäßig nachgewachsen, und ich mußte sie nachschneiden. Da ich mein Haar auf der Farm die meiste Zeit aufgesteckt getragen hatte, hatte ich gar nicht gemerkt, wie lang es geworden war.

»Es fühlt sich so zart an«, murmelte Jimmy und kam näher, um mir mit der Hand über das Haar zu streichen. Ich griff nach seiner Hand und führte sie an meine Lippen. Einen Moment lang schloß ich die Augen und hielt seine Hand einfach fest.

»Es ist schon in Ordnung«, flüsterte er. »Es wird schon alles wieder gut werden.«

Als ich mit meinem Haar fertig war, legte ich mich hin, um mich auszuruhen. Wir hatten geplant, ein kurzes Nickerchen zu machen und dann ganz köstlich essen zu gehen. Es war so lange her, seit ich das letzte Mal etwas gegessen hatte, was wirklich gut schmeckte. Aber keinem von uns war klar, wie müde wir eigentlich waren. Er war tagelang unterwegs gewesen, ehe es ihm endlich gelungen war, mich zu finden. Ich wachte sogar als erste auf und stellte fest, daß wir bis in die Nacht hinein geschlafen hatten. Ich brachte es nicht übers Herz, ihn zu wecken, obwohl mein Magen vor Hunger knurrte. Ich schlich mich auf Zehenspitzen aus dem Bett und zog mich leise an. Dann setzte ich mich auf einen Stuhl und wartete, bis er die Augen aufschlug.

Als seine Lider sich öffneten, blinzelte er mehrfach schnell hintereinander und schaute mich dann einen Moment lang seltsam an, ehe er sich abrupt aufsetzte.

»Wie spät ist es?«

»Fast neun«, sagte ich.

»Warum hast du mich nicht geweckt?« fragte er und schwang die Beine über die Bettkante.

»Das konnte ich nicht tun, Jimmy. Du hast so zufrieden ausgesehen, als du noch geschlafen hast.«

»Das sieht dir ähnlich – an einen anderen zu denken, während du dagesessen hast und wahrscheinlich fast am Verhungern warst«, sagte er. »Als ich dich eben beim Aufwachen angesehen habe, dachte ich, ich sei wieder in Europa und hätte einen meiner Träume. Ich habe mir täglich so sehr gewünscht, dich zu sehen«, sagte er, während er sich die Schuhe anzog. »Ich habe dich überall vor mir gesehen.«

»Jetzt brauchst du mich nicht mehr in deiner Phantasie vor dir zu sehen, Jimmy«, sagte ich zu ihm. Er lächelte und zog sich eilig an, damit wir essen gehen konnten. Wir gingen in das Restaurant, das zum Motel gehörte, und zu dem Zeitpunkt wußte ich, daß mir alles Eßbare wie das köstlichste Festessen vorkommen würde – mir wäre alles wie ein nobles Feinschmeckermenü erschienen.

Nachdem wir uns hingesetzt hatten und man uns die Speisekarte gebracht hatte, konnte ich mich nicht entscheiden. Ich genoß es schon, zu lesen, welche wunderbaren Gerichte zur Auswahl standen, und die tollen Gerichte zu sehen, die mir monatelang verboten gewesen waren. Jimmy zog mich damit auf, daß ich solange brauchte. Als ich ihm sagte, woran es lag, schlug er vor, ich solle die Speisekarte hinlegen, die Augen zumachen und mit dem Finger blind auf ein Gericht deuten. Ich tat es und wählte auf diese Art den gebratenen Truthahn aus.

Vorher aß ich einen delikaten Salat. Ich verdarb mir fast den Appetit, weil ich drei Brötchen aß, die ich dick mit Butter bestrich. Ich bestellte eine Cola und erfreute mich an der Süße. Einfach himmlisch! Jimmy mußte immer wieder lachen und den Kopf über mich schütteln. Als die Platte mit dem Truthahn, der Preiselbeersauce, den Süßkartoffeln und dem Broccoli serviert wurde, fing ich an zu weinen. Ich konnte nichts dagegen tun.

»He, laß das«, sagte Jimmy und streckte den Arm aus, um meine Hand in die seine zu nehmen. »Du wirst dir noch den Appetit verderben, wenn du dich zu sehr aufregst.«

»Mir kann nichts den Appetit verderben«, erklärte ich und fiel regelrecht über mein Essen her. Ich genoß jeden Bissen. Obwohl ich total satt war, bestellte ich noch ein Stück Schokoladentorte. Als wir gegessen hatten, konnte ich kaum noch aufstehen.

»Du machst so manchem Fernfahrer Konkurrenz«, verkündete Jimmy.

Keiner von uns beiden brauchte lange, um wieder einzuschlafen, doch als die Sonne durch den Vorhang schien, schlug ich die Augen auf. Der Anblick war für mich wie ein Wunder. Es war schon lange her, seit ich das letzte Mal beim Aufwachen gesehen hatte, wie die goldenen Strahlen der frühen Morgensonne die Dunkelheit durchdrangen. Ich fand, das sei wirklich einer der schönsten Anblicke auf Erden. Wie gräßlich es doch gewesen war, wie ein Maulwurf in diesem deprimierend dunklen, alten Gehöft zu leben.

Beim Frühstück hatte ich nicht weniger Appetit als beim Abendessen. Bereits der Geruch des Specks ließ meinen Magen in freudigen Aufruhr geraten. Ich aß Eier und Würstchen und Brötchen und trank eine Tasse Kaffee nach der anderen, denn Miss Emily hatte Kaffee für ebenso schandbar wie Whisky gehalten.

Das Essen und die Ruhe hatten mich gekräftigt, und in neuen Kleidern und mit frischgewaschenem und gebürstetem Haar fühlte ich mich stark genug, um meiner abscheulichen Großmutter gegenüberzutreten. Jimmy hatte recht gehabt, als er gesagt hatte: »Alles der Reihe nach.« Wir fuhren weiter und waren jetzt nur noch Stunden von unserem Ziel entfernt.

»Du hast mich gar nicht nach meiner Affäre mit Michael Sutton gefragt, Jimmy«, begann ich zögernd, nachdem er endlos über all seine Erlebnisse in Europa geredet hatte.

»Du brauchst mir nichts zu sagen«, sagte er etwas angespannt.

»Ich weiß, aber ich tue es trotzdem. Ich will es tun«, sprudelte ich hervor. »Er war mein Gesangslehrer, und er hat mir gesagt, er würde einen Broadwaystar aus mir machen. Alles ist so schnell passiert. Ehe ich wußte, wie mir geschah, hat er mich zu sich in seine Wohnung eingeladen und ...«

»Dawn, bitte«, sagte Jimmy flehentlich und verzog das Gesicht zu einer schmerzlichen Grimasse. »Ich will es nicht hören. Jetzt ist es vorbei. Ich weiß, daß er dir weh getan hat. Und ich wünschte wirklich, ich bekäme ihn in die Finger. Vielleicht kommt es ja eines Tages dazu, aber du brauchst mir nichts zu erklären. Ich habe dir doch schon gesagt, daß ich weiß, wie solche Dinge passieren. Ich habe es selbst gesehen.

Wichtig ist jetzt«, sagte er und sah mich aus dunklen Augen an, die vor Entschlossenheit zusammengekniffen waren, »daß dir so etwas nicht noch einmal passiert.«

Ich nickte und war erleichtert, weil Jimmy mir verziehen hatte.

»Ich liebe dich, Jimmy. Ich liebe dich wirklich. Mir war nicht klar, wie sehr ich dich liebe, und es tut mir leid.«

»Iß nur nicht so weiter, wie du es in den letzten vierundzwanzig Stunden getan hast«, scherzte er. »Das kann ich mir nicht leisten.«

Es tat so gut, wieder zu lachen und sich entspannen zu können und sich mit jemandem wohlzufühlen. Es war merkwürdig, aber je weiter wir die Farm hinter uns ließen, desto klarer stellte ich fest, daß ich Miss Emily jetzt schon mehr bemitleidete als haßte.

Aber für Großmutter Cutler brachte ich keine Spur von Mitleid auf. Sie war eine derart böse, gemeine Frau! Dieselben Kräfte, die Miss Emily erschaffen hatten, hatten auch sie erschaffen, nur besaß sie eine zusätzliche Macht – sie konnte die meisten Menschen dazu bringen, sie zu respektieren, und sie hatte es geschafft, in der wirklichen Welt einiges zu erreichen. Es bestand kein Zweifel daran, daß sie ein furchteinflößender Gegner war. Mein Herz schlug immer heftiger, je näher wir Cutler's Cove und unserer unvermeidlichen Auseinandersetzung kamen. Ich nahm kaum zur Kenntnis, wie wunderschön der späte Frühlingstag mit seinem tiefblauen Himmel und den weißen Wolken war. In meiner Besorgnis erschien mir die Welt wieder grau und finster; für mich konnte es keinen warmen Sonnenschein geben, solange ich nicht wieder mit meinem Baby vereinigt war.

Der erste Blick auf das Meer ließ mir einen Schauder über den Rücken laufen. Etwas später sah ich das vertraute Straßenschild, das ankündigte, hier sei der Ortsanfang des Seebads Cutler's

Cove. Nichts schien mir verändert zu sein. So früh in der Saison wirkte die lange Straße mit ihren kleinen Geschäften und Restaurants still und malerisch. Es herrschte kaum Verkehr, und nur wenige Leute waren auf den Bürgersteigen unterwegs. Die Ortschaft strahlte eine träge, entspannte Atmosphäre aus, aber mir erschien es, als kämen wir durch das windstille Zentrum eines Wirbelsturms. Die hübschen Läden, die Motorboote und die Segelboote unten im Hafen, die üppigen grünen Rasenflächen und die friedlichen Straßen waren alle nur Teil einer Täuschung, denn im Herzen von Cutler's Cove pulsierte das Böse, Großmutter Cutler's Schlechtigkeit.

»Wir sind so gut wie da«, sagte Jimmy und lächelte mir ermutigend zu. »Mach dir keine Sorgen«, sagte er dann. »Wir werden allem auf den Grund gehen und die Dinge ein für allemal regeln.«

Ich holte tief Atem und nickte. Wir kamen an die Stelle, an der die Küste landeinwärts führte und eine Bucht bildete, den Privatstrand für die Gäste des Cutler's Cove Hotels, ein weißer Sandstrand, der immer sauber und frisch wirkte. Sogar die anrollenden Wellen näherten sich hier besonders behutsam, als fürchtete das Meer, den Zorn der mächtigen alten Frau auf sich zu ziehen, die über dieses Königreich am Wasser herrschte. Fast konnte ich ihre Stimme hören und ihr Gesicht sehen, als ich das Schild las, auf dem stand, dieser Strand sei FÜR DIE GÄSTE DES CUTLER'S COVE HOTEL RESERVIERT!

Jimmy bog in die Auffahrt ein, und das Hotel ragte vor uns auf einer kleinen Erhebung auf, im Vordergrund die gepflegten Rasenflächen der Hügel. Das dreistöckige Gebäude, in Wedgewoodblau gehalten und mit schneeweißen Fensterläden und einer großen Veranda versehen, die sich um das ganze Haus zog, wirkte seltsam still. Die japanischen Lampions schaukelten leicht im Wind. Nur ein paar Angestellte waren auf einer Seite des Hauses zu sehen, Gärtner, die die Hecken zurückschnitten und Blumen pflanzten. Ich sah keine Gäste draußen auf der Veranda sitzen, wie ich es erwartet hatte, und ich sah auch niemanden bei den beiden kleinen Lauben oder auf den hölzernen und steinernen Bänken, und es schlenderte auch niemand zwischen den Brunnen und den Blumenbeeten herum.

»Es sieht geschlossen aus«, bemerkte Jimmy.

Es war mitten am Nachmittag, und daher wußte ich, daß die Leute nicht beim Mittagessen oder beim Abendessen saßen.

»Ja, wirklich«, sagte ich. Ich war schon nervös genug. Der ungewöhnliche Anblick, der mich begrüßte, verstärkte meine Unruhe noch mehr.

Jimmy fuhr vor dem Hotel vor und parkte. Einen Moment lang saß ich einfach nur da und starrte durch das Autofenster den Haupteingang des Hotels an, und ich erinnerte mich wieder an jenen Morgen, an dem ich das Hotel verlassen hatte, um in New York City eine Schule für darstellende Künste zu besuchen. An jenem Tag war ich sehr aufgeregt gewesen, aber ich erinnerte mich noch deutlich an den Ausdruck auf den Gesichtern von Clara Sue und Philip, meiner Mutter und Randolph und vor allem von Großmutter Cutler. All diese Gesichter kamen mir jetzt in den Sinn.

»Bist du soweit?« fragte Jimmy.

»Ja«, sagte ich mit fester Stimme und stieg aus dem Wagen. Wir eilten die Stufen hinauf und betraten das Hotelfoyer. In dem Moment wußte ich, daß hier ganz eindeutig etwas nicht stimmte. Bis auf Mrs. Hill und eine Angestellte an der Rezeption war niemand im Foyer zu sehen, nicht ein einziger Mensch.

»Es muß geschlossen sein«, bemerkte Jimmy, der sich umsah.

Ich ging auf die Rezeption zu. Mrs. Hill blickte auf, sowie sie bemerkte, daß jemand eingetreten war. Ich sah die Sorge in ihrem Gesicht. Sie schüttelte behutsam den Kopf, als ich auf den Empfangsschalter zuging.

»Ach, du bist aus der Schule zurück«, sagte sie.

Nachdem sie von der »Schule« gesprochen hatte, war mir natürlich klar, daß Großmutter Cutler hier alle in dem Glauben gelassen hatte, ich sei noch in New York.

»Wo sind denn die Gäste?« fragte ich.

»Gäste? Ach, das weißt du noch nicht«, sagte sie, und ihre Mundwinkel zuckten.

»Was weiß ich noch nicht?« fragte ich.

»Deine Großmutter hat einen schlimmen Schlaganfall erlitten. Sie liegt im Krankenhaus, und wir haben das Hotel für Wochen geschlossen. Dein Vater war so verstört, daß er überhaupt nichts mehr tun konnte, und deine Mutter ... nun ja, deine Mutter ist außer sich.«

»Ein Schlaganfall? Wann ist das passiert?« fragte ich ungeduldig. Sie brach fast in Tränen aus. »Ich meine ... ich wußte nichts davon«, sagte ich leise und freundlicher.

»Gerade erst gestern. Wir hatten zu dem Zeitpunkt nur wenige Gäste, da die Saison noch nicht begonnen hat. Dein Vater hat allen, die hier waren, den vollen Betrag zurückerstattet und natürlich niemanden von der Lohnliste gestrichen.«

Ich sah Jimmy an. Er schüttelte den Kopf und war nicht sicher, was wir als nächstes tun sollten.

»Ist mein Vater hier, oder ist er im Moment im Krankenhaus?« fragte ich.

»Er ist in seinem Büro. Er ist den ganzen Morgen über nicht rausgekommen«, sagte sie. »Ihm setzt das alles sehr zu. Es ist gut, daß du nach Hause gekommen bist«, fügte sie hinzu. »Vielleicht kannst du irgendwie helfen.

Die arme Mrs. Cutler«, fuhr sie fort und tupfte sich mit einem Taschentuch die Augen. »Sie ist ganz einfach in ihrem Büro an ihrem Schreibtisch zusammengebrochen. Das sieht ihr ähnlich, daß sie krank wird, während sie mitten in der Arbeit steckt. Zum Glück suchte dein Vater sie gerade, und er hat sie gefunden. Es hat einen ziemlichen Wirbel gegeben, bis der Krankenwagen endlich kam und sie ins Krankenhaus gebracht hat. Aber wir beten alle«, fügte sie hinzu.

»Danke«, sagte ich und bedeutete Jimmy, er solle mir durchs Foyer zu Randolphs Büro folgen. Als wir dort ankamen, klopfte ich leise an die Tür, aber wir hörten keine Reaktion. Ich klopfte noch einmal, diesmal fester.

»Wer ist da? Wer ist da?« schrie eine panische Stimme. Ich öffnete die Tür, und wir traten ein.

Randolph saß an seinem Schreibtisch und war über einen Packen Papiere gebeugt. Er schaute kaum auf. Sein Haar war zerzaust, seine Krawatte war gelockert, sein Hemd aufgeknöpft, und seine Augen hatten einen glasigen Blick. Kein Schimmer des Wiedererkennens trat auf sein Gesicht.

»Es tut mir leid«, sagte er. »Ich habe im Moment zuviel zu tun. Später, später ...«

Er wandte seine Aufmerksamkeit wieder den Papieren zu und ließ einen Stift über eine und dann eine andere Seite gleiten, von oben nach unten und dann wieder nach oben, als suchte er verzweifelt nach einem bestimmten Einzelposten.

»Randolph, ich bin es, Dawn«, sagte ich. Er blickte auf.

»Dawn? Oh ... Dawn.« Er legte seinen Stift hin und faltete die Hände. »Du weißt nicht, was passiert ist ... meine Mutter ... sie ... meine Mutter ist nie krank gewesen«, sagte er und ließ ein irrsinniges, hysterisches Lachen auf seine Worte folgen. »Sie geht nie zum Arzt. Ich sage immer ... Mutter, du solltest dich regelmäßig untersuchen lassen. Du hast so viele Freunde, die Ärzte sind, und sie sagen dir immer wieder, du solltest zu ihnen kommen und dich gründlich untersuchen lassen. Aber sie hört nicht auf mich. Ärzte machen sie krank, sagt sie immer.« Er lachte wieder.

»Man muß sich mal vorstellen, daß jemand das sagt ... Ärzte machen mich krank. Aber sie war wie ein Fels ... stabil«, sagte er und hielt die Faust hoch. »Sie hat jeden Tag gearbeitet, ist nicht einen einzigen Tag krank gewesen ... selbst damals nicht, als mein Vater noch am Leben war. Ich kann mich noch nicht einmal erinnern, daß sie je eine Erkältung hatte. Ich habe meinen Vater einmal danach gefragt, und er hat gesagt: ›Bakterien würden es nicht wagen, in ihren Körper einzudringen. Den Mut haben sie nicht.‹«

Er lachte wieder hysterisch und schaute dann auf seine Papiere.

»Ich komme nicht nach ... ich muß noch vieles aufholen ... Rechnungen ... Bestellungen ... Dinge, um die sie sich normalerweise gekümmert hat, verstehst du. Ich mußte die Gäste bitten, abzureisen, und den wenigen, die diese Woche kommen wollten, mußte ich absagen. Ich kann im Moment nicht alles gleichzeitig schaffen ... nicht, ehe es ihr wieder gut genug geht ... ehe sie zurückkommt.«

»Randolph«, sagte ich, als er sich solange unterbrach, daß ich etwas sagen konnte, »weißt du, wo ich in diesen letzten Monaten gewesen bin? Weißt du, wohin Großmutter Cutler mich geschickt hat?«

»Wo du gewesen bist? Ach ja, du bist in der Schule gewesen ... um deine Stimme auszubilden. Wie wunderbar«, sagte er.

»Sie hat es ihm nicht gesagt«, murmelte ich vor mich hin. Ich wandte mich wieder an Randolph. »Du wußtest nicht, daß ich auf der Farm war?«

»Der Farm? Nein, das wußte ich nicht. Jedenfalls glaube ich, daß ich nichts davon gewußt habe. Aber mir geht derzeit soviel durch den Kopf. Ich kann mir in keiner Hinsicht mehr sicher sein. Du mußt mir verzeihen. Da ist natürlich zum einen das Hotel, und zum anderen ist da natürlich Laura Sue. All das nimmt sie doch sehr mit. Ein Strom von Ärzten ist zu ihr hinaufgerauscht, und sie sind alle die Treppe wieder heruntergekommen, aber keiner von ihnen hat etwas getan, was ihr hilft. Und jetzt ... Mutter ...« Er schüttelte den Kopf. »Keine Erkältung, in all der Zeit noch nicht einmal eine Erkältung.«

»Ich muß sie sehen«, sagte ich. »Ich muß Großmutter Cutler auf der Stelle sehen.«

»Sie sehen? Oh, sie ist nicht hier, Schätzchen. Sie liegt im Krankenhaus.«

»Das weiß ich. Warum bist du nicht dort?« fragte ich.

»Ich ... ich bin sehr beschäftigt«, sagte er. »Sehr beschäftigt. Sie versteht das.« Er lachte. »Wenn jemand das versteht, dann sie. Aber du kannst hingehen. Ja, geh hin und besuche sie, und sag ihr, daß ... sag ihr ...« Er sah auf die Papiere, die auf seinem

Schreibtisch lagen. »Die Waren, die sie letzte Woche bestellt hat... der Preis ist um zehn Prozent gestiegen. Ja, nach meinen Berechnungen sind es zehn Prozent. Was soll ich bloß tun?« Er zuckte die Achseln.

»Komm, Jimmy«, sagte ich. »Mit ihm ist nichts anzufangen.«

»Ich habe später sicher noch Zeit für dich«, rief Randolph, als wir auf die Tür zugingen. »Ich bin nur im Moment zu sehr eingespannt.«

»Danke«, sagte ich, und wir ließen ihn nuschelnd über seinen Papieren sitzen.

»Vielleicht sollten wir erst noch zu deiner Mutter gehen«, schlug Jimmy vor.

»Nein, sie wird noch schlimmer sein. Ich bin sicher, daß sie aus diesem Vorfall rausholt, was nur rauszuholen ist«, fügte ich grob hinzu.

Wir gingen wieder ins Foyer und ließen uns von Mrs. Hill sagen, wie wir zum Krankenhaus kamen. Zwanzig Minuten später liefen wir durch einen Korridor zur Intensivstation. Eine Krankenschwester empfing uns an der Tür.

»Ich bin Mrs. Cutlers Enkelin«, erklärte ich. »Ich war außerhalb und habe eben erst gehört, was passiert ist. Ich muß sie unbedingt sehen. Wie geht es ihr?«

»Sie wissen, daß sie einen schweren Schlaganfall gehabt hat«, erwiderte die Krankenschwester trocken.

»Ja.«

»Ihre rechte Seite ist jetzt vollständig gelähmt, und sie spricht sehr undeutlich. Sie kann eigentlich kaum einen Laut von sich geben.«

»Bitte, kann ich sie sehen?« flehte ich.

»Ich fürchte, ich kann Ihnen nur fünf Minuten bewilligen.« Sie sah Jimmy an.

»Das ist mein Verlobter«, sagte ich. »Sie hat ihn nie kennengelernt.«

Die Krankenschwester nickte und lächelte fast. Dann trat sie zurück und zeigte uns, wo Großmutter Cutler lag. Es war ein

Raum mit Glaswänden. Wir konnten sie mit einer Infusion im Arm dort liegen sehen, und auf dem Bildschirm des Monitors sahen wir ihren Herzschlag. Ich bedankte mich bei der Krankenschwester, und wir traten näher.

Als ich sie mit dem weißen Bettzeug bis zum Hals in dem Krankenbett liegen sah, wirkte Großmutter Cutler weit weniger furchteinflößend und beängstigend. Sie wirkte, als sei sie auf ihre normale Größe geschrumpft; genaugenommen wirkte sie klein, blaß und alt, ein Schatten ihrer selbst, wie ich sie von früher kannte. Das stahlblaue Haar lag steif um ihr wächsernes Gesicht. Sie hatte die Augen fest geschlossen. Nur ihr linker Arm war zu sehen, in dem die Infusionsnadel steckte. Ihre Hand war geballt, die langen, krummen Finger ineinander verkrampft. Ich sah die dünnen blauen Adern an ihrem Handgelenk und ihrem Unterarm unter der pergamentartigen Haut.

Mich hätte das Mitleid überwältigen können, sogar für sie, hätte ich nicht für einen Moment mein Baby vor mir gesehen, wie es in eine Decke gehüllt in meinen Armen gelegen hatte. Das Gesicht und der Kopf von Großmutter Cutler wirkten im Augenblick nicht viel größer als das Gesicht und der Kopf eines Säuglings, und diese Ähnlichkeit erinnerte mich schnell wieder an den Zweck meines Besuchs, an die Notwendigkeit, sie zu sehen. Sie wußte, wohin mein Baby gebracht worden war. Ich mußte es herausfinden.

Ich trat an das Bett. Jimmy blieb an der Tür stehen.

»Großmutter Cutler«, sagte ich mit scharfer Stimme. Ihre Lider flatterten, öffneten sich aber nicht. »Großmutter Cutler, ich bin es ... Dawn. Mach die Augen auf«, befahl ich ihr.

Die Lider flatterten wieder. Es war, als versuchte sie, sich dem Öffnen ihrer Augen zu widersetzen, aber schließlich hoben sich ihre Lider, und sie sah zu mir auf, ihr Gesicht ausdruckslos, aber der rechte Mundwinkel zuckte. Ihre Augen hatten den eisigen Schimmer nicht verloren.

»Wohin hast du mein Baby bringen lassen? Du mußt es mir sagen«, sagte ich. »Deine Schwester hat mich furchtbar behandelt. Sie hat mich viele Monate lang gefoltert und bestraft. Ich wette, du weißt, daß sie mir das angetan hat. Sie hat sogar versucht, eine Fehlgeburt zu provozieren, aber mein Baby ist gesund und schön zur Welt gekommen. Nichts, was du getan hast, konnte das verhindern. Meine Christie ist schön, und du hattest nicht das Recht, sie wegzugeben, zu arrangieren, daß jemand sie mir wegnimmt. Wo ist sie?« fragte ich eindringlich. »Du mußt es mir sagen!«

Ihr Mund fing an, schneller zu zucken, und ihre Lippen bebten.

»Ich weiß, daß du ernstlich krank bist, aber das ist der Zeitpunkt, um etwas Gutes zu tun, etwas zu tun, was richtig ist.« Meine Stimme wurde weicher. »Ich flehe dich an, bitte... sag es mir.«

Ihr Mund öffnete und schloß sich, ohne einen Laut von sich zu geben, aber ich sah, daß ihre Zunge sich bewegt hatte.

»Du hast diese Abscheulichkeit schon einmal begangen, Großmutter Cutler. Bitte, tu es nicht noch einmal. Laß mein Baby nicht in dem Glauben aufwachsen, es würde bei seinen richtigen Eltern leben, obwohl es gar nicht die richtigen Eltern sind. Ich brauche mein Baby, ich muß es bei mir haben. Und mein Baby braucht mich. Es gehört zu mir. Nur ich kann der Kleinen die Liebe geben, die sie verdient, und ihr helfen, ein gutes und glückliches Leben zu führen. Du *mußt* mir sagen, wo sie ist.«

Sie rang heftiger darum, etwas zu sagen, und ihr Kopf bewegte sich von einer Seite zur anderen. Auf dem Monitor sah man, daß ihr Herz schneller schlug.

»Bitte«, bat ich sie. *»Bitte.«*

Wieder öffnete und schloß sie den Mund, und diesmal kamen Laute heraus. Ich kniete mich neben sie und brachte mein Ohr an die Lippen, um sie verstehen zu können. Es war aber nur ein Gurgeln, das aus ihrer Kehle kam, aber ich konnte einzelne Wörter heraushören.

Sie stammelte sie, und dann schloß sie die Augen und wandte

sich ab. Der Herzmonitor fing an, schrill und monoton zu läuten.

»Warum?« schrie ich. *»Warum?«*

»Was geht hier vor?« erkundigte sich die Krankenschwester barsch und trat in die Tür. Sie eilte ans Bett, griff nach Großmutter Cutlers Handgelenk und hielt es fest. Dann drückte sie auf einen Knopf, eilte an die Tür und rief einer anderen Krankenschwester etwas zu, die an der Aufnahme stand. *»Alarmstufe!«* rief sie.

»Raus!« befahl sie Jimmy und mir.

»Vielleicht wacht sie im nächsten Moment wieder auf«, flehte ich.

»Nein. Sie müssen gehen«, beharrte die Krankenschwester.

Ich blickte auf Großmutter Cutler herunter. Ihr Gesicht sah wie eine verschrumpelte Pflaume aus. Frustriert wandte ich mich ab und verließ den Raum in dem Moment mit Jimmy auf den Fersen, als das Team der Intensivstation eintraf.

»Was ist passiert?« fragte Jimmy, sobald wir im Korridor standen. »Was hat sie dir gesagt?«

»Es war schwer zu verstehen«, sagte ich und setzte mich auf die Bank im Gang.

»Was?« Er setzte sich neben mich.

»Das einzige, was sie sagen wollte, war: ›Du bist mein Fluch.‹«

»Du? Ihr Fluch?« Er schüttelte den Kopf. »Das verstehe ich nicht.«

»Ich auch nicht«, sagte ich und fing an zu weinen.

Jimmy legte seinen Arm um mich und hielt mich fest.

»Sie wird sterben und ihr Wissen mit ins Grab nehmen, Jimmy«, heulte ich und wischte mir die Tränen weg. »So groß ist ihr Haß, und ich weiß nicht, warum. Was sollen wir bloß tun?«

Ein Arzt eilte den Gang entlang und in die Intensivstation. Zehn Minuten später kam er langsam wieder heraus, und die Krankenschwester war an seiner Seite. Sie sah uns auf der Bank sitzen und schüttelte den Kopf.

»Es tut mir leid«, sagte sie.

»O Jimmy«, schrie ich und begrub das Gesicht in meinen Händen. Meine Tränen strömten jetzt unaufhaltsam über meine Wangen. Ich weinte nicht um Großmutter Cutler – um sie hätte ich niemals geweint. Ich weinte um mein Baby, das mir jetzt vielleicht für alle Zeiten verloren war.

Jimmy half mir auf die Füße, und beim Verlassen des Krankenhauses schwankte ich benommen.

Als wir wieder im Hotel eintrafen, wußten es bereits alle. Mrs. Hill und ihre Assistentin schluchzten leise hinter der Rezeption. Ein paar Gartenarbeiter standen als Grüppchen zusammen auf der Veranda, redeten leise miteinander und schüttelten die Köpfe. Ich entdeckte in einer Ecke des Foyers einige Kellner, und sie erkannten mich und nickten. Über das Hotel war bereits eine Begräbnisstimmung hereingebrochen.

»Ich gehe jetzt am besten rauf zu meiner Mutter«, sagte ich zu Jimmy. »Vielleicht weiß sie, was aus meinem Baby geworden ist.«

»Okay. Ich warte im Foyer auf dich«, sagte er.

Ich lief den Korridor entlang, der zum alten Teil des Hauses führte, in dem die Familie lebte. Als ich das Wohnzimmer erreichte, hörte ich jemanden schluchzen und sah Mrs. Boston, das schwarze Zimmermädchen, das lange Jahre für die Familie gesorgt hatte. Sie saß auf dem Sofa und blickte auf, als ich zur Tür hereinschaute.

»O Dawn«, sagte sie, und in ihren Augen standen Tränen. »Du bist zu spät von der Schule zurückgekommen. Hast du die furchtbaren Neuigkeiten schon gehört?«

»Ja«, sagte ich.

»Was wird jetzt aus uns allen werden?« fragte sie kopfschüttelnd. »Der arme Mr. Randolph. Er ist so verloren, wie es eine Seele nur sein kann.«

»Wie geht es meiner Mutter?« fragte ich.

»Deiner Mutter? Oh, ich bin nicht mehr oben gewesen, seit Mr. Randolph nach unten gekommen ist. Es ist noch keine halbe

Stunde her, daß er raufgegangen ist, um es ihr zu sagen, und dann ist er wieder runtergekommen und hat sich bewegt wie ein Mann, dem man einen Schlag auf den Kopf gegeben hat. Er hat mich einfach nur angesehen, und dann haben wir beide angefangen zu weinen. Dann ist er irgendwohin gegangen, und seitdem sitze ich hier.«

»Dann gehe ich doch mal nach oben und sehe nach ihr«, sagte ich und stieg die Stufen hinauf. Wie kam es bloß, fragte ich mich, daß die Leute, die hier arbeiteten, Menschen wie Mrs. Hill und Mrs. Boston, aber auch Nußbaum, der Küchenchef, eine so große Achtung vor Großmutter Cutler hatten? Konnten sie denn nicht sehen, wie bitter und grausam sie in Wirklichkeit war? Tüchtig und erfolgreich zu sein, war die eine Seite, aber was war damit, ob jemand ein fühlendes menschliches Wesen war?

Die Außentür zur Suite meiner Mutter war geschlossen. Ich öffnete sie langsam und trat in das Wohnzimmer. Es wirkte so unberührt und unbenutzt wie immer, und die einzige Veränderung, die mir auffiel, war die, daß auf dem Spinett keine aufgeschlagenen Noten standen und daß der Deckel über den Tasten des Klaviers geschlossen war. Die Tür zum Schlafzimmer meiner Mutter stand einen Spalt weit offen. Ich ging langsam darauf zu und klopfte an.

»Ja?« hörte ich sie sagen. Ich stieß die Tür weiter auf und trat ein.

Ich hatte damit gerechnet, sie wie üblich in ihrem überdimensionalen Bett vorzufinden, in dem sie fast verschwand, der Kopf in flauschigen Riesenkissen versunken. Doch statt dessen saß sie an ihrem Frisiertisch und bürstete sich das lange blonde Haar. Es schimmerte so gesund und so golden wie immer. Sie drehte ihren anmutigen Hals um und richtete die unschuldigen blauen Augen auf mich. Noch nie hatte sie so schön ausgesehen, dachte ich. Ihr Teint war samtweich und rosig, und sie wirkte jung und schien vor Glück zu strahlen.

Sie trug eines ihrer Nachthemden aus blaßroter Seide und hatte, wie immer, ein Paar Diamantohrringe angesteckt, und zwischen ihren Brüsten baumelte das herzförmige Medaillon. Ihre Augen funkelten vor Erstaunen, und ein kleines Lächeln trat auf ihre Lippen.

»Dawn«, rief sie aus. »Ich wußte gar nicht, daß du heute kommst. Ich bin sicher, daß Randolph auch nichts gewußt hat, denn sonst hätte er doch etwas erwähnt.«

»Ich dachte, du seist wieder einmal sehr, sehr, sehr krank, Mutter«, äußerte ich trocken, während ich auf sie zuging.

»Oh, das war ich auch, Dawn. Diesmal war ich sogar gräßlich krank. Es war irgendeine... entsetzliche neue Allergie, aber zum Glück hat sie es jetzt satt, mich zu quälen, und sie ist von meinem empfindsamen Körper abgefallen«, sagte sie. Sie seufzte vor Erleichterung und schüttelte ihr prächtiges blondes Haar.

»Du wirkst nicht sehr empfindlich auf mich, Mutter«, sagte ich mit scharfer Stimme. Ihre Augen wurden klein, und ihr Lächeln schwand.

»Du hattest noch nie das geringste Mitgefühl mit mir, Dawn. Ich nehme an, du wirst es auch nie haben, trotz der gräßlichen Qualen, die ich durchgemacht habe«, beklagte sie sich.

»Qualen, die *du* durchgemacht hast? Und was ist mit mir? Weißt du, wo ich in diesen letzten Monaten war, Mutter? Weißt du es? Hast du dich auch nur einmal danach erkundigt, ob ich noch am Leben oder schon tot bin?« fragte ich. *»Also, was ist?!«*

»Wie man sich bettet, so liegt man. Du hast dich selbst in diese Lage gebracht, Dawn«, schalt sie mich. »Sieh dich nicht nach anderen um, denen du die Schuld in die Schuhe schieben kannst, und schon gar nicht nach mir. Ich werde dafür nicht geradestehen. Jetzt nicht, jetzt nicht mehr«, sagte sie und nahm eine gerade Haltung an. »Ich nehme an, du hast es noch nicht gehört, aber Großmutter Cutler ist leider gerade verstorben.«

»Ich weiß, Mutter. Jimmy und ich kommen aus dem Krankenhaus. Wir waren dort, als sie gestorben ist«, sagte ich.

»Du warst dort?« Sie schien erstaunt zu sein. »Jimmy, hast du gesagt?« Sie rümpfte angewidert ihre kleine Nase. »Du meinst, diesen Jungen...«

»Ja, Mutter, diesen Jungen. Zum Glück ist er noch rechtzeitig gekommen, um mich vor Großmutter Cutlers gräßlicher Schwester Emily zu retten und mich aus diesem furchtbaren Haus zu holen.«

»Emily«, sagte sie hämisch. »Ich habe sie nur einmal gesehen. Sie mochte mich nie, und ich konnte sie auch nicht leiden. Sie war eine gräßliche Frau«, stimmte sie mir zu.

»Wie konntest du dann zulassen, daß Großmutter Cutler mich zu ihr schickt?« fragte ich, »vor allem, wenn du wußtest, wie Miss Emily ist?«

»Also, wirklich, Dawn, uns ist nichts anderes übriggeblieben«, sagte sie entrüstet, »wenn man bedenkt, wie du dich benommen hast.« Sie lehnte sich zurück und sah mich zum ersten Mal genauer an. »Anscheinend ist dein Problem gelöst, und dafür siehst du gar nicht schlecht aus. Es ist schön, zu sehen, daß deine Figur wieder in Ordnung ist.«

»Mein *Problem* ist gelöst? Mutter, du weißt nicht, welche Qualen ich erlitten habe, wie sie mich behandelt hat, wieviel ich schuften mußte und daß sie alles daran gesetzt hat, daß es eine Fehlgeburt wird! Sie ist eine ganz, ganz abscheuliche Person«, schrie ich. Meine Mutter zuckte noch nicht einmal zusammen. Sie drehte sich um und betrachtete sich wieder im Spiegel.

»Aber all das liegt jetzt hinter dir, Dawn. Es ist aus und vorbei. Großmutter Cutler ist auch fort. Du kannst also wieder ins Hotel zurückkommen und...«

»Aber, Mutter, fragst du denn gar nicht nach meinem Baby? Interessiert es dich denn überhaupt nicht?«

»Was sollte mich denn daran interessieren, Dawn?« Sie drehte sich zu mir um und sah mich wieder an. »Also wirklich, was soll ich dich denn fragen?«

»Fürs erste könntest du dich erkundigen, ob mein Baby lebt, ob es ein Junge oder ein Mädchen ist und, wichtiger als alles andere, wo es überhaupt ist. Es sei denn«, fügte ich voller Hoffnung hinzu, »du weißt es ohnehin.«

»Ich weiß überhaupt nichts über das Baby, nur, daß du auf die

Farm geschickt worden bist, damit du es heimlich bekommst und die Cutlers nicht in einen Skandal verwickelt werden. Dagegen konnte ich ja wirklich nicht gut etwas einwenden. Du hättest vorsichtiger sein müssen. Aber jetzt ist das alles vorbei ...«

»Es ist nicht vorbei, Mutter! Mein Baby ist am Leben, und ich will wissen, wo es ist!«

»Hör auf zu schreien. Ich werde *nicht* dulden, daß mich *je* wieder irgend jemand anschreit. Da die Königin jetzt abgedankt hat, werde ich für niemanden mehr der Prügelknabe sein«, fauchte sie mich an. Dann lächelte sie. »Sei doch vernünftig, Dawn. Du kannst jetzt glücklich sein, wie ich. Du wirst deinen Platz in der Familie einnehmen und ...«

»Mutter, weißt du, wohin mein Baby nach der Geburt gebracht worden ist? Hat Großmutter Cutler es dir gesagt? Wenn sie es getan hat, dann sag es mir, bitte«, flehte ich in einem sanfteren Ton.

»Ich habe sie nie nach irgendwelchen Einzelheiten gefragt, Dawn. Du wußtest doch, wie sie war. Sie hat alles in die Hand genommen.« Sie wandte sich wieder dem Spiegel zu. »Es würde mich nicht wundern, wenn sie bereits begonnen hat, Gott persönlich im Himmel rumzukommandieren, und er sie rauswerfen mußte.« Sie lachte fröhlich. »Was sage ich da? Diese Hexe brennt wahrscheinlich in den Feuern der Hölle, denn dort gehört sie von Rechts wegen hin«, schniefte sie empört.

»Aber, Mutter, mein Baby ...«

»O Dawn, warum willst du darüber jetzt noch nachdenken? Dein Liebhaber hat dich betrogen und verlassen, oder etwa nicht? Warum willst du dieses Baby überhaupt haben? Überleg dir doch nur, was das hieße. Wie solltest du je einen anständigen Mann finden, der dich heiratet? Die erstklassigsten Freier, die reich sind und gut aussehen, werden keine junge Dame mit einem Baby heiraten wollen, und schon gar nicht, wenn das Baby von einem anderen ist.«

»Hast du mich deshalb so bedenkenlos fortgegeben, Mutter?«

»Das war eine vollkommen andere Situation, Dawn. Oh,

bitte, fang doch nicht immer und ewig wieder davon an. Sei froh um das, was du hast«, fügte sie hinzu, und jetzt traten Zorn und Ärger in ihre Augen. »Trotz ihrer Methoden hat es dir Großmutter Cutler ermöglicht, daß dein Fehltritt geheim bleibt. Niemand braucht etwas davon zu erfahren. Es ist vorbei; du kannst noch einmal von vorn anfangen.«

Sie wandte sich erneut dem Spiegel zu und fuhr sich mit einem Finger über die Augenbrauen.

»Ich habe vor der Beerdigung noch soviel zu tun. Ich hasse Beerdigungen. Man muß sich schwarz kleiden und traurig und bleich aussehen, man muß sich davor hüten, zu lächeln, weil die Leute sonst glauben könnten, man sei blasphemisch und respektlos. Also, ich werde jedenfalls nicht wie eine Trauernde daherkommen, der es das Herz bricht – nur um in der Öffentlichkeit Beifall zu finden. Ich denke gar nicht daran. Wenn man zu oft eine finstere Miene macht, bekommt man Falten.

Zum Glück habe ich in New York ein sehr hübsches schwarzes Kleid gekauft, als wir dich dort besucht haben. Es ist nur ein schlichtes Kleid, aber ich denke, es wird genügen. Ich muß an all die Leute denken, die kommen werden, Leute, die im Hotel sein werden, um Randolph zu trösten und uns zu kondolieren. Ich muß die starke, perfekte kleine Ehefrau und Schwiegertochter sein und sie alle ordnungsgemäß begrüßen.

Ich finde, du solltest dir auch etwas Angemessenes kaufen, das du zur Beerdigung tragen kannst. Dawn, Schätzchen. Clara Sue und Philip sind auf dem Heimweg von der Schule, und ihr drei solltet gemeinsam einen sehr hübschen Anblick abgeben.«

»Hast du kein Wort von dem gehört, was ich gesagt habe, Mutter? Ich habe ein Baby bekommen; die Kleine ist mir weggenommen worden«, sagte ich leise.

Sie stand von ihrem Stuhl auf und ging auf das Bett zu.

»Ich möchte mich jetzt ausruhen«, sagte sie. »Ich will nicht müde und abgespannt aussehen. Es nutzt niemandem etwas, wenn ich so aussehe. Die Leute erwarten von mir, daß ich blendend aussehe, und ich kann sie nicht enttäuschen.«

Sie zog die Decke zurück und kroch darunter. Dann seufzte sie und ließ ihren Kopf auf die Kissen sinken.

»Denk doch nach, Dawn. Ich bin jetzt die Hausherrin. Ich bin die Königin. Ist das nicht großartig?«

»In deiner Vorstellung warst du immer die Königin, Mutter«, sagte ich und wandte mich eilig ab, denn ich verabscheute sie mehr als je zuvor.

Jimmy erhob sich im selben Moment, als ich das Foyer betrat.

»Was ist?« fragte er.

»Sie weiß nicht das Geringste, und es interessiert sie auch kein bißchen. Sie interessiert sich jetzt nur dafür, wie sie als die neue Königin von Cutler's Cove auftritt. O Jimmy, was sollen wir bloß tun?« jammerte ich, und meine Tränen flossen wieder.

»Es ist zwecklos, noch einmal mit Randolph zu reden«, dachte er laut. Dann wandte er sich an mich und zuckte die Achseln.

»Ich vermute, wir beide werden in ihr Büro gehen und es selbst durchsuchen müssen, bis wir einen Anhaltspunkt finden.«

»In ihr Büro?« Ich schaute in die Richtung. Jetzt war sie tot, nicht mehr unter uns, und doch erschien mir der Gedanke, ihr Büro zu betreten und ohne ihre Erlaubnis ihre Sachen zu berühren, beängstigend. Sie war eine so mächtige Person gewesen, vor allem im Hotel. Ihre Gegenwart schien immer noch bedrohlich nachzuwirken, und alles und jedes war von ihr geprägt.

»Ich weiß nicht, was wir sonst tun könnten«, gestand Jimmy.

»Gut«, sagte ich mit pochendem Herzen, »wir werden tun, was getan werden muß, damit ich mein Baby wiederbekomme.«

Ich streckte den Arm aus und nahm Jimmy an der Hand, und dann gingen wir zu Großmutter Cutlers Büro.

18

Verblüffende Enthüllungen

Ich zögerte, als wir vor Großmutter Cutlers Büro standen. Die schlichten Worte MRS. CUTLER, die auf der Tür standen, schienen sich vor meinen Augen wie ein Neonschild von dem Holz abzuheben. Meine Hand erstarrte auf dem Türknopf. Im nächsten Moment legte Jimmy mir seine Hand auf die Schulter.

»Wenn deine Mutter nichts weiß und Randolph auch nicht, dann bleibt uns nichts anderes übrig«, betonte er. »Es ist ja nicht so, als wollten wir etwas stehlen.«

Ich nickte und drehte den Türknopf um. Als wir eintraten, bemerkten wir Randolph nicht sofort, der auf dem kleinen blaugrünen Sofa saß. Die Gardinen waren zugezogen, und nur eine kleine Schreibtischlampe brannte. Großmutter Cutlers Lilienduft hing noch in der Luft. Es war, als sei sie gerade hier gewesen. Einen Moment lang spielten mir meine Augen einen Streich, und ich hatte den Eindruck, sie säße hinter diesem großen Schreibtisch und sähe mich so böse und haßerfüllt an, wie sie es am ersten Tag nach meiner Ankunft getan hatte.

Jimmy packte mich an den Schultern, und als ich mich zu ihm umdrehte, wies er mit einer Kopfbewegung auf das Sofa, und ich entdeckte Randolph, der dasaß und vor sich hinstarrte. Unter seinen Augen lagen tiefe, dunkle Schatten. Unser Eintreten schreckte ihn nicht auf und überraschte ihn auch nicht. Es war fast so, als hätte er damit gerechnet.

»Es geht mir einfach nicht in den Kopf«, sagte er bedächtig, »daß sie fort ist und nicht wiederkommt.« Er schüttelte den Kopf. »Erst vorgestern haben wir noch darüber geredet, das Spielzimmer neu zu möblieren. Sie wollte andere Tische und Stühle kaufen.

Sie wußte ganz genau, wann sie die derzeitigen Möbel gekauft hatte, verstehst du«, fügte er hinzu und sah zu uns auf. »Man muß meiner Mutter lassen, daß sie auf den Tag genau sagen konnte, wann sie sich ein Päckchen Haarnadeln gekauft hat.« Er lächelte und schüttelte den Kopf. »Diese Klugheit. Im ganzen Staat gibt es keine zweite Geschäftsfrau wie sie.«

Er seufzte tief und drehte sich wieder zu dem Schreibtisch um.

»Es wird nicht mehr dasselbe sein; es wird nie mehr dasselbe sein. Ich bin fast in der Stimmung, das alles aufzugeben... einfach wegzugehen und selbst den Tod zu erwarten«, sagte er.

»Das würde ihr gar nicht passen«, sagte ich. »Sie wäre sehr enttäuscht von dir, Randolph.«

Er wandte sich mir wieder zu und nickte, und um seine Lippen spielte ein Lächeln, doch seine Augen blieben traurig.

»Ja, du hast recht, Dawn.« Er schien wieder in die Wirklichkeit und in die Gegenwart zurückzufinden. »Es ist wirklich höchst ungewöhnlich, daß du ausgerechnet zu diesem Zeitpunkt hergekommen bist«, sagte er.

»Es ist keineswegs ungewöhnlich, Randolph«, erwiderte ich eilig. Ich ging auf ihn zu und setzte mich neben ihn. »Du mußt gewußt haben, was mir in New York passiert ist und daß ich zu Miss Emily geschickt worden bin auf die Plantage, um dort zu leben. Du mußt es gewußt haben«, beharrte ich.

»Tante Emily«, sagte er und nickte. »Ich sollte besser dafür sorgen, daß sie es auf der Stelle erfährt. Nicht etwa, daß ich von ihr erwarten würde, sie könnte die ganze Strecke mit Charlotte zurücklegen, um zu dem Begräbnis anzureisen«, fügte er hinzu. »Ich finde nur, sie sollte vom Ableben ihrer Schwester wissen.«

»Ja, das wird ihr das Herz brechen«, sagte ich trocken, doch er hörte meinen Sarkasmus nicht.

»Randolph, du hast gewußt, daß ich dort war, stimmt's? Du wußtest, was passiert war?« drang ich in ihn. Er drehte sich zu mir um und sah mir in die Augen.

»Ja«, gestand er endlich ein. »Mutter hat es mir erzählt. Es tut mir leid, Dawn. Du hast dir selbst alles verdorben, als du dich auf eine Affäre eingelassen hast und schwanger wurdest.«

»Ich weiß, aber ich habe mein Baby auf der Farm bekommen, und Großmutter Cutler hat es arrangiert, daß jemand kommt und mir mein Baby sofort nach der Geburt wegnimmt. Ich muß mein Baby wiederhaben«, sagte ich entschieden und umschloß fest sein Handgelenk. Er schüttelte verwirrt den Kopf.

»Es wiederhaben?«

»Von den Leuten, denen es Großmutter Cutler gegeben hat. Sie hatte nicht das Recht, mein Baby wegzugeben. Bitte, hilf uns herauszufinden, wo mein Baby ist. Bitte«, flehte ich.

Plötzlich trat ein entsetzter Ausdruck auf sein Gesicht. Er drehte sich zu dem Stuhl um und sah dann wieder mich an. Es war, als glaubte er, seine Mutter könnte von den Toten zurückkehren, um ihn auszuschelten, weil er überhaupt mit mir darüber redete.

»Ich weiß nichts...«

»Wie hätte sie ihr Vorhaben in Angriff genommen? Wen hätte sie angerufen? Was hätte sie getan?« fragte ich flehentlich.

»Es gibt soviel zu tun, weil sie jetzt fort ist, nicht wahr?« fragte er. »Ich vermute, als erstes müßte man Mutters Anwalt anrufen, Mr. Updike. Er kümmert sich um all ihre Angelegenheiten, und er ist der Anwalt der Familie, solange ich zurückdenken kann. Er ist nicht viel jünger als Mutter«, fügte Randolph hinzu.

»Mr. Updike?« sagte ich. Ich sah Jimmy an, der voller Hoffnung große Augen machte.

»Ja«, sagte Randolph und erhob sich langsam. »Ich muß ihn anrufen. Er ist außerdem ein enger Freund der Familie.«

»Wirst du ihn fragen, ob er etwas über mein Baby weiß?« rief ich, als er um Großmutter Cutlers Schreibtisch herumging und nach dem Telefon greifen wollte. Ich merkte, daß er es nicht wagen würde, sich auf ihren Stuhl zu setzen.

Jimmy setzte sich neben mich auf das Sofa, und wir warteten und hörten zu, als Randolph den Anwalt anrief. Als er ihm berichtete, was vorgefallen war, klang seine Stimme brüchig.

Dann hörte er nur noch zu und nickte immer wieder. Ich dachte schon, er würde auflegen, ohne nach meinem Baby zu fragen, und daher mischte ich mich ein.

»Darf ich ihn bitte selbst sprechen?« fragte ich flehentlich. Er sah mich einen Moment lang an, als fiele ihm eben erst wieder ein, daß ich auch da war, und dann reichte er mir den Hörer.

»Mr. Updike?« sagte ich.

»Ja. Und mit wem spreche ich?« erkundigte sich eine tiefe wohltönende Stimme.

»Mein Name ist Dawn, und ...«

»Ach so, ja«, sagte er. »Ich weiß, wer Sie sind. Ich wollte Randolph eben sagen, er sollte dafür sorgen, daß Sie unbedingt dabei sind, wenn das Testament verlesen wird.«

»Ich bezweifle sehr, Mr. Updike, daß ich in Großmutter Cutlers Testament in irgendeiner Form bedacht werde. Was ich wissen wollte, ob Ihnen etwas über die Vorkehrungen bekannt ist, die für mein Baby getroffen worden sind. Man hat es mir weggenommen.«

Lange herrschte Schweigen.

»Sie haben Ihre Einwilligung also nicht gegeben?« fragte er schließlich.

»Oh, nein, Sir. Niemals.«

»Ich verstehe. Und jetzt sagen Sie mir, daß Sie das Kind haben wollen?«

»Ja, Sir.«

»Das ist bedauerlich, äußerst bedauerlich«, murmelte er. »Also gut. Lassen Sie mir etwas Zeit. Bei der Verlesung des Testaments werde ich Informationen für Sie haben.«

»Ich will mein Baby«, beharrte ich.

»Ja, ja, ich verstehe. Lassen Sie mich bitte mit Randolph sprechen, falls er noch da ist«, sagte er.

Ich reichte Randolph wieder den Hörer und setzte mich zu Jimmy.

»Er weiß etwas darüber?« fragte Jimmy sofort.

»Ja«, sagte ich. »Und er hat versprochen, etwas zu unternehmen. Wir werden ein paar Tage im Hotel bleiben müssen, bis zur Verlesung des Testaments, denn bis dahin wird er der Sache nachgehen. Und dann wird endlich«, sagte ich seufzend, »alles vorbei sein.

Komm mit«, sagte ich und nahm Jimmy an der Hand, »wir wollen uns ein Zimmer aussuchen.«

»Glaubst du, es geht wirklich in Ordnung, wenn wir das tun? Ich meine ...«

»Wer sollte nein sagen?« erwiderte ich lächelnd. Ich war so glücklich über die Aussicht, mein Baby wieder bei mir zu haben. »Außerdem bin ich, wenn meine Mutter hier die neue Königin ist, eine der neuen Prinzessinnen.«

Wir gingen ins Foyer, und ich ließ mir von Mrs. Hill den Schlüssel zu einer der schöneren Suiten geben. Jimmy holte aus dem Wagen seine Sachen. Ich ging nicht nach oben, um meiner Mutter etwas zu berichten, aber als Jimmy und ich vom Abendessen in einem Restaurant in Cutler's Cove zurückkamen, fanden wir sie angekleidet im Foyer vor. Sie sprach gerade mit einigen der Hotelangestellten. Mich überraschte, wie streng und gebieterisch ihre Stimme klang, als sie dem Personal Anweisungen für die nächsten Tage erteilte. Als sie damit fertig war, kam sie auf uns zu.

»Das ist also Jimmy«, sagte sie und hielt ihm die Hand hin. »Als Sie das letzte Mal hier waren, hatten wir ja wirklich keine Gelegenheit, einander kennenzulernen.« Sie lächelte Jimmy strahlend an.

Einander kennenzulernen, dachte ich. Warum tat sie so, als sei Jimmys letzter Aufenthalt hier ein angenehmer Besuch gewesen? Und ich konnte einfach nicht glauben, wie charmant und kokett sie war. Besaß sie denn gar kein Schamgefühl?

»Hallo«, sagte Jimmy, der etwas verwirrt zu sein schien. Sie ließ seine Hand nicht los, als erwartete sie von ihm, daß er ihr einen Handkuß gab. Endlich lösten sich ihre Finger, doch ihre Aufmerksamkeit war weiter auf ihn gerichtet.

»Wie ich sehe, sind Sie zum Militär gegangen. Für Männer in

Uniform kann ich mich begeistern. Das ist so galant und so romantisch, selbst dann, wenn ein Mann nur in ein widerliches Rekrutenlager aufbricht und nicht im Ausland in den Krieg zieht. Meine Güte, und was für hübsche Orden Sie haben«, gurrte sie und ließ ihre Finger darüber gleiten.

Blut strömte in Jimmys Gesicht. Mutter lachte und strich sich zart über das eigene Haar. Dann wandte sie sich an mich.

»Clara Sue und Philip werden heute am späten Abend kommen«, sagte sie. »Ich werde dafür sorgen, daß die Beisetzung sobald wie möglich stattfindet, damit sie nicht länger als nötig den Unterricht versäumen. Für beide ist das Schuljahr so gut wie vorbei.«

»Wie rücksichtsvoll von dir, Mutter«, antwortete ich. Ihr Ausdruck veränderte sich ein bißchen. Allmählich wirkte ihr Lächeln wie eine Maske.

»Ihr beide braucht die Mahlzeiten nicht außer Haus einzunehmen, das ist doch klar«, fuhr sie fort. »Ich habe das Küchenpersonal angewiesen, seine Arbeit wieder aufzunehmen. Die Familie wird wie üblich im Restaurant essen. Nußbaum kocht für das Hotelpersonal, und ich bin sicher, daß wir das Hotel kurz nach der Beerdigung wieder eröffnen werden.«

»Wie tüchtig«, sagte ich. »Großmutter Cutler wäre sehr stolz auf dich.«

Meine Mutter blinzelte mehrfach, doch sie lächelte weiterhin, aber ihre Augen funkelten vor Spannung. So hatte ich sie noch nie gesehen. Die Röte, die ihr Gesicht überzog, ließ sie nur noch schöner werden.

»Sobald das Begräbnis vorbei ist und die Trauergäste kondoliert haben und wieder gegangen sind, werde ich Mrs. Boston die Anweisung erteilen, daß sie Großmutter Cutlers Sachen aus ihrem Zimmer räumt, und dann kannst du dort einziehen«, sagte sie.

»Das wird nicht nötig sein, Mutter. Ich habe nicht die Absicht hierzubleiben«, erwiderte ich schnell.

»Nicht die Absicht...« Sie sah Jimmy an. »Erzähl mir bloß

nicht, daß du eine Dummheit vorhast, Dawn. Nicht jetzt, wo sich dir all diese neuen Gelegenheiten bieten. Du bist doch bestimmt nicht so dumm, dir jetzt etwas zu verscherzen!

Stell dir doch nur vor, wie es sein wird – du kannst gemeinsam mit mir die Arbeiten überwachen. Abends werden wir beide, du und ich, dann an der Tür des Restaurants stehen und die Gäste empfangen. Ich werde dir hübsche Kleider kaufen und dann kannst du...«

»Aber, Mutter, wenn man bedenkt, wie *zart* und *labil* deine Gesundheit ist, hältst du es dann wirklich für klug, soviel zusätzliche *Verantwortung* auf dich zu nehmen?« fragte ich und trieb meine Worte wie Nägel in sie. Sie zuckte zwar zusammen, aber sie verlor die Fassung nicht. Statt dessen lächelte sie noch strahlender und beugte sich vor, um mich auf die Wange zu küssen.

»Wie nett von dir, daß du dir Gedanken wegen mir machst, Dawn. Natürlich werde ich nichts überstürzen. Ich werde alles langsam angehen, aber das ist nur ein Grund mehr, aus dem ich dich als meine kleine Assistentin an meiner Seite brauche«, betonte sie und setzte sich immer noch eindeutig für Jimmy in Pose. Ich sah, wie erstaunt er war.

»Ich fürchte, dafür ist es ein wenig zu spät, Mutter«, sagte ich. »Wenn ich erst herausgefunden habe, wo mein Baby ist, werden Jimmy und ich von hier fortgehen. Du kannst natürlich versuchen, mich daran zu hindern, da ich noch nicht ganz achtzehn bin, aber ich glaube nicht, daß du im Moment ausgerechnet eine solche Szene haben willst, und es dauert ohnehin nicht mehr lange, bis ich tun kann, was ich will.«

Endlich schwand ihr Lächeln.

»Ich hatte gehofft, du hättest aus den entsetzlichen Erfahrungen der Vergangenheit vielleicht etwas gelernt, Dawn, aber offensichtlich hast du nicht ein bißchen gelernt, außer, wie du weiterhin dir und allen in deiner Umgebung das Leben schwermachst. Insbesondere meines. Warum mache ich mir eigentlich überhaupt noch die Mühe, es zu versuchen, warum nur?« stöhnte sie theatralisch.

»Ich fürchte, du hast recht«, fuhr sie mit einer Lebhaftigkeit und Verärgerung fort, die ich einer so zarten und schwächlichen Person niemals zugetraut hätte. »Für dich ist alles zu spät.«

Sie wandte sich an Jimmy. »Ich kann euch nur bemitleiden, euch beide«, fügte sie hinzu. Wut loderte in ihren Augen, und dann schlenderte sie davon.

Doch in dem Moment, in dem der Chef der Pagen ihr über den Weg lief, kehrten ihr Lächeln und ihr Charme sofort wieder zurück.

Jimmy und ich waren von der weiten Reise des Tages und von dem Erlebnis im Krankenhaus erschöpft. Wir gingen früh zu Bett und schliefen mühelos ein. Am Morgen duschten wir, zogen uns an und gingen zum Frühstück ins Restaurant hinunter. Wir waren die ersten, die sich an den Tisch setzten. Ich hatte vergessen, daß Clara Sue und Philip am Abend zuvor angekommen waren. Sie kamen gemeinsam in den Speisesaal, und meine Mutter und Randolph folgten direkt hinter ihnen. Sobald Philip mich sah, lächelte er, doch Clara Sue verzog angewidert den Mund.

»Jimmy«, sagte Philip. Er eilte auf unseren Tisch zu und hielt ihm die Hand hin. »Wie geht es dir? Du siehst prima aus.«

»Mir geht es gut«, sagte Jimmy. Er drückte Philip schnell die Hand und setzte sich wieder.

»Und du, Dawn«, sagte Philip und schaute auf mich herunter, »du bist so hübsch wie immer.«

»Danke, Philip«, sagte ich und wandte schnell den Blick ab, denn seine Blicke lagen wie gebannt auf mir.

Clara Sue betrachtete uns beide wortlos. Sie nahm ihren Platz am Tisch ein und befahl sofort einem der Kellner, ihr Orangensaft zu bringen.

»Guten Morgen«, flötete Mutter. Sie wirkte frisch und ausgeruht, und ihr Haar glänzte wie immer. Ich sah, daß sie es sich angewöhnt hatte, ein wenig Lidschatten und Rouge zu benutzen. Sie war eine sehr hübsche Frau. Es ließ sich nicht leugnen, daß sie ein vollendetes Puppengesicht hatte: Züge, die nie ihre kindliche

Unschuld verloren, doch ihre blauen Augen konnten einen Mann in Versuchung führen. Sie trug ein blaues Seidenkleid mit einem provozierenden Ausschnitt und eng zulaufenden Ärmeln.

Randolph dagegen sah so aus, als hätte er gar nicht geschlafen. Seine Lider hingen herunter, er war bleich, und seine Schultern waren gebeugt. Er trug dieselben Kleider wie am Vortag, doch heute waren sie zerknittert. Vielleicht war er angezogen eingeschlafen, dachte ich. Es hätte mich nicht überrascht, wenn ich erfahren hätte, daß er Großmutter Cutlers Büro keinen Moment lang verlassen hatte.

»Es freut mich, zu sehen, daß ihr beide früh aufgestanden seid«, sagte sie, als sie sich setzte. Randolph wirkte einen Moment lang verwirrt, bis Mutter auf die Rückenlehne seines Stuhls pochte. Dann setzte er sich. Sie bestellte Saft und Kaffee und Eier für sich. Randolph wollte nur Kaffee.

»Tja«, fuhr sie fort, »wir haben heute sehr viel zu tun. Randolph und ich gehen ins Bestattungsinstitut, um die letzten Vorbereitungen zu treffen. Wir haben uns überlegt, es wäre eine nette Geste, wenn die Prozession der Trauergäste nach dem Gottesdienst in der Kirche zum Hotel raufkäme, damit Großmutter Cutler noch ein letztes Mal am Hauptportal des Hotels vorbeikommt, und dort könnte das Personal dann Abschied von ihr nehmen.

Meint ihr nicht alle, daß das eine nette Geste wäre?« fragte sie. Sie sang die Worte fast.

Philip stimmte ihr zu. Clara Sue trank ihren Saft und starrte weiterhin böse in meine Richtung. Endlich brachte sie den Mund auf, mich anzugreifen.

»Wir haben gehört, du hast Großmutter wenige Momente vor ihrem Tod im Krankenhaus besucht«, äußerte sie.

»Und was ist damit?« erwiderte ich.

»Du mußt etwas getan haben, womit du sie zu Tode gereizt hast. Du hast sie doch immer nur geärgert«, klagte sie mich an.

»O Clara Sue«, flehte Mutter. »Mach bitte beim Frühstück keine Szene. Das ertragen meine Nerven nicht.«

»Großmutter Cutler hat mich nicht gebraucht, um sich zu ärgern«, sagte ich. »Sie hat doch dich gehabt«, fügte ich hinzu und nahm ihr den Wind aus den Segeln.

Philip lachte laut, und Clara Sue wurde knallrot im Gesicht.

»Mich mußte niemand wegschicken, weil ich ein uneheliches Kind bekomme«, höhnte sie. »Von wem war es denn? Von ihm?« Sie deutete auf Jimmy. »Oder weißt du gar nicht, wer der Vater ist?«

»Bitte«, sagte Mutter, »hör auf der Stelle damit auf. Wir sind eine trauernde Familie«, erinnerte sie sie.

Philip senkte den Blick, grinste aber immer noch albern. Clara Sue verschränkte die Arme und wandte sich schmollend ab. Ich sah Randolph an, aber er schien abgelenkt zu sein, in seine eigenen Gedanken vertieft, und er konnte wohl nichts hören. Unter dem Tisch fand Jimmy meine Hand und drückte sie.

Mutter riß das Gespräch an sich und beschrieb bis in alle Einzelheiten die Vorkehrungen für das Begräbnis, bis hin zu den Blumen, die sie ausgesucht hatte, den Karten, die sie hatte drucken lassen, um sie zu verteilen, und dem Essen, das Nußbaum ihren Anweisungen gemäß zubereiten sollte.

»Natürlich müssen wir dafür sorgen, daß es das beeindruckendste Begräbnis wird, das Cutler's Cove je erlebt hat«, erklärte sie. »Die Leute erwarten das von uns.«

Mit einer Wonne und einem Vergnügen, das sie nur mit Mühe verhehlen konnte, hatte Mutter die Herrschaft über Cutler's Cove an sich gerissen. Randolph saß da und nickte nur stumm sein Einverständnis zu allem, was sie tat und sagte. Es war fast so, als sei er eine Marionette, an deren Fäden meine Mutter zog.

Genüßlich machte sie sich an ihre eigenen Vorbereitungen und benahm sich, als gälte es, eine Gala vorzubereiten. An dem Tag, an dem die Beerdigung stattfand, schritt sie wie eine Königin, die ihre Untertanen gleich begrüßen, die Treppe herab. Nie war sie eine strahlendere Schönheit gewesen. Ihr schwarzes

Kleid war um den V-Ausschnitt herum, der meines Erachtens für eine Totenmesse etwas zu tief war, mit einer Schnur von winzigen Steinen eingefaßt, die wie Diamanten funkelten. Es war ein kurzärmeliges Kleid mit betonter Taille und einem Faltenrock. Sie trug ihre auffälligste Diamantkette und Diamantohrringe. Sie hatte sich von Randolph eine von Großmutter Cutlers wunderschönen Seidenstolen geben lassen, um sie über den Schultern zu tragen.

Randolph und Philip trugen beide schwarze Anzüge und Krawatten. Clara Sue hatte ein schwarzes Kleid, das sie an der Taille und am Busen weitermachen mußte. Ich hörte Angestellte darüber reden, wie scheußlich sie die Schneiderin behandelt hatte, als die arme Frau zu den Anproben gekommen war.

Mutter bestand darauf, ich sollte in die Boutique in Cutler's Cove gehen und mir auf ihre Rechnung etwas kaufen. Ich ließ mich von Jimmy hinfahren und kaufte mir ein schlichtes schwarzes Kleid.

Jimmy und ich folgten Mutter, Randolph und Philip in Jimmys Wagen zur Kirche. Es war, als hätte Großmutter Cutler auch gleich das entsprechende Wetter für eine Beerdigung bestellt. Der Himmel war bedeckt und grau, und ein kühler Wind wehte vom Meer her. Sogar der Ozean wirkte düster und trübsinnig. Die weißen Schaumkronen bewegten sich kaum, und die Flut schaffte es nur knapp bis ans Ufer.

Mutter hatte recht gehabt, als sie die Bedeutung von Großmutter Cutlers Begräbnis und die Menschen, die erscheinen würden, vorhergesagt hatte. Die Kirche konnte die Trauergäste kaum fassen. Jeder Anwalt, Arzt und Politiker war da, aber auch sämtliche Geschäftsleute, von denen viele das Hotel als ihren besten Kunden hochschätzten.

Sämtliche Blicke waren auf uns gerichtet, vor allem auf Mutter, als wir unsere Plätze ganz vorn einnahmen. Der Sarg stand vor uns. Mutter hatte entschieden, er sollte geschlossen bleiben. Der Pfarrer hielt eine lange Predigt und sprach über besondere Verpflichtungen, die die Bessergestellten der Gemeinde gegenüber hatten. Er stellte Großmutter Cutler als eine bedeutende und führende Gestalt der Gemeinde hin, die ihre Geschicklichkeit und ihren Geschäftssinn dafür genutzt hatte, beim Aufbau der Gemeinde mitzuhelfen und somit denjenigen zu helfen, die in weniger günstige Umstände hineingeboren waren als sie selbst. Er schloß mit den Worten, sie hätte den Auftrag, den Gott ihr erteilt hatte, erfüllt.

Nur Randolph zeigte Anzeichen ernstlicher Rührung. Tränen traten in seine Augen, und er senkte den Kopf. Mutter behielt ihr dezentes Lächeln bei, wandte sich von Zeit zu Zeit um und nickte dieser oder jener bedeutenden Person zu. Immer wenn sie es für nötig befand, tupfte sie sich mit einem Zipfel ihres weißen Seidentaschentuchs die Augenwinkel ab und senkte den Kopf. Sie verstand es meisterhaft, ihre Gefühle wie einen Wasserhahn auf- und zuzudrehen. Clara Sue wirkte gelangweilt, wie üblich, und Philip warf immer wieder Blicke auf mich. In seinen Augen stand dabei ein schelmisches Funkeln, und seine Lippen verzogen sich zu einem koketten Lächeln.

Anschließend nahm der Trauerzug den Weg, den Mutter vorgeschlagen hatte. Die Trauergäste schritten hinter dem Sarg her zum Hotel, und dort stiegen wir alle aus, um uns anzuhören, wie der Pfarrer von den Stufen des Hotels auch noch ein paar Worte sprach. Das Personal hatte sich versammelt, und alle wirkten trübsinnig. Ich erhaschte einen Blick auf Sissy, die mit ihrer Mutter im Hintergrund stand. Sie war gekommen, obwohl Großmutter Cutler sie erbarmungslos gefeuert hatte. Als sie mich sah, lächelte sie.

Wir setzten den Weg zum Friedhof fort. Als wir dort aus den Wagen stiegen, fiel mir als erstes auf, daß der Grabstein verschwunden war, den Großmutter Cutler dort mit meinem angeblichen Namen hatte aufstellen lassen. Es erschien wie ein Alptraum, den ich früher einmal gehabt hatte.

Der Pfarrer las am Grab ein paar Psalmen, und dann wurden wir alle aufgefordert, die Köpfe zu senken, während er das letzte Gebet sprach. Ich betete, Großmutter Cutler würde, wo sie auch sein mochte, endlich erkennen, wie grausam und brutal sie gewesen war. Ich betete, sie sollte bereuen und Gott um Vergebung bitten.

Wieder war es so, als hätte Großmutter Cutler sogar das Wetter befehligt: Der Himme klarte auf, und die Sonne schien. Das Meer sah wieder blau und lebhaft aus, und die Seeschwalben, die am Morgen kläglich geschrien hatten, zwitscherten fröhlich.

Randolph war in seinem Kummer so verwirrt, daß er zum Wagen zurückgeführt werden mußte. Mutter bedankte sich bei dem Geistlichen für den schönen Gottesdienst und lud ihn ein, noch ins Hotel mitzukommen und sich dem anzuschließen, was als Trauerfeier gedacht war.

Sie hatte alles im Foyer aufbauen lassen. Ich fand, das einzige was noch fehlte, war Live-Musik. Das Personal hatte Dienst und tat, was es bei jedem anderen festlichen Anlaß auch getan hätte. Kellner liefen mit Tabletts herum und boten kleine Snacks und Whisky und Wein an. Am hinteren Ende des Foyers war das Bufett aufgebaut. Auf Mutters Geheiß hatte Nußbaum alle möglichen Salate und Braten zubereitet, aber auch schwedische Klopse, kleine Cocktailwürstchen und aufgeschnittenen Truthahn. Es gab Berge von hausgemachtem Kompott und frischer roter Grütze und einen eigenen Tisch nur für die Nachspeisen.

Fast alle, die in der Kirche gewesen waren, kamen jetzt ins Hotel. Das leise Stimmengemurmel, das eingesetzt hatte, als wir vom Friedhof zurückgekehrt waren, erhob sich jetzt zu lauten Unterhaltungen. Randolph versuchte erst, gemeinsam mit meiner Mutter, Clara Sue und Philip am Eingang Stellung zu beziehen, um die Leute zu begrüßen, doch er mußte sich nach einer Weile setzen. Er bekam ein Glas Whisky in die Hand gedrückt, saß da und wirkte immer noch benommen und verstört. Ab und zu fiel sein Blick auf mich, und dann lächelte er.

Es dauerte nicht lange, bis ich das perlende Gelächter meiner Mutter hörte und sah, wie sie den Männern Gesellschaft leistete, die sie offensichtlich für bedeutend hielt. Sie führte sie ans Bufett.

Ich schaute Mutter an, und sie sah aus wie ein Werbeplakat, strahlend schön und immer von männlichen Bewunderern umgeben, die sich um sie scharten.

Am späten Nachmittag gingen die Trauergäste, und die meisten drückten Randolph die schlaffe Hand. Ältere Menschen, insbesondere die älteren Frauen, versuchten, ihm wirklich Trost zuzusprechen, und manche umarmten ihn. Erst in dem Moment machte er den Eindruck, als wüßte er, was hier geschah und was passiert war.

Schließlich, als nur noch etwa ein halbes Dutzend Menschen da waren, kam ein großer, stämmiger grauhaariger Mann mit einem kräftigen, sonnengebräunten Gesicht auf Jimmy und mich zu. Er hatte tiefe Furchen in der Stirn und ausgeprägte Krähenfüße an den Augenwinkeln, doch trotz seines Alters, das man ihm deutlich ansah, wirkte er energisch und strahlte etwas Gebieterisches aus, was mir sagte, er müsse Mr. Updike sein, ehe er sich auch nur vorgestellt hatte.

»Ich habe die Leute kontaktiert, die glaubten, sie würden Ihr Baby adoptieren können«, sagte er, nachdem er uns zur Seite genommen hatte. »Hier habe ich ihre Adresse.« Er reichte mir einen Umschlag. »Sie erwarten Sie in den nächsten ein bis zwei Tagen. Natürlich waren sie fassungslos, denn uns allen wurde zu verstehen gegeben, daß es sich dabei um einen Schritt handelte, der Ihnen wünschenswert erschien.«

»Ich bin nie gefragt worden, und ich hätte niemals eingewilligt«, erwiderte ich. Er nickte und schüttelte den Kopf.

»Es ist eine üble Geschichte, eine ganz üble Geschichte. In etwa einer halben Stunde werde ich in Mrs. Cutlers Büro das Testament verlesen«, fügte er hinzu. »Seien Sie dort.«

»Was sollte Großmutter Cutler dir hinterlassen?« fragte Jimmy, sobald Mr. Updike wieder gegangen war.

»Einen Putzeimer und einen Schrubber«, erwiderte ich. Mir fiel wirklich nichts anderes ein.

Mr. Updike saß hinter Großmutter Cutlers Schreibtisch und hatte die Papiere und die Dokumente vor sich ausgebreitet. Randolph, meine Mutter und Clara Sue saßen auf dem kleinen Sofa. Philip saß auf einem Stuhl rechts von ihnen, und Jimmy und ich nahmen die Stühle links neben dem Sofa. Selbst jetzt, als alle Lichter eingeschaltet waren und die Sonne durch die Scheiben drang, wirkte das Büro trostlos.

Aber ich kam nicht aus dem Staunen heraus, wie phantastisch meine Mutter aussah. Ihre Aktivitäten der letzten Tage hatten eine gesunde Röte in ihr Gesicht gezaubert. Sie strahlte, und ihre Augen funkelten jugendlich. Clara Sue, die schon den ganzen Tag geschmollt hatte, wirkte jedesmal noch wütender und haßerfüllter, wenn sie in meine Richtung sah.

»Da alle Personen, deren Anwesenheit erforderlich ist, anwesend sind«, begann Mr. Updike, »werde ich jetzt beginnen, offiziell den letzten Willen und das Testament vorzulesen, in dem William und Lillian Cutler, beide verstorben, über ihren Besitz verfügt haben.«

Meine Mutter war die erste, der etwas auffiel. »Hast du gesagt, William und Lillian, John?« fragte sie.

»Ja, Laura Sue. Es gibt noch unerledigte Angelegenheiten betreffs der Anweisungen, die William hinterlassen hat.«

»Und warum ist das nicht schon vorher geregelt worden?« bohrte sie weiter.

»Sei bitte geduldig, Laura Sue«, erwiderte er. »Die Antwort ist hier«, fügte er hinzu und pochte auf ein Dokument. Meiner Mutter verging das Lächeln, und ich fand, sie wirkte plötzlich, als sei ihr sehr unwohl zumute, aber Randolph schien nichts zu bemerken oder sich nichts daraus zu machen. Er saß ungerührt da, hatte die Beine übereinandergeschlagen und schien den Blick nach innen und nicht auf Mr. Updike gerichtet zu haben.

»Dann werde ich jetzt beginnen«, sagte Mr. Updike. »Ich fange mit einem Brief an, in dem der verstorbene William Cutler Anweisungen erteilt hat.« Er drückte sich die Brille fest auf den Nasenrücken und hielt das Dokument hoch, um es zu verlesen.

»Lieber John oder wer auch zuständig sein mag, dieser Brief soll als mein letzter Wille und mein Testament dienen und er soll erst nach dem Tod meiner Frau Lillian verlesen werden. Ich habe diese Anweisung deshalb erteilt, damit gesichert ist, daß meine Frau zu ihren Lebzeiten keine Peinlichkeiten erleiden muß.«

Plötzlich stand meine Mutter auf und drückte sich die Hand gegen die Brust. Mr. Updike blickte von den Dokumenten auf.

»Ich ... ich fühle mich nicht gut. Ich muß mich hinlegen!« rief sie aus und stürzte aus dem Büro. Randolph wollte sich erheben.

»Du solltest lieber hierbleiben, Randolph«, sagte Mr. Updike entschieden.

»Aber ... Laura Sue ...«

»Ihr wird es schon wieder besser werden«, sagte Mr. Updike und bedeutete mit einer Geste, wir sollten sie für den Moment vergessen und uns den anstehenden Angelegenheiten zuwenden. Randolph setzte sich langsam wieder hin und wirkte verängstigt, aber auch benommen. Mr. Updike las weiter.

»Mir ist klar, daß ich nicht wirklich wiedergutmachen kann, was ich getan habe, aber ich habe das Gefühl, ich darf nicht zulassen, daß meine Sünden ewig nachhallen und bewirken, daß Unschuldige bestraft werden. Demzufolge gestehe ich hiermit, das zweite Kind der Gattin meines Sohnes gezeugt zu haben. Ich bringe dafür keine andere Entschuldigung vor als die, zu sagen, daß ich denselben animalischen Gelüsten und Begierden erlegen bin, denen Männer schon seit Adam und Eva erliegen. Ich gebe niemand anderem als mir selbst die Schuld.

Daher verfüge ich hiermit, daß im Falle des Todes meiner Frau Lillian und am achtzehnten Geburtstag des zweiten Kindes meines Sohns, das in Wahrheit die Halbschwester meines Sohns ist, sechzig Prozent meiner Anteile am Cutler's Cove Hotel dem zweiten Kind meines Sohns überschrieben werden und daß die verbleibenden vierzig Prozent, die ich bis dahin meiner Frau Lillian vermacht habe, verteilt werden, wie sie es in ihrem Testament und letzten Willen verfügt.«

Mr. Updike blickte auf. Einen Moment lang war es, als hätte

der Blitz im Raum eingeschlagen, und wir warteten alle auf das Donnergrollen. Alle Anwesenden, ich selbst inbegriffen, trugen denselben ungläubigen und schockierten Ausdruck auf ihren Gesichtern. Randolph schüttelte langsam den Kopf. Philips Adamsapfel hüpfte auf und ab, als hätte er gerade einen lebendigen Frosch verschluckt. Clara Sue brach schließlich das Schweigen mit ihren Tränen.

»Ich kann es nicht glauben!« schrie sie. *»Das glaube ich nicht! Das glaube ich nicht!«* wiederholte sie und schlug sich auf die Beine. *»Das kann doch nicht wahr sein!«*

»All das ist ordnungsgemäß notariell beglaubigt und bezeugt worden. Ich selbst habe vor Jahren dieses Dokument beglaubigt«, sagte Mr. Updike ruhig. »Die Echtheit steht außer Zweifel.«

»Daddy«, schrie sie und schüttelte Randolphs Schulter. »Sag ihm, daß es nicht wahr ist. Sag ihm, daß es gelogen ist!«

Randolph senkte niedergeschlagen den Kopf. Clara Sue funkelte mich böse an und wandte sich dann wieder an Mr. Updike.

»Aber warum sollte sie soviel bekommen?« fragte sie. »Sie ist ein unehelicher Bastard.«

»Dein Großvater wollte es so haben«, erwiderte Mr. Updike. »Und«, rief er allen ins Gedächtnis, »schließlich konnte er über sein Vermögen verfügen, wie es ihm beliebt hat.«

»Aber sie ist ein ... *ein Monster!«* kreischte Clara Sue. »Genau das bist du nämlich, ein Monster!«

»Nein, das ist sie nicht«, sagte Philip mit einem belustigten Lächeln, als er sich zu mir umwandte. »Sie ist deine Halbschwester und deine Tante.«

»Das ist gespenstisch. Ich glaube es nicht. Es ist alles gelogen«, beharrte Clara Sue. Sie stand auf und drehte sich zu mir um, als sie die Tür erreicht hatte. »Ich hasse dich«, fauchte sie mich an. »Damit lasse ich dich nicht davonkommen! Du kommst mir nicht damit davon, daß du dir nimmst, was von Rechts wegen mir gehört. Denk an meine Worte. Eines Tages wirst du dafür büßen.« Dann rannte sie aus dem Zimmer.

»Was ist mit dem Testament meiner Großmutter?« fragte Philip Mr. Updike.

»Das lese ich gleich vor. Sie hinterläßt den verschiedensten Menschen die verschiedensten Dinge, aber ihr Anteil am Hotel fällt an deinen Vater.«

Randolph saß immer noch mit gesenktem Kopf da. Hatte er es von Anfang an gewußt, fragte ich mich. Hatte ihn das zu dem gemacht, was er war? Für mich stand es jetzt außer Frage, daß Großmutter Cutler es schon immer gewußt hatte. Jetzt verstand ich, warum sie mich auf ihrem Totenbett als ihren Fluch bezeichnet hatte und warum sie mich derart gehaßt hatte. Trotz der Erbitterung in meinem Herzen tat sie mir sogar schon wieder ein wenig leid.

Meine Mutter dagegen tat mir überhaupt nicht leid. Ich stand auf.

»Mr. Updike«, sagte ich, »da der Rest mich nicht mehr betrifft...«

»Ja, natürlich. Sie können jetzt gehen. Ich werde mich wegen der Dokumente, die Sie unterzeichnen müssen, mit Ihnen in Verbindung setzen.«

»Danke«, sagte ich und wandte mich ab, um zu gehen. Ich zögerte einen Moment, doch dann ging ich auf Randolph zu, der den Kopf hob und mit Augen zu mir aufsah, die in Tränen schwammen. Ich legte die Hand auf seine Schulter und lächelte ihn an.

»Ich wünschte«, sagte er unter Tränen, »du wärst wirklich meine Tochter.«

Ich küßte ihn auf die Wange, und dann verließen Jimmy und ich das Büro.

»So«, sagte Jimmy kopfschüttelnd. »Von einem Mädchen, das kaum genug zu essen hatte, zur Besitzerin eines großen Strandhotels.«

»Für ein normales Leben würde ich all das hergeben, ohne auch nur eine Sekunde zu zögern, Jimmy.«

Er nickte.

»Laß uns Christie holen«, sagte er.

»Geh du schon zum Wagen, Jimmy. Ich komme sofort nach«, sagte ich. »Ich will vorher noch mit meiner Mutter sprechen.«

Ich eilte durch das Foyer, durch den Gebäudeteil, in dem die Familie wohnte und die Treppe hinauf. Die Türen zum Schlafzimmer meiner Mutter waren geschlossen, aber ich klopfte nicht an. Ich öffnete sie abrupt und als ich eintrat, fand ich sie auf dem Bauch liegend auf ihrem Bett vor. Sie hatte in eines ihrer großen, flauschigen Kissen geschluchzt.

»Warum hast du mir nie die Wahrheit erzählt, Mutter?« fragte ich.

»Es ist mir so peinlich«, schrie sie. »Warum mußte er das tun? Warum mußte er diesen fürchterlichen Brief schreiben, damit die ganze Welt es erfährt?«

»Weil es sein Gewissen so sehr belastet hat, daß er so nicht sterben konnte, Mutter. Du weißt doch, was ein Gewissen ist, oder nicht? Es ist das, was einen wie ein Spuk verfolgt, wenn man Menschen belügt und hinters Licht führt, die man eigentlich lieben sollte. Es ist das, was einen wie ein Spuk verfolgt, wenn man so egoistisch ist, daß es einem gleichgültig ist, wem man weh tut, selbst dann, wenn die Menschen, denen man weh tut, von deinem eigenen Fleisch und Blut sind«, predigte ich ihr.

Sie hielt sich die Hände auf die Ohren.

»Hör auf, oh, hör doch auf!« schrie sie. »Ich will nichts davon hören. Hör jetzt sofort auf!«

»Womit soll ich aufhören? Mit der Wahrheit? Du willst schlicht und einfach die Wahrheit nicht hören. Das konntest du noch nie ertragen, stimmt's, Mutter? Das ist also der wahre Grund, weshalb du es Großmutter Cutler erlaubt hast, meine Entführung zu arrangieren? Sie hat gewußt, daß Großvater Cutler mein Vater ist, stimmt's? *Sie hat es doch gewußt?*«

»Ja«, gestand meine Mutter. *»Ja! Ja! Ja!«*

»Und deshalb hat sie mich so sehr gehaßt, als ich zurückgebracht worden bin, und deshalb konnte sie auch meinen Anblick nicht ertragen«, fuhr ich fort.

»Ja«, ächzte sie. »Diese Frau hat mich für das verabscheut, was William getan hat. Sie wollte mir weh tun ... um sich zu rächen.«

»Und daher hast du zugelassen, daß sie mich weggegeben hat, Mutter. Und du hast zugelassen, daß sie mich entsetzlich gequält hat, als ich zurückgekommen bin. Weil ich sie an deine Liaison mit Großvater Cutler erinnert habe. Du hast all das zugelassen, Mutter. Du hast ihr all das durchgehen lassen. Nicht ein einziges Mal hast du versucht, mir zu helfen.«

»Ich habe es versucht«, sagte sie und drehte sich zu mir um. Ihr Gesicht war rot und von den Tränen verschmiert. »Ich habe getan, was ich konnte.«

»Du hast nichts getan, Mutter. Du hast zugelassen, daß sie mich gedemütigt hat. Du hast zugelassen, daß sie einen Grabstein aufstellt, der meinen Tod symbolisiert. Du hast zugelassen, daß sie mich zu ihrer Sklavin gemacht hat. Du hast zugelassen, daß sie mich zu ihrer furchtbaren Schwester schickt, damit ich dort gequält werde. Du hast all das geschehenlassen, und warum? *Warum?*« schrie ich frustriert, denn all die unbeantworteten Fragen erstickten mich, und mein ganzes Leben lang war ich eine Schachfigur in einem Spiel gewesen, das ich nicht begonnen hatte.

»Weil du Angst hattest«, sagte ich und beantwortete damit meine eigene Frage. »Du hattest Angst, sie würde die Wahrheit preisgeben, und die Wahrheit muß so ausgesehen haben, daß du ihn verführt hast.«

»Nein!«

»Nein? Ich bin doch nicht blind. Ich sehe doch selbst, wie du flirtest, sogar mit Jimmy. Es liegt in deiner Natur, so zu sein. Ich bin sicher, diese Geschichte, mein richtiger Vater sei ein reisender Sänger, eine Geschichte, die ihr mir beide erzählt habt, du und Großmutter Cutler, war nicht frei erfunden, oder? Wahrscheinlich hattest du eine ganze Schar von Liebhabern, oder nicht? *Oder etwa nicht?*« fragte ich heftig.

»Hör auf!« schrie sie und hielt sich wieder die Ohren zu.

»Ich habe kein Mitleid mehr mit dir, Mutter. Ich verabscheue dich für das, was du getan hast. Du hast so vielen Menschen weh getan, Mutter, daß dein Gewissen dich in Stücke reißen würde, wenn du eines hättest«, sagte ich.

»O Dawn«, erwiderte sie und wischte sich mit dem Rücken ihrer kleinen Hände das Gesicht ab. »Es ist dein Recht, so wütend zu sein«, sagte sie in diesem kindlichen Tonfall, in den sie so mühelos wechseln konnte. »Ich kann dir nicht vorwerfen, daß du so empfindest. Nein, wirklich nicht. Ich hätte mehr tun sollen, um dir zu helfen, aber ich hatte Angst vor ihr. Sie war eine solche Tyrannin. Es tut mir leid. Es tut mir wirklich leid. Aber«, sagte sie lächelnd, »es ist ja schon zu Wiedergutmachungen gekommen. Du wirst jetzt eine sehr reiche junge Dame werden, und dann ist auch noch dieses Hotel zu führen. Randolph wird dir nichts nutzen. Er war schon immer unbrauchbar. Aber wir können uns wieder miteinander anfreunden. Wir können an unserer Mutter-Tochter-Beziehung arbeiten. Vielleicht sogar wirkliche Freundinnen werden. Das fände ich schön, Dawn, du nicht auch? Ich habe dich immer geliebt, Dawn. Doch, wirklich. Das mußt du mir glauben. Ich werde dir helfen, und gemeinsam werden wir aus dem Hotel etwas machen und...«

»Im Moment, Mutter, interessiert mich nur, daß ich mein Baby wiederbekomme. Und glaube bloß nicht, mit Geld ließe sich das alles wiedergutmachen. Was dieses Hotel angeht... das ist mir so egal, daß es von mir aus abbrennen kann«, sagte ich wütend und rannte aus ihrem Zimmer.

»Du wirst das noch anders sehen, Dawn«, rief sie. »Wenn du dich erst einmal beruhigt hast, wirst du es anders sehen. Und dann wirst du mich brauchen. Du wirst mich ganz bestimmt brauchen...«

Ich schlug die Tür der Suite hinter mir zu, um ihre Stimme nicht mehr hören zu müssen, und dann eilte ich die Treppen hinunter. So wie ich das Hotel verlassen hatte, blieb ich stehen, um Luft zu holen. Dann schaute ich zu dem inzwischen tiefblauen Himmel auf, wo die Wolken des Vormittags verschwunden waren.

Gott konnte all das, was passiert war, nicht so gewollt haben, dachte ich. Er schrieb keine Drehbücher für armselige kleine Darsteller hier unten. Wir schrieben sie uns selbst – mit unseren Gelüsten und unserer Habgier und unserer Selbstsucht. Diese reichen und mächtigen Menschen labten sich aneinander wie Kannibalen, und wenn dabei jemandem etwas zustieß, dann war das eben Pech.

»He«, rief Jimmy aus dem Wagen. »Komm schon, Dawn.« Er stieg aus, kam auf mich zu und nahm mich an der Hand. »Verabschiede dich von der Vergangenheit, und sag der Zukunft Guten Tag. Wir vergeuden Zeit, Christie wartet auf dich.«

»Ja«, sagte ich lächelnd. »Sie wartet schon, nicht wahr?«

Das sah Jimmy ähnlich – er sagte genau die richtigen Worte, damit ich mich lebendig und befreit fühlte, frei genug, um meine Rachegelüste zu vergessen und nur noch an den blauen Himmel und die warme Brise zu denken, an Tage des Glücks, die von Musik erfüllt waren, von der Musik, die ich unbedingt machen wollte.

Ich nahm seine Hand und ließ mich von ihm vom Hotel fortführen. Wenig später fuhren wir auf einen Regenbogen und all die Versprechungen zu, für die er sich verbürgte.